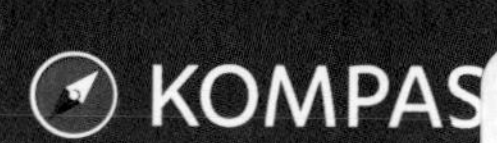

# Endlich Weitwandern

# JAKOBSWEGE

## 3 FERNWANDERWEGE NACH SANTIAGO DE COMPOSTELA

# Inhalt

# Endlich Weitwandern

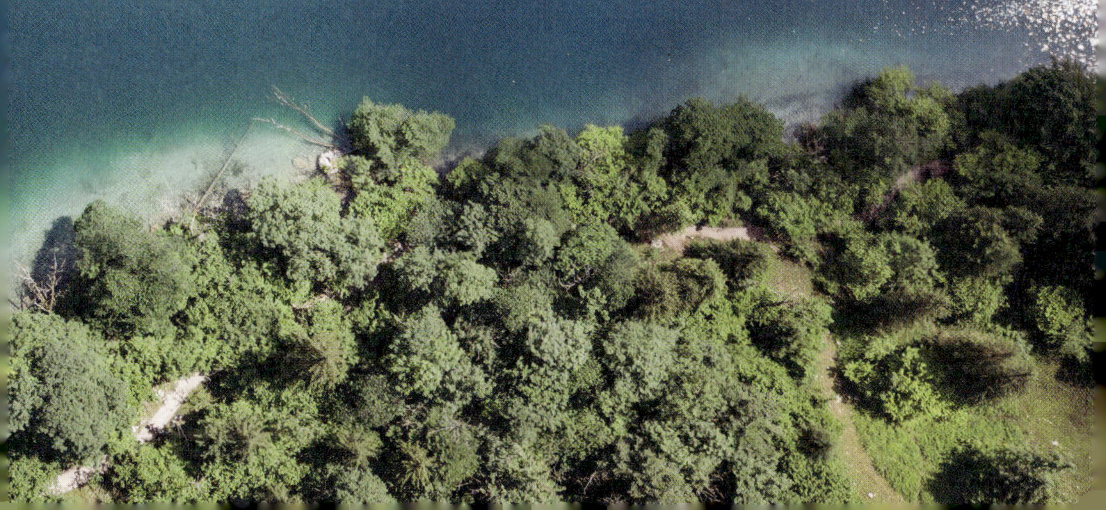

# Tourenübersicht

## Jakobsweg 1: CAMINHO PORTUGUES

## Jakobsweg 2: CAMINHO PORTUGUES

# Tourenübersicht

## Jakobsweg 3: CAMINO DEL NORTE

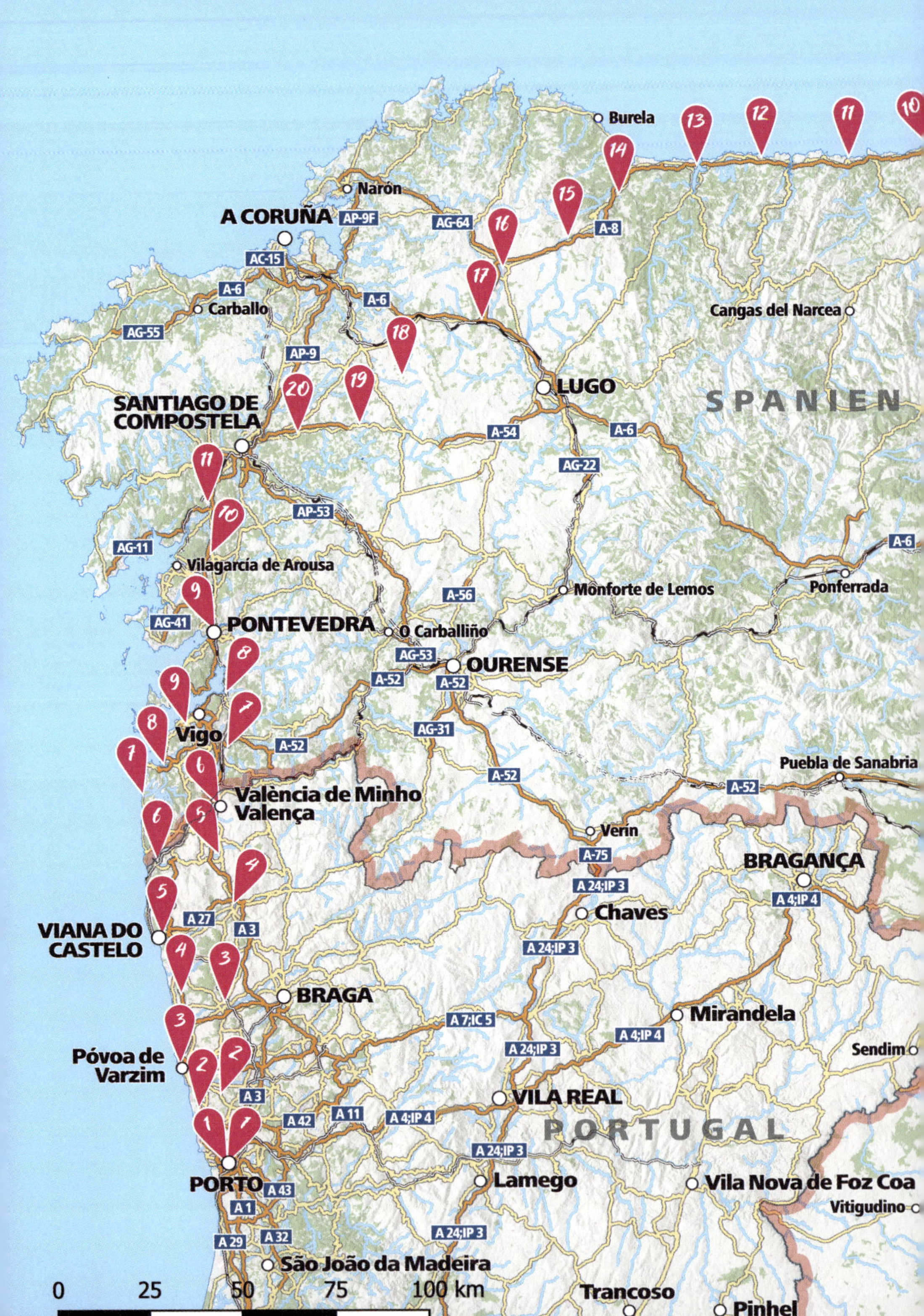

Burela
Narón
A CORUÑA
AP-9F
AG-64
A-8
AC-15
A-6
Carballo
AG-55
AP-9
Cangas del Narcea
SANTIAGO DE COMPOSTELA
LUGO
SPANIEN
A-54
A-6
AG-22
AP-53
AG-11
Vilagarcía de Arousa
A-6
Ponferrada
A-56
Monforte de Lemos
AG-41
PONTEVEDRA
O Carballiño
AG-53
OURENSE
A-52
A-52
Vigo
AG-31
A-52
A-52
Puebla de Sanabria
València de Minho
Valença
A-52
Verín
A-75
BRAGANÇA
A 24;IP 3
A 4;IP 4
Chaves
A 27
A 3
VIANA DO CASTELO
A 24;IP 3
BRAGA
Mirandela
A 7;IC 5
A 4;IP 4
Póvoa de Varzim
A 24;IP 3
Sendim
A 3
VILA REAL
A 42
A 11
A 4;IP 4
PORTUGAL
A 24;IP 3
PORTO
A 43
Lamego
Vila Nova de Foz Coa
A 1
Vitigudino
A 24;IP 3
A 29
A 32
São João da Madeira
0
25
50
75
100 km
Trancoso
Pinhel

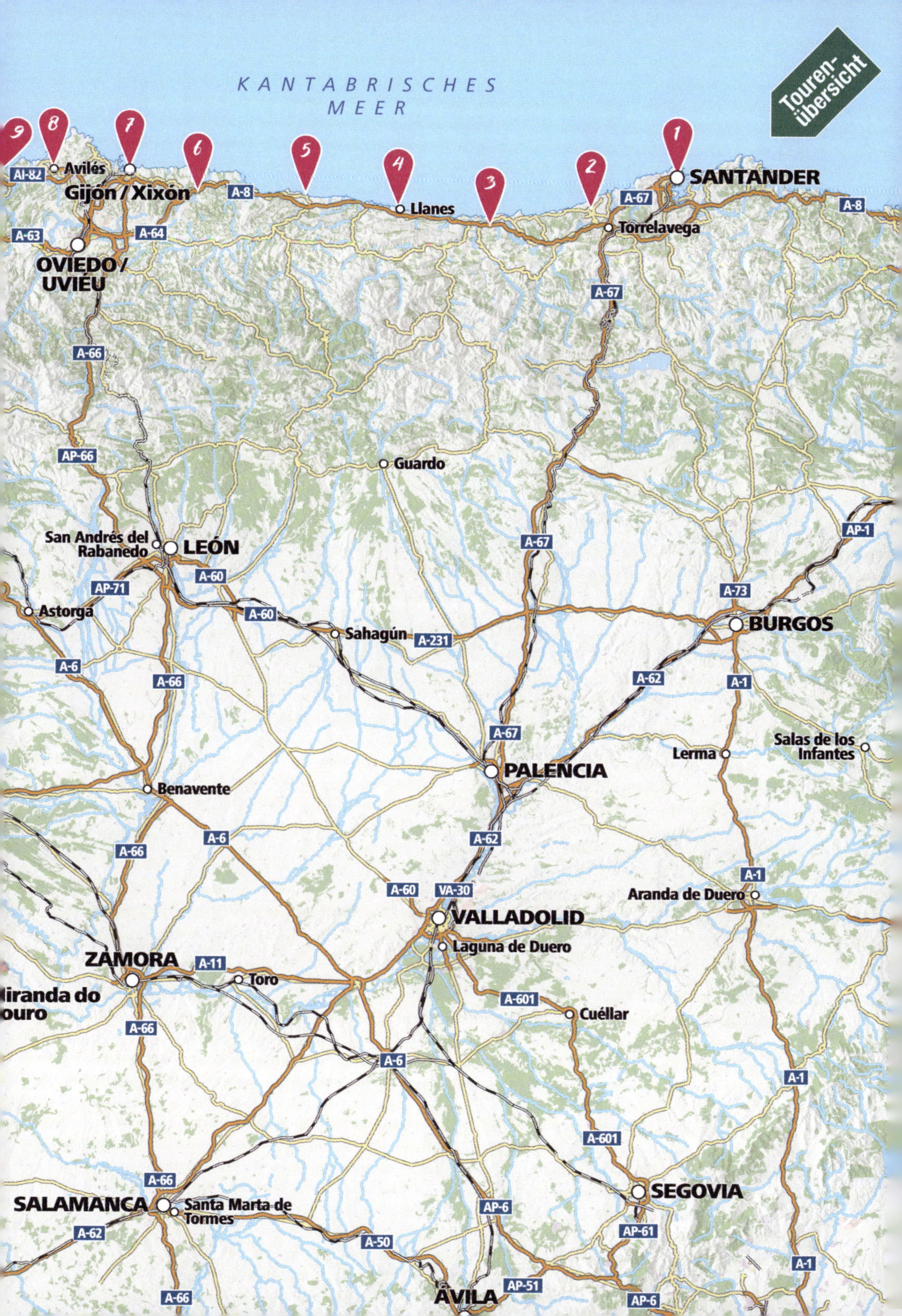
KANTABRISCHES MEER
Touren-übersicht
1
2
3
4
5
6
7
8
9
SANTANDER
Torrelavega
Llanes
Avilés
Gijón / Xixón
OVIEDO / UVIÉU
Guardo
San Andrés del Rabanedo
LEÓN
Astorga
Sahagún
BURGOS
Lerma
Salas de los Infantes
PALENCIA
Benavente
Aranda de Duero
VALLADOLID
Laguna de Duero
ZAMORA
Toro
Cuéllar
SEGOVIA
SALAMANCA
Santa Marta de Tormes
ÁVILA
A-8
A-67
A-64
A-63
A-66
AP-66
A-60
AP-71
A-6
A-231
A-73
AP-1
A-62
A-1
VA-30
A-11
A-601
A-50
AP-6
AP-51
AP-61

# Endlich …

## geht es los!

40 WANDERETAPPEN FÜR DICH

Die Tradition des Pilgerns ist für alle Menschen ein wenig anders gelagert – ausgehend von Religion, aber auch dem Hintergrund, warum wir uns auf eine Pilgerreise begeben. Eine Erfahrung ist jedoch allen gleich und macht den Pilgerbrauch aus: Auf bestimmten Wegen und auch an bestimmten Orten spüren sie eine göttliche Macht. Mit der Zeit erfüllt den Wanderer eine innere Ruhe und Kontemplation, die dann sein stetiger Begleiter sein wird. Es ist ein Netz aus unendlich vielen Wegen, aus dem sich der europäische Jakobsweg zusammensetzt.

Er hat hunderte von Anfängen in ganz Europa. Die letzten zwei bis drei Wochen vor dem Ziel werden dann nochmal die Kräfte gebündelt. Drei ganz unterschiedliche Wege stellen wir dir für diese letzten Etappen vor dem großen Ziel vor. Ein Weg startet von Santander und führt uns das größte Stück über die Atlantikküste an der Bucht von Biscay entlang. Es ist der Camino del Norte, der sich immer größerer Beliebtheit erfreut.

Zwei weitere spannende Möglichkeiten, die letzten Etappen auf dem Weg nach Santiago de Compostela zu beschreiten, sind die Routen von Portugal nach Spanien auf dem Camino Português. Dabei starten wir jeweils in Porto und können dann wählen: Der Weg durchs Landesinnere bringt uns auf Tuchfühlung mit der portugiesischen bzw. spanischen Kultur. Oder wir entscheiden uns für den Küstenweg, der uns den rauen Atlantik tagtäglich spüren lässt. Also Wanderstiefel und Rucksack geschnürt – und los geht's!

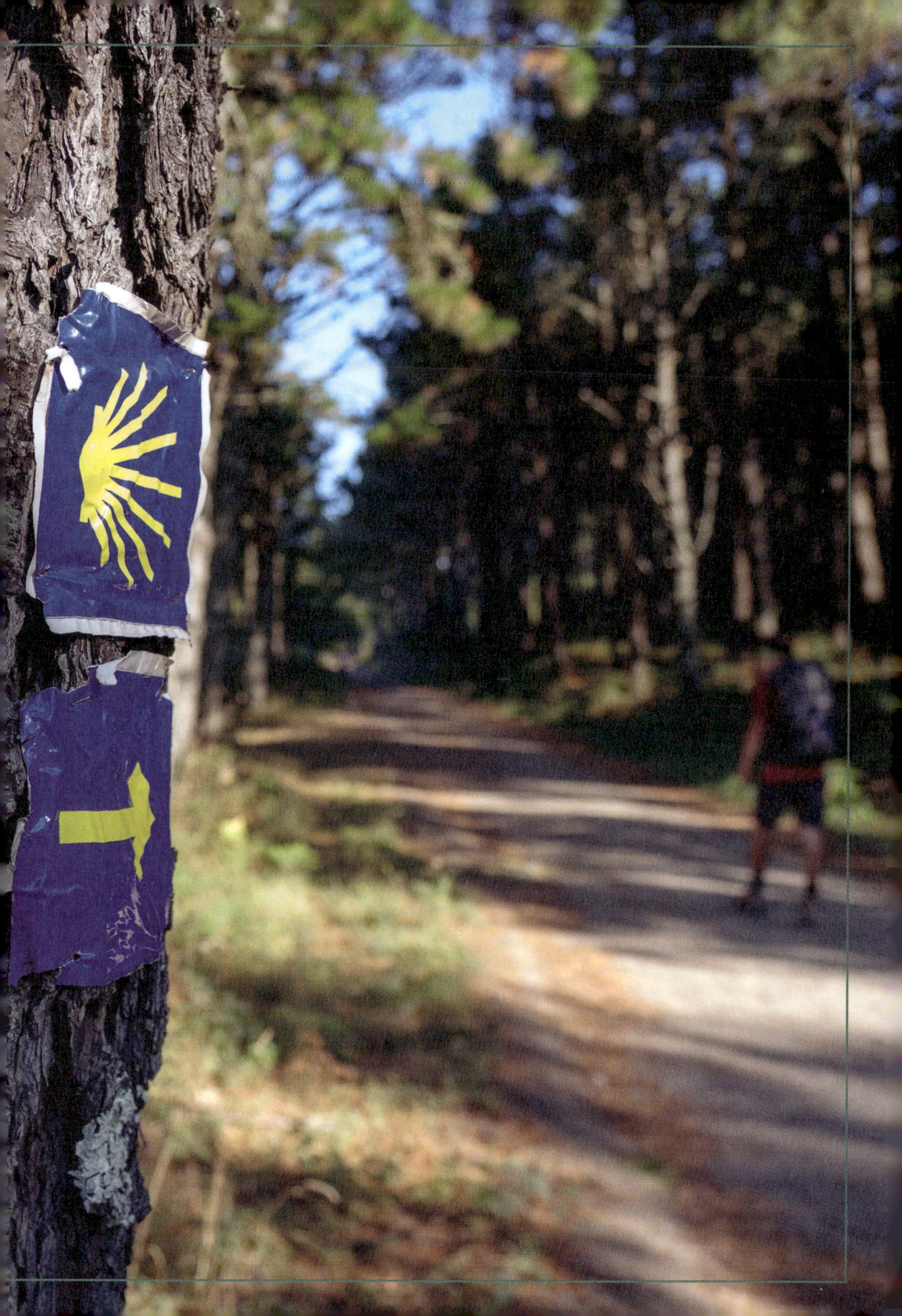

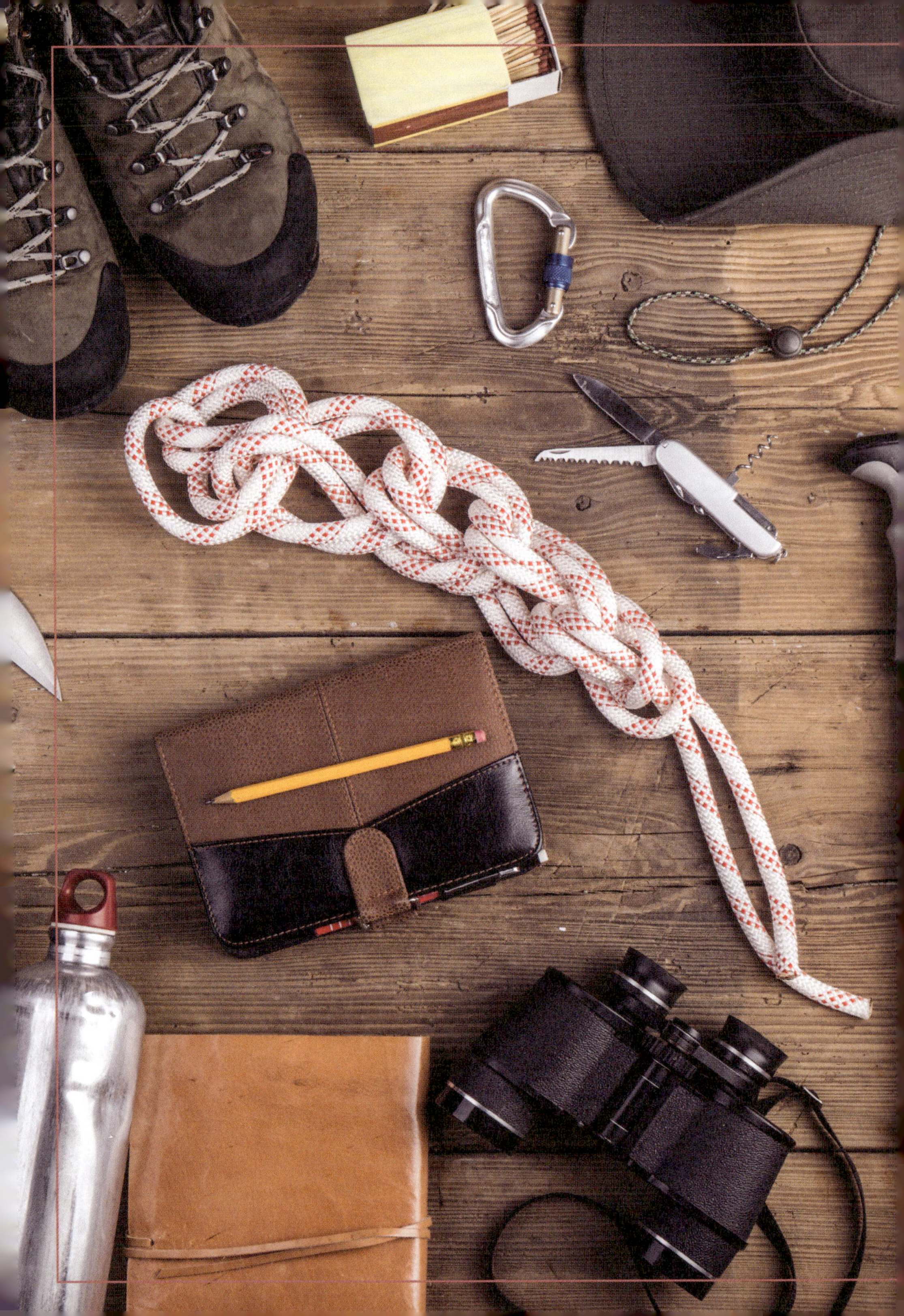

# Endlich alle 7 Sachen zusammen

Pack-tipps

## Deine Packliste

### MATERIALCHECK

Unsere Etappen auf dem Jakobsweg durch Portugal und Nordspanien wechseln sich aus langen und sehr langen Tagestouren ab. Dabei sind die Wege einfach bis anspruchsvoll. So sollten wir gut gerüstet sein und gewisse Ausrüstungsgegenstände unbedingt in unserem Rucksack mit führen:

- ○ Festes Schuhwerk mit griffiger Sohle
- ○ Sonnenschutz (Brille, Hut, Sonnencreme)
- ○ Wechsel & Regenbekleidung
- ○ Kälteschutz (Handschuhe, Mütze, Halstuch)
- ○ Erste-Hilfe-Set
- ○ Ausweis, Bargeld & EC-Karte
- ○ Handy (für den Notruf)
- ○ Gut sitzender Wanderrucksack
- ○ Proviant und ausreichend Wasser (mind. 1,5 Liter!)
- ○ Wechselkleidung und Kulturbeutel
- ○ Powerbank, Ladekabel & Wechselakkus
- ○ Badeklamotten und Handtuch für die Küste
- ○ Insektenschutz & Wanderstöcke
- ○ Blasenpflaster und Tape für die Füße
- ○ Kleines Wörterbuch Spanisch, Portugiesisch
- ○ Hüttenschlafsack

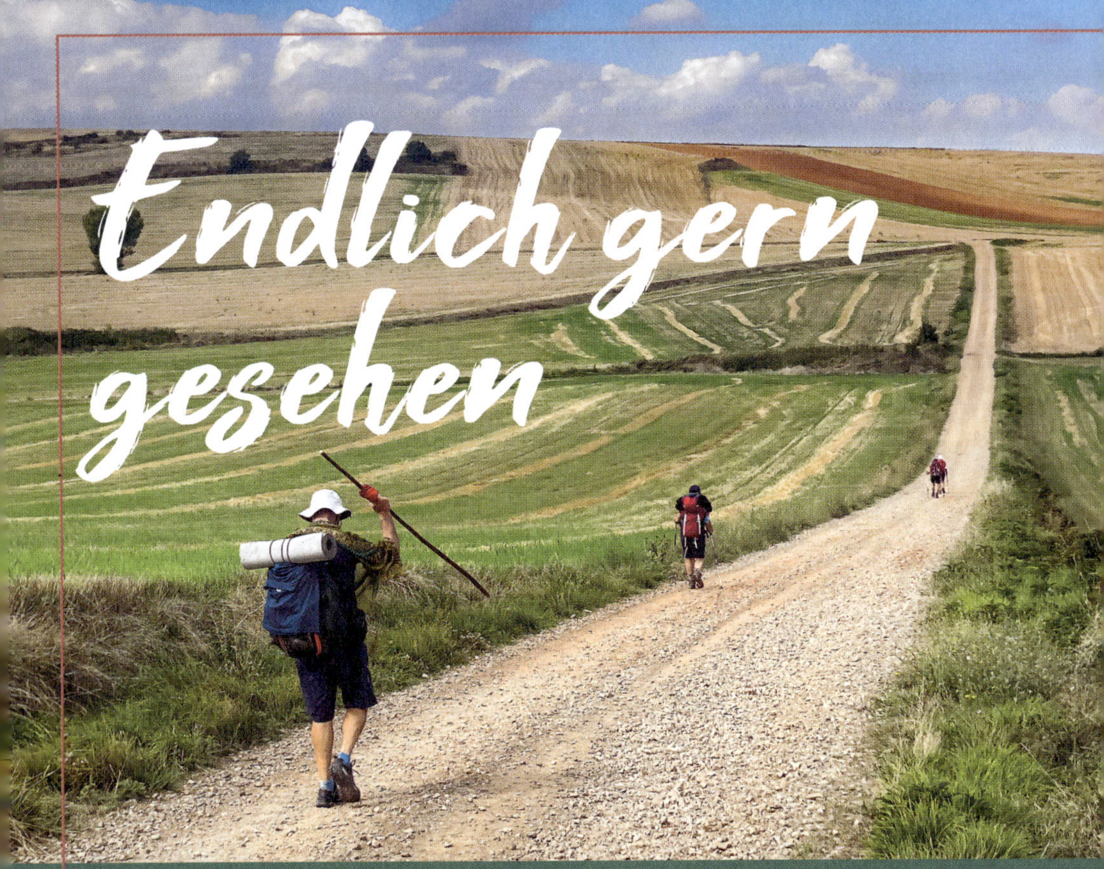

# Endlich gern gesehen

## Verhaltenskodex

BEIM WEITWANDERN

Das Wandern hat eine lange und vielschichtige Tradition. Schon unsere Vorfahren sind gewandert, damals jedoch aus anderen Beweggründen – beispielsweise um ein neues Territorium zu erschließen. In der heutigen Zeit erhält das Wandern ganz neue und moderne Perspektiven. Gerade das Pilgern erfreut sich immer größerer Beliebtheit und bedeutet für die meisten Menschen in erster Linie eine Reise zu sich selbst. Dabei sind wir wochenlang in freier Natur unterwegs – und das als Gast! Durch nachhaltiges Denken und Respekt können wir dazu beitragen, die Natur und Kulturlandschaften zu schützen und sie dennoch zu genießen. Deswegen haben wir hier für dich ein paar Verhaltensregeln, die du beim Wandern beachten solltest.

## Und das kannst du machen …

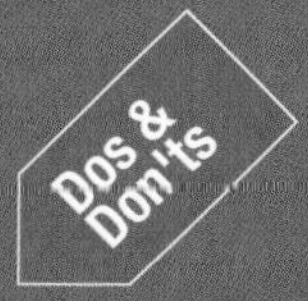


**01 Wege nicht verlassen und Hinweise beachten:** Nicht umsonst befinden sich oft am Wegesrand diese Hinweisschilder, die auch eingehalten werden sollten.

**02 Auf den ausgeschilderten Wegen bleiben:** Durchquere keine Gebiete auf eigene Faust, sondern bleibe auf den festgelegten Routen. Respektiere Privatgrund und schließe Weidegatter.

**03 Hunde an die Leine:** So mancher Pilger nimmt auch seinen geliebten Vierbeiner mit auf die meditative Reise. Gerade in fremden Gefilden sollten die Vierbeiner nicht herumstromern und Wild oder Weidevieh aufschrecken.

**04 Keine Pflanzen rupfen:** Das gilt für Blumen und auch alle anderen Pflanzen. Oft stehen sie sogar unter Naturschutz und gehören nicht als kurzlebiges Souvenir an Hut oder Rucksack.

**05 Wandern auf Wirtschaftswegen:** Gegenseitige Rücksicht ist hier die Devise. Der Traktor ist nicht so wendig und flexibel wie der Wanderer. Also einfach kurz stehen bleiben oder einen Schritt beiseitetreten.

**06 Wildcampen verboten:** Unter freiem Himmel schlafen ist toll, aber bitte nur an ausgewiesenen Zelt- und Campingplätzen. Auf den Pilgerrouten gibt es aber auch genügend Herbergen, die dich aufnehmen.

**07 Ausgewiesene Rastplätze nutzen:** Eine kleine Leckerei in der Natur genießen oder mit einer ausgedehnten Brotzeit die Kräfte wieder ankurbeln. Wer eine Pause machen möchte, sollte die vorgesehenen Rastplätze nutzen. Denn hier findet man auch Mülleimer.

# Grundwissen

## Wandern

SICHERHEIT UND BASICS

Das Pilgern dient uns dazu, aus dem täglichen Trott einmal herauszukommen und uns selbst zu reflektieren. Nur der eigenen Bewegung folgen, sich auf seine Schritte und den eigenen Rhythmus konzentrieren und vielleicht sogar dabei eigene Blockaden lösen und sich seinen körperlichen Grenzen annähern. Es gibt jedoch einiges zu beachten, damit durch Unvorhergesehenes der Spaß nicht auf der Strecke bleibt.

**Richtig angefangen:** Sich ohne jegliche Erfahrung gleich auf lange Touren mit vielen Höhenmetern zu stürzen, ist weder vernünftig noch macht es viel Freude. Denn wenn dein Körper die Anstrengung noch nicht gewöhnt ist, können lange und anspruchsvolle Distanzen schnell zur Qual werden. Lieber also den Beginn des Weges in kürzere Etappen aufteilen.

**Der Blick aufs Wetter:** Im Sommer bist du sicher meist auf der sicheren Seite, was das Wetter betrifft. Willst du aber im Winter den Pilgerströmen ausweichen, solltest du doch immer das Wetter checken. Bei Dauerregen werden einige Abschnitte – besonders des Camino del Norte – zu einer Schlammschlacht und unerträglich, zu erwandern. Dann lieber mal einen Tag pausieren oder die Etappe kürzer planen.

**Notruf bei Unfällen:** Im Falle eines Unfalls haben Ruhe bewahren und überlegtes Handeln oberste Priorität. Erst einen Überblick über die Situation verschaffen, dann wird mit der europaweit gültigen Notrufnummer 112 ein Notruf abgesetzt. Funklöcher oder kein Handy erfordern das alpine Notsignal mittels Rufen, Pfiffen oder Licht: Alle zehn Sekunden eine Minute lang ein Signal, dann eine Minute Pause, dann wieder alle zehn Sekunden eine Minute lang ein Signal geben. Zudem sollten Erste-Hilfe-Maßnahmen eingeleitet werden, falls möglich.

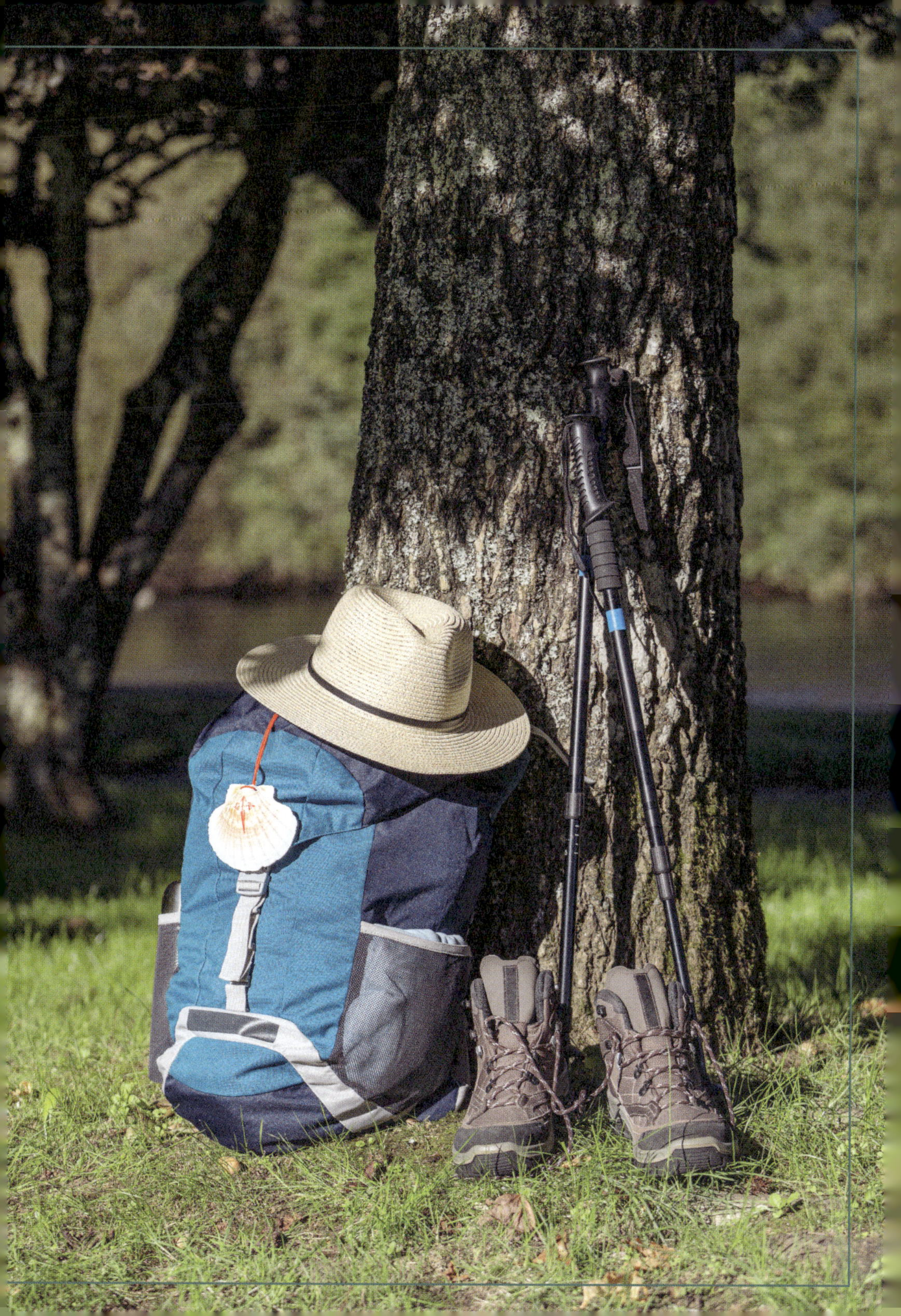

# Grundwissen

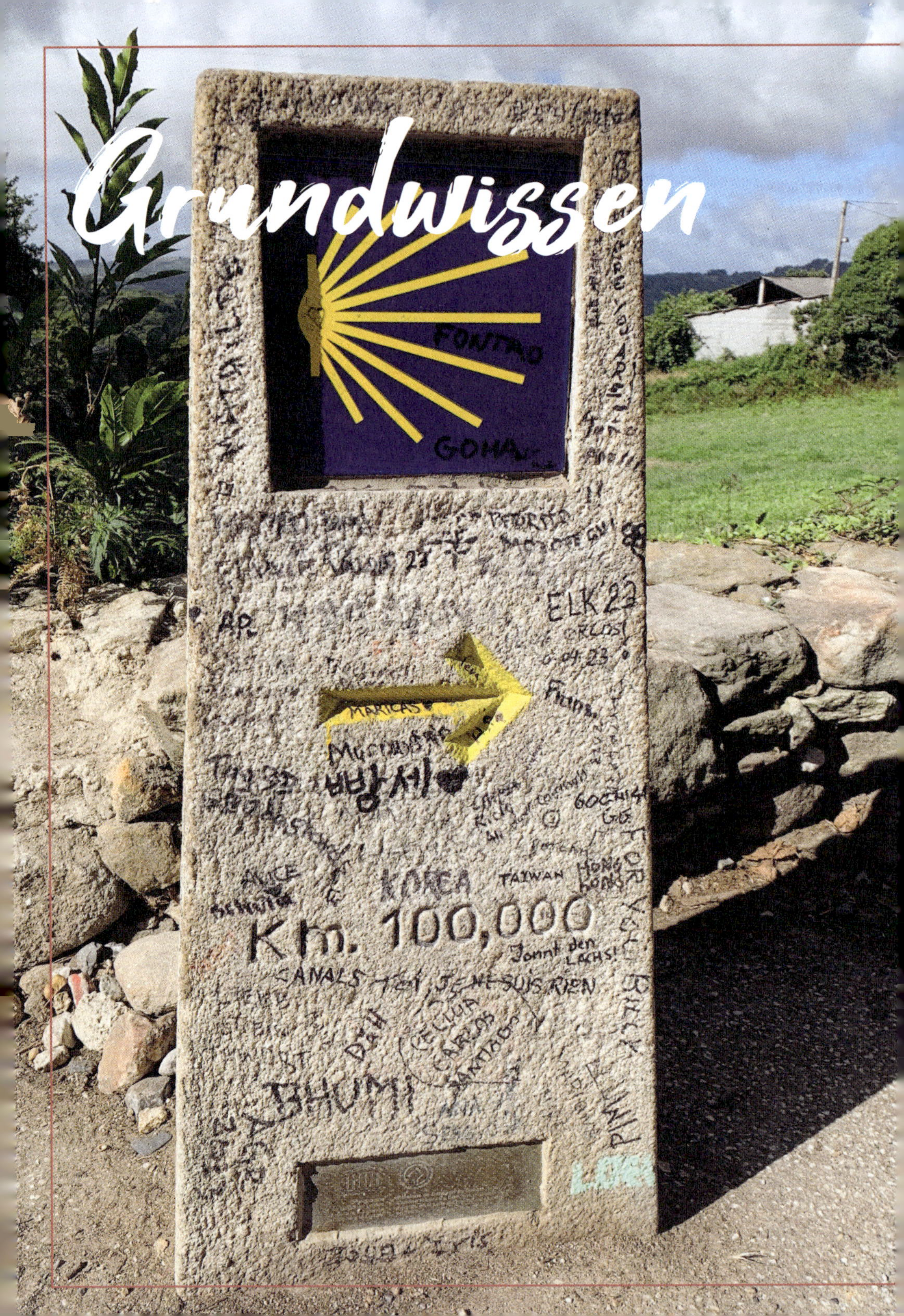

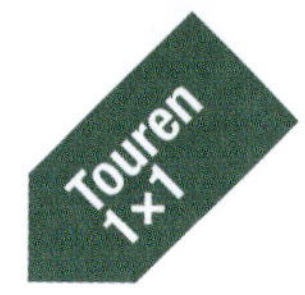


# Wandern

TOUREN-1×1 & LEXIKON

Die Klassifizierung der Touren ist ein Richtwert. Du kannst dein Können am besten einschätzen und weißt, wie du deine Kräfte einteilen kannst. Beachte dies bei den Tagesetappen.

**LEICHT**: Die Wege sind meist gut markiert. Meist führen sie als breite und bequeme Wanderwege durch den Wald und weisen keine oder so gut wie keine Gefahrenstellen auf. Ab und an gesellt sich ein wurzeliger Pfad dazu. Die Länge der Etappe ist relativ „kurz", wir sind nur bis zu 7 Stunden unterwegs.

**MITTEL**: Hier werden die Wege anspruchsvoller. Oft führen unwegsame Pfade über Waldhänge. Wir begegnen immer wieder steinigen, wurzeligen, zugewachsenen oder rutschigen Stellen. Dennoch sind die Wege gut markiert, phasenweise etwas ausgesetzt. Bei feuchten Witterungsbedingungen können die Wege matschig werden.

**SCHWER**: Mit diesen Touren erwarten uns herausfordernde Etappen, oft mit vielen Anstiegen. Das Gelände wird unruhiger, die Wege und Pfade sind mit Felsen und Steinen durchsetzt. Kletterpassagen können auch vorkommen. Man muss längere An- und Abstiege einplanen.

**Gehzeiten:** Die angeführten Zeitangaben verstehen sich als Richtwerte für die reine Gehzeit ohne Pausen und basieren auf folgenden Erfahrungswerten pro Stunde: Aufstieg 400 Höhenmeter, Abstieg 600 Höhenmeter, 4 km auf flacher Strecke.

**Wandersaison:** In der Regel wandern die Jakobspilger zwischen April und Oktober. In diesem Zeitraum sind so gut wie alle Herbergen geöffnet. Im Winter, zu Frühjahrsbeginn oder Ende Herbst schließen viele Herbergen, also vorher Erkundigungen einholen. Die schwierigste Jahreszeit ist fürs Pilgern der Winter. Die Wege können vermatscht sein, im schlimmsten Falle überschwemmt und unpassierbar. Zudem ist so mancher der mentalen und körperlichen Einsamkeit nicht gewachsen. Im Hochsommer sind die Wege mit Vorsicht zu genießen, bei großer Hitze kann eine lange Tagesetappe zur Qual werden. Das eine oder andere Mal haben wir jedoch die Möglichkeit, mit der Bahn abzukürzen. Im Juli und August sind die Pilgerwege oft überfüllt. Dann kann es bei der Herbergssuche stressig werden. Wer mehr Ruhe genießen will, sollte sich von April bis Juni oder September bzw. Oktober auf den Weg machen.

# JAKOBSWEGE 01 – 03 BESCHREIBUNGEN

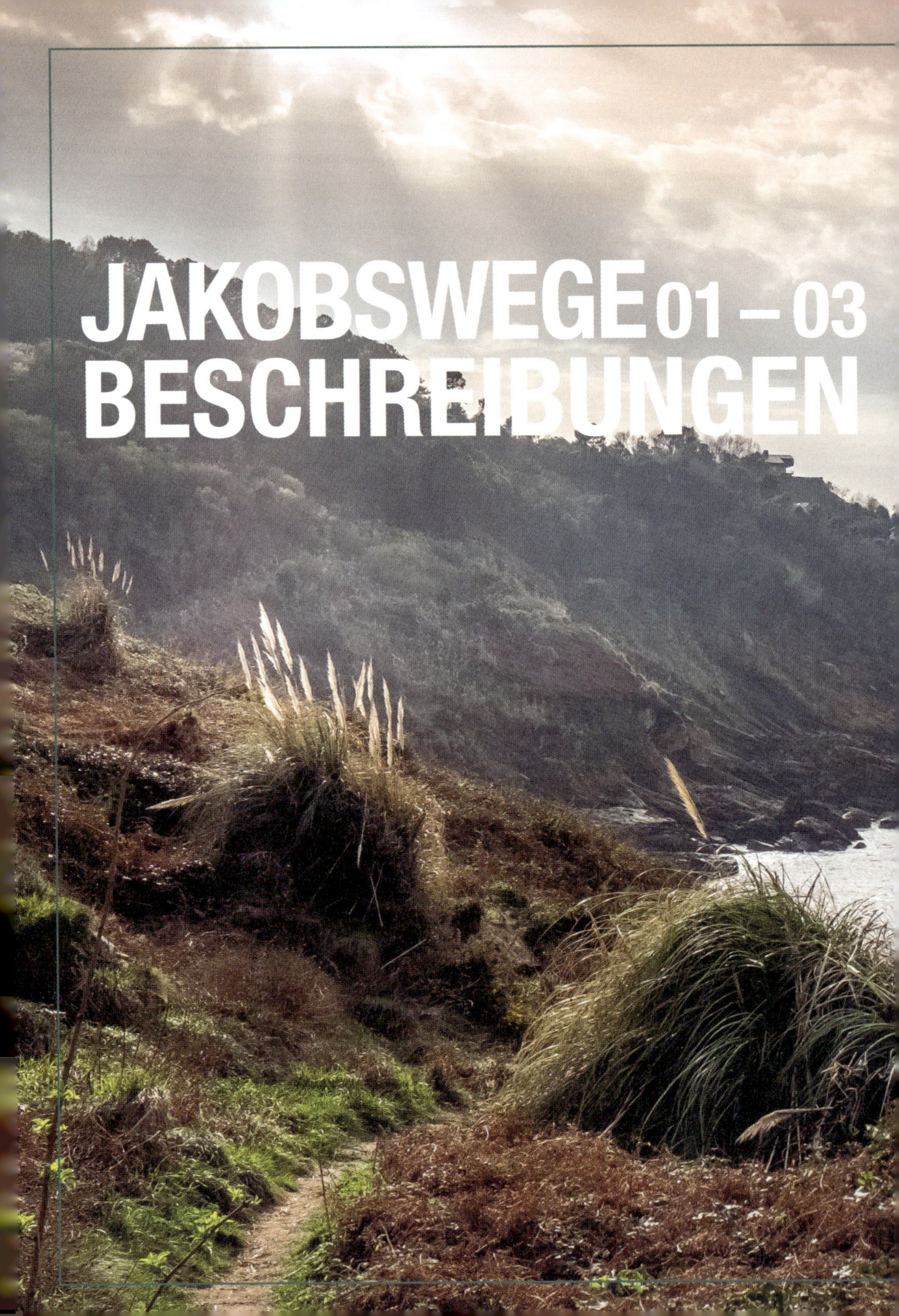

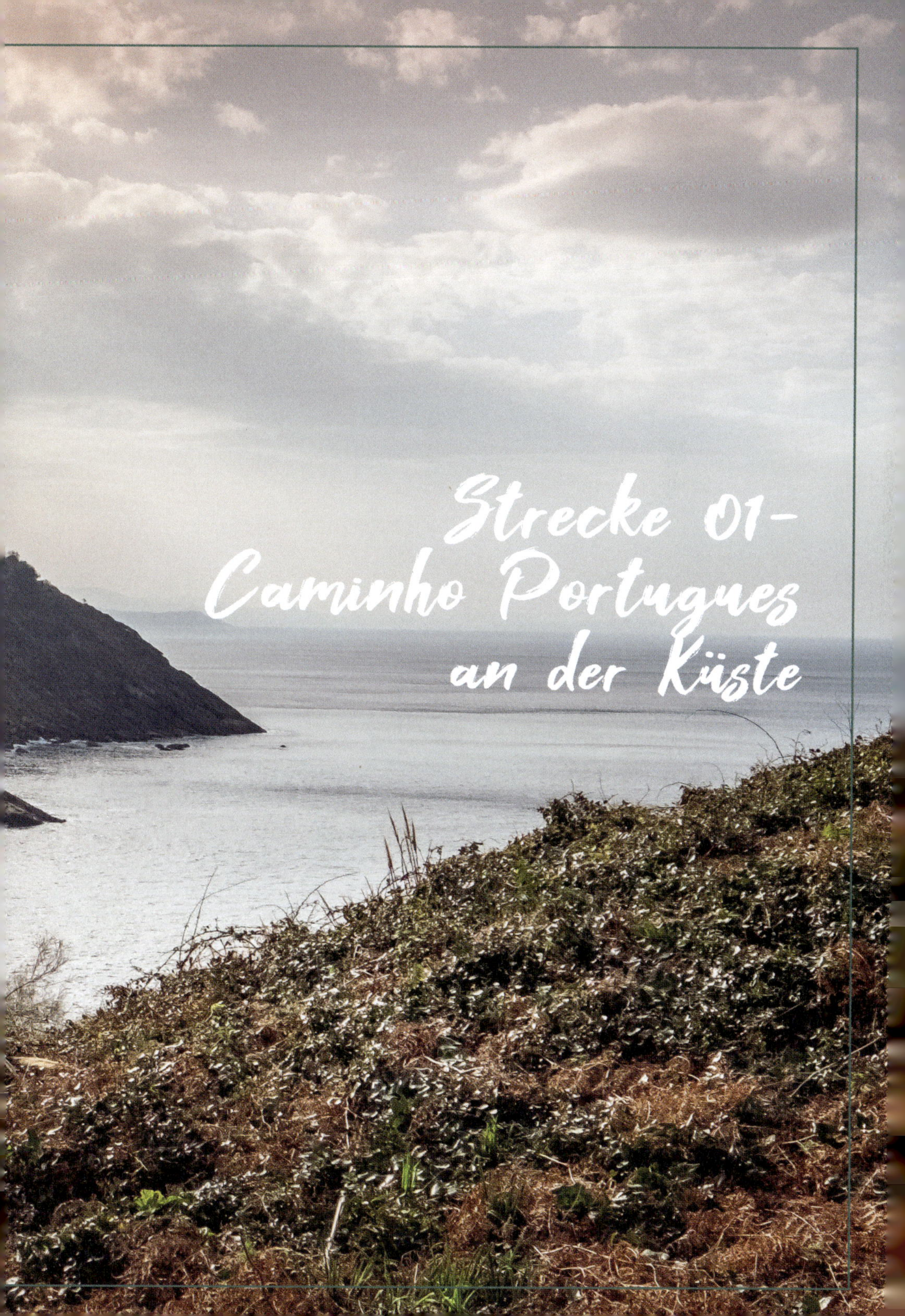
Strecke 01-
Caminho Portugues
an der Küste

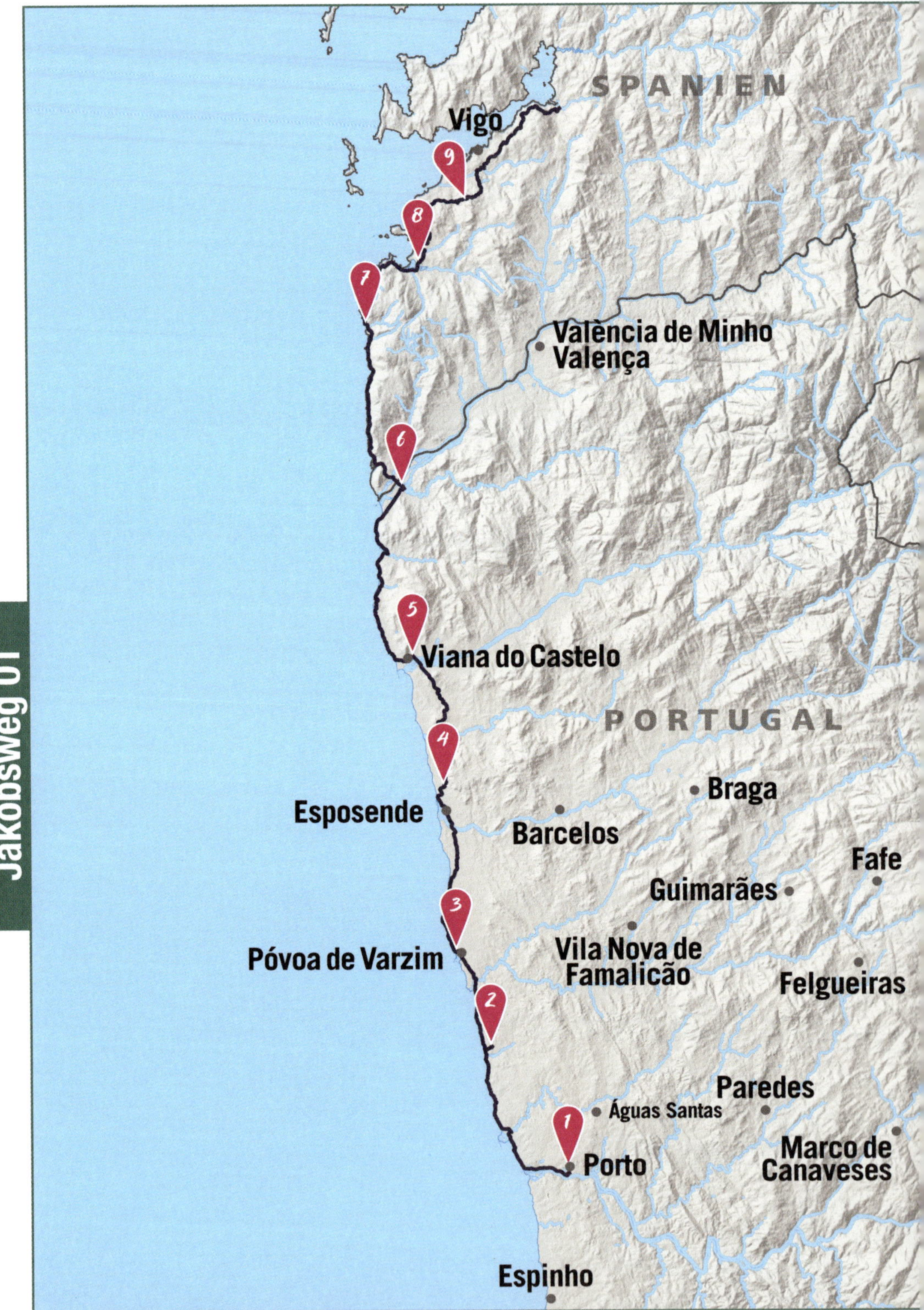

SPANIEN
Vigo
9
8
7
València de Minho
Valença
6
5
Viana do Castelo
PORTUGAL
4
Esposende
Barcelos
Braga
Fafe
Guimarães
3
Póvoa de Varzim
Vila Nova de
Famalicão
Felgueiras
2
Paredes
Águas Santas
1
Porto
Marco de
Canaveses
Espinho

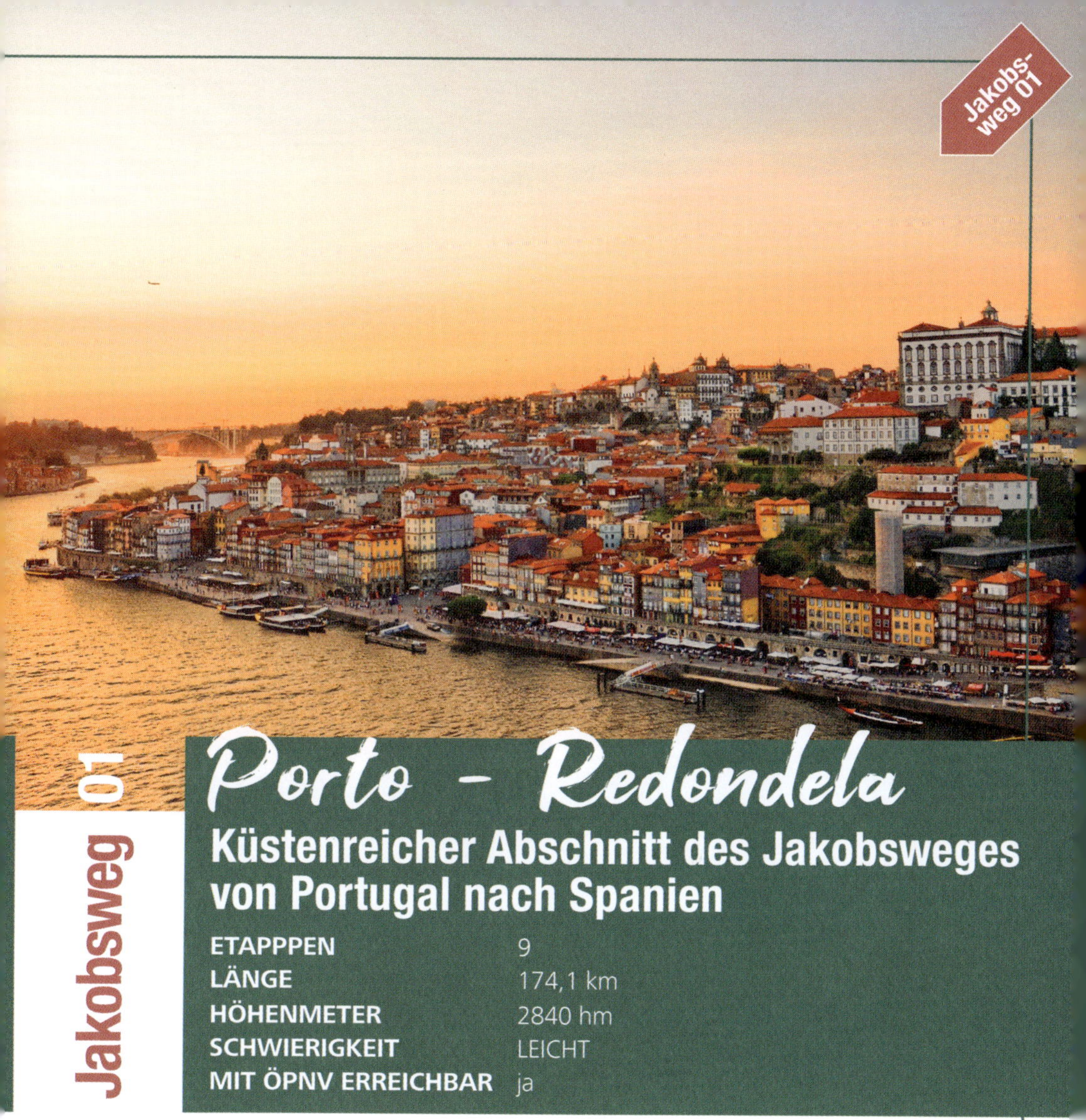

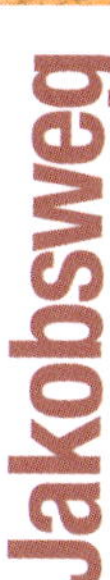


# Porto - Redondela

## Küstenreicher Abschnitt des Jakobsweges von Portugal nach Spanien

| | |
|---|---|
| **ETAPPPEN** | 9 |
| **LÄNGE** | 174,1 km |
| **HÖHENMETER** | 2840 hm |
| **SCHWIERIGKEIT** | LEICHT |
| **MIT ÖPNV ERREICHBAR** | ja |

## Das erwartet dich ...

Die Pilgerstrecke von Porto nach Redondela ist in 9 Tagesetappen aufgeteilt. Dabei legen wir knapp 200 Kilometer zurück. Auf den ersten drei Etappen geht es eher ruhig, wenn auch manchmal lang, zu. Kaum Höhenmeter, die Route führt oft an Straßen entlang. Mit der vierten Etappe wird's schon anspruchsvoller, die Gegend aber auch wesentlich schöner. Kurz vor Ende begeben wir uns am achten Tag auf die knackigste Tour, die aber – vor allem was die Ausblicke anbelangt – sicherlich auch die schönste ist.

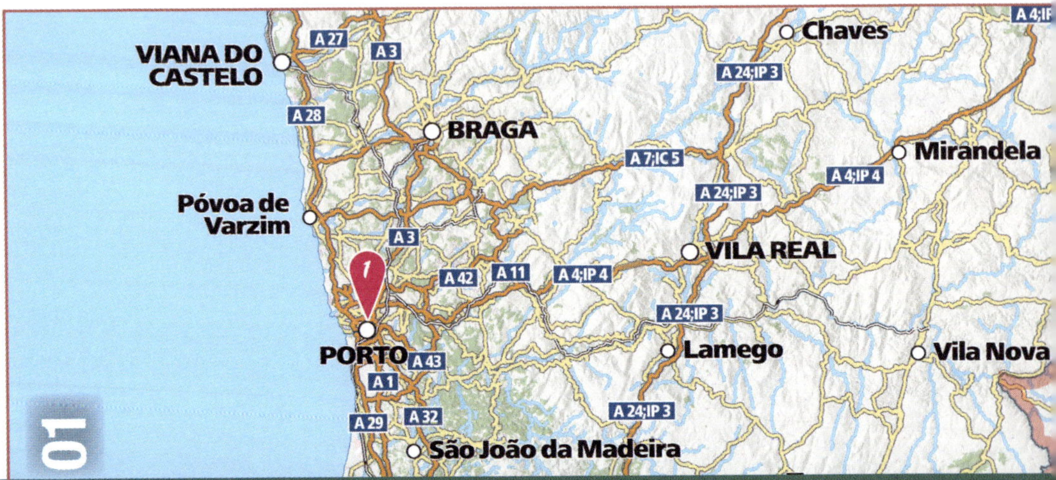

Jakobsweg 01

## Start & Ziel & Anreise

Unsere 9tägige Wanderung beginnt in Porto, der „kleinen Schwester" von Lissabon in Portugal. Es gibt viele Möglichkeiten, um in den hübschen Ausgangsort zu gelangen. Am einfachsten geht es sicherlich mit dem Flugzeug. Porto hat einen internationalen Flughafen, der von mehreren Airlines aus Deutschland und Österreich angesteuert wird. Die Reise geht über Frankreich und Spanien. Dabei müssen wir uns auf mehrmaliges Umsteigen einstellen, schließlich wird eine Strecke von über 1700 km zurückgelegt.

# Tourenbeschreibung

Lang aber einfach beginnen wir unseren Pilgerweg von Porto nach Redondela. Die erste Etappe führt uns auf eher inoffiziellen Wegen bis Matosinhos. Dafür geht's herrlich immer an der Küste entlang, den frischen Wind des Atlantischen Ozeans um die Nase. Fast durchgängig wandern wir fast auf Meereshöhe durch kleinere Ortschaften bis nach Labruge. Genauso entspannt geht's die nächsten beiden Tage weiter. Am zweiten Tag dürfen wir noch ein ganzes Wegstück die Küste genießen, bevor wir nach Árvore ein Stück ins Landesinnere schwenken. Durch belebtes Stadtgewirr hangeln wir uns dann nach dem Rio Ave zum Etappenziel Póvoa de Varzim. Der dritte Tag wird lang, führt aber abwechslungsreich wieder an der Küste entlang.

Die vierte Etappe ist zum Glück ein wenig kürzer. Dafür steigt der Anspruch, was die Schwierigkeit der Wege betrifft. Mit ihr verlassen wir vorerst gänzlich die Küste

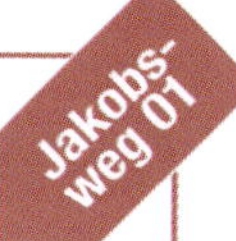


und erkunden nach und nach die herrliche Landschaft Portugals im Landesinneren. Am Ende des Tages überschreiten wir den Limia River zu unserem Etappenziel Viano do Castelo. Wir sollten uns hier unbedingt einen kleinen Stadtbummel gönnen, der Ort ist eine Perle. Die letzte Etappe in Portugal präsentiert uns all seine Reize an einem einzigen Tag: Herrliche Natur mit der Küste, den Stränden und Föhrenwäldern, aber auch malerische Städtchen wie dem Etappenziel Viana.

Spannend startet der nächste Tag: Mit der Fähre setzen wir auf spanischen Boden über. Hügelige und anstrengend geht's danach weiter. Und auch einsamer – so sollten wir auf genügend Proviant achten, also nochmal in Caminha einkaufen gehen. Der siebente Tag wird schweißtreibend: Steile An-und Abstiege pflastern den straßenreichen Weg. Und auch heute sind die Einkaufsmöglichkeiten eher selten. Entlohnt werden wir mit herrlichen Aussichten. Dann steht kurz vor Schluss die härteste Etappe an. Die Route nach O Freixo verläuft oft über schlechte Wege und hat knackige Anstiege parat, aber auch mit atemberaubenden Ausblicken. Der letzte Tag wird dann noch einmal lang – wir können uns sozusagen auslaufen. Wir umgehen einen Großteil der Industriestadt Vigo und lassen den Tage mit schönen Spaziergängen in herrlicher Landschaft ausklingen. Der Weiterweg nach Santiago führt durchs Inland und ist im nächsten Tourenteil ab Redondela beschrieben.

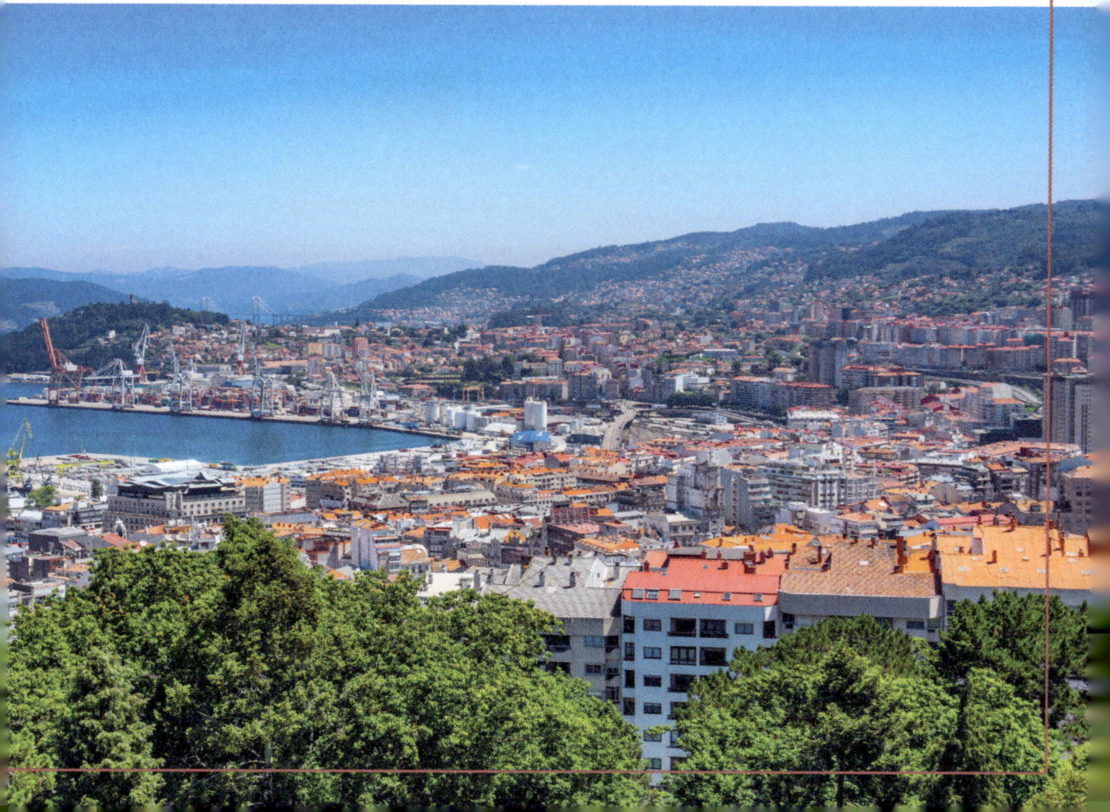

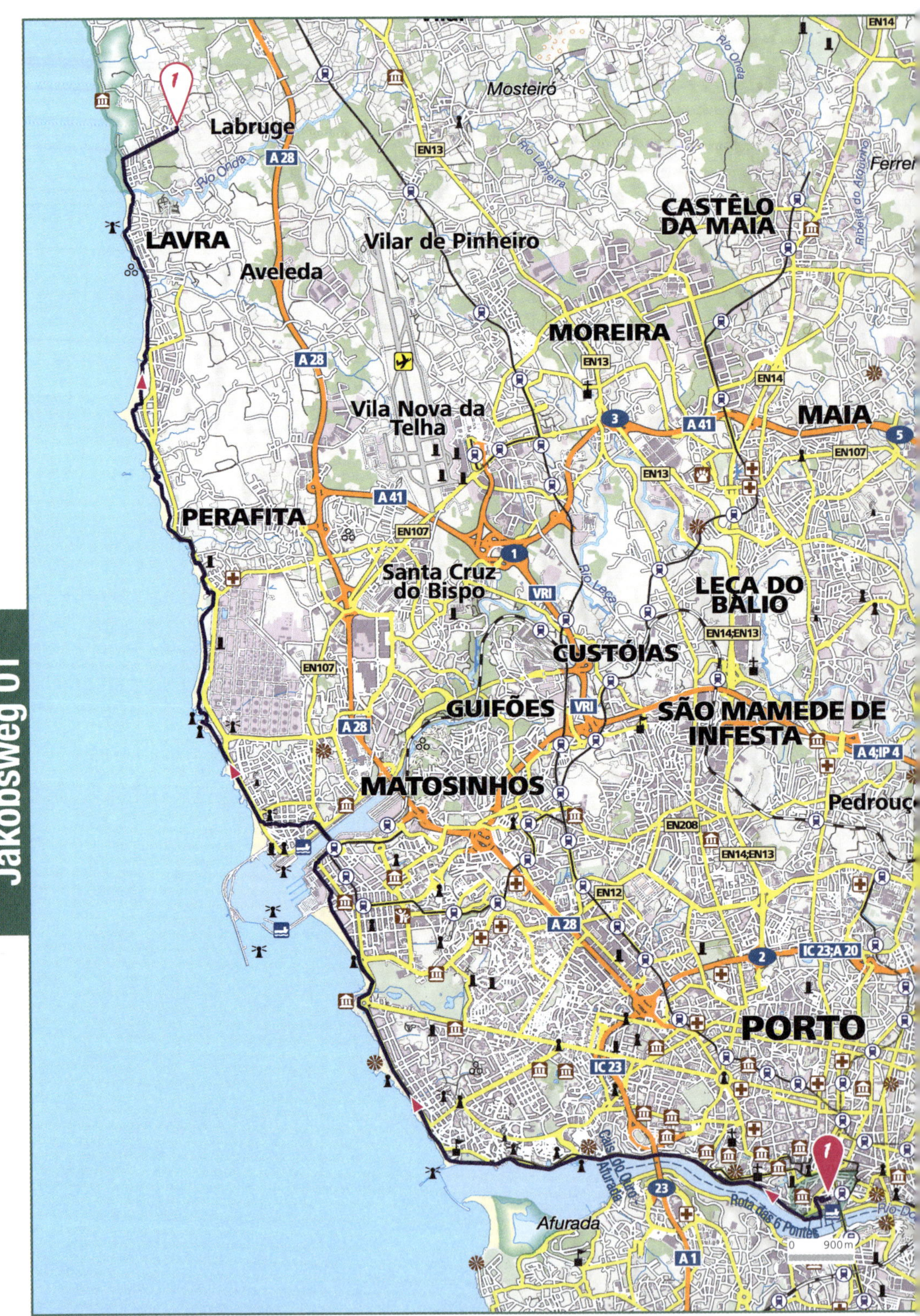
Labruge
Rio Onda
Mosteiró
Rio Leandro
Ferrei
CASTÊLO DA MAIA
LAVRA
Vilar de Pinheiro
Aveleda
MOREIRA
Vila Nova da Telha
MAIA
PERAFITA
Santa Cruz do Bispo
LEÇA DO BALIO
CUSTÓIAS
GUIFÕES
SÃO MAMEDE DE INFESTA
MATOSINHOS
Pedrouço
PORTO
Afurada
Rota das 6 Pontes
A 28
A 41
A 1
A 4;IP 4
IC 23
IC 23;A 20
EN13
EN14
EN107
EN12
EN208
EN14;EN13
VRI
0
900 m

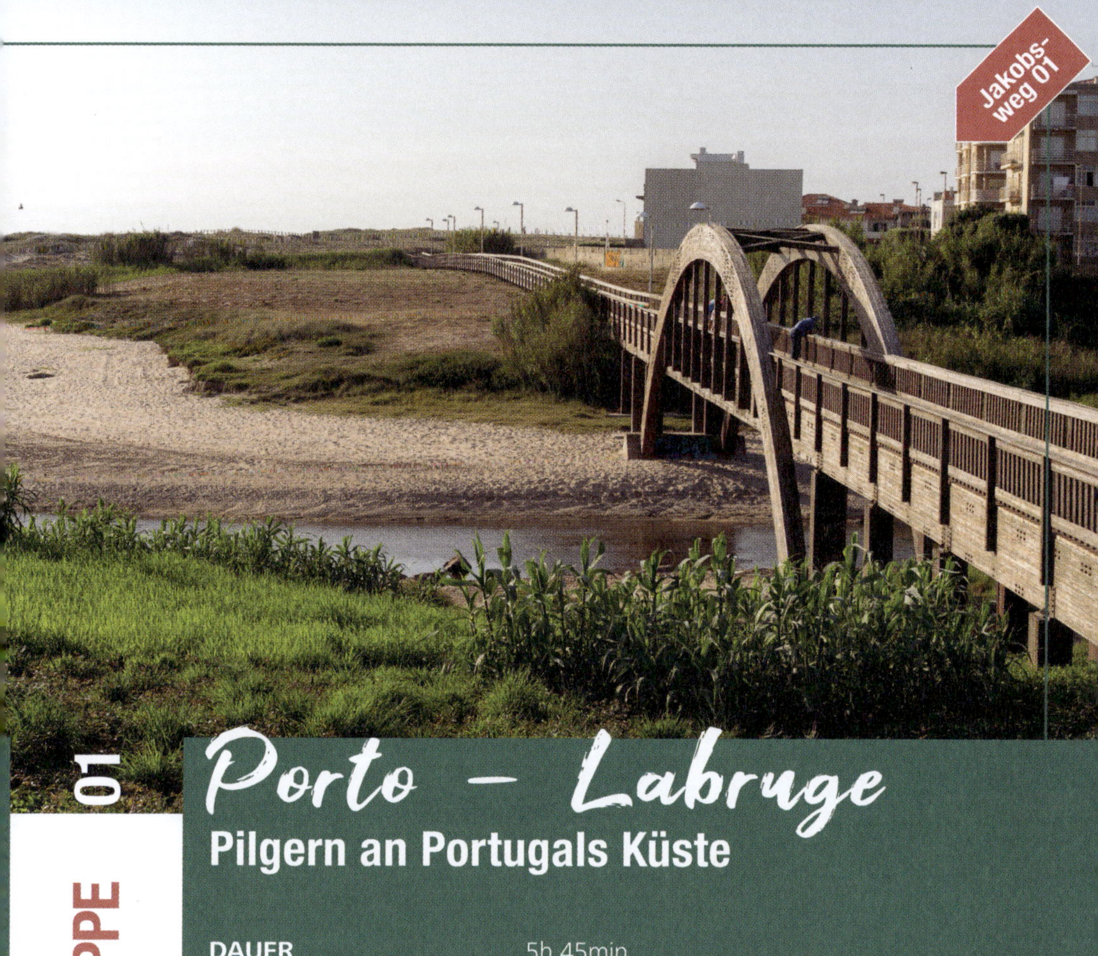



ETAPPE 01

# Porto – Labruge

## Pilgern an Portugals Küste

| | |
|---|---|
| **DAUER** | 5h 45min |
| **LÄNGE** | 25,6 km |
| **HÖHENMETER** | 165 hm |
| **SCHWIERIGKEIT** | LEICHT |
| **MIT ÖPNV ERREICHBAR** | ja |

## Das erwartet dich ...

Die heutige Strecke ist lang und verlangt einiges an Kondition ab. Technisch ist sie jedoch sehr einfach. Es gibt keine nennenswerten Steigungen, am Anfang geht's erstmal schön bergab. Nur zum Ende hin erwartet uns eine geringe Steigung. Der Wegabschnitt bis Matosinhos gehört nicht zu der offiziellen Wegführung. Daher gibt es auch keine Wegmarkierungen. Die Originalroute folgt für rund 8 km dem Hauptweg durch die Stadt und zweigt dann nach Matosinhos diagonal ab.

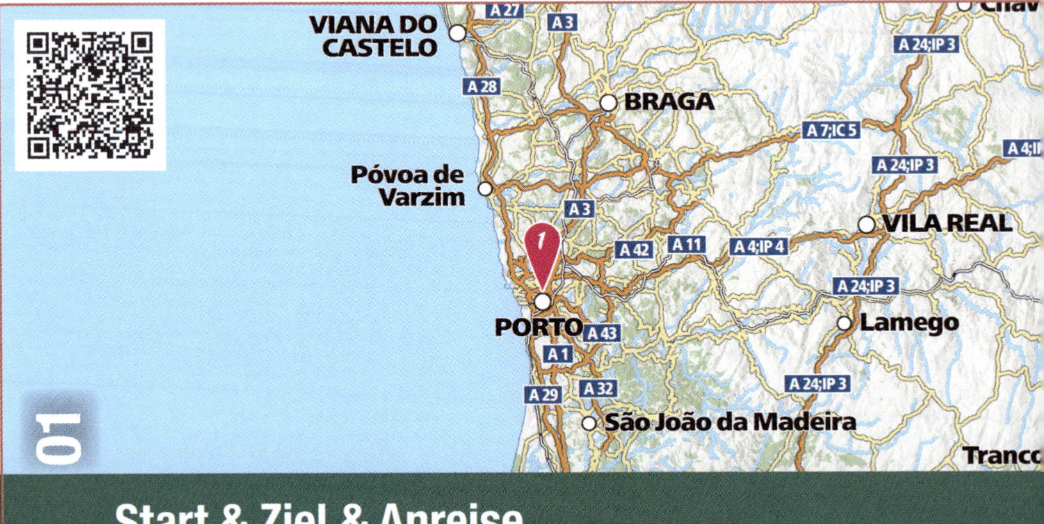


ETAPPE 01

## Start & Ziel & Anreise

Der Wanderweg startet in Porto an der Kathedrale. Mit dem Flugzeug geht es zum Internationalen Flughafen Porto. Mit dem Leihwagen – die gängigen großen Anbieter sind vertreten – geht's dann über die A4 und A28 in die Innenstadt. Mit den öffentlichen Verkehrsmitteln können wir die nagelneue Metro direkt ins Zentrum nehmen oder mit den Bussen der Linien 601 und 602 fahren. Alternativ bietet sich vom Flughafen ein Taxi in die Innenstadt an.

# Tourenbeschreibung

Heute wandern wir auf einer nicht offiziell ausgeschilderten Route, die uns dafür aber direkt zum Meer führt und an seiner Küste entlang bis zum ersten Etappenziel leitet. Herrliche Ausblicke auf die Küstenlandschaft und tolle Rückblicke auf Porto machen sie zu einem genussvollen Erlebnis.

Am Vorplatz der Kathedrale richten wir uns nach einem gelben Pfeil an der breiten Treppe vor uns. Wir steigen sie hinab und schwenken an einer Balustrade bei der Igrja de Grillos rechts in eine Gasse. Dann geht's links am Brunnen vorbei zur Hauptstraße hinab. Wir verlassen die Pfeile und schwenken links hinab zur belebten Uferpromenade des Río Douro. Wir folgen ihr flussabwärts begleitet von vielen bunten Häusern und malerischen Ausblicken. Bald stehen wir an der Hauptstraße, der wir nun weiter folgen. Wir unterqueren die Autobahnbrücke und haben bald den Leuchtturm im Blick.

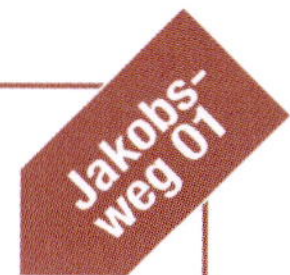


Am Brandungsschutz bieten sich spektakuläre Momente, wenn die Wellen bis zu 30 Meter in die Höhe schlagen. Abwechslungsreich geht die Route weiter: Parks, Balustraden, einladende Cafés und Restaurants und natürlich die raue Küstenlinie säumen die hübsche Promenade. Am ersten Kreisel mit der Reiterstatue des ehemaligen Königs von Portugal halten wir uns links am Fort vorbei, doch noch nahe der Küstenlinie. Wir passieren eine schöne Parklandschaft und gehen weiter auf den noch fernen Hafen zu.

Nach dem zweiten Kreisel gesellt sich der gelbe Pfeil wieder zu uns. Die raue Küste wird nun vom langen Praia de Matosinhos abgelöst. Nach der Tourismus-Info und der Einfahrt zum Hafen schlendern wir durch einen kleinen Park. Oben an der Straße geht's links herum, wir wechseln an der großen Kurve die Straßenseite und erblicken schon die Brücke vor uns. Es geht über die Metrostation und links an der großen Markthalle vorbei. Dann queren wir die Brücke und wenden uns an der nächsten Straße nach links. Sie führt uns hinab zur Küste. Erneut passieren wir eine Tourismus-Information, dann gelangen wir zur Kiespromenade. Wir lassen die große Hafenanlage hinter uns und betrachten vor uns den zweitgrößten Leuchtturm Portugals. Dahinter führt ein kleiner Abstecher zur Capela da Boa Nova. Ein wunderschöner Rastplatz lädt hier zum Verweilen ein. Die Aussicht ist fantastisch.

Die nächsten 9 km wandern wir auf Holzwegen am Strand und an den Dünen entlang. Immer wieder locken dabei Strandabgänge und einige Bars und Restaurants zu kurzen Abstechern, so dass wir die Ölraffinerie rechts neben uns gar nicht mehr wahrnehmen. Nachdem wir sie passiert haben, biegen wir an einem Fußballplatz links ab. Hinter dem Parkplatz gelangen wir wieder auf den Holzweg. Zwischen einem kleinen Strandabschnitt und dem Restaurant Marize Esplanada wird er von der Straße unterbrochen. Wir schlendern über den Praia de Memória, am Obelisken vorbei. Dann geht's abwechselnd über Holz- und Fußgängerwege durch die sanfte Dünenlandschaft.

An der Bar Pedras do Corgo liegt ein deutsches WWII U-Boot vor der Küste. Nun laufen wir wieder über die Holzwege am Strand entlang. Wir spazieren an mehreren Stränden und schönen Einkehrmöglichkeiten vorbei, dann stehen wir an einer ins Meer ragenden Mole mit einem roten Krahn. Viele kleine Fischerhütten reihen sich dort auf. Gute 500 Meter später kreuzen wir den Rio Onda. Wir spazieren weitere, 500 Meter später erreichen wir das Restaurant Novo Rumo. Hier biegen wir rechts ab, um zur Herberge hinauf zu spazieren. Ein knappe viertel Stunde später gelangen wir zu unserem heutigen Ziel. Die einstige Schule von Labruge wurde zur städtischen Herberge umgebaut.

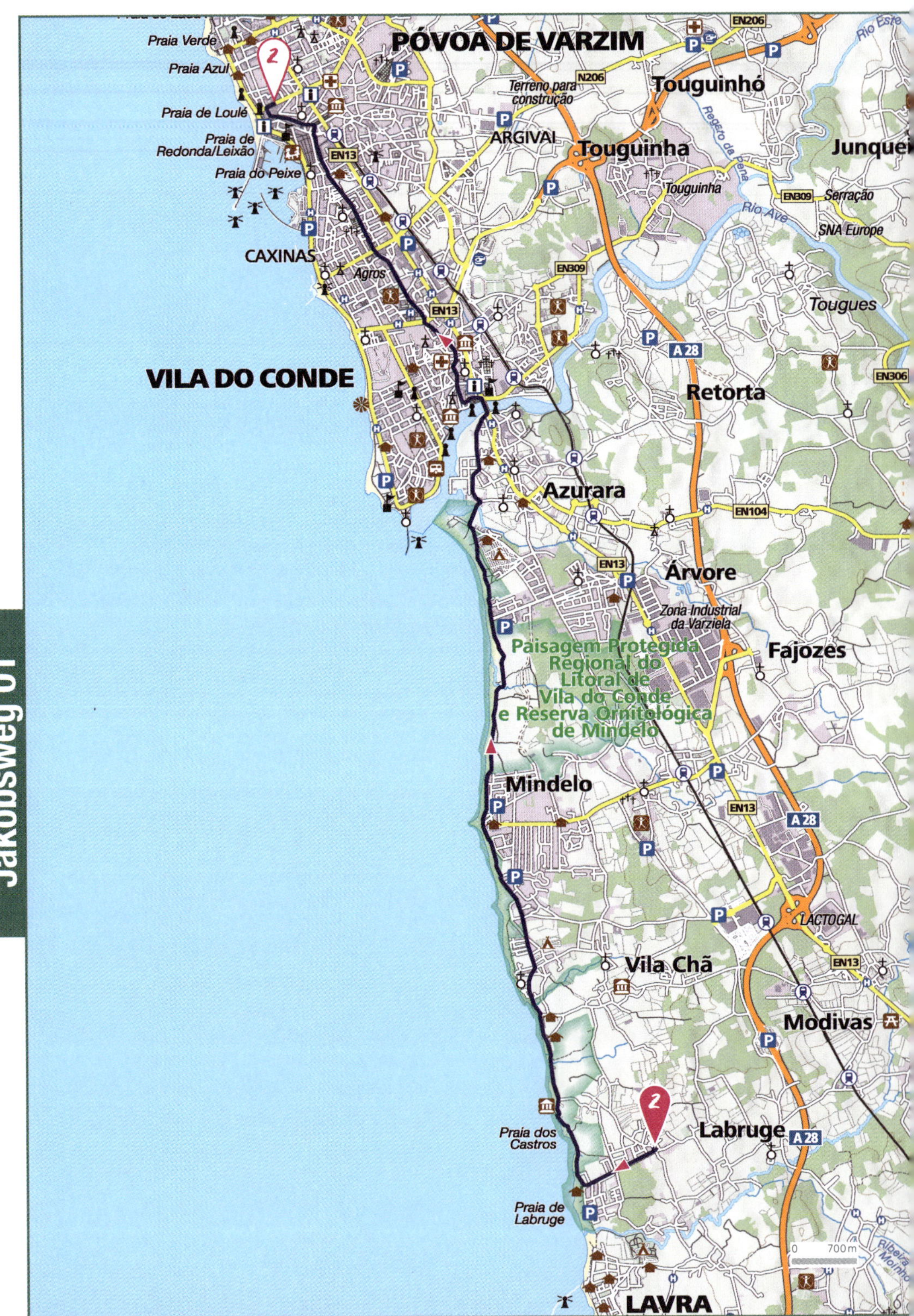
PÓVOA DE VARZIM
Praia Verde
Praia Azul
Praia de Loulé
Praia de Redonda/Leixão
Praia do Peixe
CAXINAS
Agros
Terreno para construção
N206
EN206
Rio Este
Touguinhó
ARGIVAI
Touguinha
Touguinha
EN13
EN309
Serração
Rio Ave
SNA Europe
Tougues
VILA DO CONDE
A 28
Retorta
EN306
Azurara
EN104
Árvore
Zona Industrial da Varziela
Fajozes
Paisagem Protegida Regional do Litoral de Vila do Conde e Reserva Ornitológica de Mindelo
Mindelo
LACTOGAL
Vila Chã
Modivas
Praia dos Castros
Labruge
Praia de Labruge
LAVRA
0 700 m

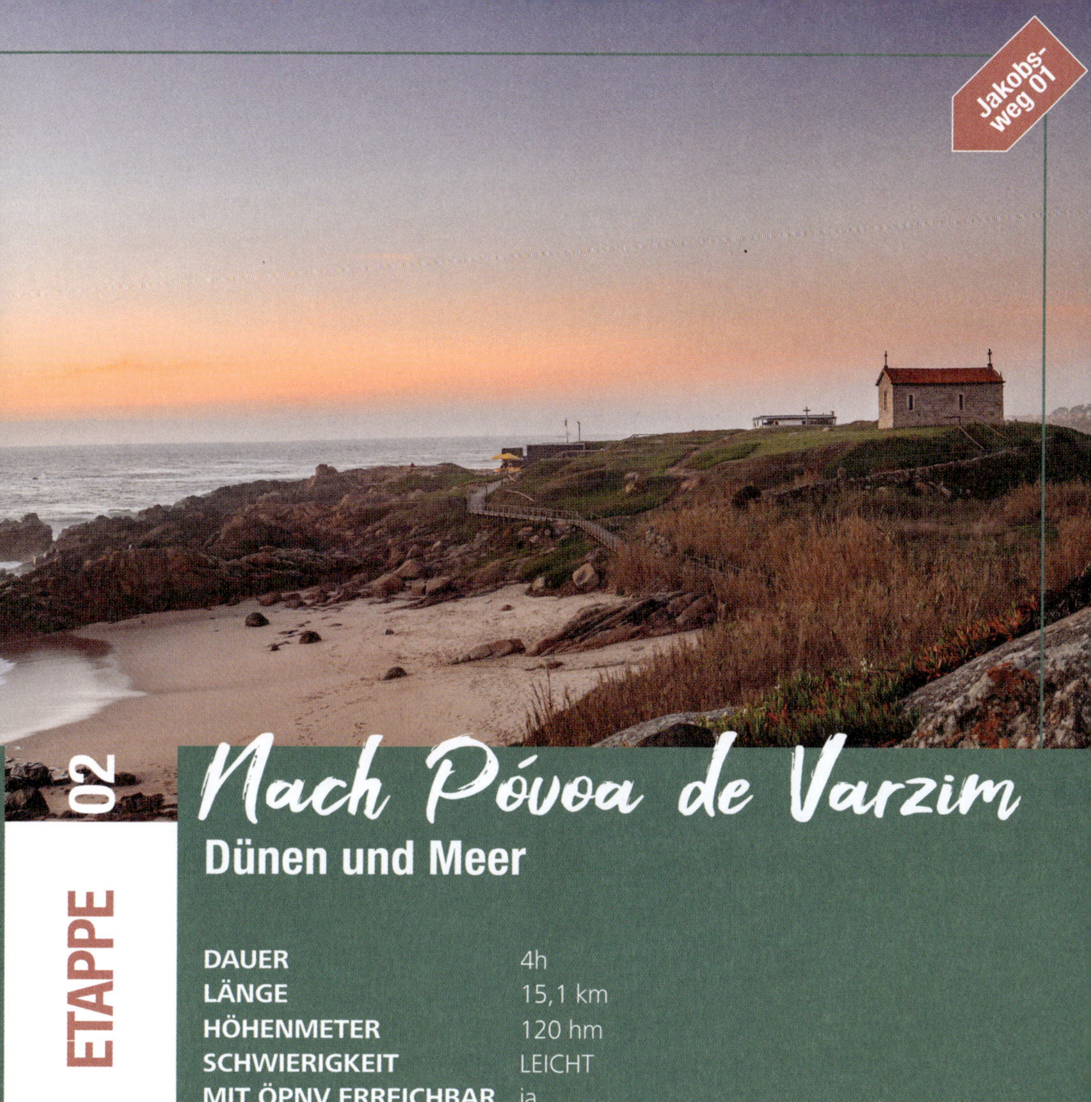



ETAPPE 02

# Nach Póvoa de Varzim

## Dünen und Meer

| | |
|---|---|
| **DAUER** | 4h |
| **LÄNGE** | 15,1 km |
| **HÖHENMETER** | 120 hm |
| **SCHWIERIGKEIT** | LEICHT |
| **MIT ÖPNV ERREICHBAR** | ja |

## Das erwartet dich ...

Heute liegt eine ruhige und entspannte Etappe vor uns. Die Wege sind einfach und führen ohne nennenswerte Höhenunterschiede die ersten zwei Drittel direkt an der Küste entlang. Der letzte Abschnitt besticht durch eine Vielzahl an kulturellen Sehenswürdigkeiten. Unser Etappenziel Póvao de Varzim ist recht touristisch, hat aber spannende Ecken zu bieten, gerade was die Fischerei betrifft.

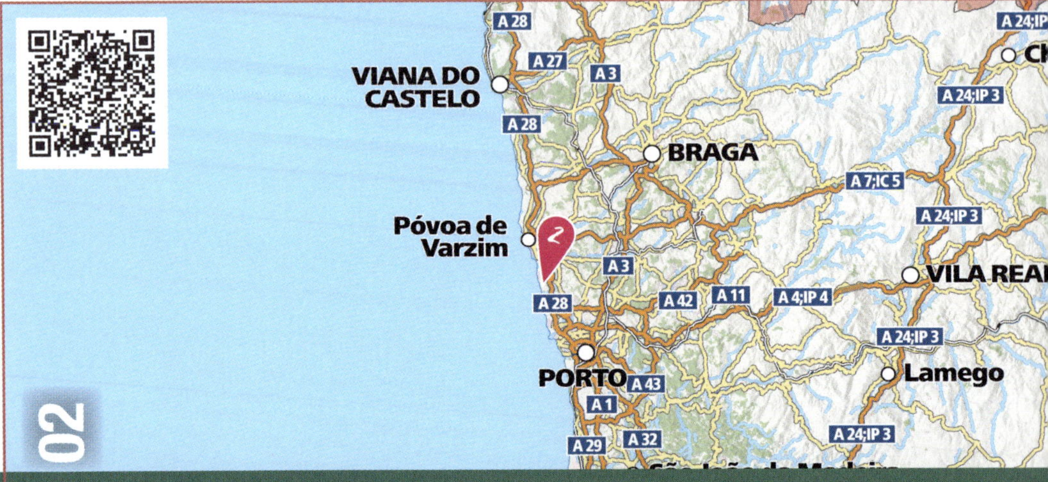


ETAPPE 02

## Start & Ziel & Anreise

Ausgangsort unserer heutigen Etappe ist die Herberge in Labruge. Mit dem PKW erreichen wir den Ort aus nördlicher und südlicher Richtung über die A28. An der Ausfahrt 12 verlassen wir die Autobahn und fahren über die Landstraße bis nach Labruge. Öffentlich erreichen wir Labruge mit dem Bus der Linie 106 oder mit der U-Bahn.

# Tourenbeschreibung

Wir spazieren zunächst von unserer Herberge in Labruge wieder hinunter zur Bar. Rechts geht's auf den Holzweg und rasch zu einem Aussichtspunkt. Dann passieren wir eine Kapelle und gelangen zur Bar S. Paio. Hier halten wir uns rechts hinauf, an einer historischen Siedlungsstätte entlang. In der Gemeinde Vila Chã verlassen wir den Holzweg und folgen der Straße an der schön dekorierten Bar Salitre vorbei. Wir gehen geradeaus in die Rua da Praia. Der Straßenverlauf führt uns an einem Spielplatz, einigen Bars und Restaurants und kleineren Läden vorbei. Nach der Herberge bleiben wir noch immer auf der Straße, bis sie wieder zum Strand hinableitet.

Wir schlendern auf Holzwegen durch die Dünen, dann gelangen wir zu einer Verzweigung. An der Küste entlang geht's über einen befestigten Deich, anschließend wandern wir weiter über die ruhige Dünenlandschaft. Vor uns er-

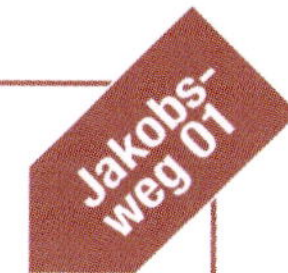


blicken wir in der Ferne die ersten Häuser. Rasch queren wir ein Flüsschen, dann stehen wir am Praia de Avore. Ein großer Pfeil schickt uns weiter an der Küste entlang. Nach einem KM weist er uns nach rechts auf eine gepflasterte Straße am Fluss entlang. Wir queren den Kanal und gehen mit der nächsten Straße links auf einen Sand- und Kiesweg. An seinem Ende folgen wir einer weiteren Pflasterstraße nach links. Sie führt uns direkt an die EN-13. Wir überschreiten die Brücke des Río Ave und gelangen direkt nach Vila do Conde.

Hier müssen wir besonders auf die Wegführung achten, denn die Camino-Wegweiser widersprechen sich hier. Geradeaus geht's zur Herberge Santa Clara. Ihr beeindruckendes Klostergebäude befindet sich direkt am Fluss. Wir halten uns jedoch links, kreuzen den Park und nehmen die Straße geradeaus hinauf. Ab hier ist der Weg lückenlos ausgeschildert. An der nächsten Querstraße schwenken wir rechts und gehen an schmalen Straßen entlang. Nach einer Kapelle halten wir uns bei der nächsten Kreuzung geradeaus, zwischen Bank und Café Nacional hindurch.

An der Pfarrkirche gleich danach legen wir einen kurzen Besichtigungsstopp ein. Die restliche Wegstrecke ist nur mehr kurz, und hier gibt es allerhand zu entdecken: Hinter der Kirche steht ein Aquädukt mit ursprünglich 999 Bögen – leider sind nicht mehr alle davon intakt. Es führte das Wasser zur Klosteranlage Santa Klara. Wie spazieren weiter über den Camino 30 durch die engen Straßen und an der folgenden T-Kreuzung nach rechts. Dann geht's links geradeaus über die Kreuzung. Bald halten wir uns erneut links und folgen der Straße durch ein Neubaugebiet. Nach ein paar kleineren Shops erreichen wir wieder einen Kreisel. Wir queren ihn und wandern für gute 2,5 km weiter geradeaus.

Die Straßen werden wieder schmaler, die Abstände zwischen den Häusern schwinden und bald schlendern wir wieder durch schöne Gassen. An einem Spielplatz halten wir uns noch einmal geradeaus über den Praca do Almado, den Zentrumsplatz von Póvoa de Varzim.

Unsere Wegpfeile schicken uns direkt davor nach links. Nahe einer kleinen Kirche geht's rechts vorbei. Wir bummeln gemütlich durch die Fußgängerzone und die Einkaufszone. Dann stoßen wir geradewegs auf ein großes rundes Haus. Es teilt den Weg. Wir schlendern rechts daran vorbei in die Rua da Alegria und an einem markanten pinken Gotteshaus entlang. An der Hauptstraße läuft der Camino links ab. Die städtische Herberge, in der wir heute unterkommen werden, befindet sich allerdings knapp 100 Meter nach rechts. Sie steht auf der linken Straßenseite und ist sofort an ihrer pinken Wandfarbe auszumachen.

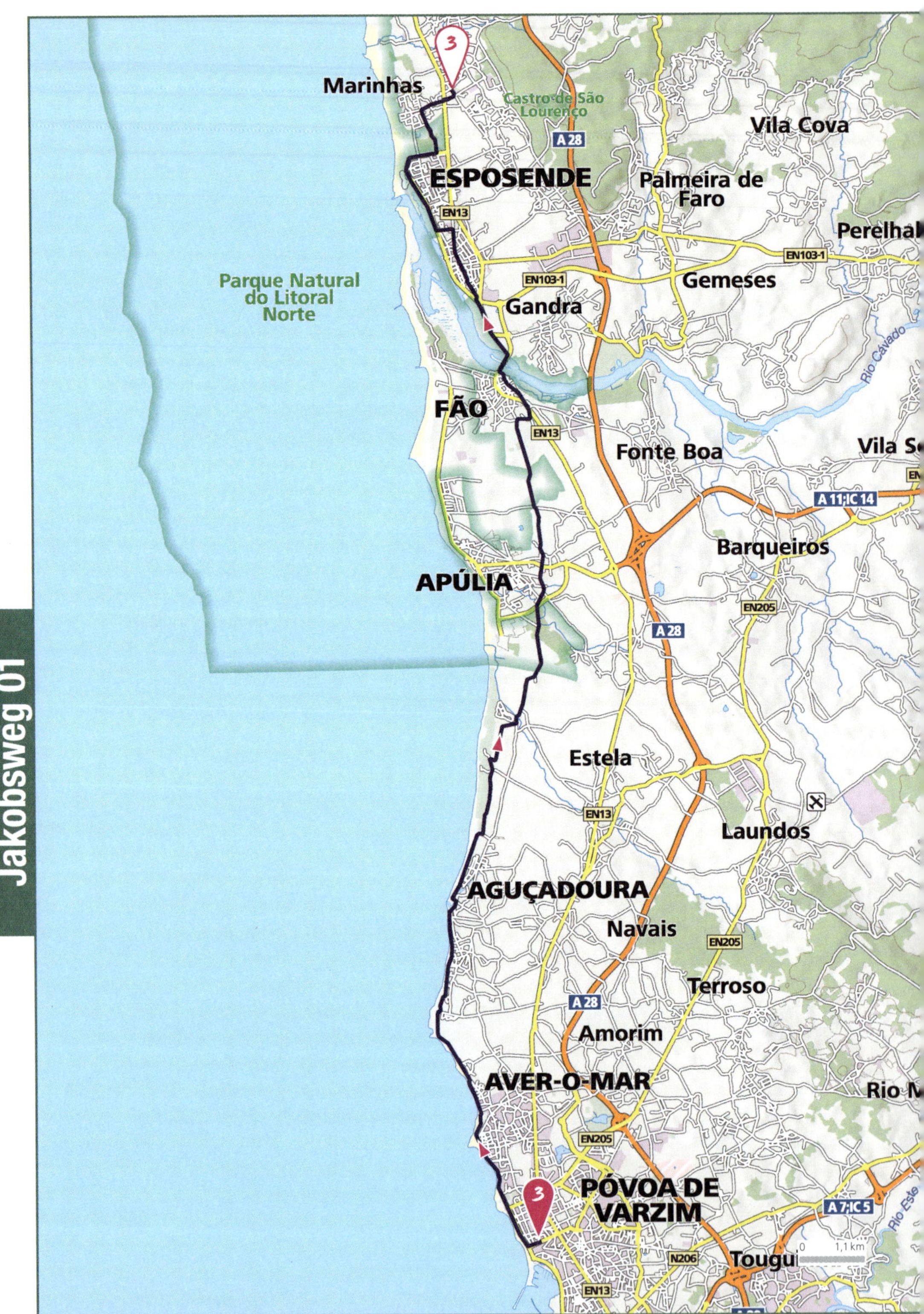
Marinhas
Castro de São Lourenço
A 28
Vila Cova
ESPOSENDE
Palmeira de Faro
EN13
EN103-1
Parque Natural do Litoral Norte
Gemeses
Gandra
Rio Cávado
FÃO
Fonte Boa
A 11;IC 14
Barqueiros
APÚLIA
EN205
Estela
Laundos
AGUÇADOURA
Navais
Terroso
Amorim
AVER-O-MAR
PÓVOA DE VARZIM
A 7;IC 5
Rio Este
N206
0 1,1 km

Jakobsweg 01

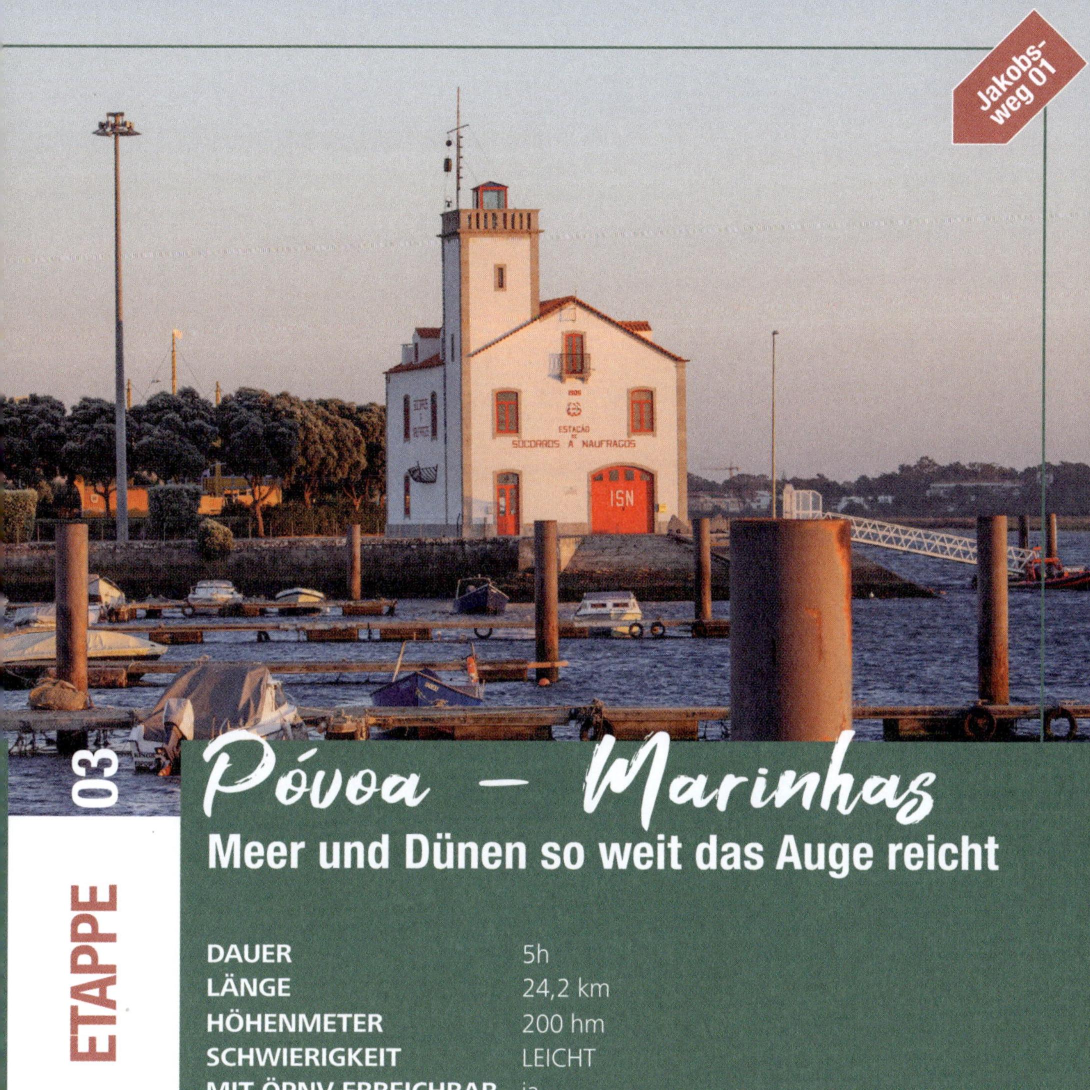


ETAPPE 03

# Póvoa – Marinhas

## Meer und Dünen so weit das Auge reicht

| | |
|---|---|
| **DAUER** | 5h |
| **LÄNGE** | 24,2 km |
| **HÖHENMETER** | 200 hm |
| **SCHWIERIGKEIT** | LEICHT |
| **MIT ÖPNV ERREICHBAR** | ja |

## Das erwartet dich ...

Heute ist die Strecke schon wesentlich länger als am Vortag, aber genauso einfach. Sie ist abwechslungsreich und leitet uns ohne größere Höhenunterschiede an der Küste entlang. Anfangs ist die Etappe noch etwas lückenhaft beschildert, die küstennahe Wegführung ist jedoch einfach. Im zweiten Teil wiederum führt der Weg viel über Pflasterstraßen und entfernt sich zusehends von der Küste.

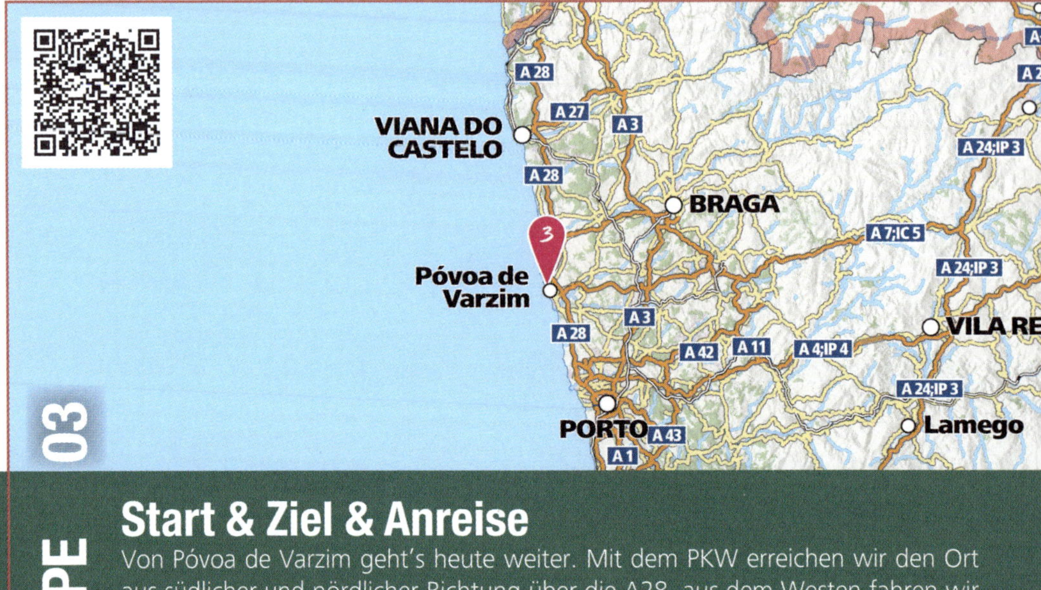


ETAPPE 03

## Start & Ziel & Anreise

Von Póvoa de Varzim geht's heute weiter. Mit dem PKW erreichen wir den Ort aus südlicher und nördlicher Richtung über die A28, aus dem Westen fahren wir über die A7 an. Von Porto fährt ein Bus nach Póvoa de Varzim.

# Tourenbeschreibung

Über die Strandpromenade verlassen wir Póvoa de Varzim und folgen ihr gut zwei Kilometer neben der Straße her. Dann leitet uns ein Holzweg nach links. Stets in Strandnähe überqueren wir den Fluss und treffen auf die Baracuda Bar. Das nächste Wegstück wechseln sich Fußgänger- und Holzwege ab. Wir passieren im Folgenden einen Richtungspfeiler mit unterschiedlichsten Destinationen sowie ein Gitter, das von den Jakobsmuscheln der Pilger übersäht ist.

Wir spazieren weiter an der Küste entlang. Bald taucht zu unserer Rechten eine Windmühle auf. Wenig später stehen wir an der Bar Mar do Norte in Aguçadoura. Die kommenden zwanzig Minuten wandern wir zu einer Düne hinauf. Zuvor passieren wir noch einen Fluss. Zu unserer Rechten erstreckt sich die karge Dünenlandschaft. Am Ende des Holzsteges baut sich ein palisadenartiger Zaun vor uns auf. Dahinter versteckt sich ein Fußballplatz.

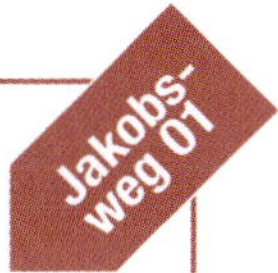


Wir halten uns mit dem ersten Pfeil rechts auf den neuen Wegen – nicht zur Straße hoch! Von links leuchtet uns das satte Grün eines Golfplatzes entgegen. Rechts begleiten uns Gemüsegärten und Folientunnel. An der Einfahrt zum Golfplatz unterbricht der Weg kurz, führt danach aber weiter. Vorbei geht's an Föhrenhainen, dann wird der Weg erneut unterbrochen. Er biegt rechts zur Straße, zieht sich kurz links am Zaun entlang, dann spazieren wir kurz über einen Holzweg. Wir verlassen ihn geradeaus über einen Sandweg zur Straße. An Äckern und Waldabschnitten vorbei passieren wir ein kleines Stadion. Wir queren geradewegs eine Straße und gelangen nach Apulia. Nach einem schönen Rastplatz und einer Kirche verlassen wir den Ort geradeaus.

Wir folgen den Pfeilen zu einer offenen Gartenfläche. Hier schicken sie uns nach rechts, in eine zerstückelte Siedlung mit langen Gartenparzellen. An der nächsten T-Kreuzung geht's im Links-Rechts-Wechsel weg von der gepflasterten Straße. Auf gutem Sandweg wandern wir durch Waldabschnitte und stoßen erneut auf ein Stadion. Wir schlendern einen asphaltierten Weg entlang, bis wir bei den ersten Häusern von Fão rechts wieder auf eine Pflasterstraße kommen. Wir halten uns am Friedhof links und erreichen die geschäftige Hauptstraße. Ein Stück weiter queren wir den Fußgängerweg und schlendern zur Kirche von Fão.

Am Ende des Kirchenvorplatzes erblicken wir einen Brunnen. Eine Nebenstraße bringt uns rasch ins Zentrum. Hier locken viele Einkaufsmöglichkeiten. Wir spazieren durch enge Straßen, an der Feuerwehr vorbei und links am Rio Cávado entlang. Wir überqueren den Fluss und stoßen hinter der Brücke links auf die gesperrte Straße. Der Nationalstraße 13 folgen wir auf der linken Seite stadteinwärts. An einem Kreisel halten wir uns geradeaus, dann begrüßt uns auch schon die Steinmuschel von Esposende. Wir folgen der Querstraße, halten uns jedoch gleich darauf wieder links auf einen Verbindungsweg. Geradeaus geht's an einem Café, einem Shop und einem Restaurant vorbei. Nach dem 11 Hostel erreichen wir bei der Kirche die Einkaufsstraße und die Innenstadt.

Wir spazieren zur nächsten Kirche, gehen links an ihr vorüber und wandern weiter bis zum markanten Hospital Valentim Ribeiro. Dann leitet uns die Route nach links zur Promenade hinab. Im Anschluss folgen wir der Straße nach rechts. Sie macht nach ca. zwanzig Minuten einen Rechtsknick und mündet in der EN-13. Zuvor schwenken wir in die Querstraße nach links. Der Camino läuft hier auf einer Pflasterstraße weiter. Beim Coviran Supermarkt biegen wir rechts ab. Wir passieren einige Hotels und gehen direkt zur Nationalstraße hinauf. Vorsicht hier, es gibt eine enge Einfahrt zu uns hin. Die Anmeldung für die Herberge von Marinhas befindet sich auf der rechten Seite des Roten Kreuzes. Zur Herberge selbst spazieren wir die Straße hinauf. Am Kreisel geht's links herum und weiter zum ersten Haus auf der rechten Seite.

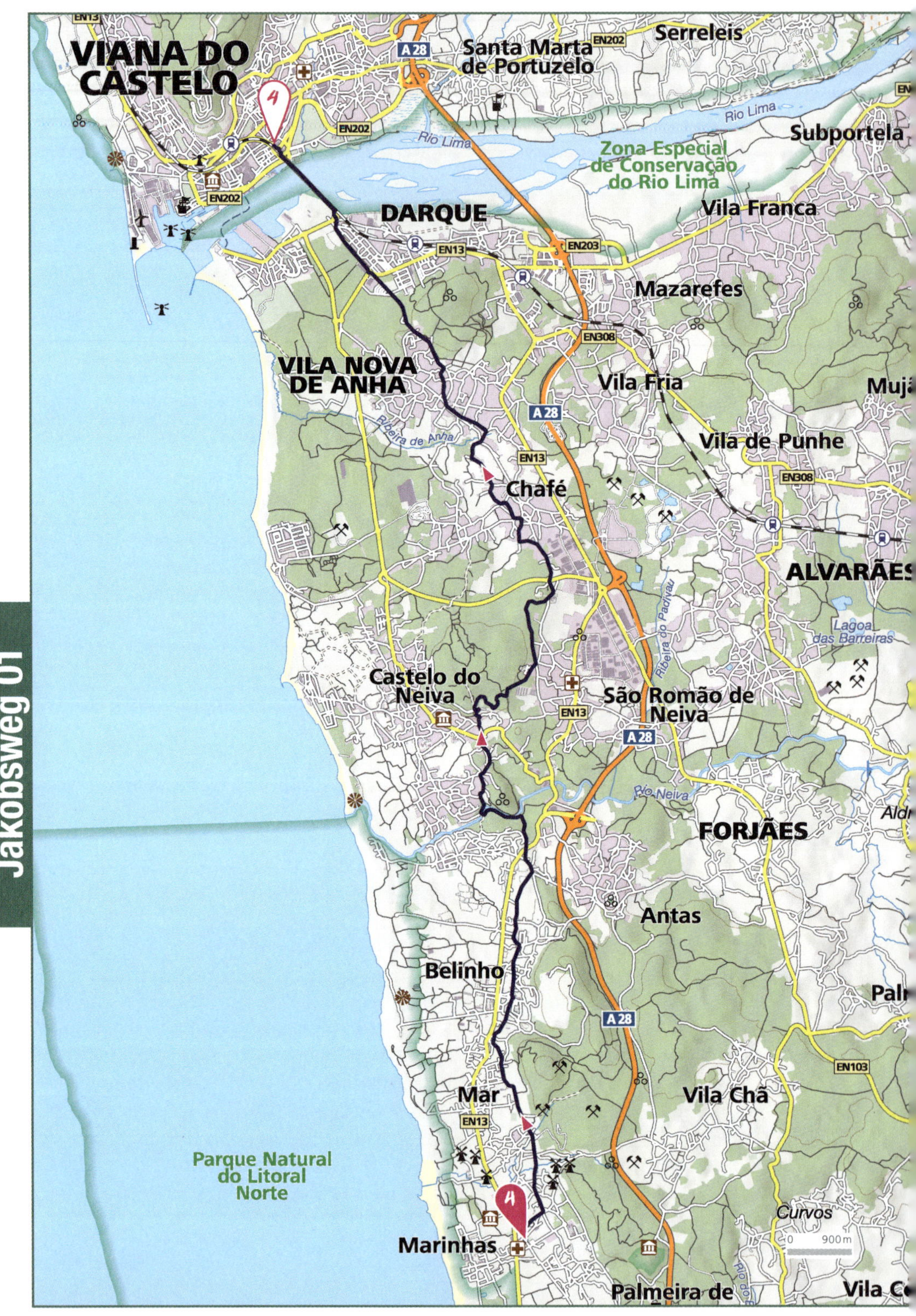

VIANA DO CASTELO
Santa Marta de Portuzelo
Serreleis
Rio Lima
Subportela
Zona Especial de Conservação do Rio Lima
DARQUE
Vila Franca
Mazarefes
VILA NOVA DE ANHA
Vila Fria
Vila de Punhe
Ribeira de Anha
Chafé
ALVARÃES
Lagoa das Barreiras
Ribeira do Padjvau
Castelo do Neiva
São Romão de Neiva
Rio Neiva
FORJÃES
Antas
Belinho
Mar
Vila Chã
Parque Natural do Litoral Norte
Marinhas
Curvos
Palmeira de
0 900 m
A 28
EN13
EN202
EN203
EN308
EN103

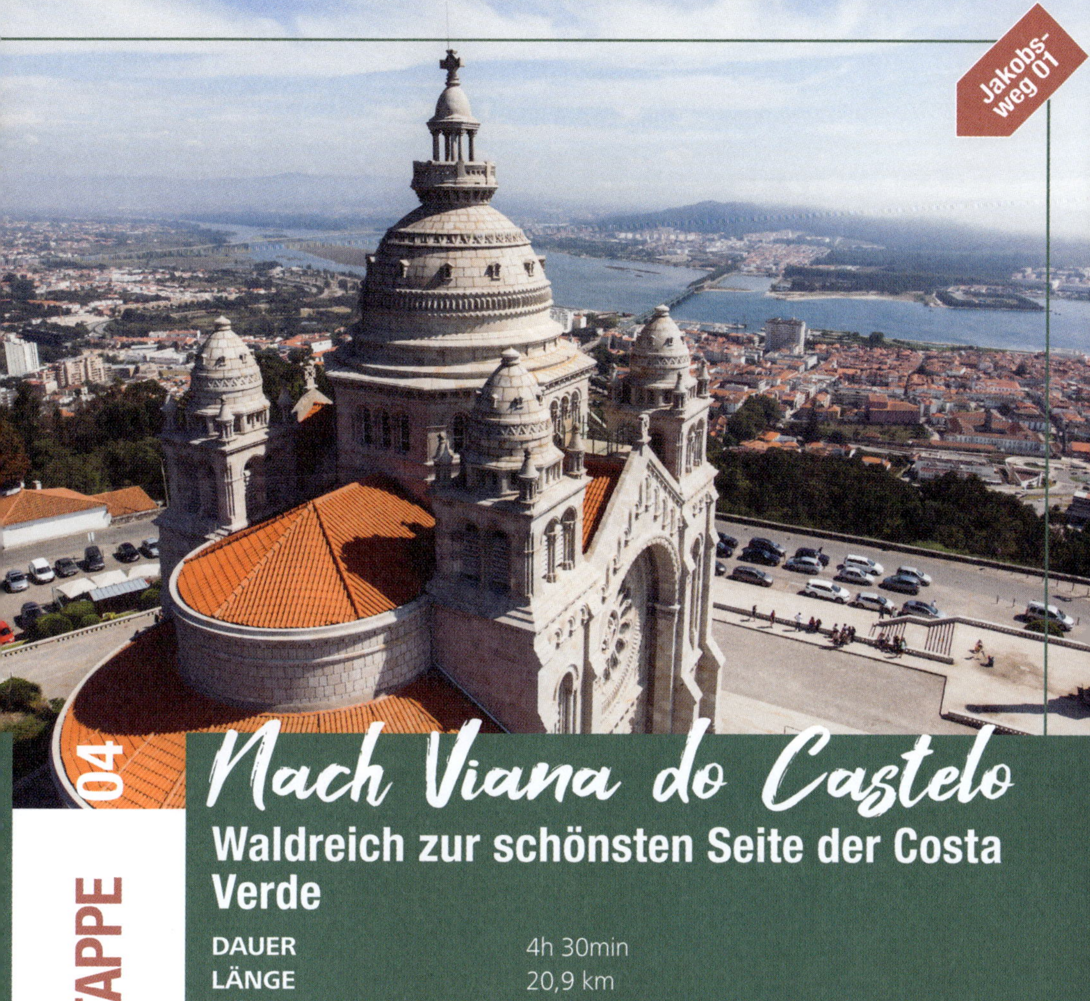



ETAPPE 04

# Nach Viana do Castelo

## Waldreich zur schönsten Seite der Costa Verde

| | |
|---|---|
| **DAUER** | 4h 30min |
| **LÄNGE** | 20,9 km |
| **HÖHENMETER** | 350 hm |
| **SCHWIERIGKEIT** | MITTEL |
| **MIT ÖPNV ERREICHBAR** | ja |

## Das erwartet dich ...

Die heutige Etappe ist kürzer, aber wesentlich anspruchsvoller als die ersten Etappen. Sie besticht durch mehr Höhenmeter und ist die erste wirkliche Wanderetappe. Sie bringt uns von der Küste weg und führt landeinwärts. Die vielen Waldwege werden bei Regen zu rutschigen Wasserstraßen. Unser Etappenziel Viana do Castelo ist eine Perle im Norden Portugals. Eine Stadt mit bewegter Geschichte und reich an portugiesischer Kultur wird von einer spektakulären Landschaft eingerahmt.

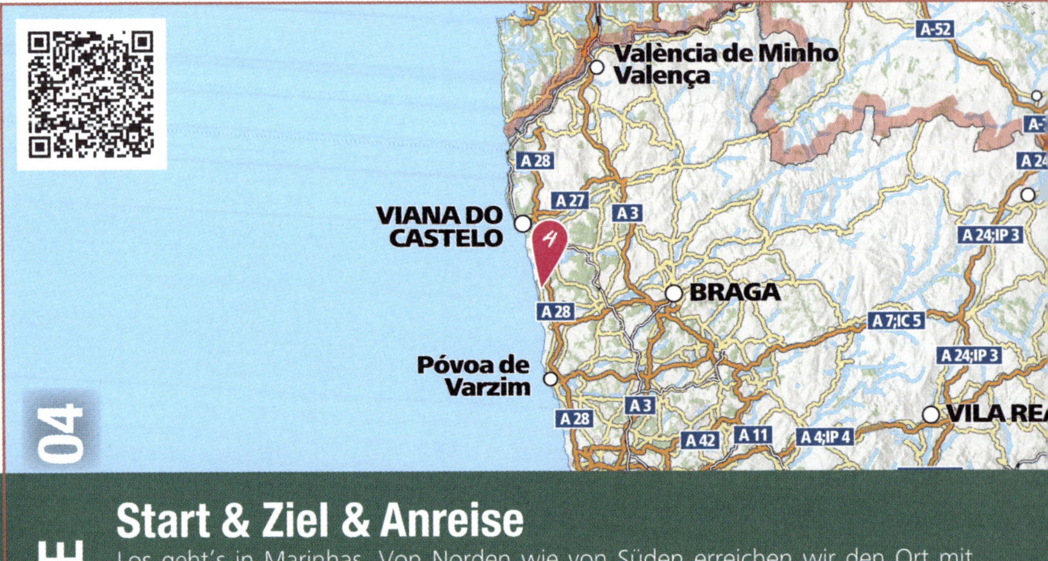


ETAPPE 04

## Start & Ziel & Anreise

Los geht's in Marinhas. Von Norden wie von Süden erreichen wir den Ort mit dem PKW über die A28. Von der zentralen Busstation in Póvoa de Varzim fährt der Rede Expressos 10 in Richtung Monção. Haltestelle ist die Busstation Esposende. Von hier aus geht's in einer viertel Stunde nach Marinhas.

# Tourenbeschreibung

Vor der Herberge von Marinhas wenden wir uns nach rechts zur Kirche. Wir schlendern links an ihr vorüber und folgen der Straße hinauf, dann leitet uns die Route links auf eine Pflasterstraße. Rechts geht's an der S. João de Monte Kapelle vorbei. Der Straßenverlauf führt zur Tund Y-Kreuzung. Wir halten uns rechts. Dann geradeaus am Abzweig zum Café vorbei. Wenig später treffen wir auf die Kirche von Belinho mit ihrer markanten Turmspitze.

Wir erreichen eine T-Kreuzung mit Infos zum Ort Antas. Im Links-Rechts-Wechsel geht es zu einem Acker. Wir wandern auf sandig-gerölligen Wegen an hohen Steinmauern entlang. An einer kleinen Kapelle mit Brunnen und Rastplatz biegen wir links ab. Kurz vor der Mündung auf die EN-13 halten wir uns rechts auf sie zu. Wir überqueren die Nationalstraße und spazieren zwischen den beiden Häusern auf dem Kiesweg. Er leitet uns geradewegs in den Wald hinein ehe er uns links

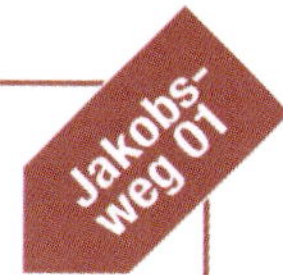


nahe des Rio Neiva entlangführt. Wir queren die Brücke, gleich danach halten wir uns rechts zur Hauptstraße und zur Albergue Castelo do Neiva.

Die zweite Abzweigung leitet uns rechts von der Hauptstraße weg, dann nehmen wir den Pflasterweg nach links. Auf der Dorfstraße gehen wir bis zur T-Kreuzung, 10 Meter nach rechts, dann schwenken wir links in den Schleichweg ein. An der nächsten Straße spazieren wir zur Kirche hinauf. Hier bietet sich uns eine tolle Aussicht. Am Parkplatz halten wir uns dann rechts und treffen auf einen teils steinigen Waldweg. Eine hervorragende Wegbeschilderung leitet uns sicher durch den Wegewirrwarr im Wald, aber auch auf teils unebenen Wegen. Schließlich erreichen wir eine Mauer, die uns bis an eine Siedlung begleitet. Relativ schnell biegen wir von der Hauptstraße links auf einen unbefestigten Waldweg ein. Auf und Nieder und an verfallenen Mauern vorbei erreichen wir die Straße von Chafé mit wunderschöner Kirche.

Die Route führt uns an der ruhigen Straße entlang. Nach einem Brunnen gehen wir an den ersten Häusern vorbei. An den großen Ackerflächen halten wir uns links auf einen Steinweg. Er bringt uns zurück zum Asphalt und geradeaus mit der nächsten Querstraße nach rechts. Bei Friedhof und Kirche biegen wir links ab, dann geht's rechts herum ab vom Asphalt. Wieder an der Straße machen wir erneut einen Links-Rechts-Schwenk und folgen dann dem gepflasterten Caminho do Paradineiro. Wir schlängeln uns weiter, mal links, mal rechts durch die Siedlung. Dann queren wir die Hauptstraße und wandern mit der Pflasterstraße vor uns leicht links herum, den Kirchturm von Anha im Blick.

Dort angekommen biegen wir links ab. Die Route führt uns am Supermarkt vorbei und an der Straße zweimal nach rechts. Beim Café Nosso zweigen wir dann links ab und spazieren über weitere gepflasterte Straßen zu einer Teerstraße. Wir halten uns links hinauf, am Waschplatz vorbei. Oben treffen wir auf einen kleinen Schrein. Rechts steigen wir bergab. Ein felsiger Weg schneidet die Kurve und leitet uns wieder zur Straße. Sie verlässt uns bald nach links. Wir halten die Richtung geradeaus, vor uns den Rio Lima und die markante Santuário de Santa Luzia – die Basilika von Santa-Luzia.

Ein Sandweg bringt uns zur EN-13, der wir nun bis zu unserem Ziel folgen. Die Ponte Eiffel führt uns über den 700 Meter breiten Lima, eine Etage tiefer läuft die Bahn entlang. Von hier aus bieten sich tolle Blicke auf unser Etappenziel. Aber auch der Blick nach rechts auf die atemberaubende Flusslandschaft lässt uns nicht schlecht staunen. Kurz vor Ende der Brücke steigen wir ein paar Treppenstufen links hinab. Wir gehen unter der Brücke hindurch, kreuzen die Straße und halten uns an der Tankstelle und der Grundschule links. Zu unserer Rechten erwartet uns schon die öffentliche Herberge von Viana do Castelo.

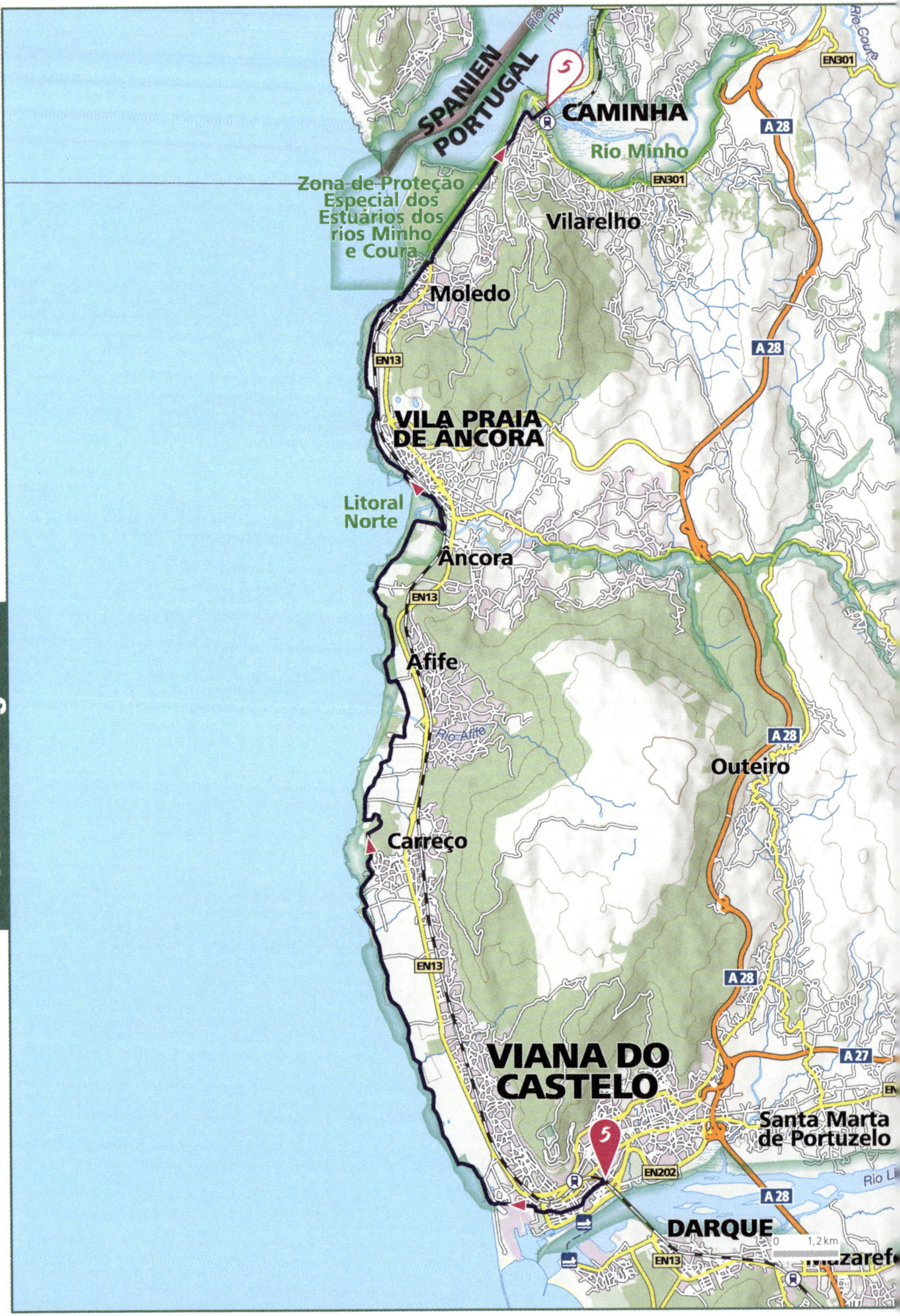

SPANIEN
PORTUGAL
Rio Minho
CAMINHA
Rio Minho
Rio Coura
EN301
A 28
EN301
Zona de Proteção Especial dos Estuários dos rios Minho e Coura
Vilarelho
Moledo
A 28
EN13
VILA PRAIA DE ÂNCORA
Litoral Norte
Âncora
EN13
Afife
Rio Afife
A 28
Outeiro
Carreço
EN13
A 28
VIANA DO CASTELO
A 27
Santa Marta de Portuzelo
EN202
Rio Li
A 28
DARQUE
0 1,2 km
EN13
Mazaref

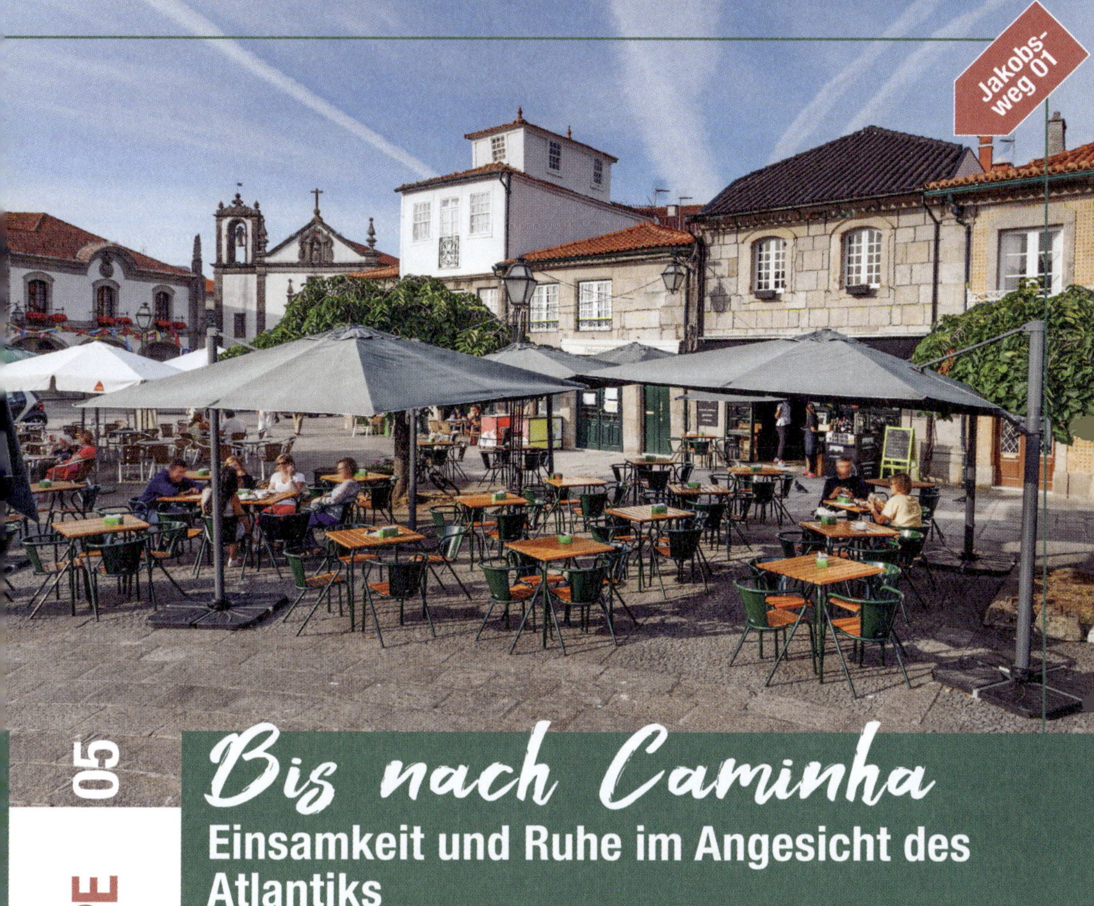

Jakobsweg 01

ETAPPE 05

# Bis nach Caminha

## Einsamkeit und Ruhe im Angesicht des Atlantiks

| | |
|---|---|
| **DAUER** | 6h 15min |
| **LÄNGE** | 29,7 km |
| **HÖHENMETER** | 290 hm |
| **SCHWIERIGKEIT** | LEICHT |
| **MIT ÖPNV ERREICHBAR** | ja |

## Das erwartet dich ...

Die letzte Etappe auf portugiesischem Boden ist sehr lang, aber wunderschön. Sie präsentiert uns sämtliche Reize auf einmal: die raue Küstenlinie, angenehme Strände, einsame Föhrenwälder und die malerische Altstadt von Viana. Zwischen Viana und Moledo gibt es kaum direkte Einkehrmöglichkeiten (im Winter noch weniger) und keine Einkaufsmöglichkeiten. Kleine Abstecher in die Ortschaften sind möglich.

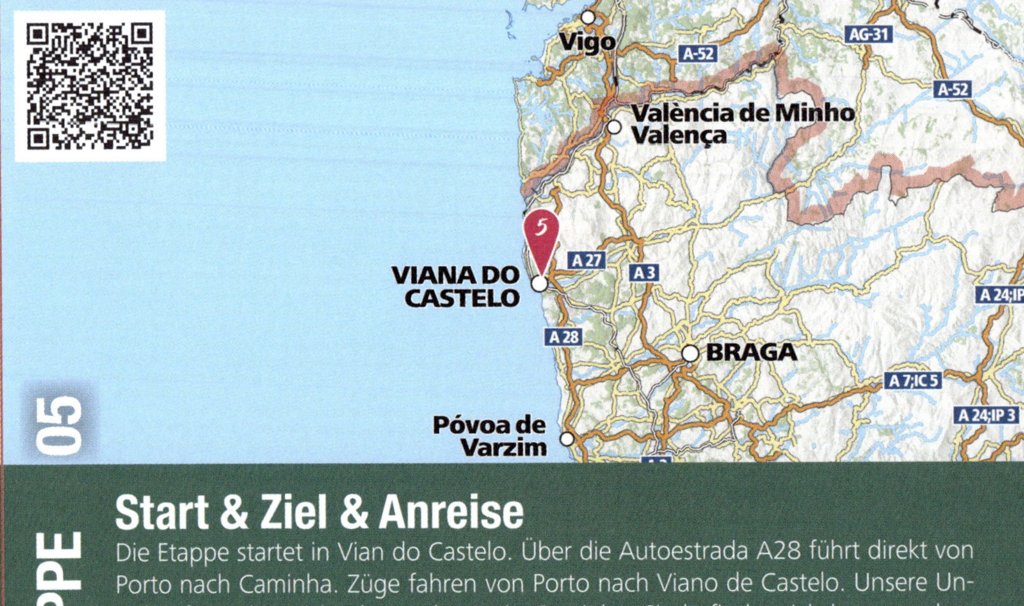


## Start & Ziel & Anreise

Die Etappe startet in Vian do Castelo. Über die Autoestrada A28 führt direkt von Porto nach Caminha. Züge fahren von Porto nach Viano de Castelo. Unsere Unterkunft ist die städtische Herberge in Caminha. Sie befindet sich kurz vor dem Fluss, direkt unter dem Kindergarten.

# Tourenbeschreibung

Heute wandern wir auf unserer langen Etappe die ersten zwanzig Kilometer auf einer Variante zum Hauptweg. Auf Grund der abwechslungsreichen Küstenlinie ist sie jedoch wesentlich interessanter. So spazieren wir von der Herberge gute 50 Meter nach rechts, unterqueren die Unterführung und erreichen so die andere Seite der Schienen. Am nächsten Park halten wir uns links, dann schwenken wir rechts in eine ruhige Straße ein. Mit schönen Eindrücken geht's nun durch die schmucke Altstadt. Am Zentrumsplatz Praca da Republica erwarten uns bereits zahlreiche Geschäft und Cafés.

Wir lassen die Pfeile nach rechts außer Acht und schlendern geradeaus am gelben Haus rechts in die Rua de Manuel Espregueira. Noch immer geradeaus, dann halten wir uns an der Kirche rechts (Mönche und Esel). An einigen Sportanlagen vorbei verlassen wir allmählich die Stadt. Wir gehen geradeaus über den Kreisel hinüber.

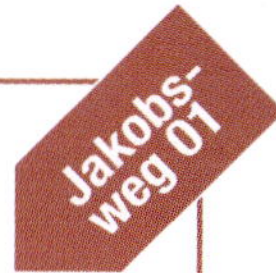


Zu unserer Linken erhebt sich ein altes Fort. Am Ende der Straße erreichen wir in einem Rechts-Links-Wechsel die riesige Strandpromenade. Innerhalb der ersten 100 Küstenmeter sind künstliche Badebecken angelegt. Nach rechts führt die Route zum alten Fort Riego de Fontes. Nach einem genussvollen Rundumblick folgen wir einige Kilometer gut ausgebauten Kieswegen. Wiesen, Felder und die stürmische Brandung sind hier unsere Begleitung. Wir kommen an einer kleinen Windmühle vorbei, etwas später nehmen wir dann einen Schleichweg links des eingemauerten Areals, der uns zu einer weiteren alten Windmühle leitet.

Zu unserer Rechten gehen die Felder nach und nach in dichte Dünen- und Buschlandschaft über. Danach wechseln sich Kies- und Holzwege ab. Schließlich kommen wir über einen Fußgängerweg an ein paar Baracken heraus. Wir kommen zu einer erhöhten Düne mit der Sommer-Strandbar Areia und dem vorgelagerten Praia de Carreço. Wir bleiben von der Bar aus links an der Küste. An einem kleinen Kiefernhain vorbei gelangen wir zu den ersten Häusern. Wir halten uns rechts, dann links und geradeaus in einen herrlichen Kiefernwald. Die Route führt hinab in die Ebene und links durch die satten Wiesen. Der Weg schlängelt sich zum Forte de PaÇô und zu weiteren Fischerbaracken. Am Ende des Holzweges geht's über Kieswege weiter durch dichtes Gebüsch und ein schönes, natürliches Feuchtgebiet.

Die Route führt über zwei große Parkplätze. Beim zweiten Parkplatz gehen wir rechts auf einen Weg. Beim nächsten Weg schwenken wir links über den Rio Afife, dann spazieren wir an Äckern entlang zum nächsten Parkplatz. Hier halten wir uns wieder links zum Praia de Afife. Im Sommer gibt es hier eine schöne Strandbar. Anschließend wandern wir über die Dünen. Der Weg endet an einem alleinstehenden weißen Haus. Wir überqueren den Parkplatz der Länge nach. Das Jakobszeichen führt uns auf einem asphaltierten Weg bis an sein Ende. Dort schickt uns der gelbe Pfeil nach rechts, und sofort wieder links, weiter durch dichten Dünenbewuchs. Wir kommen am Strand heraus und wandern bis zum Ortsrand von Gelfa und dem Forte de Cão.

Wir spazieren weiter an der Straße entlang, passieren ein Restaurant und erblicken nun schon die Häuser von Âncora. Der pyramidenartige Berg im Hintergrund gehört bereits zu Spanien. Ein Holzweg leitet uns mit schönen Ausblicken ins Hinterland durch die Dünen. Schwenkt der Weg beim Fußballplatz rechts ein, folgen wir dem Flussarm durch eine ruhige, idyllische Gegend. Wir überqueren den Rio Âncora über eine Brücke und treffen wieder auf den Hauptweg. In den naturnahen Flussauen werden wir an sonnigen Tagen sicherlich die eine oder andere Eidechse erspähen. An einem schönen Rastplatz endet der Holzweg. Wir spazieren mit dem gelben Weg zur Küste hinab. Dabei bleiben wir an der Flussseite. Nach einer Brücke mit der Tourismus-Info schlendern wir an der Praia de Vila Praia de Âncora entlang.

# Fortsetzung Etappe 5

Wir passieren erneut ein Fort, dann gehen wir auch auf gelben Wegen direkt an der felsigen Küstenlinie entlang. Die Straße verlässt uns bald nach rechts. Wir bleiben an der Küste. Nach einem Seafood Restaurant erreichen wir eine kleine Kapelle mit Brunnen. Wir wandern geradeaus oder auf dem Weg parallel zum Wasser weiter. Beide führen uns zum nächsten Ziel. Sie laufen nach ca. 1,7 km zusammen. Falls wir den befestigten Kiesweg wählen, erwartet uns sehr steiniges Terrain. Bei den ersten Häusern treffen wir auch auf den langen Strandabschnitt. Hier vereinigen wir uns wieder mit dem anderen Weg.

Ein wenig weiter des Weges schicken uns ein paar Pfeile rechts unter dem Bahndamm hindurch. Wir gehen zur Straße hinauf, dann biegen wir links ein. Vorbei an zwei kleinen Shops, Bars und dem ATM in Moledo wechseln wir kurz vor der EN-13 die Straßenseite. Vor dem Kreisverkehr überqueren wir den Zebrastreifen und biegen links auf die Nebenstraße ein. Wir folgen ihr ein Stück, dann geht's auf einem Pfad direkt daneben weiter. Am breiten Fußgängerweg wandern wir immer geradeaus, gut 3 km bis zum nächsten Etappenziel. Im Zentrum von Caminhas schlendern wir am markanten Uhrenturm vorbei. Wir gehen rechts über die Straße und überqueren den Zentrumsplatz. Dann spazieren wir geradeaus hinauf, um bei der Apotheke links in die Avenida São João de Deus einzubiegen. Kurz vor dem Fluss haben wir dann endlich die städtische Herberge erreicht.

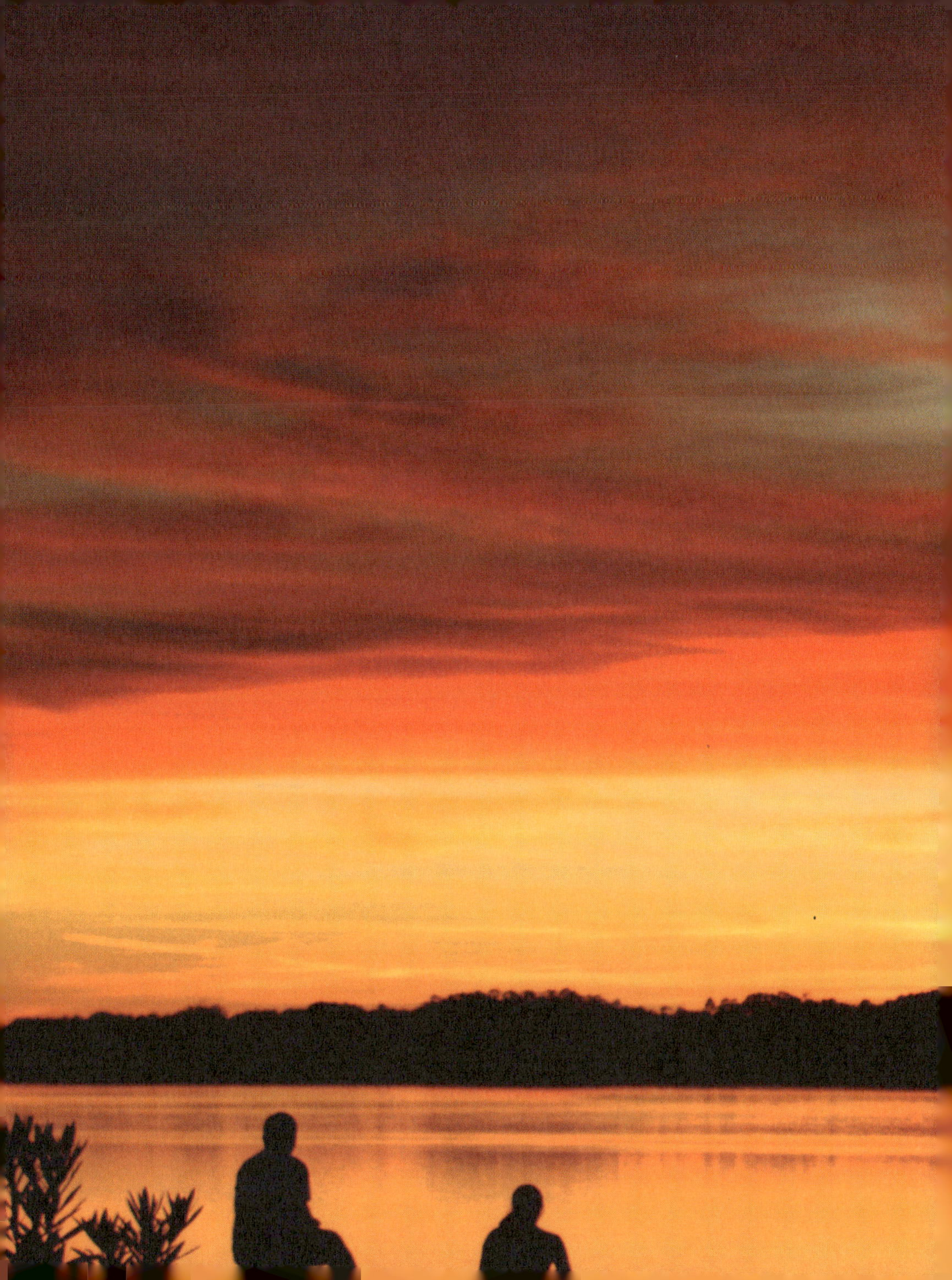

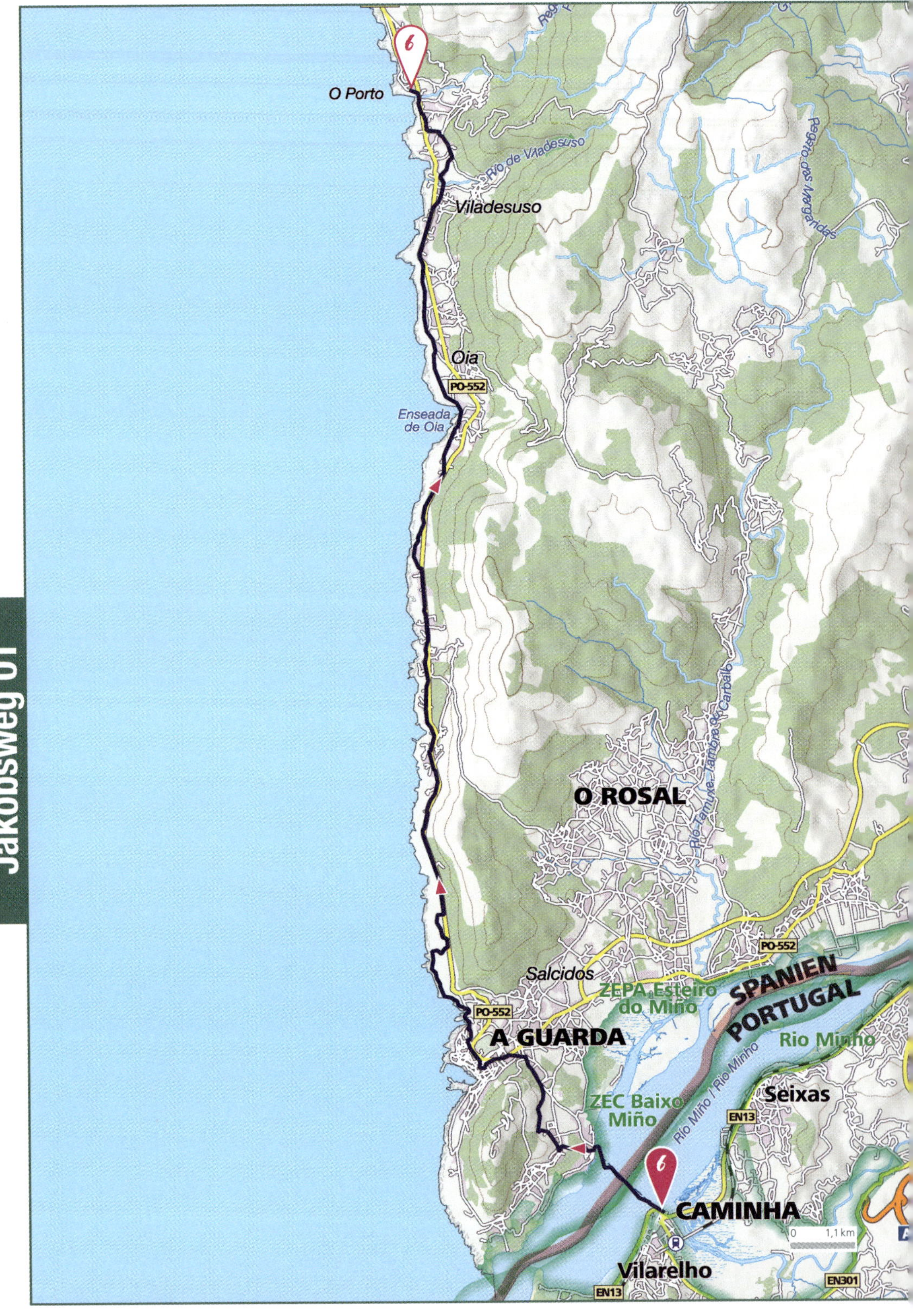

6
O Porto
Rio de Viladesuso
Viladesuso
Oia
PO-552
Enseada de Oia
O ROSAL
PO-552
Salcidos
ZEPA Esteiro do Miño
SPANIEN
PORTUGAL
PO-552
A GUARDA
Rio Minho
Seixas
ZEC Baixo Miño
Rio Miño / Rio Minho
EN13
6
CAMINHA
0 1,1 km
Vilarelho
EN13
EN301

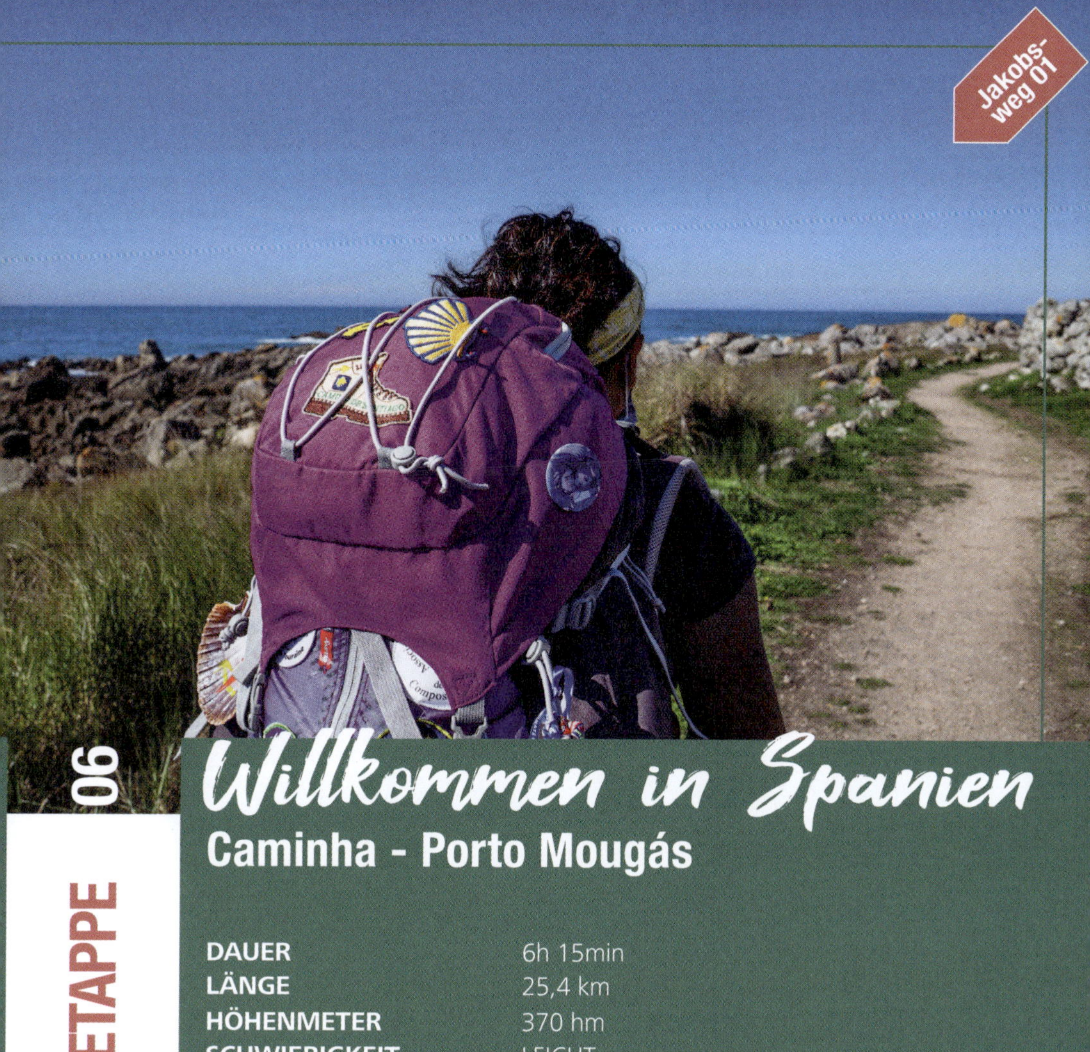

ETAPPE 06

# Willkommen in Spanien

## Caminha - Porto Mougás

| | |
|---|---|
| **DAUER** | 6h 15min |
| **LÄNGE** | 25,4 km |
| **HÖHENMETER** | 370 hm |
| **SCHWIERIGKEIT** | LEICHT |
| **MIT ÖPNV ERREICHBAR** | ja |

## Das erwartet dich ...

Trotz der anfänglichen Steigungen begeben wir uns heute auf eine einfache Etappe, die hauptsächlich an Straßen entlangführt. Von Portugal betreten wir galicischen Boden – Uhren hier eine Stunde nach vorn gestellt. Über Hügel und Berge wird die Tour etwas anspruchsvoller und auch anstrengender. Am Etappenziel gibt es keine Einkaufsmöglichkeiten. Daher ist es sinnvoll, sich in Caminha noch einmal einzudecken. Auch Einkehrmöglichkeiten sind rar, besonders im Winter.

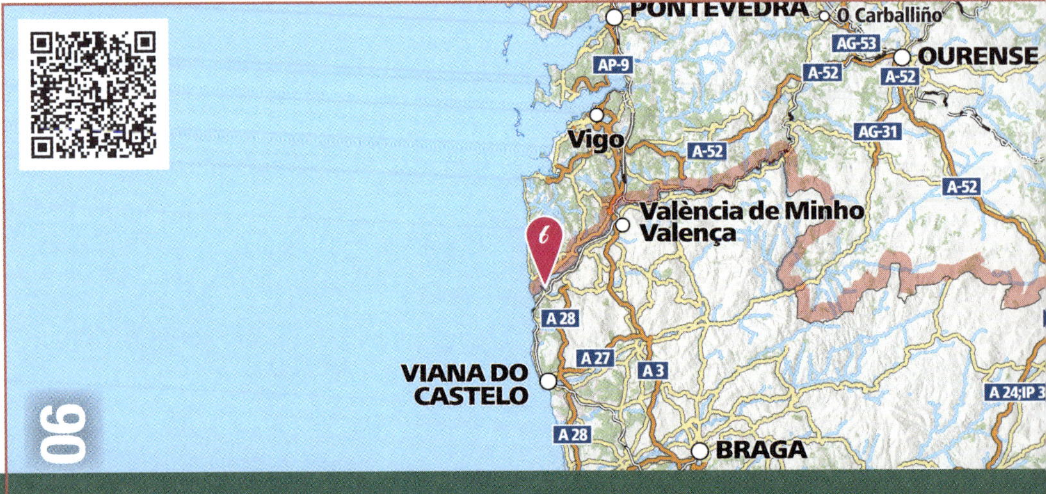


ETAPPE 06

## Start & Ziel & Anreise

Die heutige Etappe beginnt in Caminha. Mit dem PKW geht's über die A28 und weiter über die EN13 ins Städtchen. Mehrmals täglich fährt der Zug vom Bahnhof Porto-Campanhã nach Caminha. Von hier müssen wir mit der Fähre nach Spanien übersetzen. Die öffentliche Fähre verkehrt nicht an Montagen oder bei Niedrigwasser. Daneben gibt es das private Unternehmen Taxi Mar. Aktuelle Fahrzeiten lassen sich direkt am Terminal erfragen. Es liegt nur 3 Gehminuten von der Herberge entfernt.

# Tourenbeschreibung

Wir machen uns auf den Weg zum Fährterminal von Caminha, um nach Spanien überzusetzen. Auf der anderen Flussseite wenden wir uns am Terminal nach links. Dann gehen wir die Straße hinauf bis zum Kreisverkehr. Daran vorbei folgen wir der Route bis zur großen T-Kreuzung. Rechts am kleinen Turm gehen wir auf den Fußgängerweg. Am großen Kreuz biegen wir rechts ab, dann spazieren wir durch die Gassen auf der Straße aufwärts. Die Häuser werden immer weniger und geben noch einmal schöne Blicke zurück auf Portugal frei.

Nach einer Kurve geht's rechts in den Wald. Oberhalb des Brunnens führt uns bald ein unbefestigter Waldweg. Rechts herum geht's durch einen schönen Eukalyptuswald. Wir folgen stets dem Hauptweg entlang. Er führt über ein paar Hohlwege zur Straße. Wir folgen ihr nach links ins Städtchen A Guarda. Nach einem Spielplatz mündet die Straße auf die PO-355, der wir gute 300 Meter bis

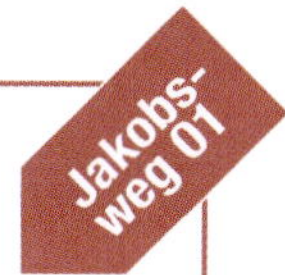


zur Santander Bank folgen. Ein verstecktes Zeichen schickt uns nach links und geradewegs am Bäcker vorbei. Hinter dem Spielzeugladen biegen wir rechts durch die Gasse ab. Noch einmal schwenken wir nach rechts, mitten ins Zentrum mit Kapelle, Polizei und Café. Unser Weg führt uns durch die Altstadt zur Kirche von A Guarda.

Im Rechts-Links-Schwenk geht's geradeaus über die nächste Kreuzung hinüber. Nach rechts weist ein Pfeil zu einer Herberge. Wir spazieren weiter bis zum kleinen Autohaus. Dort gehen wir links am Brunnen vorbei und zum Praza da Guía mit einer kleinen Kapelle. Wir passieren den Platz und halten uns an der Wiese erst rechts, dann links. Wir verlassen das Straßenlabyrinth und wandern mit herrlichen Blicken aufs Meer bis zum Ende der Straße. Ein paar Treppen führen uns zum Meer hinab. Wir passieren einen Rastplatz und einen schönen Strandabschnitt und folgen den Kieswegen durch die felsige Küstenlandschaft.

An einer Hausruine halten wir uns rechts auf den Asphalt hinauf. Kurz vor der Hauptstraße schwenken wir links herum auf einen Kiesweg. Wir wandern durch eine kleine Siedlung hinauf zur PO-552. Ein breiter gelber Fußweg führt uns für die nächsten zwei Kilometer an ihrer Seite entlang. Schließlich zweigen wir links ab. Parallel zur Straße gelangen wir rasch nach Portecelo. Nach dem Ort geht's noch einmal gute zwei Kilometer auf ebenen, bequemen Kieswegen parallel zur Straße voran. Dann wechseln wir auf den Fußgängerstreifen, bis wir nach 1,3 Kilometern wieder links abbiegen. Immer wieder eröffnen sich uns schöne Blicke auf die Küstenlinie. Über kleine Waldabschnitte stoßen wir erneut auf die Straße. Nach zehn Minuten halten wir uns wieder links herum auf Asphalt. An der Ermita de San Sebastian vorbei schlendern wir durch die Altstadt ins Zentrum von Oia.

An der Tourismus-Info leitet der Camino unterhalb der prächtigen Klosteranlage vorbei. Wir wandern weiter über gute Kiespisten an Trockenmauern, Weiden und kleinen Örtchen vorbei, bis wir erneut auf die PO-552 treffen. Die Straße leitet uns am Restaurant und dem Hotel Glasgow vorbei. Rechts befindet sich eine Herberge. Kurz nach der Repsol Tankstelle geht's rechts auf einer Nebenstraße weiter. Sie führt uns über einen Bolzplatz und einen kleinen Fluss landeinwärts. Auf den erhöhten Wegen genießen wir eine tolle Weitsicht. Am km-Stein 143.480 geht's wieder hinab. Kurz vor der PO-552 halten wir uns rechts auf eine Nebenstraße. Sie mündet in die Hauptstraße. Wir queren sie und entfernen uns ein Stück von ihr. Kurz darauf gehen wir noch einmal dicht an der Straße entlang, queren den Río Mougás und halten uns gleich nach der Brücke links zum Hostel in Porto Mougás.

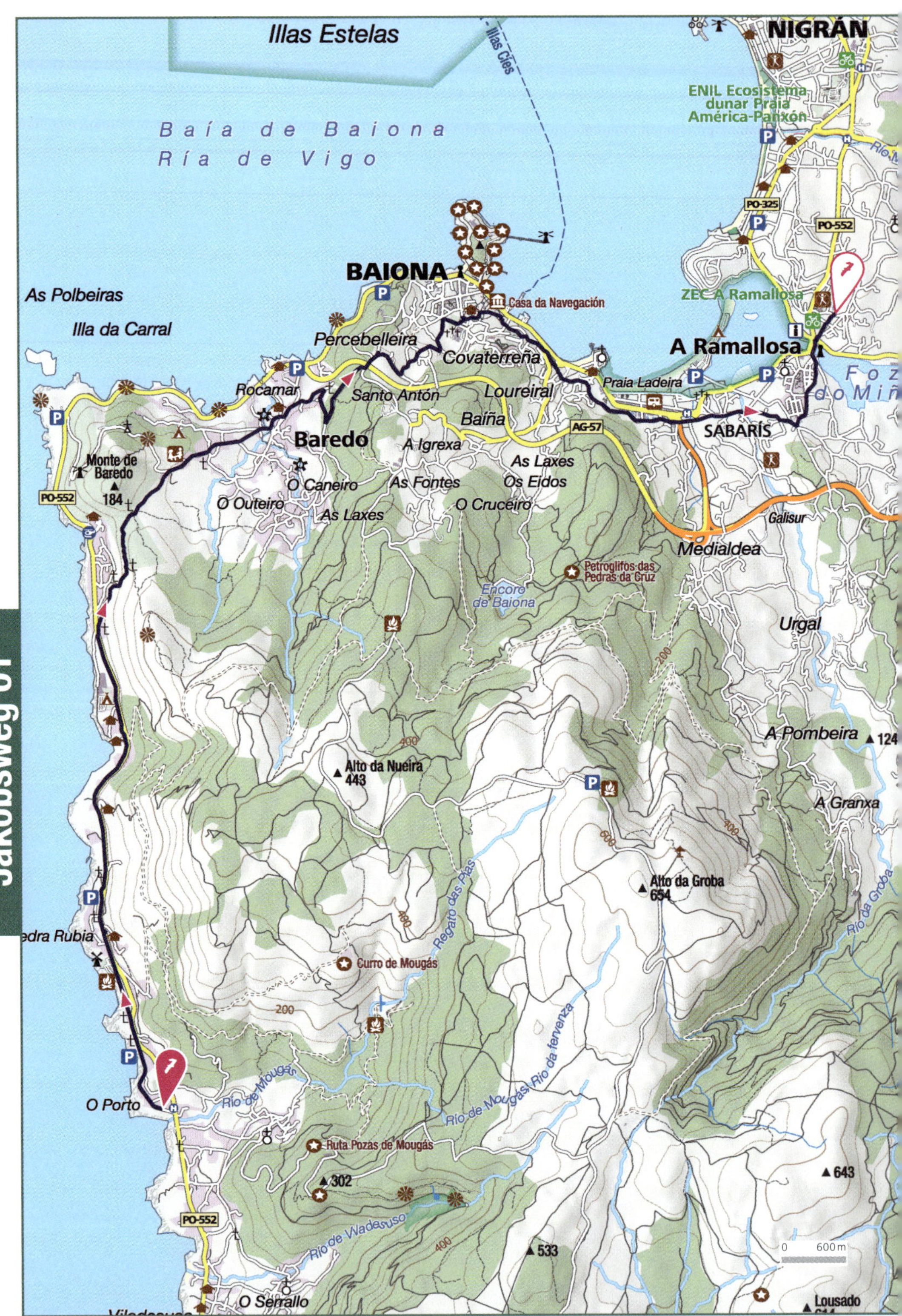

Illas Estelas
Illas Cíes
NIGRÁN
ENIL Ecosistema dunar Praia América-Panxón
Baía de Baiona
Ría de Vigo
Río Miñor
PO-325
PO-552
BAIONA
Casa da Navegación
ZEC A Ramallosa
As Polbeiras
Illa da Carral
Percebelleira
Covaterreña
A Ramallosa
Foz do Miñor
Rocamar
Santo Antón
Loureiral
Praia Ladeira
Baíña
AG-57
SABARÍS
Baredo
A Igrexa
Monte de Baredo
184
PO-552
O Caneiro
As Laxes
Os Eidos
As Fontes
O Outeiro
As Laxes
O Cruceiro
Galisur
Medialdea
Petroglifos das Pedras da Cruz
Encoro de Baiona
Urgal
200
A Pombeira
124
400
Alto da Nueira
443
A Granxa
600
400
Alto da Groba
654
Regato das Pías
Río da Groba
400
edra Rubia
Curro de Mougás
200
Río da Ferventa
Río de Mougás
Río de Mougás
O Porto
Ruta Pozas de Mougás
302
643
PO-552
Río de Vadasuso
400
533
0
600 m
O Serrallo
Lousado

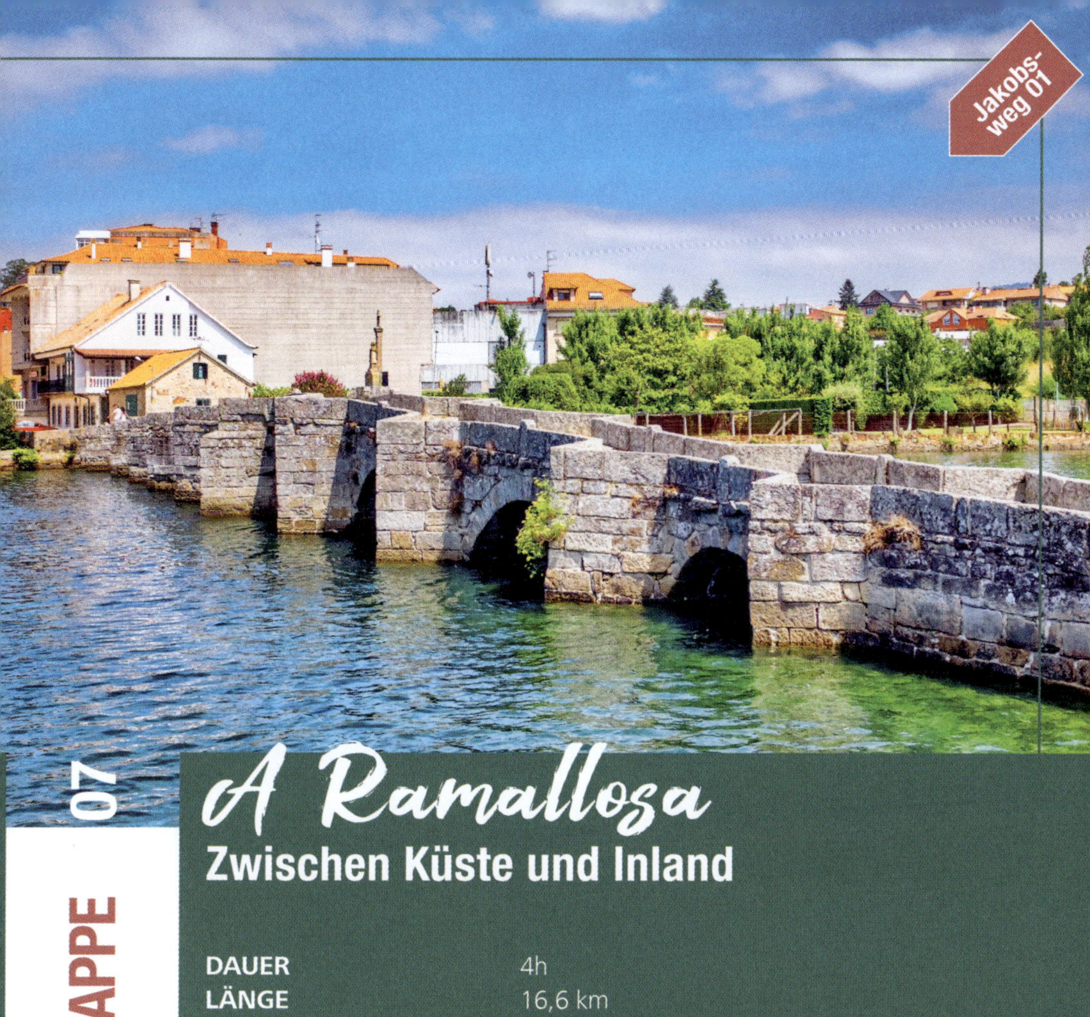

Jakobsweg 01

ETAPPE 07

# A Ramallosa

## Zwischen Küste und Inland

| | |
|---|---|
| **DAUER** | 4h |
| **LÄNGE** | 16,6 km |
| **HÖHENMETER** | 365 hm |
| **SCHWIERIGKEIT** | MITTEL |
| **MIT ÖPNV ERREICHBAR** | ja |

## Das erwartet dich ...

Heute haben wir mal eine nicht ganz so lange Etappe vor uns. Dafür ist sie umso anspruchsvoller, was die An- und Abstiege betrifft. Auch wenn wir heute wieder viele Kilometer über die Straße laufen, so ist die Etappe doch mit sehr vielen wunderschönen Aussichten gepflastert. Im letzten Drittel wird es in den vielen Nebenstraßen ein wenig eintönig. Das letzte Stück über die Berge wird bei Regen sehr matschig und rutschig. Unterwegs gibt es keine Einkaufsmöglichkeiten, erst in Baiona.

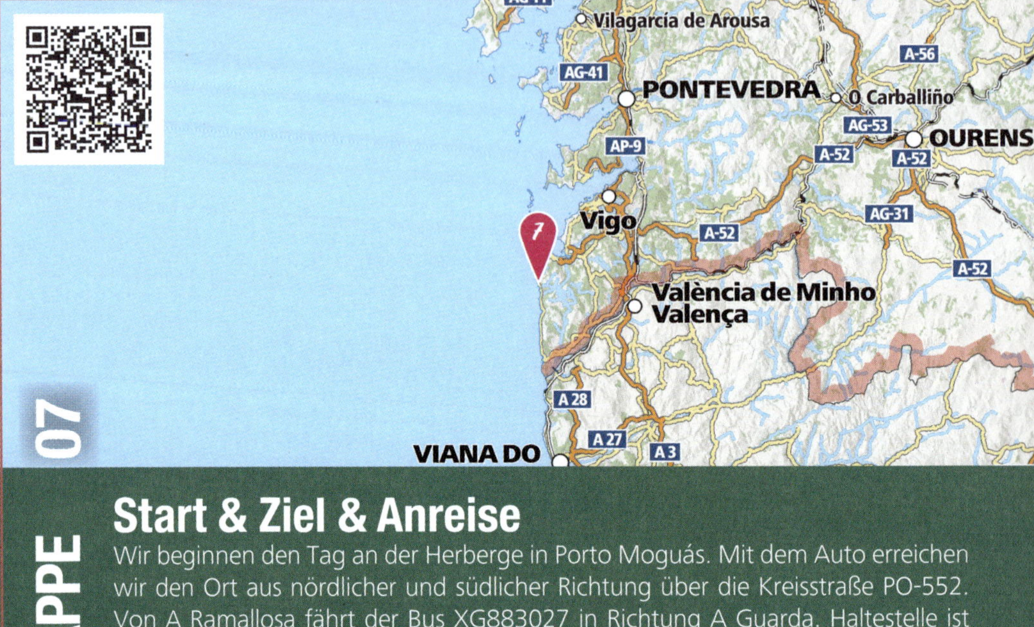


ETAPPE 07

## Start & Ziel & Anreise

Wir beginnen den Tag an der Herberge in Porto Moguás. Mit dem Auto erreichen wir den Ort aus nördlicher und südlicher Richtung über die Kreisstraße PO-552. Von A Ramallosa fährt der Bus XG883027 in Richtung A Guarda. Haltestelle ist Moguás.

# Tourenbeschreibung

Von der Herberge machen wir uns über die Küstenstraße auf zu unserer Tagesetappe. Sie führt uns zur PO-552, der wir – beim Campingplatz unterbrochen von Kieswegen – nach Norden folgen. Kurz nach dem Hotel Peñasco weist die Markierung nach links. Wir ignorieren sie und spazieren weiter, bis wir etwas später den exponierten Leuchtturm und As Mariñas erblicken. Sie schmiegen sich an den Fuß eines nackten Berges. Bei den ersten Häusern ignorieren wir einen Links-Abzweig, dann halten wir uns rechts hinauf.

Wir wandern zwischen den Bergen empor. Nach einem Gatter wird der Weg steinig und rau, beschert uns jedoch auch einen malerischen Blick über As Mariñas. Die Route wird steiler – Vorsicht hier bei Regen, dann wird der Kiesweg schnell von Rinnsalen aufgeschwemmt. Der Weg flacht ab und führt uns hinterm nächsten Gatter rechts herum, dann schwenken wir links in den Wald.

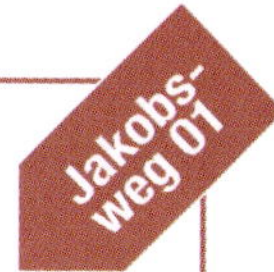


Alte, dicke Karrenspuren sind hier noch im Gestein zu sehen. Schließlich wandern wir auf einem asphaltierten Weg durch Cabreiro und am lokalen Sportplatz vorbei. An der nächsten T-Kreuzung halten wir uns links. Dabei vergessen wir nicht einen Blick nach rechts, der uns noch einmal herrliche Ausblicke beschert.

Die Straße führt uns hinab. Wir queren den Fluss mit kleinem Rastplatz und halten uns dann links. 100 Meter später schwenken wir wieder rechts zur Straße hinauf. Wir biegen links ab und spazieren am Restaurant vorbei durchs Dorf. Bei den letzten Häusern geht's scharf rechts herum zur Hauptstraße EP-2203 hinauf. Über bequeme Kieswege geht's links herum und über eine Straßenbrücke zu einem Pass. Hier erwarten uns zwei schöne Rastplätze mit Brunnen, Spielplatz und einer kleinen Hütte. Wir schlendern rechts daran vorbei und gehen über die enger werdende Straße hinab und mit tollen Blicken auf den Hafen von Baiona um einen Turm herum. Am Kreisel biegen wir rechts ein und gehen rechts am Stadion entlang zur alten Kirche von Baiona.

Wir spazieren links an ihr vorbei und gelangen zur Colexiata de Santa María de Baiona. Hier biegen wir links zu den Treppen der Rúa Manuel Valverde ein. Gleich im Anschluss rechts geschwenkt leitet uns die enger werdende Straße hinauf. Muscheln im Boden weisen uns hier den Weg. An einer Art kleinem Schrein gehen wir links vorbei. An der folgenden Querstraße biegen wir rechts ab und stoßen geradewegs auf ein großes 5-stöckiges Eckhaus. Wir kreuzen einen kleinen Fluss und halten uns an der kommenden Y-Gabelung rechts, parallel zur PO-552. Pfeile und Brunnen zeigen uns den Weg: Mit dem Straßenverlauf geht's bis zur Hauptstraße. Wir gehen geradeaus über den Kreisel, der mit einer Pilgerskulptur geschmückt ist, dann folgen wir der Ponte Nova. Nur wenig später treffen wir erneut auf die Straße, in der geschäftiges Treiben herrscht. Wir spazieren gute 300 Meter an ihr entlang, dann überqueren wir den Río da Groba. Kurz darauf stehen wir auf dem schönen Platz im Zentrum von Sabáris. Bar, Restaurant und Brunnen laden hier zum Verweilen und Genießen ein.

Wir verlassen die Hauptstraße und gehen rechts ca. 500 Meter hinauf. Unter einer Brücke hindurch geht's an der Hauptstraße weiter. Vor den blauen Toren und hinter dem Horréo, einem Getreidespeicher, knicken wir scharf links auf einen Schleichweg ab. An der nächsten Straße halten wir uns rechts und im Anschluss wieder links. Sobald der Asphalt rechts abgeht, bleiben wir geradeaus auf einem unbefestigten Weg hinab zum Rio Miñor. Wir wenden uns rechts über die alte Römerbrücke und folgen nun nicht der Straße geradeaus, sondern der direkt rechts daneben. An ihrem Ende treffen wir auf das Hotel mit Herberge Pazo Pías in A Ramallosa.

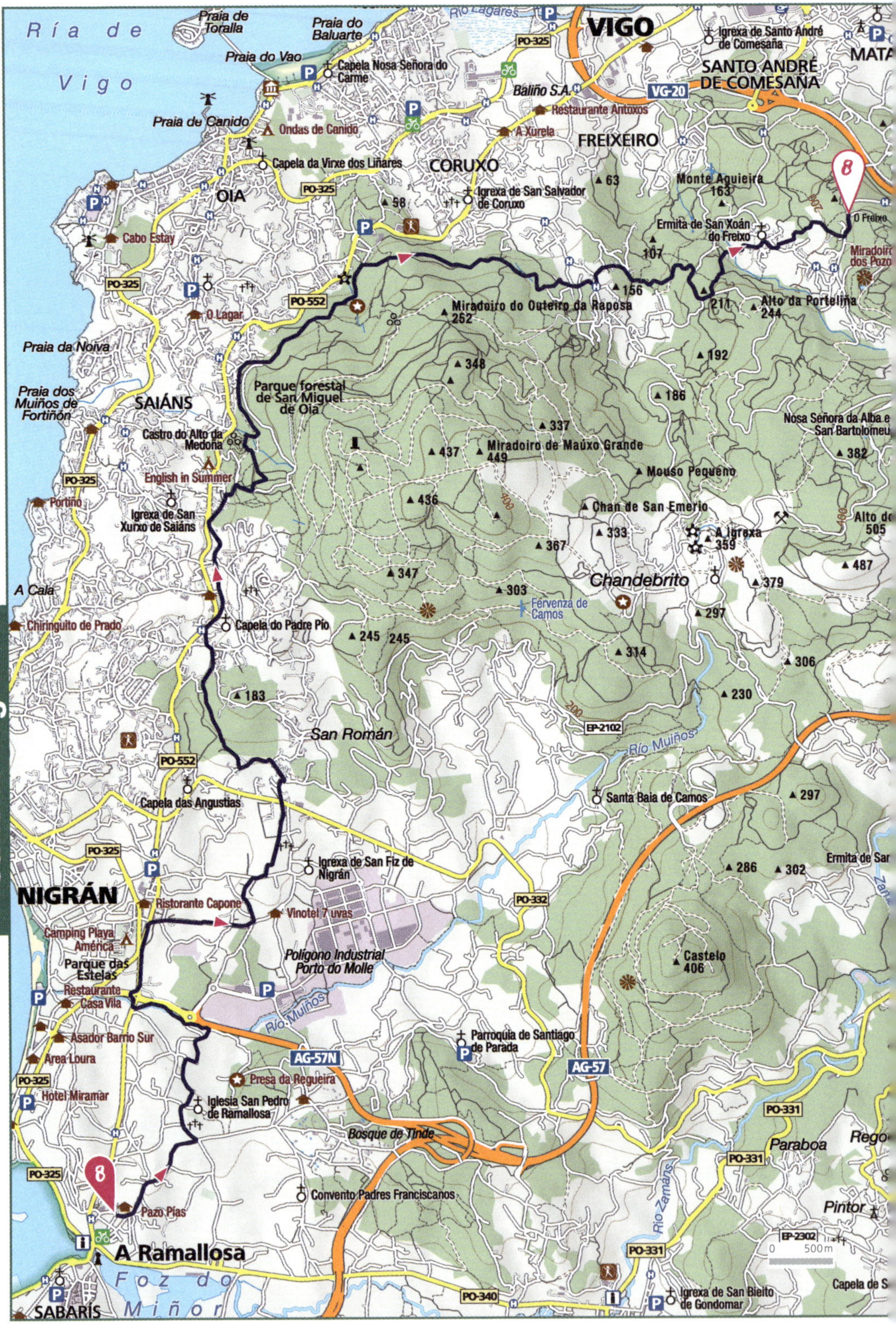

Ría de Vigo
Praia de Toralla
Praia do Baluarte
Praia do Vao
Capela Nosa Señora do Carme
Río Lagares
PO-325
VIGO
Igrexa de Santo André de Comesaña
SANTO ANDRÉ DE COMESAÑA
MATA
Baliño S.A.
VG-20
Restaurante Antoxos
Praia de Canido
Ondas de Canido
A Xurela
FREIXEIRO
Capela da Virxe dos Liñares
CORUXO
63
Monte Aguieira 163
PO-325
OIA
58
Igrexa de San Salvador de Coruxo
Ermita de San Xoán do Freixo
O Freixo
107
Miradoiro dos Pozo
Cabo Estay
PO-325
156
217
Alto da Portelina 244
PO-552
O Lagar
Miradoiro do Outeiro da Raposa 252
Praia da Noiva
192
348
Praia dos Muiños de Fortiñón
SAIÁNS
Parque forestal de San Miguel de Oia
186
337
Nosa Señora da Alba e San Bartolomeu
Castro do Alto da Medoña
437
Miradoiro de Maúxo Grande 449
382
English in Summer
PO-325
Mouso Pequeno
Portiño
Igrexa de San Xurxo de Saiáns
436
400
Chan de San Emerio
333
A Igrexa 359
Alto de 505
367
487
A Cala
347
Chandebrito
379
303
Fervenza de Camos
Chiringuito de Prado
Capela do Padre Pío
297
245
245
314
306
183
200
230
San Román
EP-2102
Río Muiños
PO-552
Capela das Angustias
Santa Baia de Camos
297
Igrexa de San Fiz de Nigrán
286
302
Ermita de San
PO-325
NIGRÁN
PO-332
Ristorante Capone
Vinotel 7 uvas
Camping Playa América
Polígono Industrial Porto do Molle
Castelo 406
Parque das Estelas
Restaurante Casa Vila
Río Muiños
Asador Barrio Sur
Parroquia de Santiago de Parada
Area Loura
AG-57N
AG-57
PO-325
Presa da Regueira
Hotel Miramar
Iglesia San Pedro de Ramallosa
PO-331
Bosque de Tinde
Paraboa
Rego
PO-331
PO-325
Convento Padres Franciscanos
Pazo Pías
Río Zamáns
Pintor
EP-2302
0 500 m
A Ramallosa
PO-331
Foz do Miñor
PO-340
Igrexa de San Bieito de Gondomar
Capela de S
SABARIS

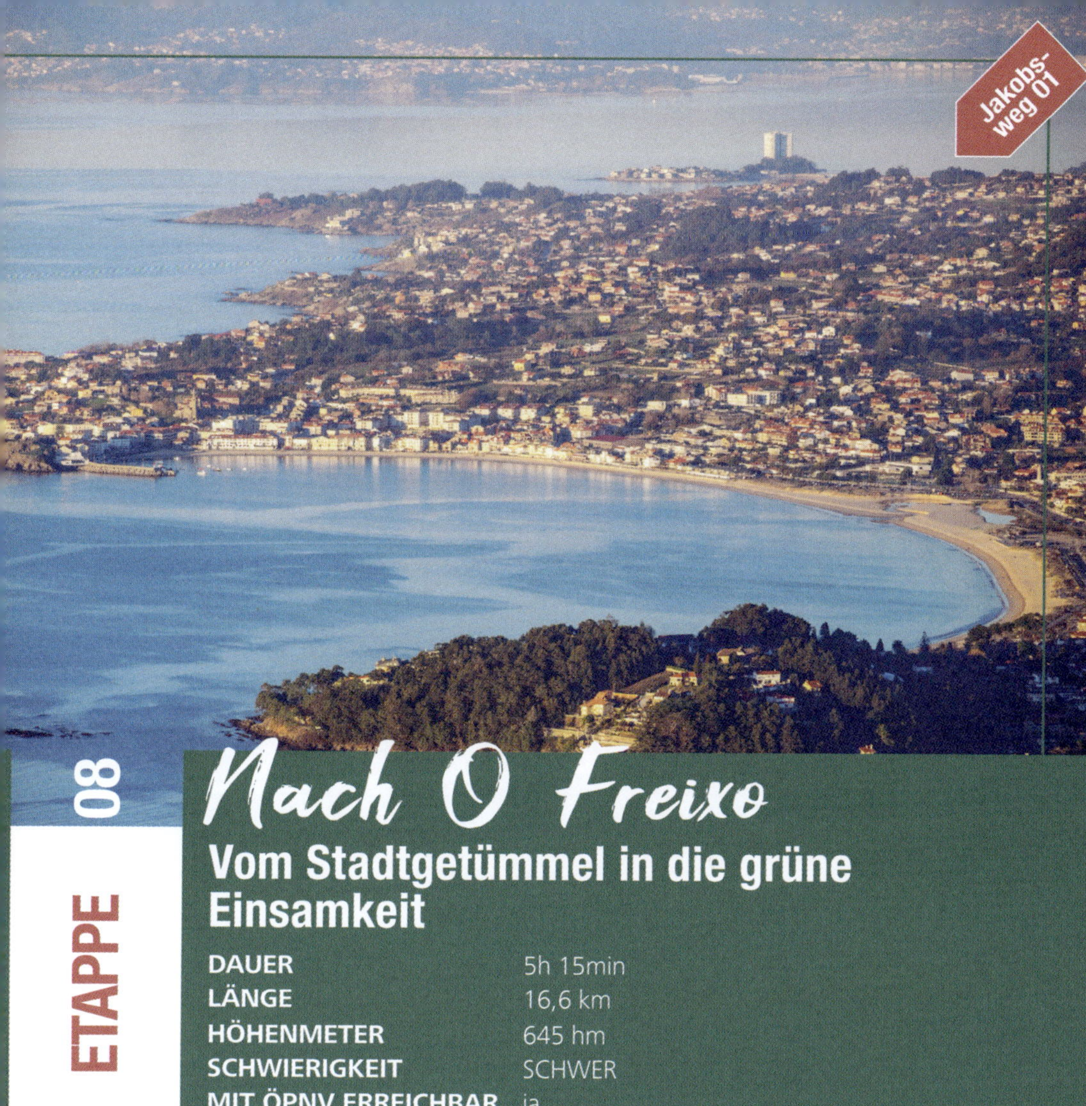


ETAPPE 08

# Nach O Freixo

## Vom Stadtgetümmel in die grüne Einsamkeit

| | |
|---|---|
| DAUER | 5h 15min |
| LÄNGE | 16,6 km |
| HÖHENMETER | 645 hm |
| SCHWIERIGKEIT | SCHWER |
| MIT ÖPNV ERREICHBAR | ja |

## Das erwartet dich ...

Die Etappe gehört eher zu den kürzeren Etappen auf diesem Pilgerweg, ist aber die bisher härteste, die viel Ausdauer erfordert. Der Weg ist sehr hügelig und die letzten rund 5 km nach O Freixo anstrengend. Teilweise sind die Wege in keinem guten Zustand. Die Aussichten auf dem gesamten Weg über Vigo und dessen Umgebung sind atemberaubend. Unterwegs und auch am Zielort gibt es keinen Supermarkt. Daher sollten wir uns am besten in A Ramallosa noch einmal gut mit Wasser und Lebensmitteln eindecken.

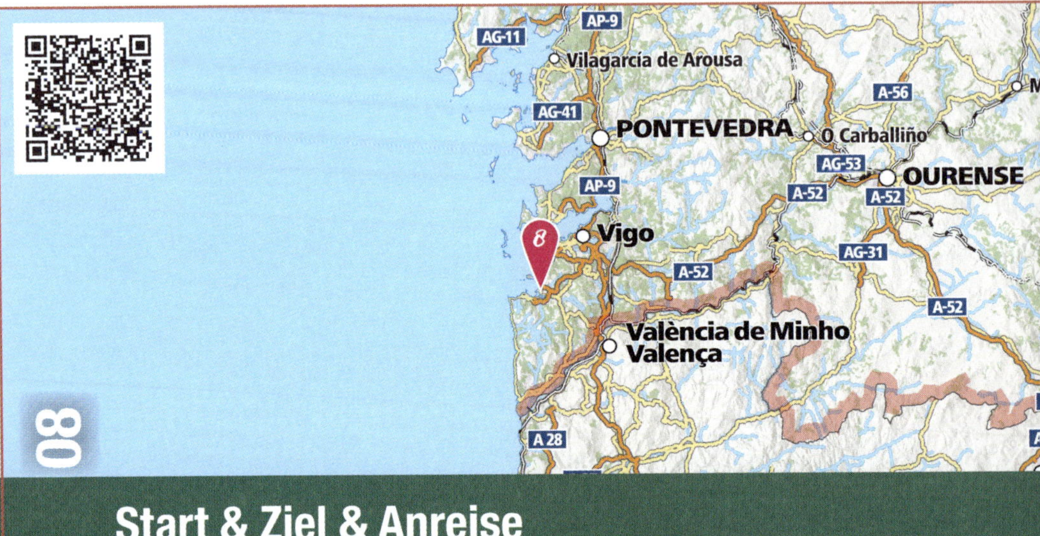


ETAPPE 08

## Start & Ziel & Anreise

Die Tagesetappe beginnt in A Ramallosa. Das Städtchen ist mit dem Auto über die Autovía A-57 oder Autovía Pazos–Barro erreichbar. Neben der Busverbindung von Vigo nach A Ramallosa mit dem Bus Nr. XG883014 in Richtung Baiona gibt es weitere Busverbindungen in alle Richtungen. Unser Ziel O Freixo ist ein winziges Örtchen, in dem es eigentlich nichts gibt. Die Herberge bietet jedoch gutes Essen im Restaurant an.

# Tourenbeschreibung

Wir verlassen die Herberg und wenden uns an der Straße nach links hinauf. Nochmal nach links gewandt gehen wir bei der Ruine Casa de A Robaleira rechts ab. Wir folgen einer ruhigen Landstraße. An ihrem Ende halten wir uns an einer weiteren Landstraße links bis zum Steinkreuz. Hier geht's nach rechts an einem kleinen Platz vorbei. Nun achten wir besonders auf die irreführende Wegführung. Wir folgen der Mehrheit der Pfeile nach rechts durch die engen Gassen. Anschließend halten wir uns links und spazieren dann geradeaus bis zu einem dreieckigen kleinen Platz. Rechts herum gehen wir weiter hinunter zu ein paar Wiesen. Wir queren links die Straße und schlendern über den Kreisel. Auf Höhe der Mautstelle treffen wir links auf einen Waldweg. Er leitet uns am Río Muiños entlang und zur Hauptstraße.

Die Route leitet uns nach rechts. Nach dem Kreisel von Nigrán geht's geradeaus weiter. Nach 500 Metern zweigt der Camino wieder rechts ab. Wir folgen ihm

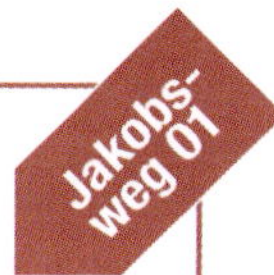


gute 800 Meter geradeaus. Hinter der Kurve biegen wir am kleinen Rastplatz links ab. An der nächsten Kreuzung halten wir uns rechts zur Hauptstraße. Wir biegen erneut rechts ein, dann folgen wir der Abacial de Nigrán nach links in den Camino da Dehesa. Wir passieren ein Schweinegehege und schlendern durch die idyllisch gelegene Ortschaft stetig geradeaus. An der Hauptstraße geht's geradewegs hinüber. Ein Rechts-Links-Schwenk bringt uns schließlich an den Waldrand, wo ein öffentlicher Waschplatz samt Brunnen auf uns wartet.

An der Straße wenden wir uns nach links, folgen ihr für gut 250 Meter und verlassen sie dann entlang einer großen Mauer in den Wald. Bald schon treffen wir auf ein idyllisches Örtchen. An der Hauptstraße geht's links herum, dann schlendern wir rechts hinab zur PO-552. Wir begleiten sie kurz nach rechts, dann biegen wir bei der Apotheke auf eine Nebenstraße ein – zu unserer Linken passieren wir eine Bar. Wieder an der PO-552 verlassen wir Nigrán und gehen gleich wieder rechts auf eine andere Nebenstraße. Weiter im Anstieg geht's bald rechts zum Wald hinab. Vor dem Wasserwerk wechseln wir wieder auf die Straße rechts. Wenig später halten wir uns links auf einen Kiesweg. An der nächsten Gabelung wenden wir uns nach rechts über einen ausgewaschenen Weg. Wir treten in ein Gewirr aus Waldwegen ein und nicht immer ist hier die Markierung eindeutig.

Wir biegen am Schild links auf einen rauen Waldweg ab. Unten absolvieren wir einen Links-Rechts-Wechsel, dann schwenken wir nach links in den Kessel hinab. Wir halten uns rechts und kommen zu einem Fluss, an dem eine hydraulische Mühle steht. Wir folgen dem Weg über den Alto de Medoña und stoßen auf eine Quelle. Hier richten wir uns nach dem Hauptweg links herum und gehen rechts schnell hinaus aus dem Wald. Weiter geht's auf Kieswegen bis zur Straße. Sie führt rechts am großen Hang entlang, dann wandern wir wieder links auf Waldwegen weiter. Der Hauptweg leitet uns ein gutes Stück, Pfeile auf Steinen und Bäumen weisen uns die Richtung. Mit der Zeit werden sie jedoch mehr und mehr von Sträuchern verdeckt. Teils über Felsstufen erreichen wir schließlich die Ruine der Gontades Wassermühle.

Ein breiter Schotterweg führt am Ende des Waldes weiter an einer Wegscheide, von der aus wir fünf Häuser erspähen. Die grünen Pfeile des Camino schicken den Wanderer geradeaus weiter. Wir biegen rechts zur Herberge O Freixo ab. Auf Waldwegen gelangen wir nach 1 km an einen breiten Weg, folgen ihm kurz bergan, dann weisen die grünen Pfeile nach links. Der Weg wird zum Pfad, schwenkt links über einen Bach und dann rechts herum. Mit ein paar Granitsteinen geht's links zum Dorfrand. Am Ende des Zaunes biegen wir links ab. An einer Querstraße halten wir uns links, beim roten Haus an der T-Kreuzung geht's ebenso links an der Wiese entlang.

# Fortsetzung Etappe 8

Das letzte Wegstück müssen wir besonders aufmerksam sein; auf Grund der vielen Wege und dem ständigen Auf und Ab gestaltet sich die restliche Wegführung als recht unübersichtlich. Wir halten uns zweimal rechts, dann treffen wir auf einen kleinen Fluss. Ein Geröllweg leitet uns ziemlich steil geradeaus. An der nächsten Abzweigung halten wir uns rechts, die nächste biegen wir dann links ein. Die Route zieht sich hinauf zum Hauptweg, an dem wir wiederum links abbiegen. Über steilen, aber immerhin festen Untergrund geht's zur Straße und mit ihr nach rechts hinauf. An der Abzweigung zu Fragoselo bleiben wir links. Nur hundert Meter später kommen wir über eine Abzweigung nach links auf einen Waldweg. Im Anschluss drehen wir nochmals nach links, dann schwenken wir rechts ins Dorf. Die Dorfstraße bringt uns hinauf zur Hauptverkehrsstraße. Wir folgen ihr rechts hinauf. Den Pfeil, der hinter der Kurve nach links weist, ignorieren wir. Dieser Weg ist extrem schlecht zu begehen. An der folgenden Querstraße biegen wir dann links zur Herberge O Freixo ein.

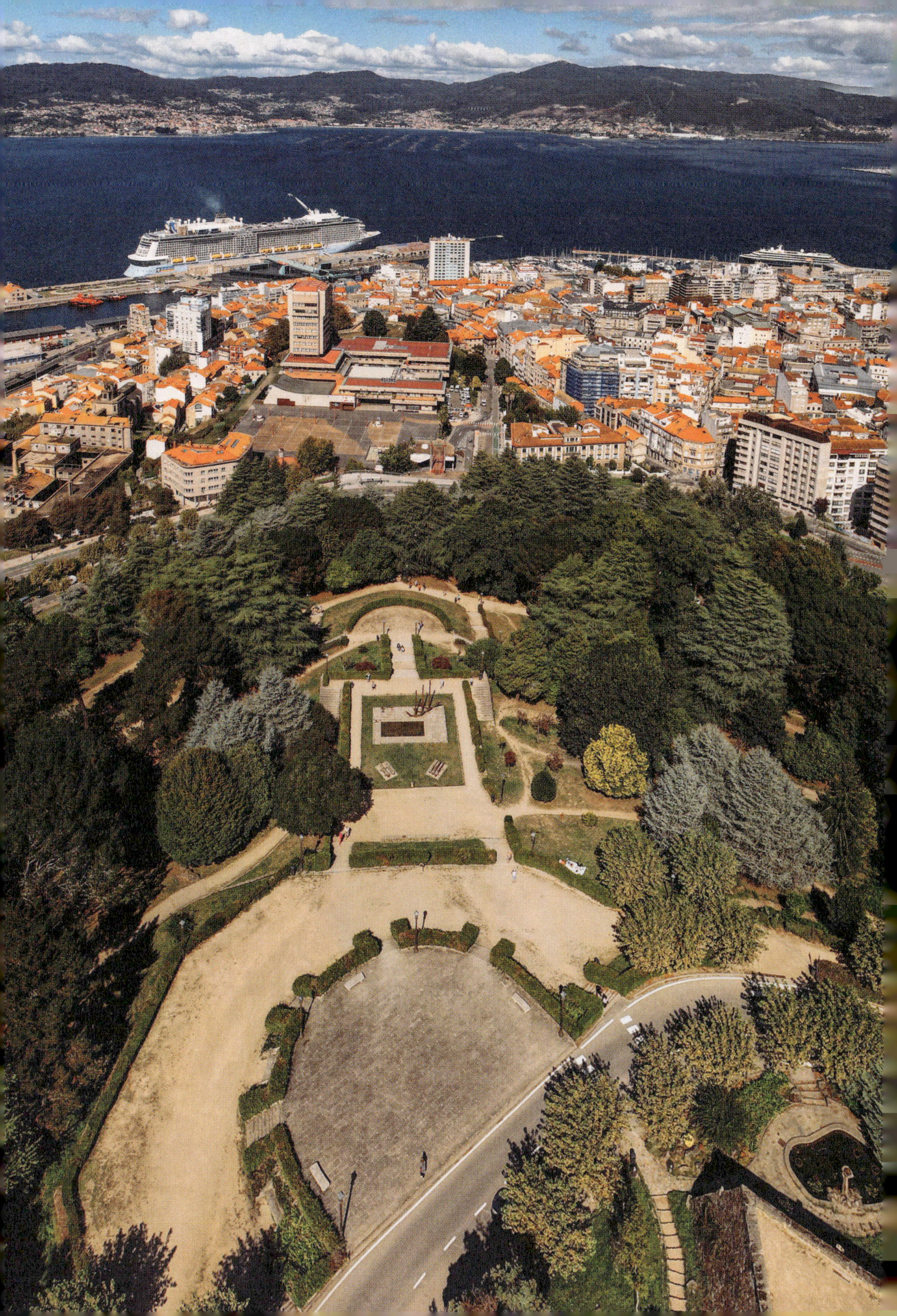

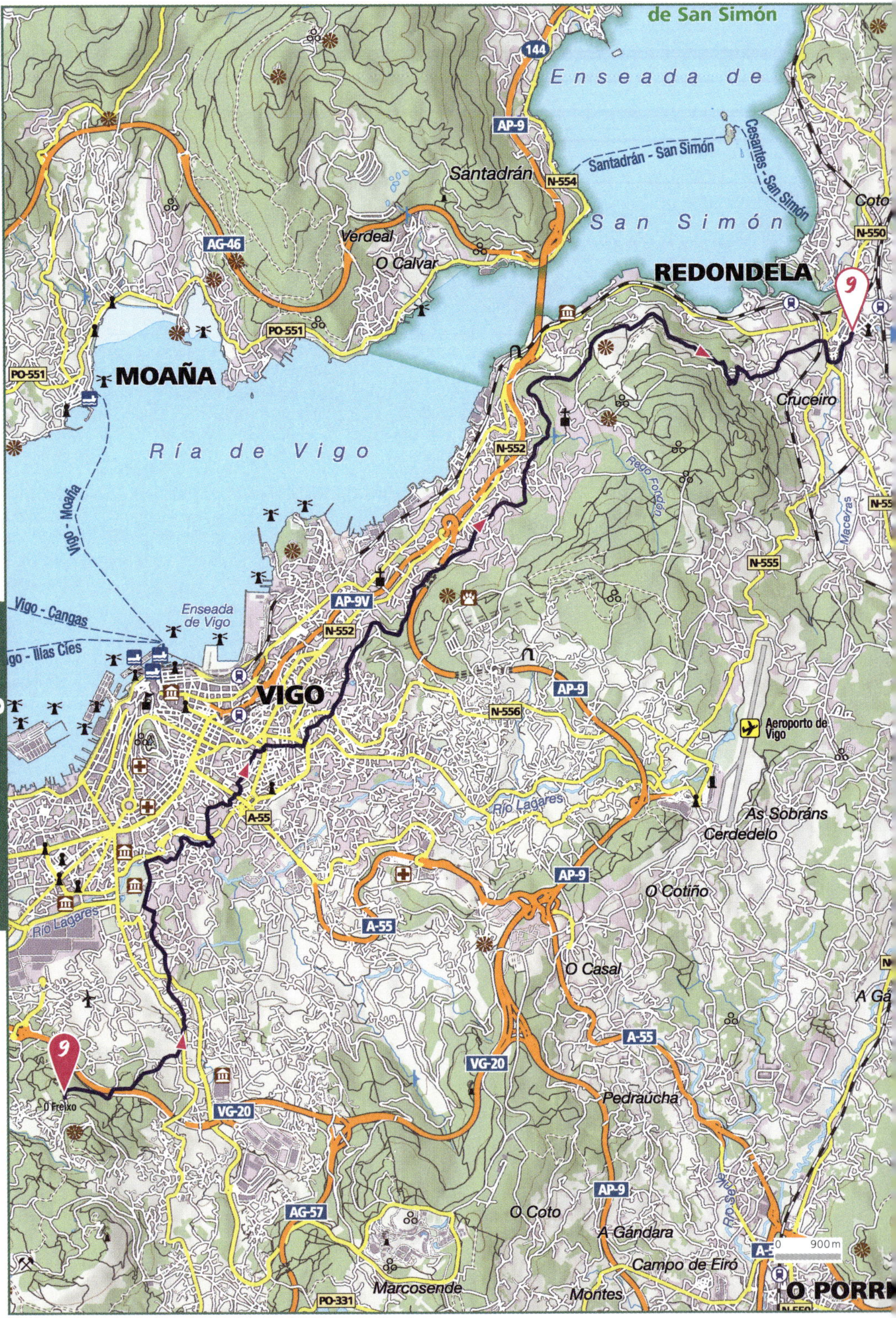

de San Simón
Enseada de
San Simón
Santadrán - San Simón
Cesantes - San Simón
Santadrán
Verdeal
O Calvar
REDONDELA
Coto
Cruceiro
MOAÑA
Ría de Vigo
Vigo - Moaña
Vigo - Cangas
Vigo - Illas Cíes
Enseada de Vigo
VIGO
Rego Fondón
Maceiras
Aeroporto de Vigo
As Sobráns
Cerdedelo
Río Lagares
O Cotiño
O Casal
A Gá
Pedrauncha
O Freixo
Río Lagares
O Coto
A Gándara
Campo de Eiró
Montes
Marcosende
O PORR
Río Ser
144
AP-9
N-554
N-550
AG-46
PO-551
N-552
AP-9V
N-555
N-556
A-55
VG-20
AG-57
PO-331
0 900 m

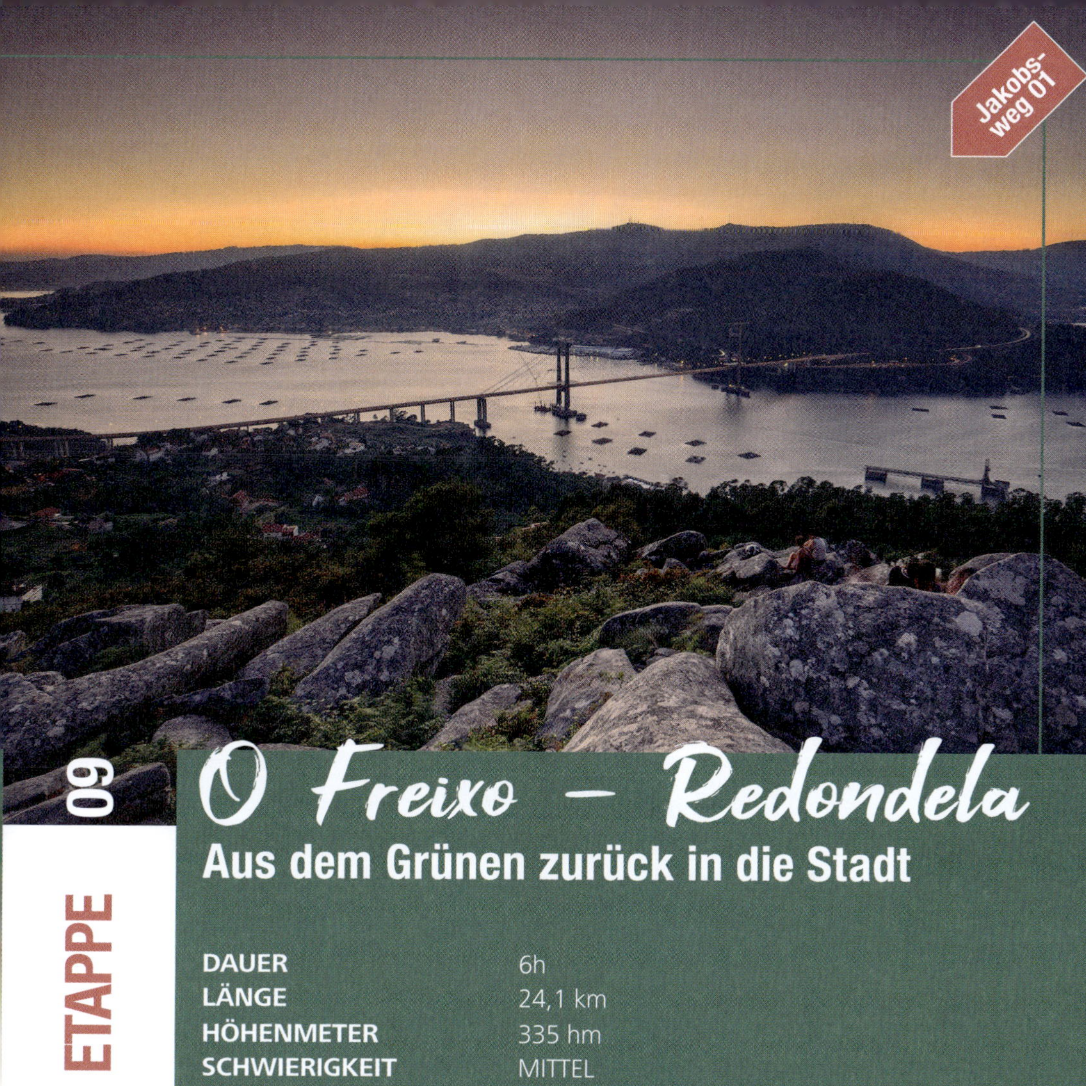



ETAPPE 09

# O Freixo – Redondela

## Aus dem Grünen zurück in die Stadt

| | |
|---|---|
| **DAUER** | 6h |
| **LÄNGE** | 24,1 km |
| **HÖHENMETER** | 335 hm |
| **SCHWIERIGKEIT** | MITTEL |
| **MIT ÖPNV ERREICHBAR** | nein |

## Das erwartet dich ...

Die heutige Etappe hält einige Kilometer für uns bereit – und so fühlt es sich auch an. Die vorgeschlagene Wegführung erspart uns zwar den Großteil des Ballungs- und Industrieraumes Vigo. Dennoch müssen wir leider mit lückenhafter Wegführung einmal durch die Stadt durch. Im zweiten Teil der Etappe erwarten uns jedoch schöne Spaziergänge. Sie belohnen für die zuvor vergossenen Schweißperlen mit fortwährenden, fantastischen Rundumblicken.

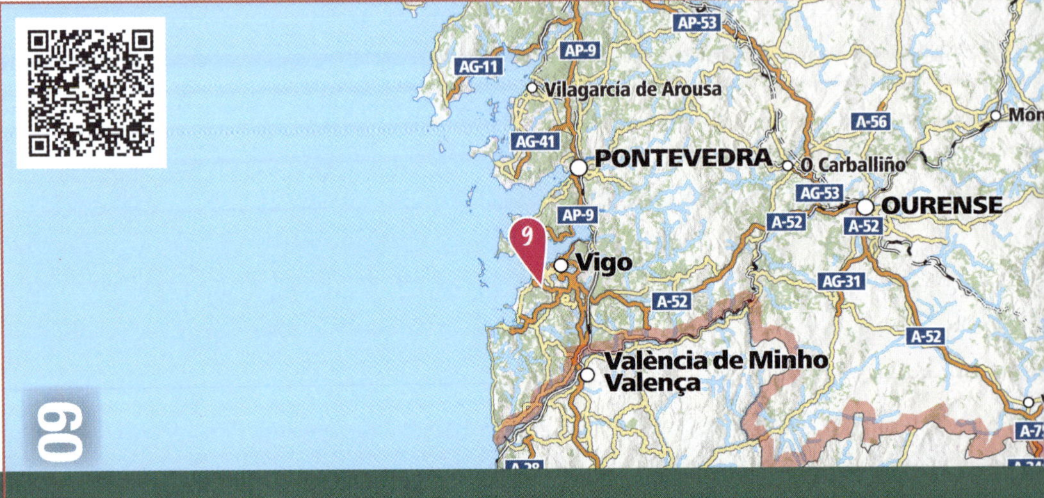


## Start & Ziel & Anreise

Los geht's heute am Refugio O Freixo. Mit dem PKW erreichen wir den Ort über die Umgehungsautobahn VG-20. Bei der Ausfahrt 5 Richtung Matamá/Zona Franca fahren wir von der Autobahn ab. Mit den öffentlichen Verkehrsmitteln können wir den Ausgangspunkt nicht erreichen. Unser Ziel Redondela ist ein malerisches Städtchen, das uns mit einem schönen Stadtkern, einem lebendigen Zentrum und einem herrlichen Strand erwartet.

# Tourenbeschreibung

Wir starten am Refugio O Freixo und folgen der ruhigen Hauptstraße mit schönen Blicken über Vigo hinunter. Wir passieren die Autobahnbrücke und biegen dann gleich rechts auf eine Waldstraße ein. Beim Stadion geht's rechts auf einen Waldweg, der uns sogleich links herum leitet. Kurz darauf wandern wir länger die Straße hinunter, bis wir – links gehalten – auf eine kleine Kapelle treffen. Danach wenden wir uns am Praza da Fonte mit Waschplatz und Brunnen erneut nach links. An der nächsten T-Kreuzung biegen wir noch einmal links ein, zur Hauptstraße PO-330 und dem Café Ataque.

Wir queren die PO-330 nach links in die Nebenstraße und halten uns gleich bei der Apotheke noch einmal links in die Rúa do Macal. Hier leiten uns wieder die Camino-Pfeile. Wir passieren ein Granitverarbeitungswerk und queren bald auf einer Brücke die Nationalstraße. Danach schickt uns ein gelber Pfeil auf grünem

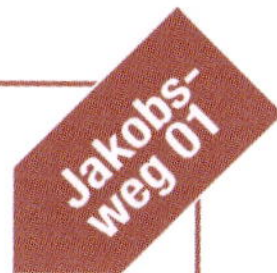


Grund links auf einen Schotterweg. Die Route leitet uns geradeaus auf der nächsten Querstraße hinab. Am großen roten Haus an der Rúa dos Mestres Goldor wenden wir uns rechts herum. Es geht am Waschplatz vorbei und mit Ende der Straße links zur Igrexa de Santa María de Castrelos aus dem 13. Jahrhundert.

Vor der Kirche spazieren wir steil hinab, dann biegen wir rechts ein und schlendern am Park entlang. An der Brücke des Río Lagares geht's rechts über den Flussweg. Nach der ersten alten Brücke beachten wir auch an der zweiten die Pfeile ins Zentrum von Vigo nicht. Wir bleiben dem Fluss treu und gelangen rechtsseitig an das scheinbare Ende des Weges. Hier geht's links durch die beiden mächtigen Eukalyptusbäume weiter. An einer bunt bemalten Mauer queren wir eine dritte Brücke. Beim Gebäude von Conde Construcciones halten wir uns mit der Straße nach links und folgen ihr 500 m hinauf. An der Ampel schwenken wir rechts bis zur San Jose Cluny Schule. Dort geht's im Links-Rechts-Schwenk in die Rúa do Loureivo.

Nachdem wir die große Kreuzung gequert haben, passieren wir einen Brunnen und halten uns links hinauf weg von der Straße. Über ein paar Stufen geht's am San Roque Park vorbei. An der Bar Amsterdam biegen wir rechts ein. In der Rúa de San Roque zeigen sich endlich wieder die Zeichen. Geradewegs passieren wir die erste „Kreuzung", an der zweiten biegen wir rechts ab. Die Hauptstraße Rúa Gregorio Espino überqueren wir, gehen nach links bis zur nächsten Kreuzung weiter und biegen gegenüber dem Supermarkt Gadis rechts ab. Wir folgen der Straße an der Santander Bank,kommen an einem Süßwarenladen sowie Super- und Gemüsemärkten vorbei und spazieren die nächsten 530 m geradeaus. Die Wegzeichen schicken uns nach dem zweiten Froiz Supermarkt nach links. Wir queren die Hauptstraße und lassen die markante Igrexa da inaculada Conception hinter uns. Allmählich lassen wir das Getümmel der Innenstadt hinter uns. An der Kreuzung am höchsten Punkt der Straße wenden wir uns nach rechts auf teils gelbe Fußgängerwege. 400 m später biegen wir links ab, queren die folgende Kreuzung nach rechts und gehen geradewegs in die Rúa de Cantabria. Vorbei an Park-, Spiel- und Fußballplatz gehen wir unter einer Starkstromleitung hindurch hinab. An der Rúa da Pouleira schwenken wir nach rechts, am Kreisel halten wir uns links (rechts steht ein Brunnen). Wir folgen der markanten gelb-grünen Schlangenlinie am Boden, der Senda de Auga, der Wasserstraße. Wir dürfen uns freuen, denn jetzt beginnt der aussichtsreiche Teil der Etappe.

Die ruhige Straße ist durchgehend markiert und weist uns entlang der Hänge bis zum Örtchen Teis. Wir überqueren die Autobahn und treffen auf die Hauptstraße. Wir lassen uns weiter von der Wasserstraße in die Nebenstraße leiten. Eben geht's dahin, immer dem Straßenverlauf hinterher. An wichtigen Stellen weisen uns die Pfeile den Weg. Dann stehen wir auf einem halbkreisförmigen Rastplatz im Örtchen Chapela. Kieswege leiten uns durch ein kurzes Waldstück. Wir durchqueren

# Fortsetzung Etappe 9

die nächste Ortschaft und gehen wieder in den Wald, bis wir an einem Rastplatz mit Wasserfall und Brunnen eine kleine Pause einlegen können.

Auf einem asphaltierten Weg gelangen wir in den nächsten kleinen Ort. Links von uns befindet sich die große Autobahnbrücke. Bei zwei Kakteen können wir rechts hinauf einen Abstecher zu einer Bar machen. Der Camino führt aber weiter geradeaus wieder in den Wald. Eine gute dreiviertel Stunde sind wir auf schönen Waldwegen unterwegs, da stoßen wir auf eine umgedrehte km-89.860-Angabe. Hier geht's links die steile Straße hinunter. Vor der Kirche Cedeira halten wir uns links. Wir passieren einen Waschplatz mit Brunnen, dann halten wir uns rechts bis zum rot- und ockerfarbenen Haus. Hier links herum spazieren wir zu einem mit Efeu bewachsenen Vordach und lassen uns von der Route rechts am schönen Haus vorbeileiten. Das letzte Stück vor der Bahndammunterführung ist steil. Wir folgen der Nationalstraße für gute 300 m nach rechts. Am Zebrastreifen wechseln wir die Straßenseite, folgen der Kurve und queren den Fluss. Die Rúa Pao Crespo führt uns bis zum DIA-Supermarkt. Hier schwenken wir nach rechts auf die Nebenstraße, den folgenden Kreisel verlassen wir nach rechts über den Río Alvedosa. Wir haben die Herberge von Redondela erreicht.

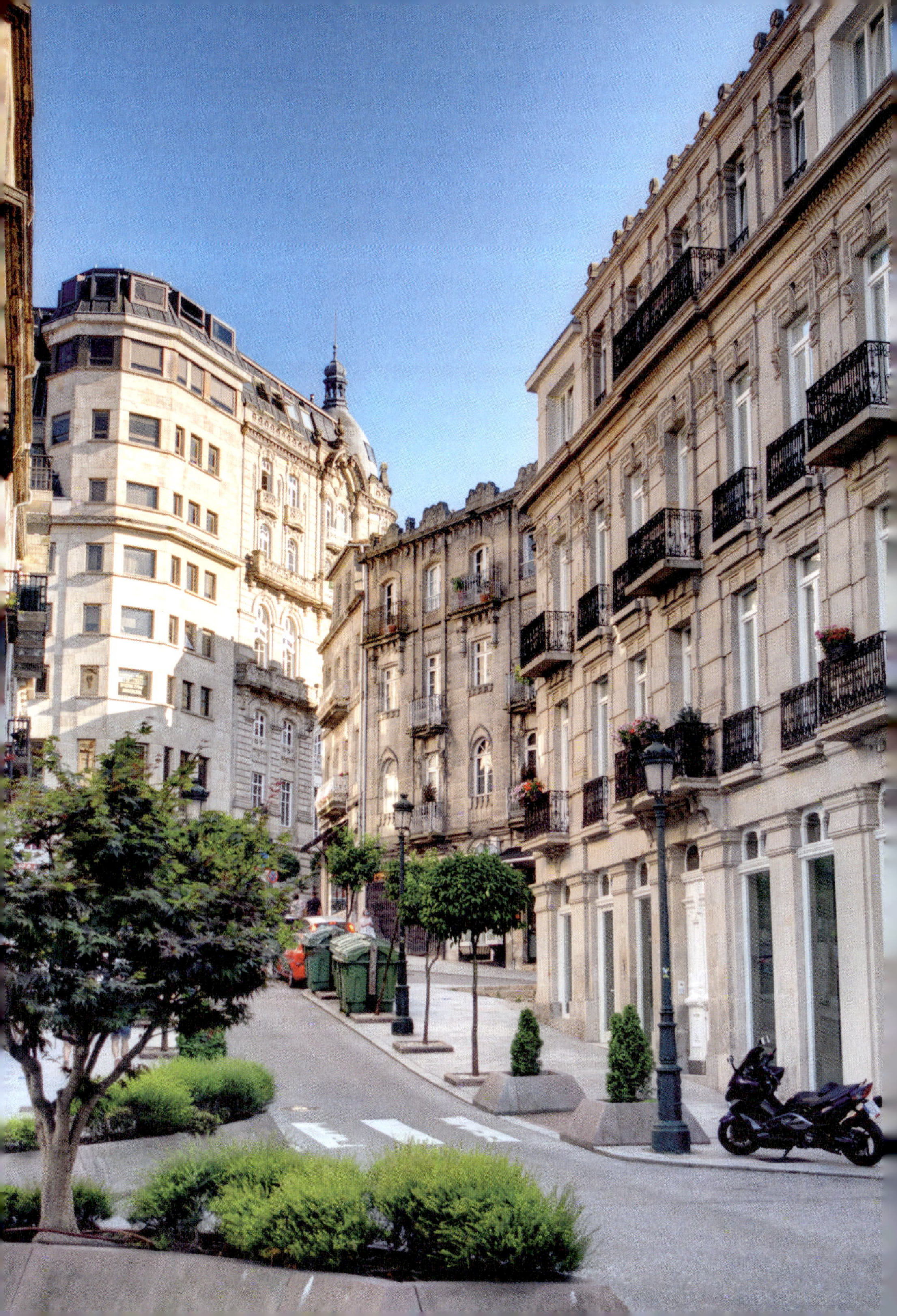

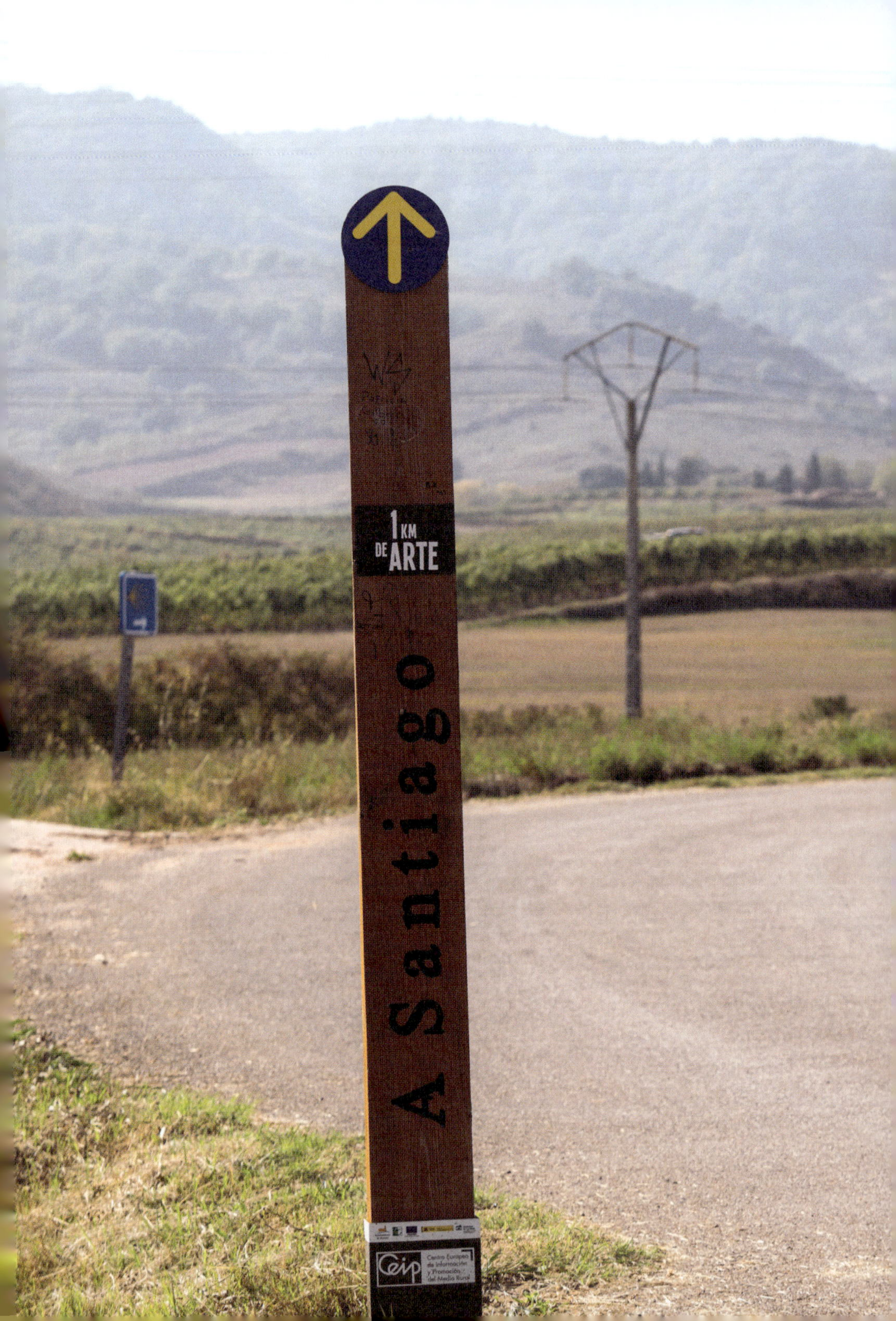
1 KM
DE ARTE
A Santiago
Ceip
Centro Europeo
de Información
y Promoción
del Medio Rural

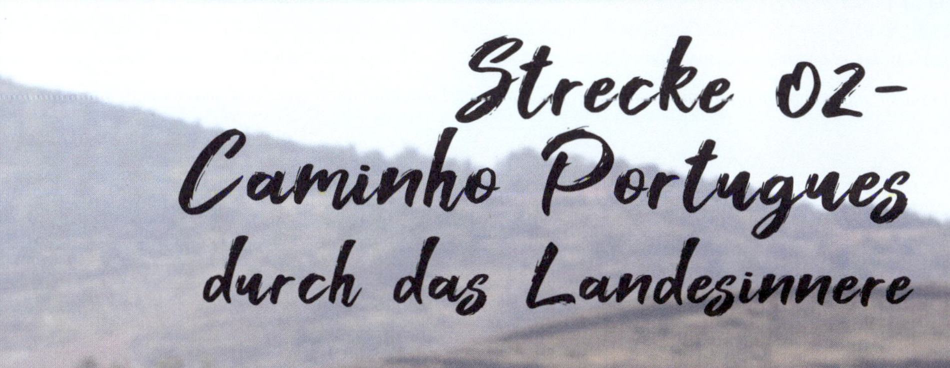

# Strecke 02 – Caminho Portugues durch das Landesinnere

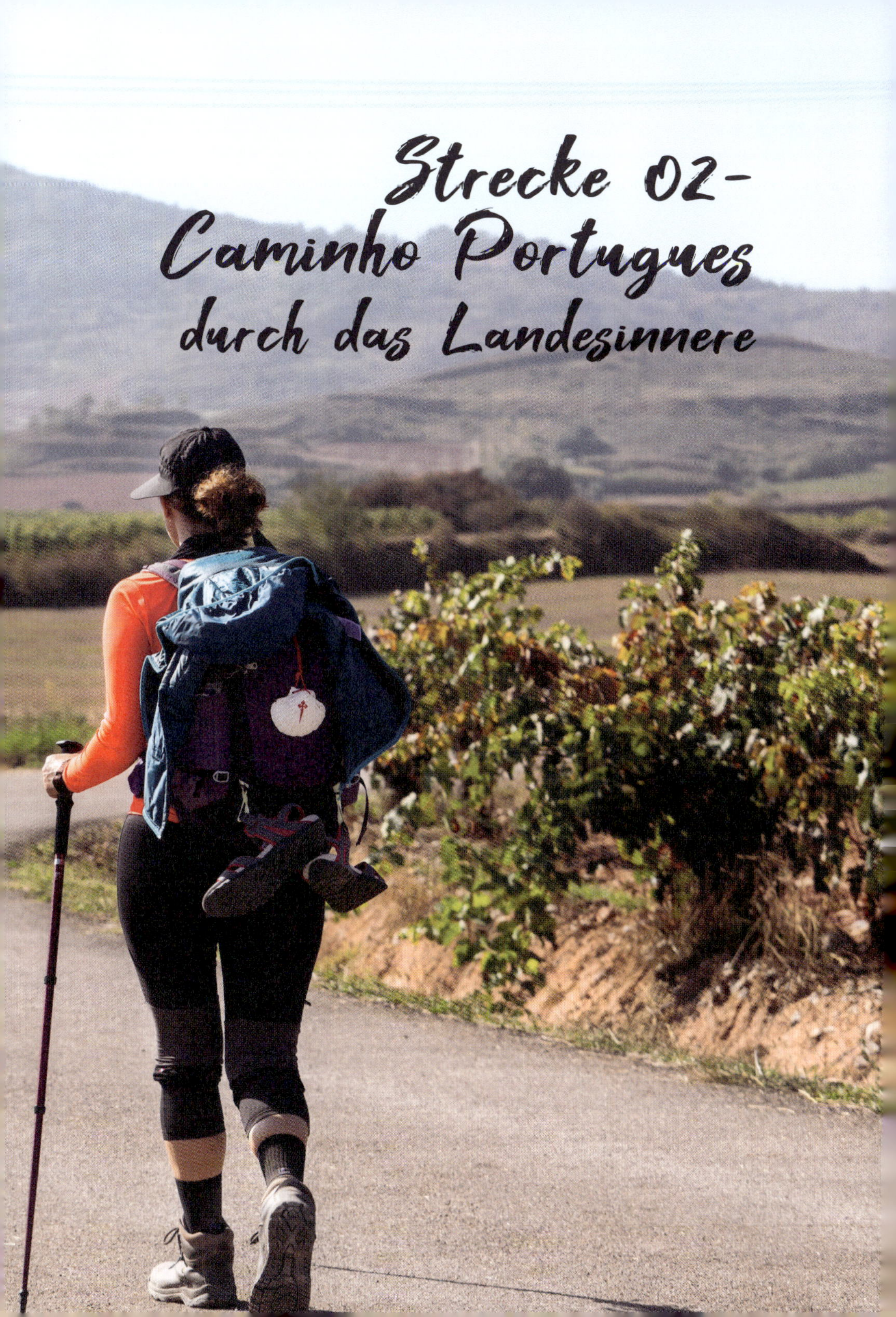

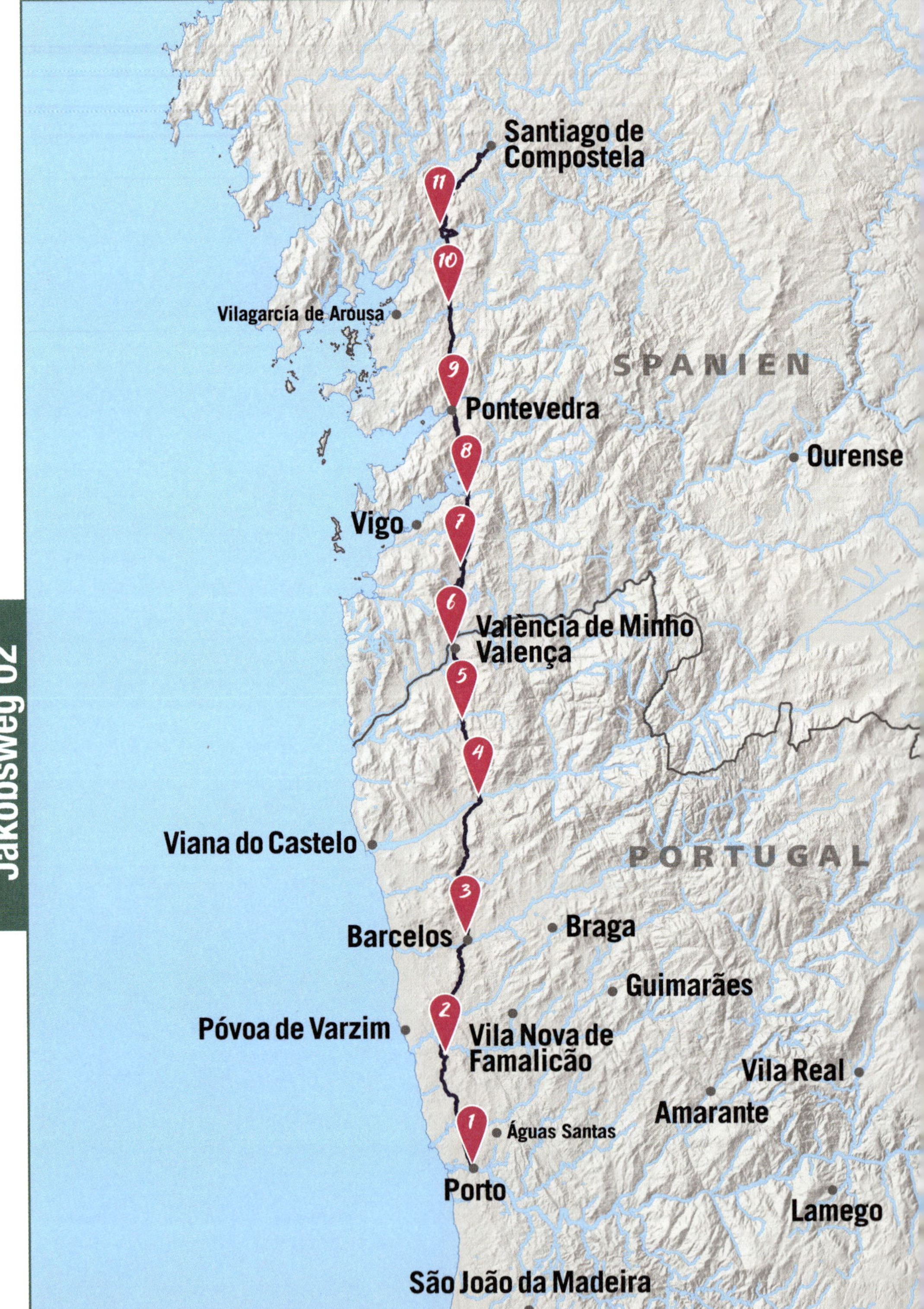

Santiago de Compostela
11
10
Vilagarcía de Arousa
SPANIEN
9
Pontevedra
8
Ourense
Vigo
7
6
València de Minho
Valença
5
4
Viana do Castelo
PORTUGAL
3
Barcelos
Braga
Guimarães
2
Póvoa de Varzim
Vila Nova de Famalicão
Vila Real
Amarante
1
Águas Santas
Porto
Lamego
São João da Madeira

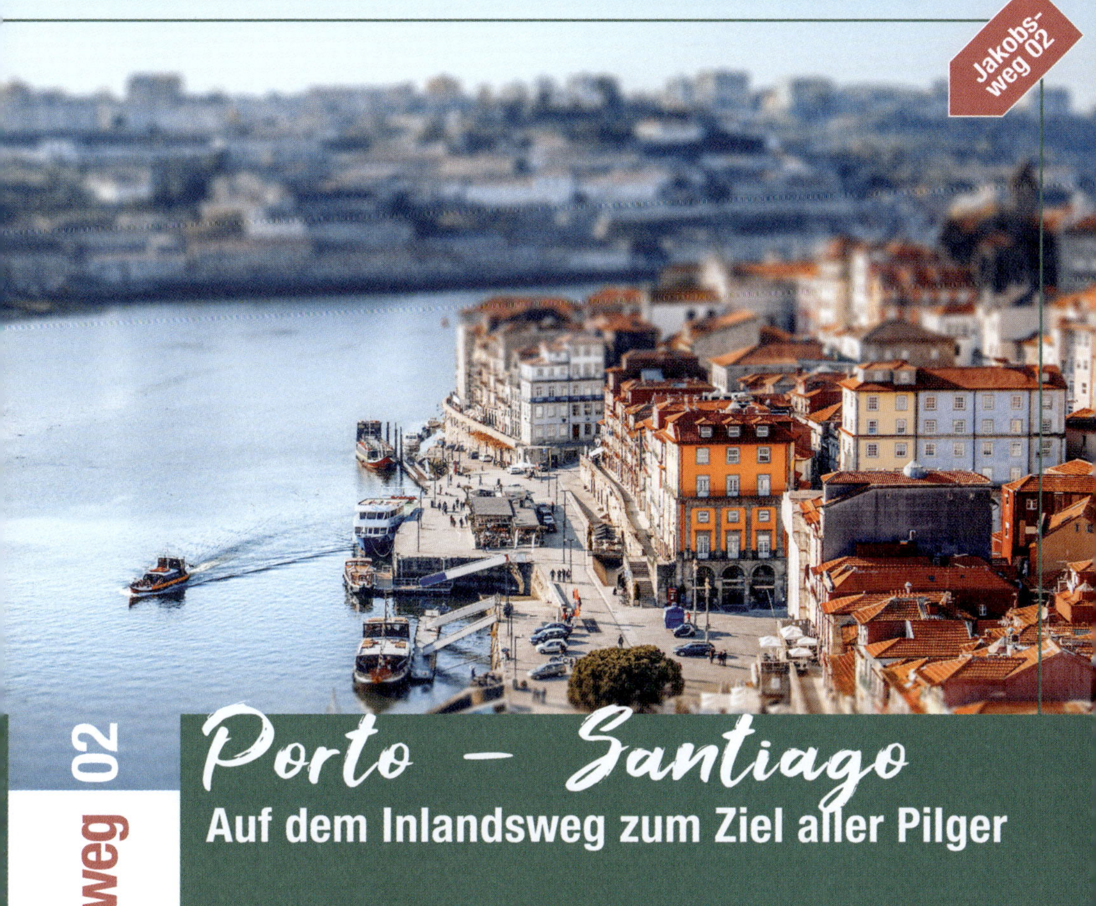

Jakobsweg 02

# Porto – Santiago

## Auf dem Inlandsweg zum Ziel aller Pilger

| | |
|---|---|
| **ETAPPEN** | 11 |
| **LÄNGE** | 256,3 km |
| **HÖHENMETER** | 4885 hm |
| **SCHWIERIGKEIT** | MITTEL |
| **MIT ÖPNV ERREICHBAR** | ja |

## Das erwartet dich ...

Die Pilgerstrecke von Porto nach Santiago de Compostela ist in 11 Tagesetappen aufgeteilt. Dabei legen wir über 230 schweißtreibende Kilometer zurück. Die Strecke ist dabei recht abwechslungsreich und bietet uns alles an: herrliche Landschaften, einsame Wälder, malerische Dörfer – aber es geht auch abschnittsweise karg und eintönig an der Straße entlang. Im lebendigen und bunten Santiago haben wir uns dann ein paar Tage Nichtstun redlich verdient.

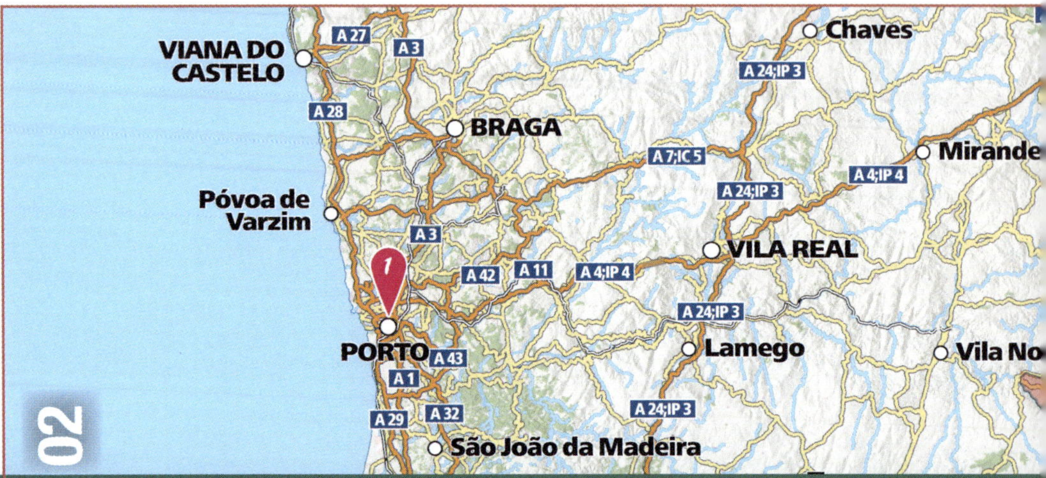

## Start & Ziel & Anreise

Unsere 11-tägige Wanderung beginnt in Porto, der „kleinen Schwester" von Lissabon in Portugal. Es gibt viele Möglichkeiten, um in den hübschen Ausgangsort zu gelangen. Am einfachsten geht es sicherlich mit dem Flugzeug. Porto hat einen internationalen Flughafen, der von mehreren Airlines aus Deutschland und Österreich angesteuert wird. Die Reise geht über Frankreich und Spanien. Dabei müssen wir uns auf mehrmaliges Umsteigen einstellen, schließlich wird eine Strecke von über 1.700 km zurückgelegt.

# Tourenbeschreibung

Unser langer, anstrengender Weg nach Santiago de Compostela beginnt ein wenig eintönig auf unserer ersten Tagestour nach Mosteiro de Vairão. Die zweite Etappe ist schon um einiges länger, aber auch sehr ruhig und wartet mit schönen Natureindrücken auf. Sie endet in Barcelos, das durch seinen bunten Hahn berühmt geworden ist. Der dritte Tag wird dann noch einmal anstrengender, mit langen Anstiegen nach Ponte de Lima. Dafür kommen wir aber auch der bergigen Kulturlandschaft des portugiesischen Hinterlandes näher.

Die vierte Etappe wird recht abenteuerlich und führt uns zum höchsten Punkt des Caminos. Lange Anstiege, unbequeme Wege, aber auch beschauliche Ortschaften zeichnen die Strecke nach Rubiães aus. Am nächsten Tag dürfen wir dafür auf dem Weg nach Valença wieder ein wenig entspannen. Die meiste Zeit geht's zum Etappenziel abwärts. Ein bisschen länger, aber auch wieder einfach

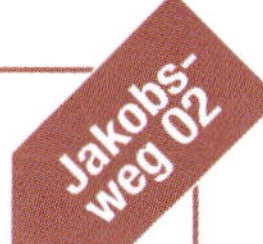


führt die sechste Etappe nach O Porriño. Ein besonderes Schmankerl ist der Abschnitt durch die Fluss- und Auenlandschaft. Zudem wechseln wir heute von portugiesischen auf spanischen Boden.

Feste Wege – aber steil, das ist das Motte der Etappe nach Redondela. Unterwegs tauchen wir ins urbane Spanien ein. Auf dem Weg nach Pontevedra am nächsten Tag holt der Camino das Beste aus der Landschaft heraus. Anstrengend ist der Weg jedoch, bergig und steil. So genießen wir in den Verschnaufpausen die herrliche Landschaft. Die neunte Etappe nach Caldas de Reis ist dann gemütlich, aber lang. Die Wege sind auch nicht immer die besten, gerade bei Regen und nahe der Furten.

Zauberhafte Abschnitte der galicischen Natur erwarten uns auf der Route nach Padrón. Die Stadt ist ein ganz besonderes Ziel, denn hier hat der Jakobuskult seine Anfänge genommen. Die letzte Etappe zum großen Ziel Santiag de Compostela ist die längste auf dem Pilgerweg. Leider hat gerade sie wenig Interessantes zu bieten. Dafür ist die Vorfreude auf Santiago mit seiner malerischen Altstadt umso größer.

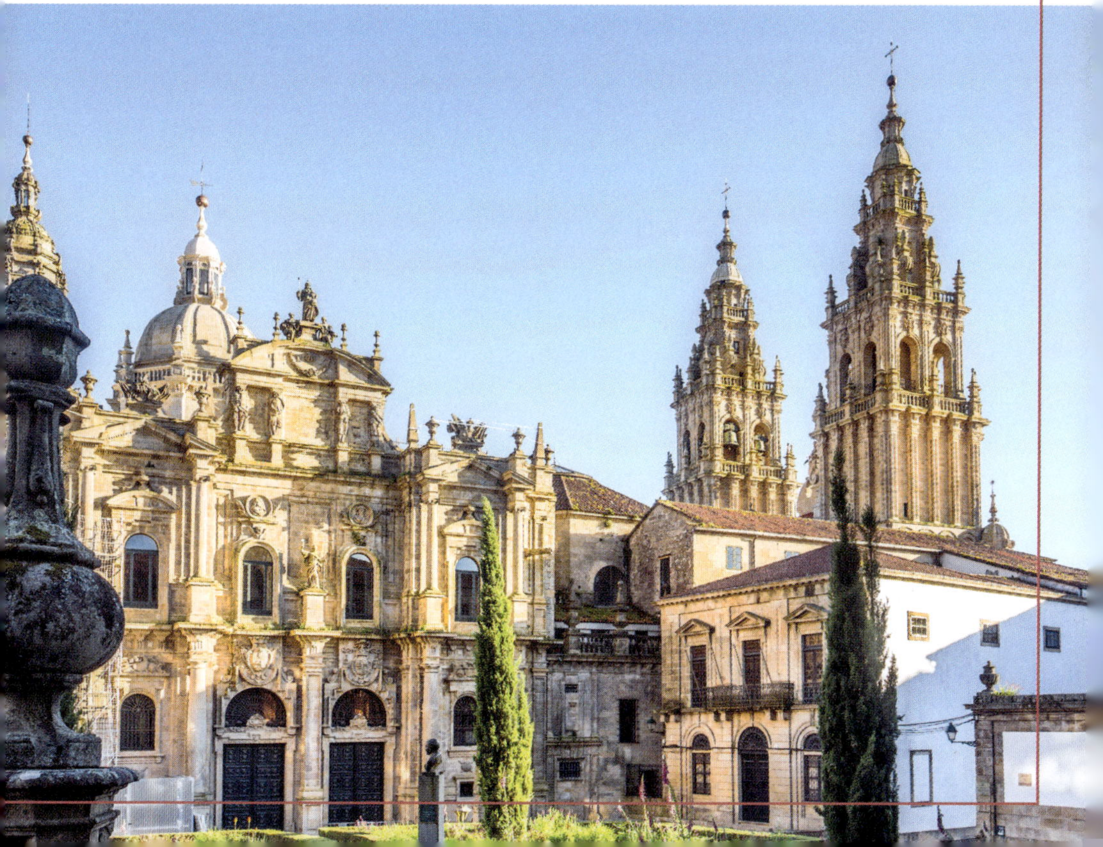

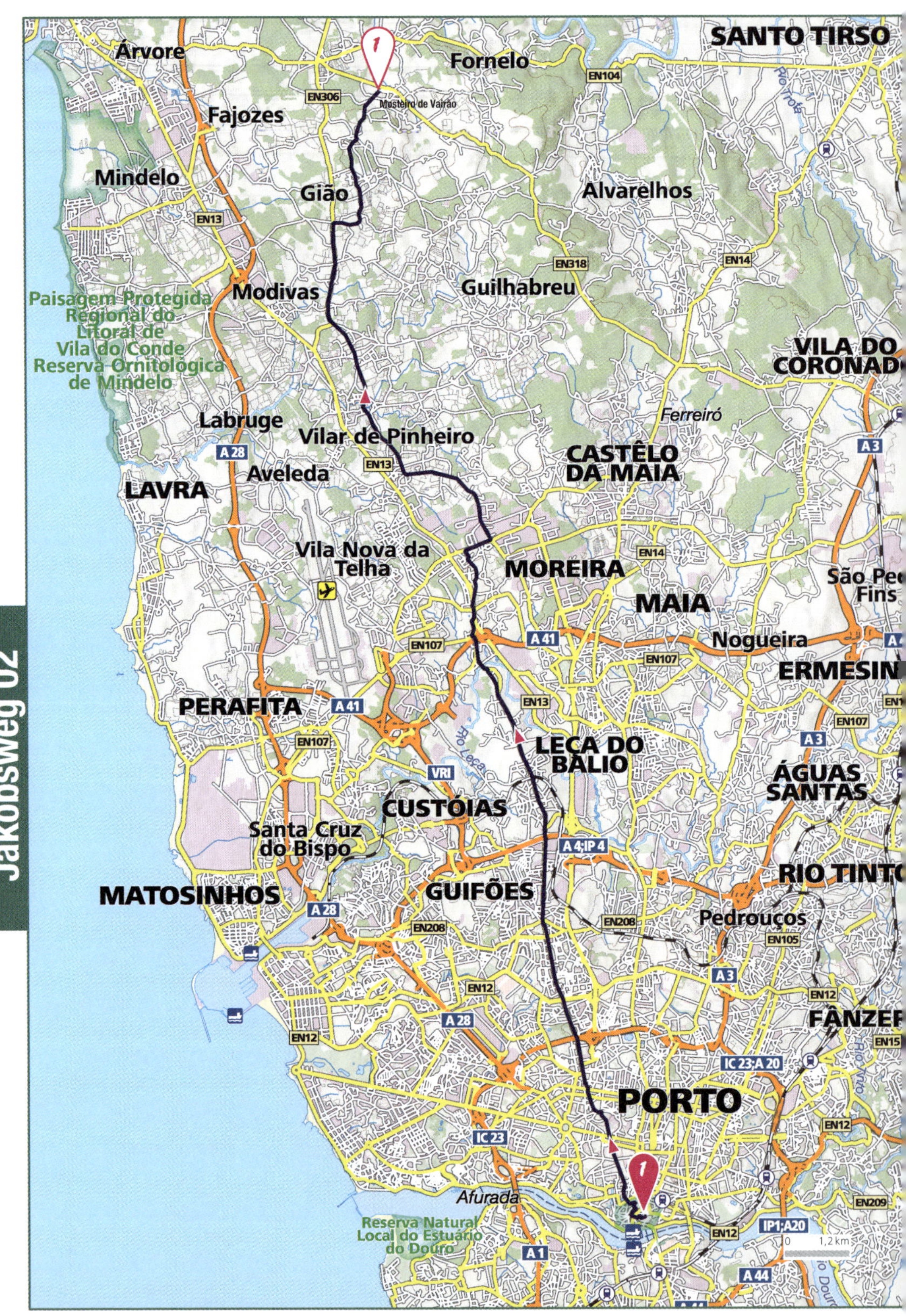

Árvore
Fornelo
SANTO TIRSO
EN104
EN306
Mosteiro de Vairão
Fajozes
Mindelo
Gião
Alvarelhos
EN13
EN318
EN14
Modivas
Guilhabreu
Paisagem Protegida Regional do Litoral de Vila do Conde Reserva Ornitológica de Mindelo
VILA DO CORONAD
Ferreiró
Labruge
Vilar de Pinheiro
A 28
CASTÊLO DA MAIA
A 3
EN13
Aveleda
LAVRA
Vila Nova da Telha
EN14
MOREIRA
São Pe Fins
MAIA
EN107
A 41
Nogueira
EN107
ERMESIN
EN13
PERAFITA
A 41
EN107
LEÇA DO BALIO
EN107
A 3
Rio Leça
VRI
ÁGUAS SANTAS
CUSTÓIAS
Santa Cruz do Bispo
A 4;IP 4
RIO TINT
MATOSINHOS
GUIFÕES
A 28
EN208
EN208
Pedrouços
EN105
A 3
EN12
EN12
A 28
FÂNZER
EN12
EN15
IC 23;A 20
PORTO
IC 23
EN12
Afurada
EN209
Reserva Natural Local do Estuário do Douro
EN12
IP1;A20
0 1,2 km
A 1
A 44

Jakobs-weg 02

ETAPPE 01

# Nach Mosteiro de Vairão

## Straßenpilgern zu einem Kloster mit über 1.000-jähriger Geschichte

| | |
|---|---|
| **DAUER** | 5h 30min |
| **LÄNGE** | 26,8 km |
| **HÖHENMETER** | 375 hm |
| **SCHWIERIGKEIT** | LEICHT |
| **MIT ÖPNV ERREICHBAR** | ja |

## Das erwartet dich ...

Die erste Etappe auf dem Inlandsweg von Porto nach Mosteiro de Vairão ist auf den ersten Blick vielleicht ein wenig eintönig – unterwegs bekommen wir jedoch schöne und unvermutete Einblicke ins urbane Portugal. Bevor wir durchstarten, sollten wir jedoch unbedingt Zeit für die Besichtigung Portos und seine prachtvolle Innenstadt einplanen. Gut mit Wasser eindecken, unterwegs gibt es keine Brunnen, aber einige Einkaufsmöglichkeiten.

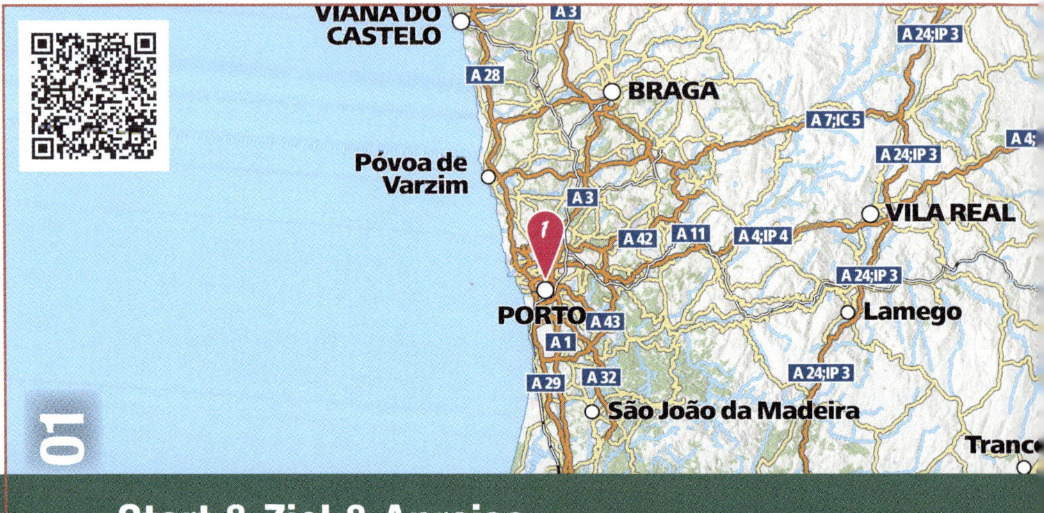


ETAPPE 01

## Start & Ziel & Anreise

Der Wanderweg startet in Porto an der Kathedrale. Mit dem Flugzeug geht es zum Internationalen Flughafen Porto in Portugal. Mit dem Leihwagen – die gängigen großen Anbieter sind vertreten – geht's dann über die A4 und A28 in die Innenstadt. Mit den öffentlichen Verkehrsmitteln können wir die nagelneue Metro direkt ins Zentrum nehmen oder mit den Bussen der Linien 601 und 602 fahren. Alternativ bietet sich vom Flughafen ein Taxi in die Innenstadt an.

# Tourenbeschreibung

Los geht's am Vorplatz der Kathedrale von Porto. Ein gelber Pfeil an der Treppe schickt uns am Turm und Brunnen vorbei. An der Balustrade biegen wir rechts auf eine begrünte Gasse ein. Gleich darauf wenden wir uns links hinab, bis wir die geschäftige Straße vor uns erreichen. Wir halten uns geradeaus bis zum dreieckigen Platz mit 2 Säulen. Rechts geschwenkt taucht die schöne Igrja da Misericór vor uns auf. Wir folgen der geschäftigen Rua das Florres bis zur ersten Gasse. Nach links leitet uns die Rua do Ferraz über Pflastersteine bergan. An ihrem Ende halten wir uns rechts in die Rua de Vitória, gleich darauf schwenken wir links in die Rua dos Caldeireiros. Am Ende biegen wir rechts ab, vor dem alten Uni-Gebäude halten wir uns links. Dann spazieren wir an der Tram-Haltestelle entlang, geradewegs an der Igreja do Carmo vorbei. Wir setzen unseren Weg nun stets geradeaus fort. Die geschäftige Rua de

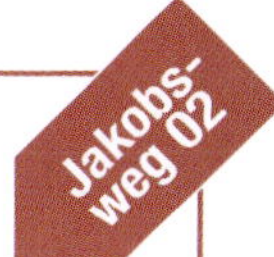


Cedofeita bringt uns nach einer Weile am Pingo Doce Supermarkt vorbei, dann queren wir zwei große Kreuzungen und spazieren unter der Trambahnbrücke hindurch. Die Route steigt an und bringt uns am Albergue de Peregrinos vorbei. Am dreieckigen Platz mit Kapelle absolvieren wir einen Links-Rechts-Schwenk in eine Pflasterstraße. Ihr folgen wir unter zwei Häuserbögen hindurch und dann links. An der Kreuzung treffen wir auf die Hauptstraße, der wir nun viele Kilometer nach Norden folgen. Nach ca. 3 km gelangen wir nach dem LIDL Supermarkt erneut an einen dreieckigen Platz mit Wegteilung. Wir bleiben auch hier unserer Route treu und wandern geradeaus weiter, unter der Autobahn hindurch und an ein paar Obstläden vorbei. Nach 4,5 km lassen wir die Häuser kurz hinter uns und schnuppern das erste Mal ein wenig Natur. Vor uns erblicken wir jedoch schon die nächsten Häuserblöcke von Moreira.

An der Straßenteilung führt der Camino links weiter zur Hauptstraße. Nach der Flussquerung spazieren wir durch Moreira hinauf, über die Autobahn und weiter geradeaus. Den Kreisel verlassen wir auf der anderen Seite und halten uns am Friedhof rechts in die Rua Mestre Clara. Vorsicht, hier gibt es keinen Fußgängerbereich! Sie führt uns knapp zehn Minuten bis zur Rua de Manuel Baptista Barros, an der wir rechts einbiegen. Am Pingo Doce Supermarkt schlendern wir links vorbei zur Hauptstraße mit LIDL und DPD. Wir schwenken rechts hinauf zur großen Kreuzung und biegen links ein, durch ein kleines Gewerbegebiet hindurch. Linker Hand erblicken wir bald große Wiesen und Weiden. An der T-Kreuzung halten wir uns links hinab. Ein großer Rechtsschwenk bringt uns schließlich zur großen Kreuzung von Vilar do Pinheiro.

Wir wandern weiter geradeaus an Supermarkt und Café vorbei, mit der Straße hinab bis zum Zentrum von Lameira. Zehn Minuten später erreichen wir Vilar. Schnell lassen wir den Ort wieder hinter uns. Keinen Kilometer weiter endet die Pflasterstraße an der EN-306. Wir folgen ihr nordwärts bis nach Gião, wo wir endlich auch wieder Fußgängerwege nutzen können. Vorbei an Grundschule und Tankstelle biegen wir an einer großen Kreuzung mit Camino-Infotafel rechts ein. Ein Pflasterweg führt uns zu einem großen Steinkreuz und einer Kirche. Hier halten wir uns links. Ein Richtungsweiser zum Kloster schickt uns auf die zusehends enger werdende Straße hinab. Nach einem kleinen Minimarkt spazieren wir am Schatten spendenden Waldrand entlang und weiter geradeaus. Die Straße wird breiter, ein Park-Café lädt zum Ausruhen ein. Am Café Jardim in Crasto biegen wir rechts ab und wandern bald bergan. Dabei genießen wir die letzten Weitblicke dieser Etappe. Schnell rückt die große Klosteranlage ins Blickfeld – wir haben unser Etappenziel fast erreicht. Auf der Straße schlendern wir an den Hauptgebäuden der Herberge vorbei. Im Haus Nr. 43 in der Rechtskurve müssen wir uns anmelden.

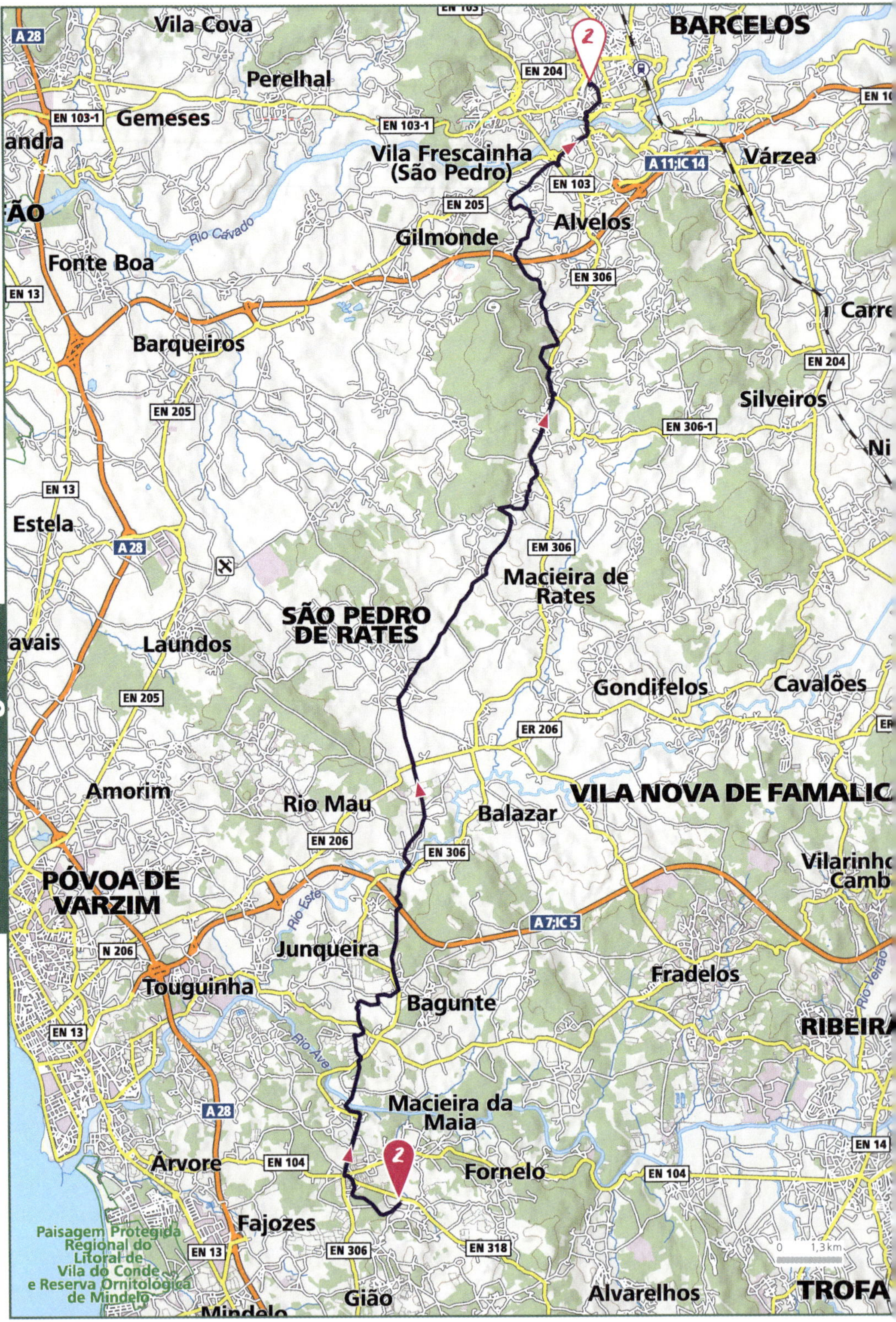

BARCELOS
Vila Cova
Perelhal
EN 103
EN 204
EN 103-1
Gemeses
EN 103-1
andra
Vila Frescainha (São Pedro)
Várzea
A 11;IC 14
EN 103
FÃO
EN 205
Alvelos
Rio Cávado
Gilmonde
Fonte Boa
EN 306
EN 13
Carre
Barqueiros
EN 204
Silveiros
EN 205
EN 306-1
Ni
EN 13
Estela
A 28
EM 306
Macieira de Rates
SÃO PEDRO DE RATES
avais
Laundos
Gondifelos
Cavalões
EN 205
ER 206
Amorim
Rio Mau
Balazar
VILA NOVA DE FAMALIC
EN 206
EN 306
PÓVOA DE VARZIM
Vilarinho Camb
Rio Este
A 7;IC 5
N 206
Junqueira
Touguinha
Fradelos
Bagunte
Rio Veirão
RIBEIRA
EN 13
Rio Ave
Macieira da Maia
A 28
EN 14
Árvore
EN 104
Fornelo
EN 104
Fajozes
Paisagem Protegida Regional do Litoral de Vila do Conde e Reserva Ornitológica de Mindelo
EN 13
EN 306
EN 318
0 1,3 km
Gião
Alvarelhos
TROFA
Mindelo
A 28
2
2

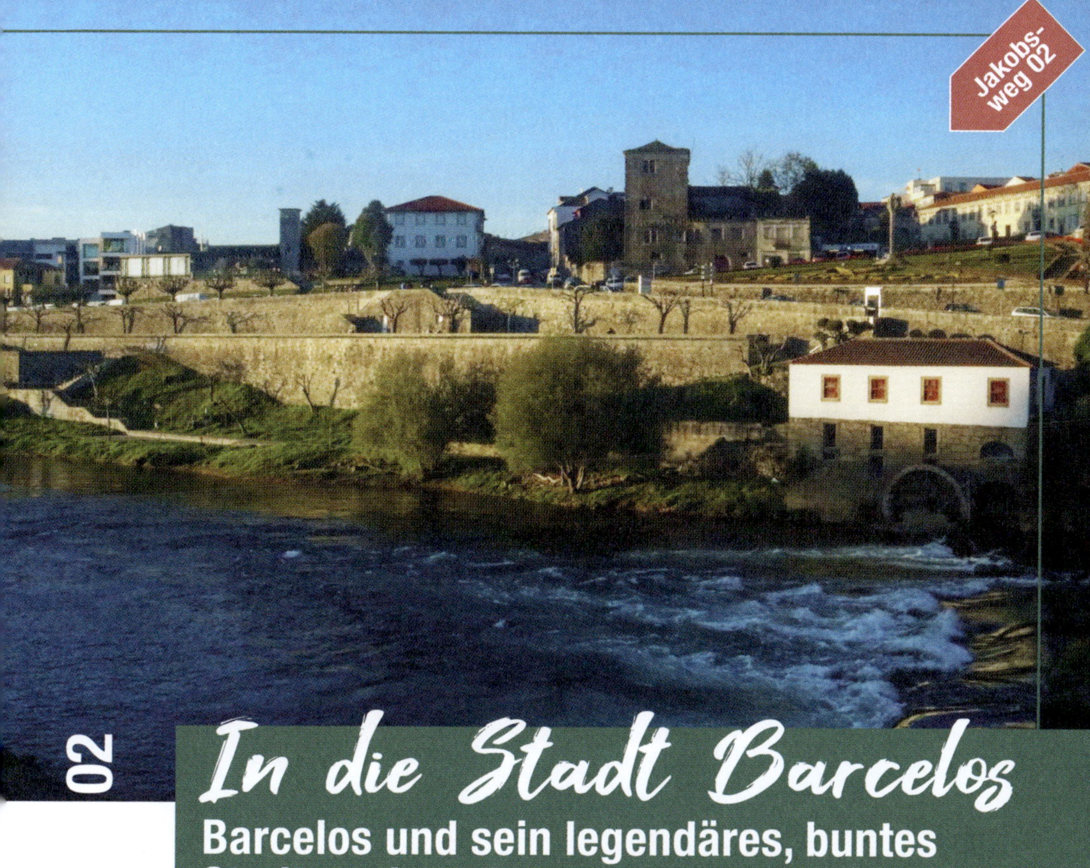

ETAPPE 02

# In die Stadt Barcelos

## Barcelos und sein legendäres, buntes Stadtmaskottchen

| | |
|---|---|
| **DAUER** | 6h 45min |
| **LÄNGE** | 30,9 km |
| **HÖHENMETER** | 555 hm |
| **SCHWIERIGKEIT** | LEICHT |
| **MIT ÖPNV ERREICHBAR** | nein |

## Das erwartet dich ...

Unsere heutige Tour ist deutlich länger als die gestrige und noch immer von Straßen geprägt. Dafür wird's an der einen oder anderen Stelle schon ein bisschen ruhiger – und auch schöner. Besonders auf den Wald- und Farmwegen, die jedoch nicht immer tipptopp in Schuss sind. Vorsicht ist geboten bei engen und von hohen Mauern umsäumten Straßen – die Portugiesen lieben schnelles Fahren. Durch das hügelige Gelände erhalten wir bei klarer Sicht immer wieder tolle Weitblicke.

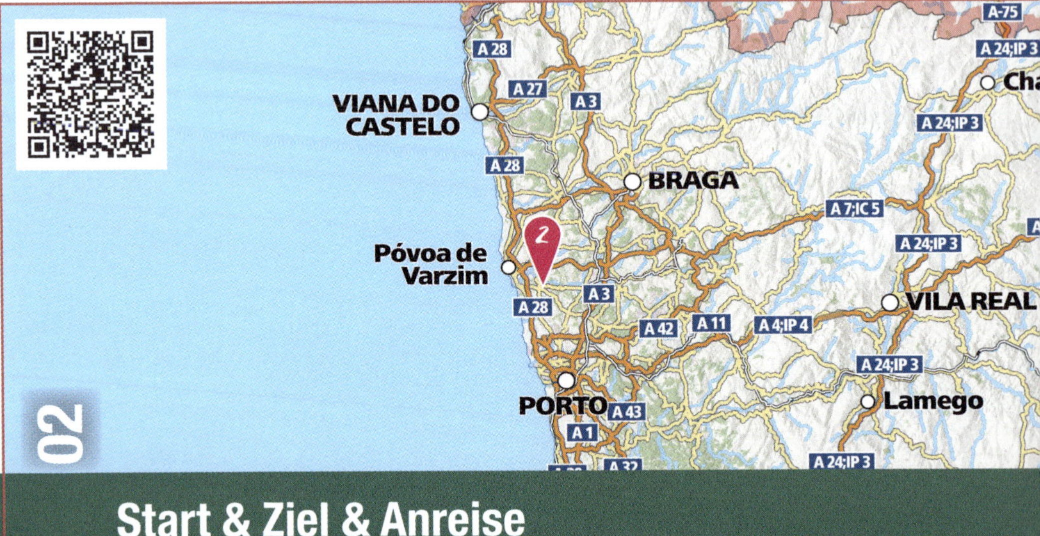


ETAPPE 02

## Start & Ziel & Anreise

Die Etappe beginnt in Vairão an der Klosterherberge. Mit dem Auto erreichen wir den Ort über die A28 aus nördlicher und südlicher Richtung, dann geht's weiter über die EN-306. Mit den öffentlichen Verkehrsmitteln ist der Ort nicht zu erreichen. Unser Ziel Barcelos ist eine bunte Stadt. Eine Legende brachte ihr ein weit über die Grenzen des Landes bekanntes Maskottchen ein: den bunten Hahn von Barcelos.

# Tourenbeschreibung

Von der Herberge halten wir uns rechts, hinter dem letzten Klostergebäude biegen wir ebenfalls rechts ab. Pflasterstraßen leiten uns rasch auf Schotterwege durch den Wald nach Vilarinho. Nach dem Minimarkt geht's links hinauf zur Hauptstraße EN-306. Leicht links an der Ampel hinüber und über den Zentrumsplatz von Vilarinho. Wir halten uns geradeaus bis zu einer Wegverzweigung. Weiter auf der Straße erreichen wir eine kleine Verkehrsinsel. Wir verlassen die EN-306 nach rechts und überqueren auf der alten Ponte Zameiro den Rio Ave.

Die Pflasterstraße führt uns hinauf, an Brunnen und Kfz-Werkstatt vorbei. Nach einem Waldstück geht's auf die Hauptstraße. Rechts eingebogen verlassen wir sie jedoch schon einige Meter später wieder nach links. Wir gehen mit der nächsten Kurve rechts, an einer großen Steineiche halten wir uns links. Die Dorfstraße bringt uns hinab, dann biegen wir rechts ab. Nach ein paar Wiesen halten wir uns

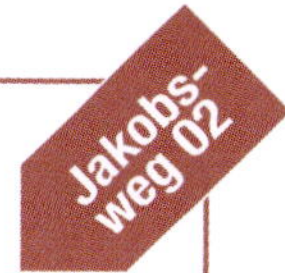


links, um ins nächste Dorf zu gelangen. Links-rechts geschwenkt, wo die Pflasterstraße zu einem Farmweg wird. Wir folgen ihm links an der großen Mauer entlang. Die nächste Straße queren wir, gleich darauf halten wir uns rechts. Wir passieren eine Kapelle und zwei Cafés, dann unterqueren wir die Autobahn.

Auf gerölligen Wegen geht's zur EN-306. Geradeaus und über die Brücke, dann links hinauf zur Kirche von Arcos. Nach einem Kreuz und einem Café führt uns die zweite Straße rechts geradewegs nach Rates. Wir queren die große Kreuzung, am Kreisel mit Statue geht's am Spielplatz entlang. Die Route führt uns geradeaus durch São Pedro de Rates hindurch. Rechts der Kapelle wandern wir zu einer Kreuzung mit markantem Steinkreuz hinauf. Geradeaus geht's bald auf Schotterwegen an Weiden entlang, stets auf dem Hauptweg. Nach einem Hinweisschild für Herbergen geht's den Weg hinauf, dabei streifen wir das Dorf lediglich. Wir wandern zwischen Dorfrand und Waldsaum entlang. Dann schlängeln sich die Feldwege durch die Ackerlandschaft.

An einem Kuhstall und ein paar Häusern wenden wir uns an der T-Kreuzung nach links auf eine recht befahrene Straße. Wir folgen ihr nach rechts, kurz darauf schwenken wir erneut rechts auf die Rua da Quintão ein. Nach einem Wäldchen gehen wir an einer Linkskurve rechts ab durch die Siedlung hindurch. An der großen Querstraße rechts ziehen wir weiter zur Hauptstraße hinauf. Vorsichtig folgen wir ihr nach links bis zur Igreja de Santo Antonio. Auf der Straße geht's weiter, bis wir am Steinkreuz auf Fußgängerwege treffen. Nach Restaurant und Tankstelle stoßen wir auf einen Bäcker und einen Supermarkt. Beim nächsten Supermarkt geht's links in einen Eukalyptuswald. Oberhalb von Pereiras tangieren wir die Hauptstraße nach links. Die Route leitet in die Gemeinde hinab, am Steinkreuz und an der Bar von Pereiras vorbei und mit der breiten Dorfstraße unter der Autobahn hindurch. An der nächsten Hauptstraße leitet uns der Camino rechts zur Kirche von Carvalal.

Nach links gewandt und gleich darauf wieder rechts spazieren wir durch die Gemeinde. An den großen Verzweigungen halten wir uns stets rechts. Die Straße wird enger, wir kreuzen einen Fluss. Nach der Kapelle Santa Cruz gelangen wir zu einem Kreisel. Wir verlassen ihn geradeaus und nutzen die Unterführung hinterm Autohaus rechts. Danach erreichen wir Barcelinhos. An der nächsten großen Kreuzung wenden wir uns nach links hinab zur verkehrsreichen Brücke über den Rio Cávado. Auf der anderen Seite biegen wir links ab, dann geht's gleich wieder rechts zur Igrja Matriz hinauf. Vor der langen Rathausfassade schwenken wir links in die Fußgängerzone. Kurz darauf spazieren wir rechts in die Innenstadt und zur großen Kirche Igreja do Senhor da Cruz. Links an ihr vorbei schlendern wir geradeaus in eine kleine Straße und an der Damenfigur mit Brunnen links. Nach wenigen Metern stehen wir an der schönen Herberge von Barcelos.

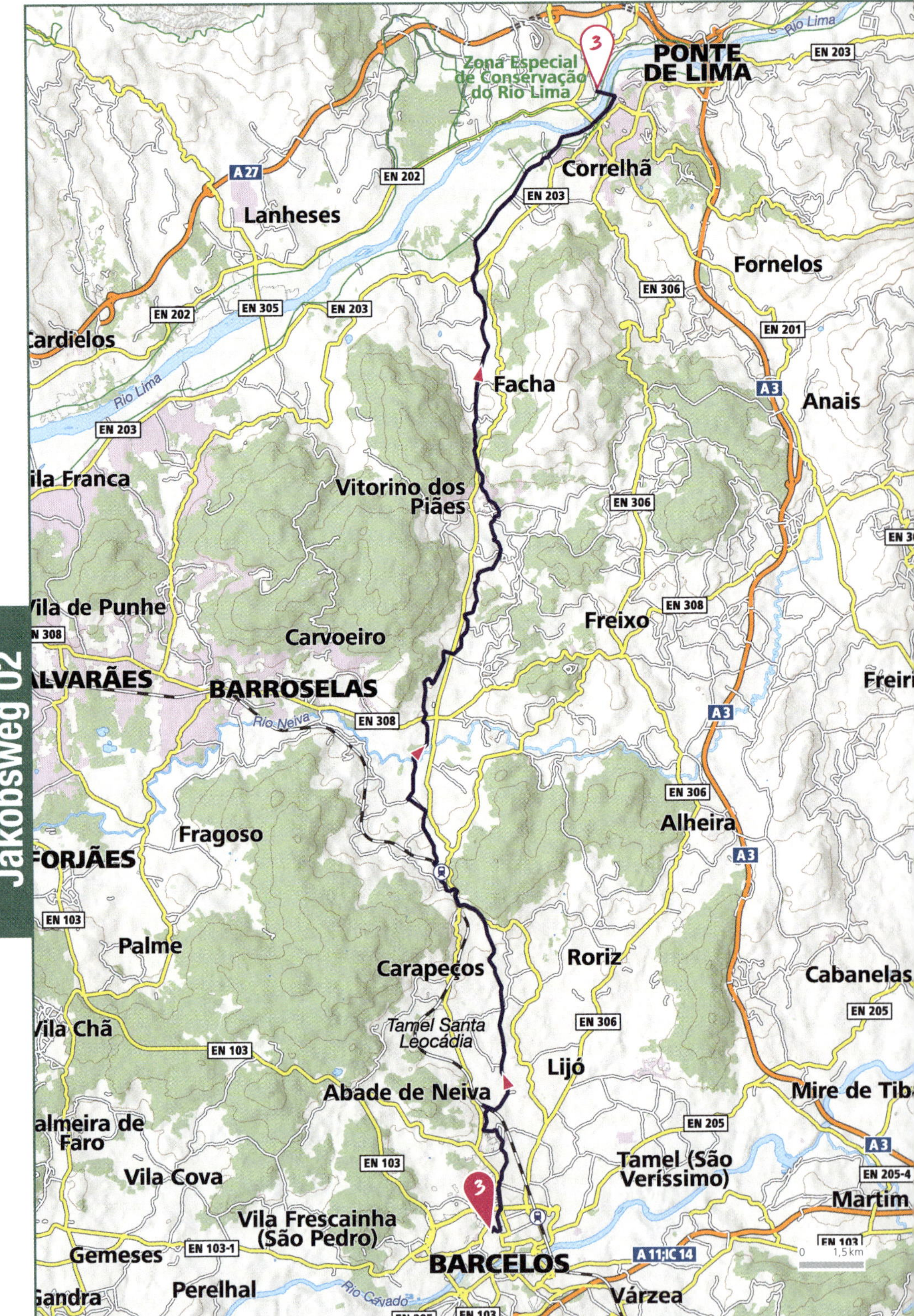

PONTE DE LIMA
Zona Especial de Conservação do Rio Lima
Rio Lima
EN 203
A 27
EN 202
Correlhã
Lanheses
Fornelos
EN 306
EN 202
EN 305
EN 203
Cardielos
EN 201
Facha
A3
Anais
EN 203
Vila Franca
Vitorino dos Piães
EN 306
Vila de Punhe
EN 308
Freixo
Carvoeiro
ALVARÃES
BARROSELAS
Rio Neiva
EN 308
A3
EN 306
Alheira
Fragoso
FORJÃES
A3
EN 103
Palme
Roriz
Carapeços
Cabanelas
EN 205
Tamel Santa Leocádia
EN 306
Vila Chã
EN 103
Lijó
Abade de Neiva
Mire de Tib
Palmeira de Faro
EN 205
A3
EN 103
Tamel (São Veríssimo)
EN 205-4
Vila Cova
Martim
Vila Frescainha (São Pedro)
EN 103
Gemeses
EN 103-1
A 11: IC 14
0 1,5 km
BARCELOS
Gandra
Perelhal
Rio Cávado
Várzea
EN 205
EN 103

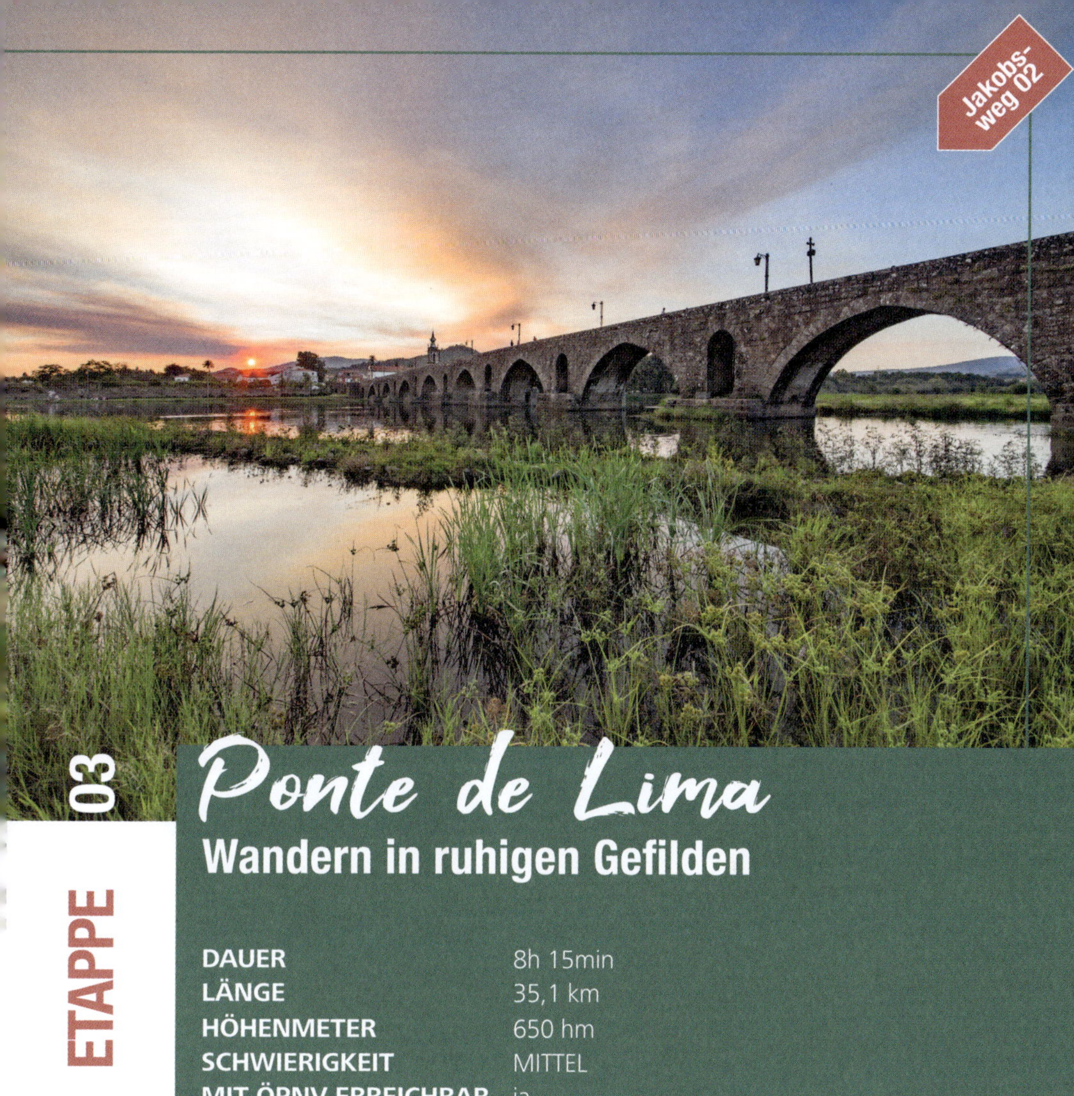

Jakobsweg 02

ETAPPE 03

# Ponte de Lima

## Wandern in ruhigen Gefilden

| | |
|---|---|
| **DAUER** | 8h 15min |
| **LÄNGE** | 35,1 km |
| **HÖHENMETER** | 650 hm |
| **SCHWIERIGKEIT** | MITTEL |
| **MIT ÖPNV ERREICHBAR** | ja |

## Das erwartet dich ...

Unsere dritte Etappe ist anstrengend, nicht nur die Anzahl der Kilometer betreffend. Es gibt zwei längere Anstiege, ansonsten sind die Wege von der Beschaffenheit her moderat und werden zusehends naturnaher. Die unbefestigten Wege sind sehr matschanfällig. Die erste Hälfte des Tages folgen wir immer wieder der Straße, dann wird es allmählich angenehm ruhig. Bergige Kulturlandschaft, Weinbaugebiete und schmucke Dörfer machen die Strecke recht abwechslungsreich.

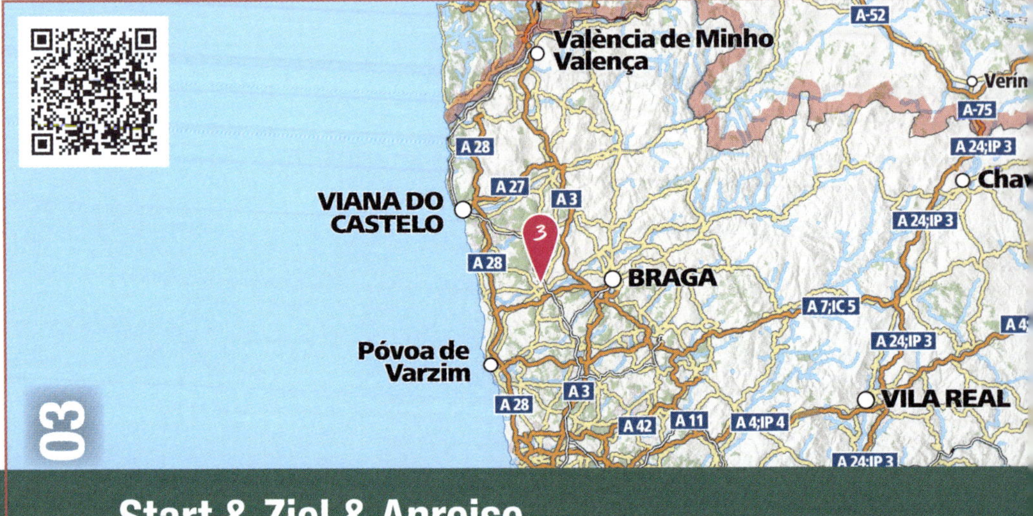


ETAPPE 03

## Start & Ziel & Anreise

Los geht's heute in Barcelos. Mit dem PKW ist der Ort über die A11 erreichbar. Zugverbindungen bestehen mehrmals täglich von Porto aus dem Süden und Viana do Castelo aus dem Norden. Unser heutiges Ziel, Ponte de Lima, zählt zu den charaktervollsten und reizendsten Städten im Norden Portugals. Zudem ist sie eine der ältesten Städte des Landes und blickt auf eine lange Geschichte zurück.

# Tourenbeschreibung

Vor der Herberge in Barcelos wenden wir uns nach rechts. Wir ignorieren die Pfeile an der Statue und halten uns rechts geradewegs hinauf. Am Pavillon geht's links vorbei und an der Kreuzung links in die Rua Dr. Manuel Pais. Nach dem Supermarkt schwenken wir rechts über die Brücke, am nächsten Kreisel nehmen wir die Zweite rechts. Links gehalten spazieren wir die Straße hinab. An den großen roten Wohnblöcken schwenken wir links ein, am Ende der Straße geht es rechts weiter. Anschließend links führt uns die Straße in den nächsten Ort hinein.

Bei der Kirche biegen wir links ab, kurz vor der Hauptstraße führt uns ein Pflasterweg nach rechts. Am Steinkreuz halten wir uns links, dann schwenken wir rechts zum Bahndamm, nutzen die Unterführung und halten uns dann rechts. Nach einem Waldstück und einer Flussquerung geht's links ins nächste Dorf. Wir halten uns geradeaus, an der Kirche vorbei und weiter zum Waldrand hinauf. Die Sied-

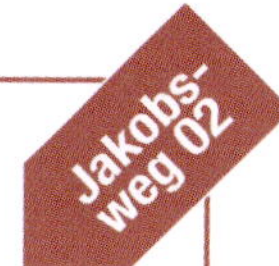


lung Tamel durchqueren wir geradewegs, vorbei am Fonte da Ferreirinha. Wir wandern über Felder und Weiden, dann geht's in die nächste Gemeinde und zum Holzkreuz Santo Missao. An der Kirche vorbei spazieren wir zur EN-206 hinauf. Nach rechts bis zu den letzten Häusern und auf dem Schleichweg links der Leitplanke entlang. Wenig später erreichen wir Aborim und seine moderne Kirche. Wir schlendern vom Vorplatz hinab und über die Gleise. Nach links verlassen wir den Ort über Feldwege. Ein asphaltierter Weg führt geradewegs zur T-Kreuzung, an der wir links der Hauptstraße folgen. Nach dem Bäcker schwenken wir wieder links, an der nächsten Querstraße entfernen wir uns im Links-Rechts-Wechsel wieder von der Straße. An der Y-Kreuzung geht's rechts bald über Pflaster- und Feldwege über den Rio Neiva. 1 km später schwenken wir links durchs Dorf São Bento. Nach einem Rastplatz queren wir die Nationalstraße. Dann begleiten uns Weinreben zum KM-Stein 180. Rechts geht's durch Balugães hindurch.

An der Gabelung gehen wir links auf den Pflasterweg zur Igreja Romanica, dann steil zur Straße hinab. Wir folgen ihr nach links, nach dem Schild zur Herberge wechseln wir auf einen Waldweg und gehen dann rechts durch eine Siedlung. Wir queren die EN-204 und schlängeln uns durch eine malerische Kulturlandschaft. Kurz vor der EN-204 halten wir uns rechts bald zur Casa Fernanda. Wir gehen weiter geradeaus, dann schwenken wir links über Schotterwege. Am Ortsende passieren wir ein Hostel, queren eine Asphaltstraße und folgen der nächsten rechts hinunter bis zur Kirche und dem Friedhof von Vitorino de Piães.

Wir überqueren den Kreisel und zweigen an der ersten Querstraße links ab. Rechts geht's weiter an einem Brunnen vorbei hinab. Beim Eukalyptushain schwenken wir nach rechts in die Rua de Balte. Mit dem Waldsaum gelangen wir über einen steinigen Schleichweg links zur Nationalstraße. Achtsam folgen wir ihr 200 Meter, dann geht's bei den steinernen Pfählen links auf einen Waldweg. Es geht hinab, bald über Pflasterwege und Straßen nach Albergaria. An der Hauptstraße nutzen wir einen schmalen Weg linker Hand. Er führt uns rechts gehalten und dann geradeaus zur Kapelle von Facha. Wir bleiben rechts und schwenken beim Kreuz links ins Dorf hinein. Weinstöcke und Kastanienplantagen säumen den Weg. Zwischen großen Mauern erreichen wir eine Kreuzung. Hier geht es Richtung des granitischen Pilgers geradeaus weiter.

An der EN-203 rechts, nach Café und Bäcker schwenken wir links. Nach ein paar Häusern und einem Eukalyptushain biegen wir an der Olivenplantage rechts ab und gehen durchs langgestreckte Correlhã hindurch. Wir passieren einen kleinen Shop und queren zwanzig Minuten später eine Brücke. Am Rastplatz wenden wir uns nach links, kommen an einer Kapelle vorbei und durch den Weintunnel am Rio Lima entlang. Unter der EN-201 hindurch und mit der Promenade zur Ponte de Lima. Gleich rechts nach der Brücke finden wir die Herberge.

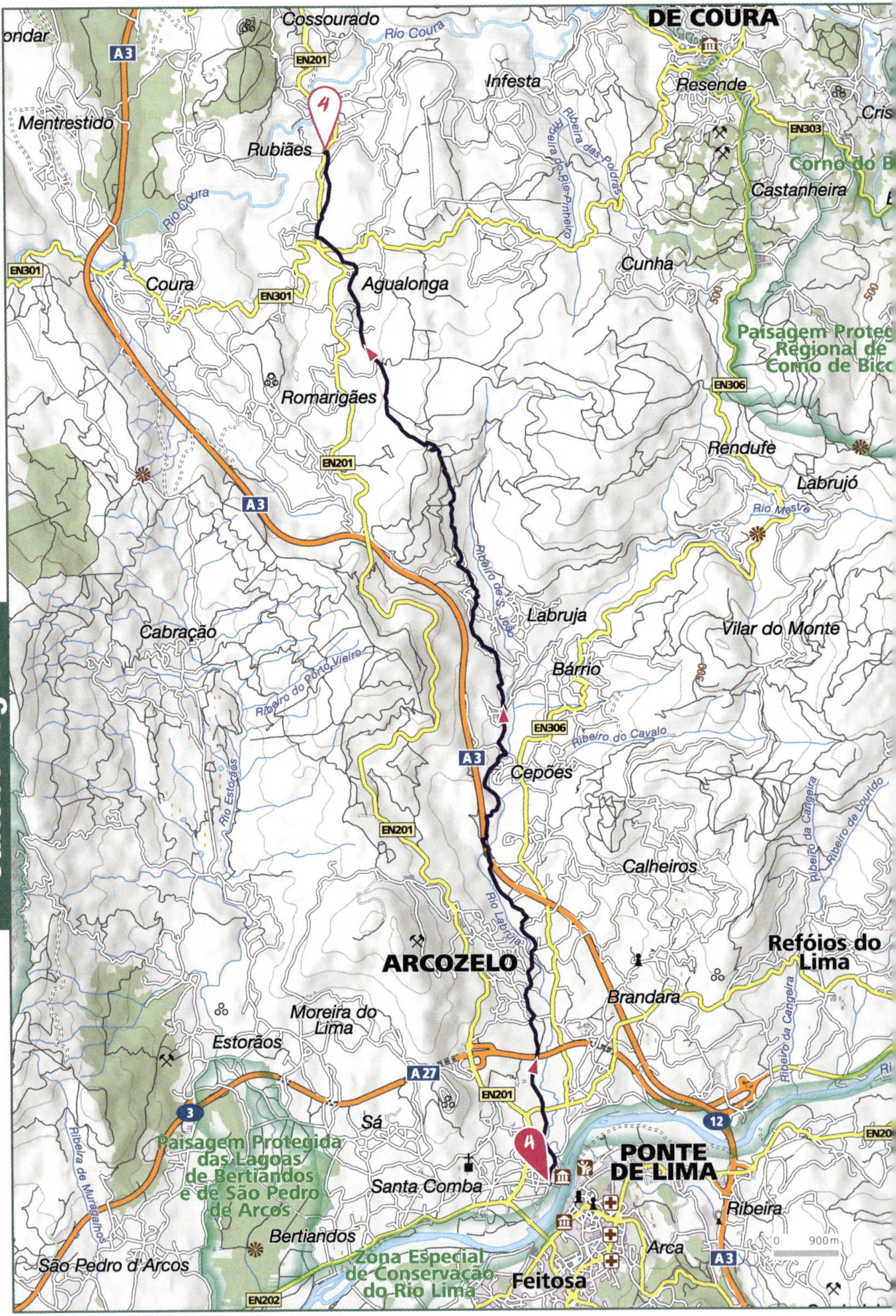

DE COURA
Cossourado
Rio Coura
A3
EN201
Infesta
Resende
Mentrestido
Rubiães
Ribeira das Poldras
Ribeira do Rio Pinheiro
EN303
Castanheira
Rio Coura
EN301
Coura
EN301
Agualonga
Cunha
500
Paisagem Protegida Regional de Corno de Bico
Romarigães
EN306
EN201
Rendufe
Labrujó
A3
Rio Mestre
Ribeiro de S. João
Labruja
Vilar do Monte
Cabração
Bárrio
Ribeiro do Porto Vieiro
300
EN306
Ribeiro do Cavalo
A3
Cepões
Rio Estorãos
EN201
Calheiros
Ribeira da Cangeira
Ribeiro de Lourido
Rio Labruja
Refóios do Lima
ARCOZELO
Brandara
Moreira do Lima
Estorãos
A27
EN201
3
Sá
12
PONTE DE LIMA
Paisagem Protegida das Lagoas de Bertiandos e de São Pedro de Arcos
Santa Comba
Ribeira de Muragalhos
Ribeira
Ribeira da Cangeira
Bertiandos
Arca
0 900 m
A3
São Pedro d'Arcos
Zona Especial de Conservação do Rio Lima
Feitosa
EN202

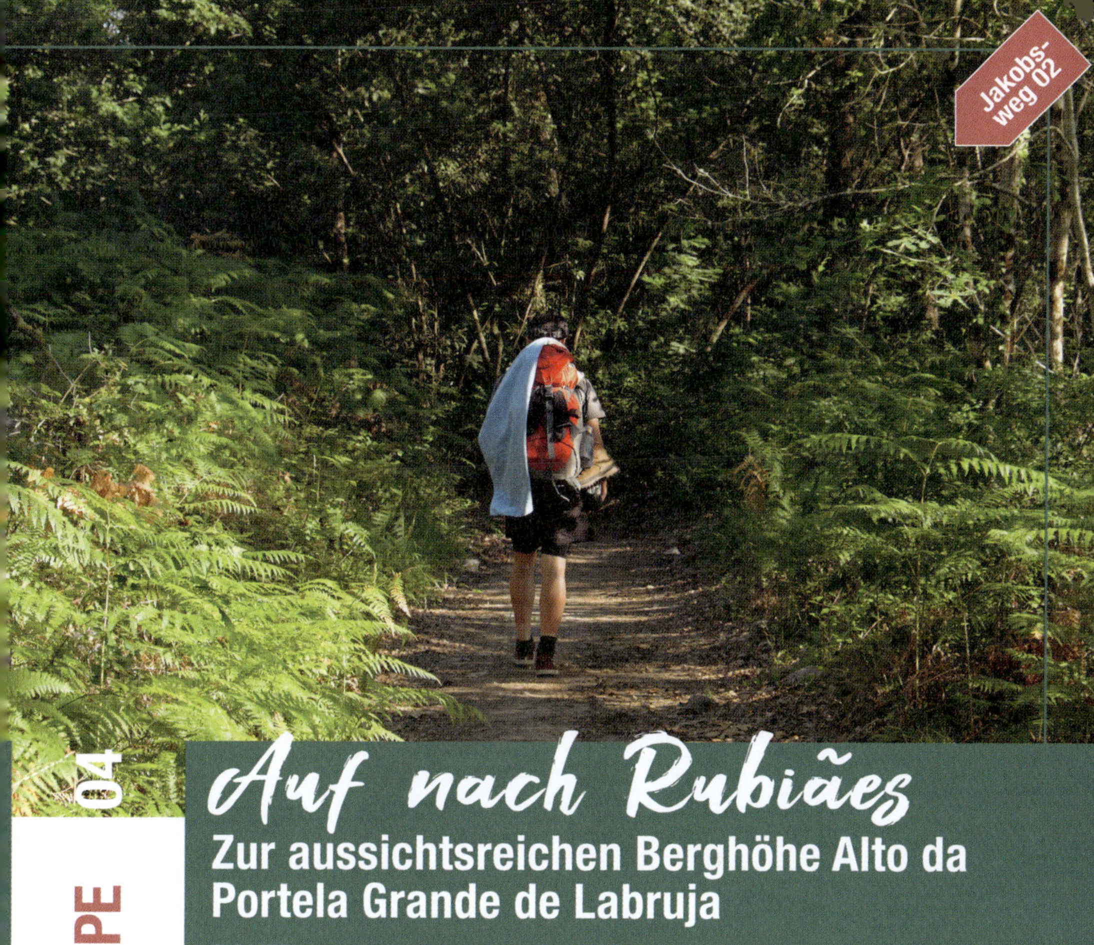


ETAPPE 04

# Auf nach Rubiães

## Zur aussichtsreichen Berghöhe Alto da Portela Grande de Labruja

| | |
|---|---|
| **DAUER** | 4h 30min |
| **LÄNGE** | 18,5 km |
| **HÖHENMETER** | 630 hm |
| **SCHWIERIGKEIT** | MITTEL |
| **MIT ÖPNV ERREICHBAR** | ja |

## Das erwartet dich ...

Auf der heutigen Etappe überwinden wir abenteuerlich steile Wege hinauf zum höchsten Punkt des Caminos. Dafür geht's direkt nach dem Start langsam, aber stetig bergauf. Beschauliche Ortschaften säumen unseren Weg auf meist altbekannten Pflasterstraßen. Für Ungeübte ist der Weg vielleicht ein bisschen anstrengender, aber dafür gut zu gehen. Bei Regen ist Trittsicherheit gefragt, dann werden nämlich einige Wege zur Rutschpartie.

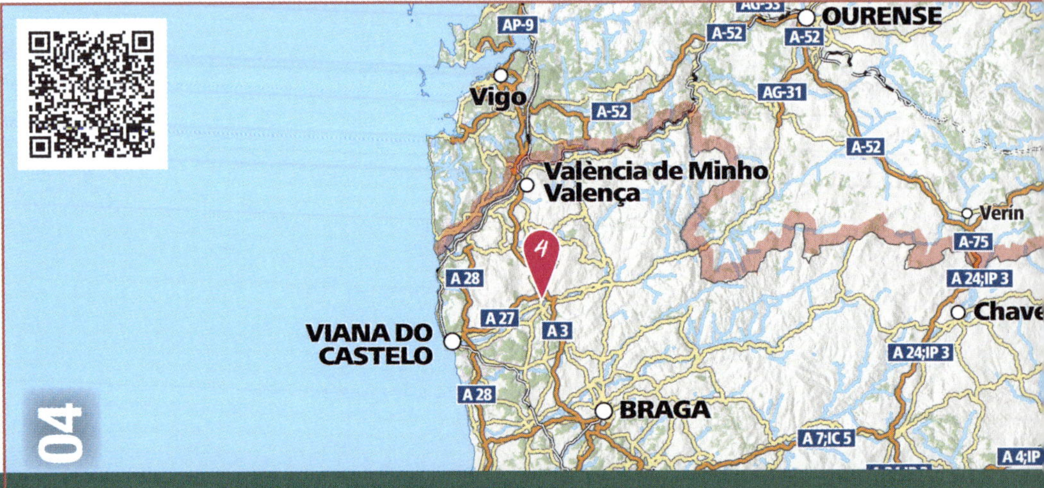


ETAPPE 04

## Start & Ziel & Anreise

Die Etappe beginnt in Ponte de Lima. Die Stadt liegt verkehrsgünstig direkt an der A27 und der A3, ist also mit dem Auto von allen Seiten gut erreichbar. Zudem besitzt der Ort ein gut ausgebautes Busnetz; aus allen und in alle Teile des Landes verkehren die öffentlichen Busse. Unser Ziel Rubiães liegt in herrlicher Natur- und Kulturlandschaft. Im Ort befindet sich eine sehenswerte alte Brücke und die Kirche Kirche São Pedro de Rubiães.

# Tourenbeschreibung

Von der Herberge in Ponte de Lima aus gehen wir zunächst rechts, dann halten wir uns sofort in die nächste Nebenstraße rechts. Wir umrunden die Brachfläche und halten uns danach links auf Schotterwege, dann einen Trittstein-Weg. Bei Regen können wir alternativ auch der Straße folgen. An der Gabel halten wir uns links bis zur EN-202. Auch hier wenden wir uns für 350 Meter nach links, dann geht's rechts auf der Route weiter. Über die EN-202 wandern wir auf unbefestigten Wegen unter der Autobahn hindurch. Weinfelder säumen den Weg bis zum nächsten Ort.

Am Ortsteingang geht's mit einem Rechts-Links-Schwenk zur Kirche von Arcozela. Die Straße bringt uns an der großen weißen Mauer vorbei und im Rechts-Links-Wechsel gleich auf den Schotterweg. Oder wir folgen der Straße weiter und gehen am alten verfallenen Haus rechts ab. Egal welchen Weg wir ein-

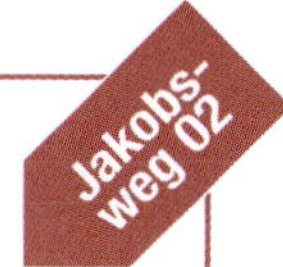


schlagen, wir erreichen die Ponte do Arco de Gaia, queren sie und biegen am Ende des Asphalts links auf unbequeme Schotterwege ein. Bald führt uns ein Stück einer sehr gut erhaltenen Römerstraße. Nach dem Café Pesca gehen wir zur Autobahn hinauf und nutzen die Brücke, um sie der Länge nach zu queren. An ihrem Ende wechseln wir auf die rechte Seite. Ein rauer steiniger Pfad leitet uns an der Schnellstraße entlang. Ein besserer Waldweg führt uns nach rechts. Bald erreichen wir den Ortsrand, gehen zur Hauptstraße hinab und folgen ihr nach links zu einer Kapelle. Wir halten uns links auf einen Pflasterweg, den Capela de Nossa Senhora das Neves, und spazieren an einer kleinen Bar samt Shop vorbei. Wir verlassen den Ort und schlendern an Hohlwegen entlang zum nächsten Ort. Die Straße steigt an. Wir passieren zwei Herbergen , dann biegen wir auf den zweiten Pflasterweg links ab. Kurz geht's noch einmal an der Hauptstraße entlang, dann halten wir uns rechts in die Fonte da Tres Bicas. Wieder führen uns gepflasterte Wege stetig steiler an idyllischen Höfen entlang hinauf. Wir kreuzen die Hauptstraße, der Weg wird noch einmal steiler. Wieder an der Hauptstraße zweigen wir links auf einen Waldweg ab. Die Hälfte des Aufstieges ist geschafft!

Ab hier können die Wege immer wieder mal zu Bachläufen werden. Man kann sie aber immer umgehen. Bald öffnet sich der Blick aufs Tal. Wir halten uns links in den Wald, wo der Weg rasch auf einen breiten Forstweg führt. Wir wenden uns rechts herum, bis uns ein deutlicher Pfeil links davon abweist. Die Route führt steil und stetig bergan, an einem Kreuz vorbei und über zwei Hauptwege. Auf dem breiten Felsen des Alto da Portela Grande de Labruja eröffnen sich schöne Aussichten. Kein Wunder, handelt es sich dabei doch um das Dach des portugiesischen Caminos.

An einem der Häuser im Hintergrund können wir unsere Wasservorräte auffüllen. Rechts geht es weiter, und wir folgen der Forststraße links. Die zweite nehmen wir links , bei den aufrecht gestellten Fichtenbohlen biegen wir rechts ab. Nun müssen wir Vorsicht walten lassen. Der nächste Abschnitt ist mit Achtsamkeit zu gehen, da er sehr steinig, felsig und steil daher kommt. Wenig später wandern wir wieder auf besseren Waldwegen. Wir folgen dem schönen Hauptweg entlang an einem Kreuz vorbei und betreten über einen Pflasterweg die langgestreckte Gemeinde Agualonga, wo wir dem Pflasterweg auch nach den Asphaltstücken entlanggehen. An der folgenden Kreuzung schwenken wir links zum Hostel Casa Blanca. Nach einem Weintunnel wandern wir an einem Café vorbei, lassen die Straße links liegen und halten uns rechts über Pflaster- und Feldwege. Wir kreuzen zwei Straßen, dann haben wir Rubiães erreicht. Nach rechts folgen wir gute 250 m der EN-201, dann biegen wir an der Kapelle rechts ein. Der Camino leitet uns durch den Wald direkt zur öffentlichen Herberge von Rubiães. Sie liegt direkt an der EN-201.

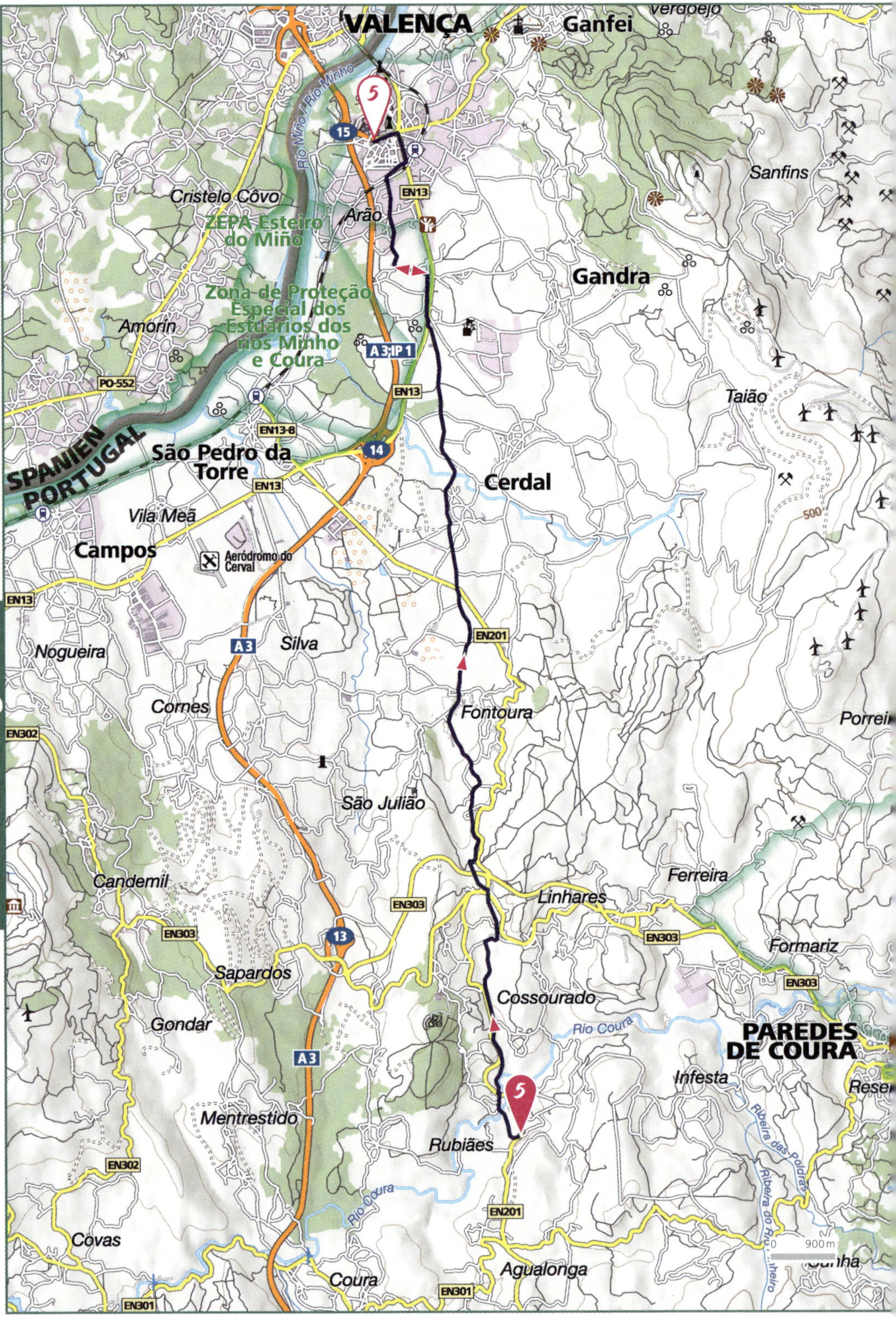

VALENÇA
Ganfei
Verdoejo
Sanfins
Cristelo Côvo
Arão
ZEPA Esteiro do Miño
Rio Miño / Rio Minho
Gandra
Zona de Proteção Especial dos Estuários dos rios Minho e Coura
Amorin
Taião
PO-552
SPANIEN
PORTUGAL
São Pedro da Torre
Cerdal
Vila Meã
Campos
Aeródromo do Cerval
500
EN13
EN13-8
EN201
A 3;IP 1
A3
15
14
13
Nogueira
Silva
Fontoura
Cornes
Porrei
EN302
São Julião
Candemil
Ferreira
Linhares
EN303
Formariz
Sapardos
Cossourado
Gondar
Rio Coura
PAREDES DE COURA
Infesta
Rese
Mentrestido
Rubiães
Ribeira das Poldras
Covas
Coura
Agualonga
EN301
0 900 m

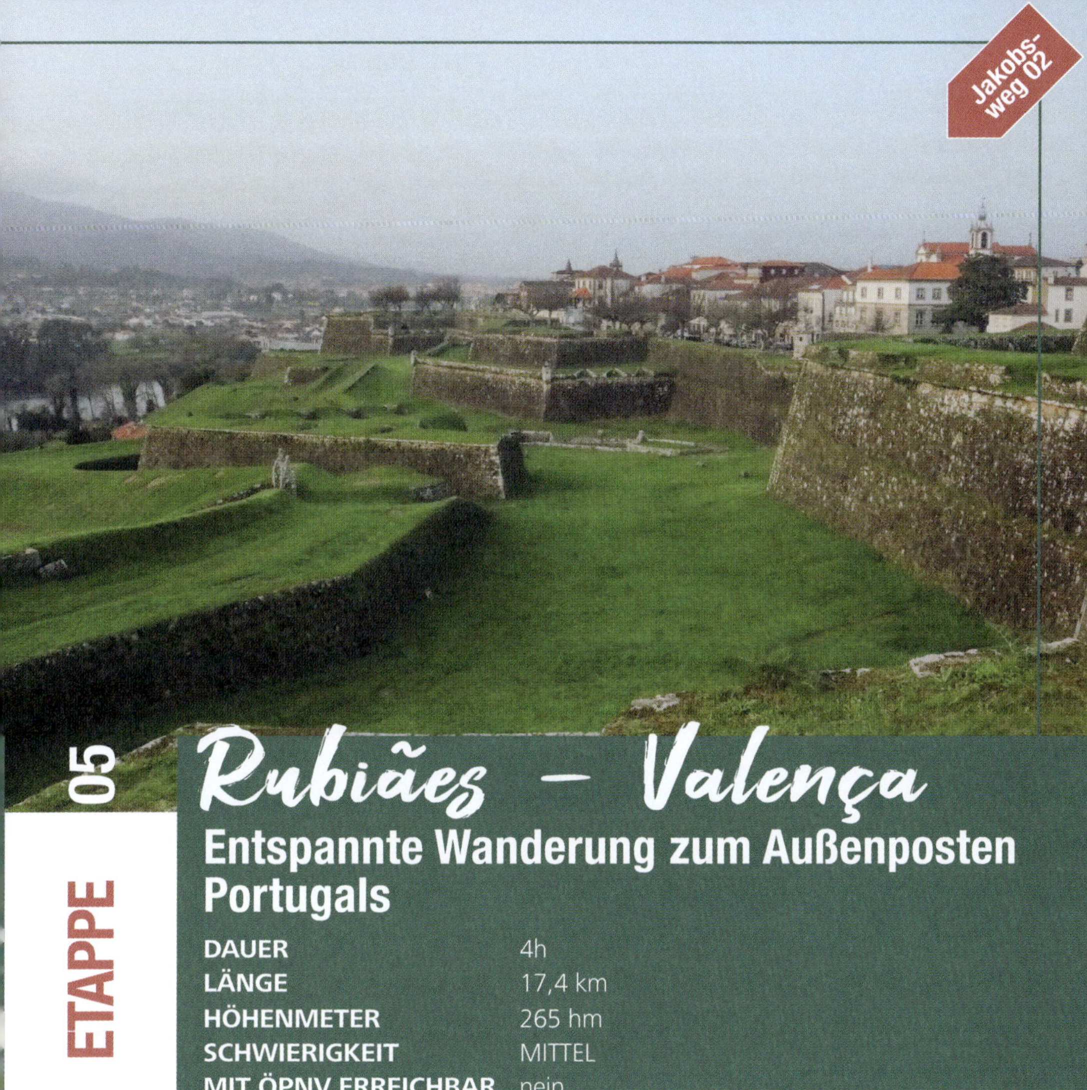

ETAPPE 05

# Rubiães – Valença

## Entspannte Wanderung zum Außenposten Portugals

| | |
|---|---|
| **DAUER** | 4h |
| **LÄNGE** | 17,4 km |
| **HÖHENMETER** | 265 hm |
| **SCHWIERIGKEIT** | MITTEL |
| **MIT ÖPNV ERREICHBAR** | nein |

## Das erwartet dich ...

Gute und bequem zu gehende Wege erleichtern uns die heutige Etappe erheblich. Auch ist sie nicht ganz so lang, so dass wir unterwegs auch hin- und wieder mal verweilen und einfach nur die Landschaft genießen können. Sie beginnt mit einem leichten Aufstieg, bevor wir bis zum Etappenziel kontinuierlich hinabwandern. Dabei führen uns überwiegend Pflasterwege und schöne Waldwege. Hier ist an mancher Stelle Trittsicherheit gefordert, die Wege befinden sich teils in schlechtem Zustand.

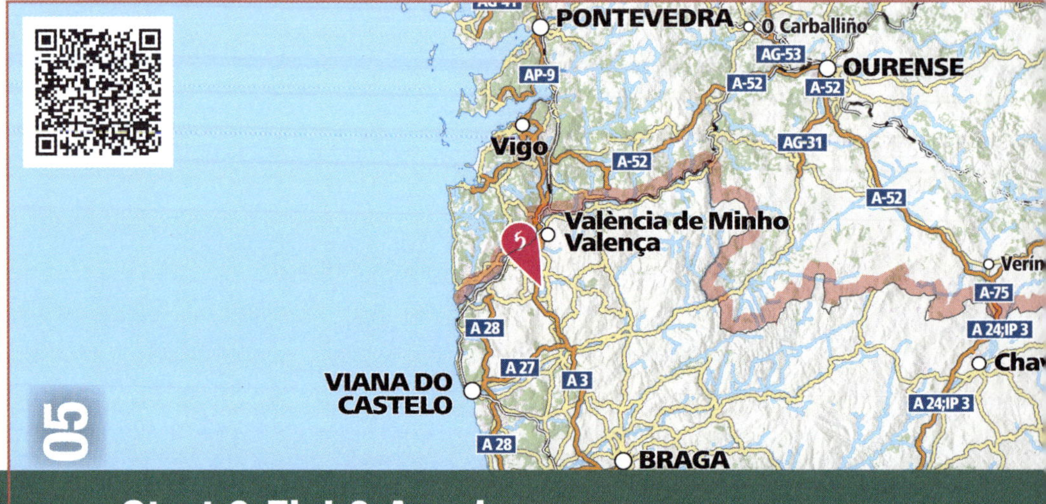


ETAPPE 05

## Start & Ziel & Anreise

Die Etappe beginnt in Rubiães. Der Ort ist mit dem Auto gut über die A3 erreichbar. Bei Sapardos wechseln wir dann auf die EN-303, die uns über Cossourado bringt. Von hier aus führt die EN-201 weiter nach Rubiães. Eine öffentliche Anreise in den Ort ist nicht möglich. Unser Ziel ist die ehemalige Festungsstadt Valença. Die Altstadt bietet ein malerisches Bild und liegt an der spanischen Grenze, auf einem Hügel über dem Rio Minho.

# Tourenbeschreibung

Zu Beginn der fünften Etappe lassen wir Rubiães über die EN-201 schnell hinter uns. Die gut befahrene Straße selbst verlassen wir bereits nach 300 m nach links auf einen unscheinbaren Weg entlang der Agrarflächen. Wir nutzen die Römerbrücke, dann folgen wir der Straße rechts zurück zur EN-201. Wir überqueren sie schrägt nach links, vorbei am lokalen Tante-Emma Laden und folgen der Römerstraße XIX an einer zauberhaften Flusslandschaft entlang. Bei Regen weichen wir auf die Straße parallel dazu aus. Schließlich wieder an der Nationalstraße folgen wir ihr 200 m, dann biegen wir an der nächsten Nebenstraße rechts ab.

Wir spazieren hinauf. An der bereits bekannten Römerstraße wenden wir uns nach links. Über Wald und Wiesen geht's zu einer Querstraße. Sie leitet uns rechts ins Dorf. An der Gabelung zur Nationalstraße haben wir den

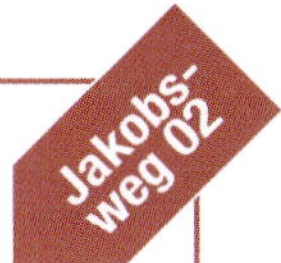


höchsten Punkt unserer Etappe erreicht. Wir umrunden die vor uns liegende Capela de São Bento da

Porta Abenta, an der es auch einen Rastplatz gibt. Ein malerischer Weg führt uns durch den Wald, bei Regen wird er jedoch recht matschig und unangenehm. Vorsicht auch bei den tief eingeschnittenen Hohlwegen. Hier achten wir besonders auf unsere Tritte. Die Blicke voraus sind herrlich, wir schauen auf das Tal vor uns, dahinter winken schon Valença und Tui herüber.

Wir treten aus dem Wald heraus und gehen steil auf der Straße hinab. Einen Pfeil links ignorieren wir und halten uns anstatt dessen am weißen Haus hinter dem Bach rechts auf einen Pflasterweg. Wir schwenken links durch einen Waldabschnitt, dann folgen wir der Straße geradeaus. An einem gelben Haus gehen wir rechts abwärts. Unten kommen wir über ein paar Trittsteine rechts am Bach entlang. Wieder an der Straße stehen wir kurz darauf am Hostel von Fontoura. Hier können wir eine kleine Pause einlegen.

Gestärkt wandern wir gute 750 m die Straße hinab. Bei der Restaurantwerbung schwenken wir nach links und spazieren über unbefestigte Wege, durch einen kleinen Hain und an Feldern vorüber. Die nächste Straße überqueren wir, dann führt die Route durch das weit gefasste Cerdal weiter geradeaus. An einer weiteren Straße absolvieren wir einen Rechts-Links-Schwenk, dann stehen wir vor der Herberge Quinta Estrada Romana mit Café. Erneut folgen wir dem Camino durch einen kleinen Wald und an Feldern entlang. Dann bringt uns eine Römerbrücke über den Fluss nach Pedreira zur Herberge mit Bar und Restaurant.

Der vor uns liegende Quinta no Caminho wird gekreuzt, die Straße queren wir und wandern auf gepflasterten Wegen so lange weiter, bis sie in unwegsame Geröllwege übergehen. Wir stoßen auf die EN-13, halten uns rechts zum Kreisel und schwenken dort links auf die Nebenstraße ein. 550 m weiter biegen wir an der Capela do Senhor Do Bonfim links ab. Wir sind in Arão angekommen. Nicht weit davon treffen wir auf eine kleine Kapelle samt Rastplatz. Hier folgen wir der Straße nach rechts. Ein Rechts-Links-Schwenk führt uns an einer Bar vorbei. Mit einem Links-Rechts-Schwenk geht es weiter, bald unter der Bahnbrücke hindurch, dann halten wir uns rechts. Wir passieren den ZOB und biegen an der zweiten Bahnbrücke links auf die EN-13 ab. Oben am großen Kreisel führt der Camino geradeaus weiter nach Tui. Wir aber halten uns links 300 m weiter bis zum nächsten Kreisel. Gegenüber liegt die öffentliche Herberge von Valença. Nicht weit entfernt gibt es einige Einkaufsmöglichkeiten. Und natürlich nicht zu vergessen die hübsche Altstadt vor der Haustüre.

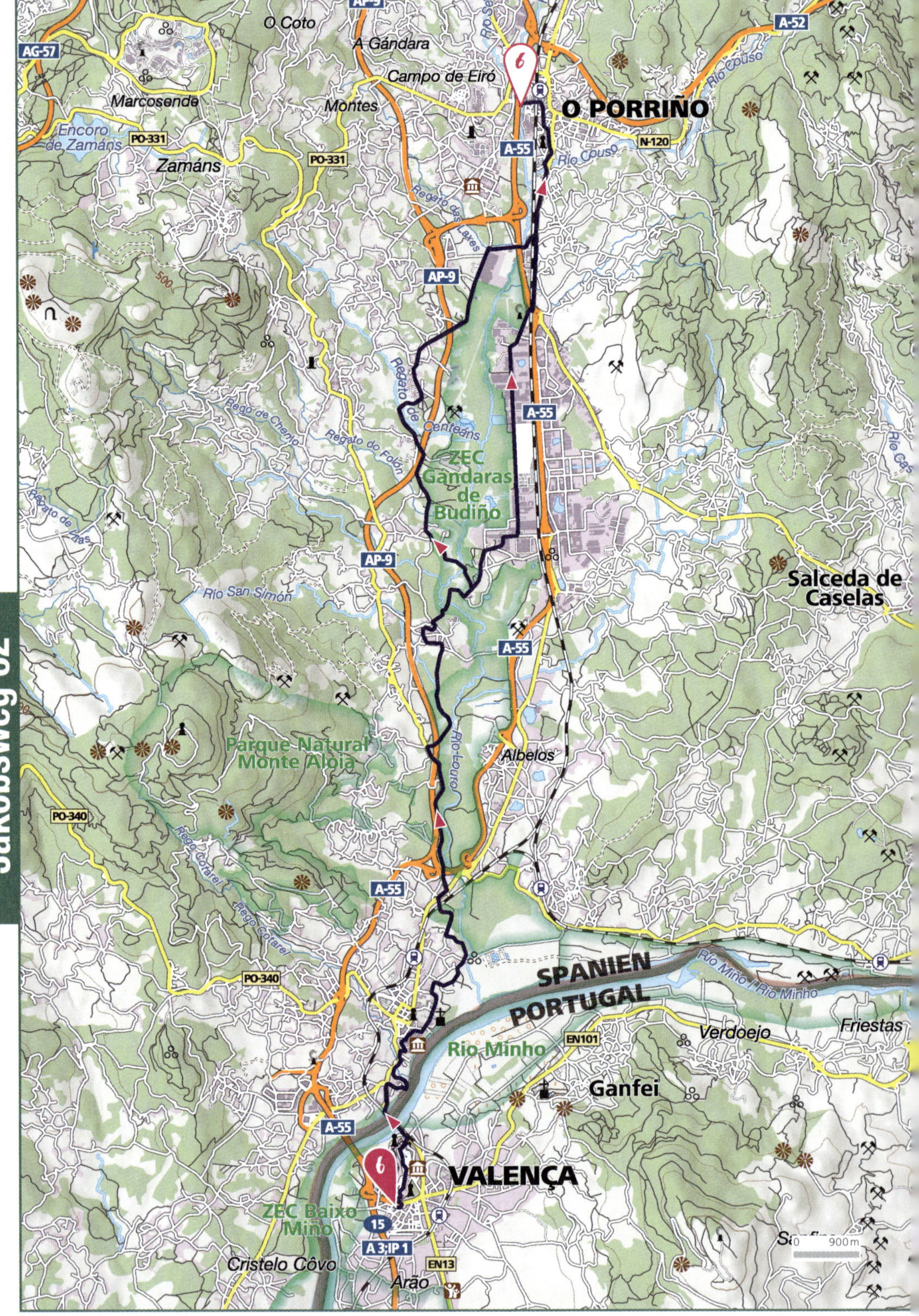

AP-9
A-52
AG-57
O Coto
A Gándara
Campo de Eiró
Marcosende
Montes
O PORRIÑO
Encoro de Zamáns
PO-331
A-55
N-120
Zamáns
Rio Couso
Regato das Lakes
500
Regato de Centeans
Rego de Chenlo
Regato do Folón
ZEC Gándaras de Budiño
Regato de Zas
Salceda de Caselas
Rio San Simón
Parque Natural Monte Aloia
Rio Louro
Albelos
PO-340
Rego Cotarel
SPANIEN
PORTUGAL
Rio Minho / Rio Minho
Verdoejo
Friestas
EN101
Rio Minho
Ganfei
VALENÇA
ZEC Baixo Miño
15
A 3;IP 1
EN13
Cristelo Côvo
Arão
0 900 m

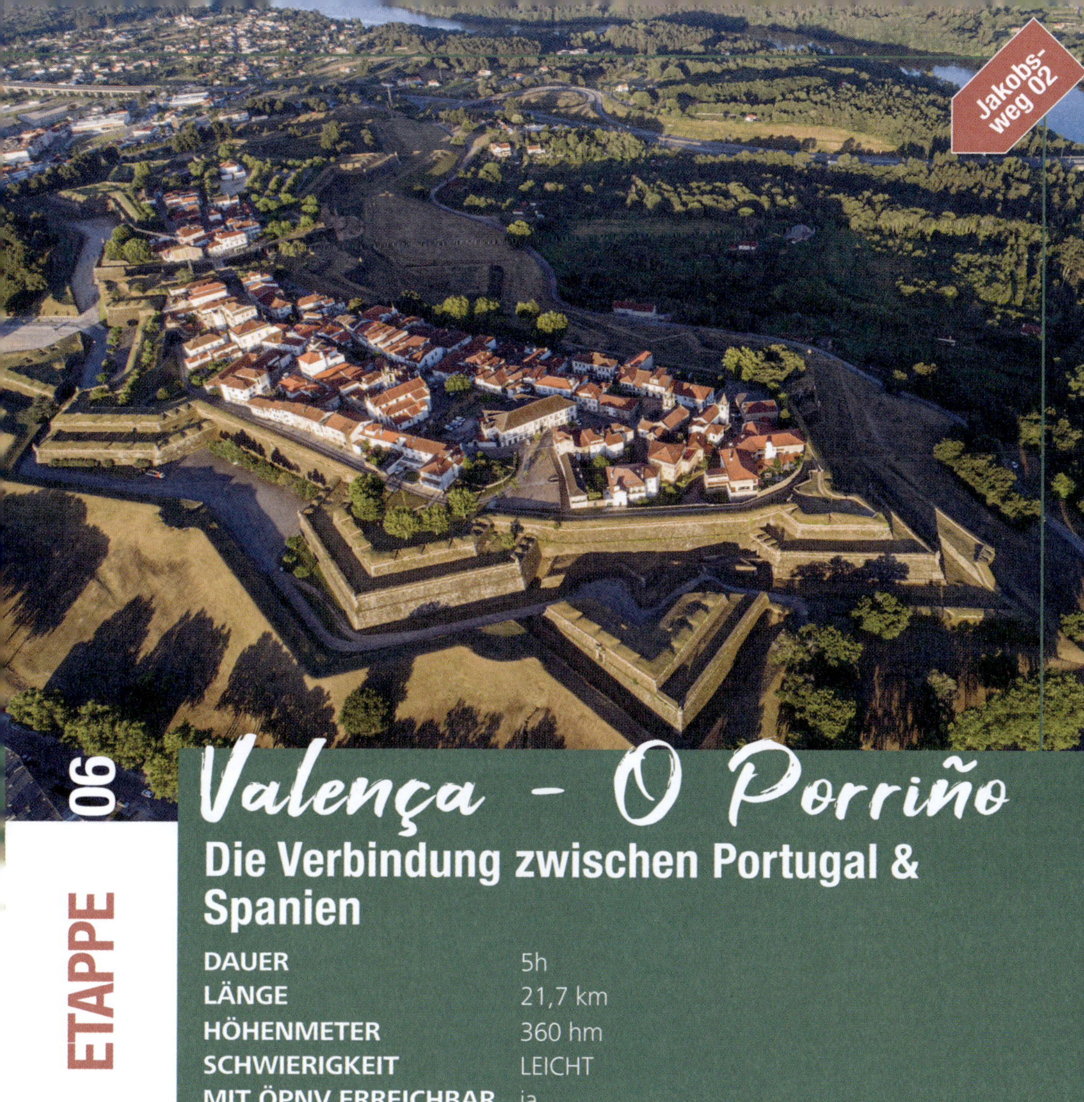


ETAPPE 06

# Valença - O Porriño

## Die Verbindung zwischen Portugal & Spanien

| | |
|---|---|
| **DAUER** | 5h |
| **LÄNGE** | 21,7 km |
| **HÖHENMETER** | 360 hm |
| **SCHWIERIGKEIT** | LEICHT |
| **MIT ÖPNV ERREICHBAR** | ja |

## Das erwartet dich ...

Die Strecke wird heute wieder etwas länger, dafür führen uns leichte Wege hauptsächlich an der Straße entlang. So können wir auf der Etappe ein wenig entspannen. Die letzten zwei Kilometer durch O Porriño sind weniger attraktiv, dafür genießen wir die Altstädte von Valença und Tui. Die Route führt zudem recht attraktiv durch Fluss- und Auenlandschaften abseits des Industriegebietes. Sobald wir Tui erreichen, stellen wir die Uhr eine Stunde vor.

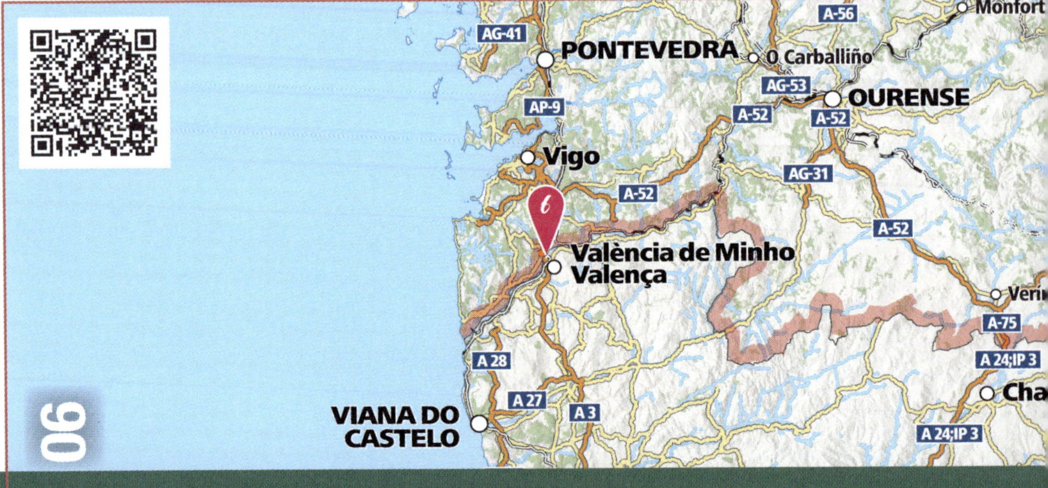


ETAPPE 06

## Start & Ziel & Anreise

Wir starten im pittoresken Valença. Von Norden und Süden kann man die Stadt gut mit dem Auto über die A3 anfahren. Die Stadt besitzt einen großen Busbahnhof, der von Bussen aus allen Richtungen des Landes angefahren wird. Auch mit dem Zug ist Valença beispielsweise von Porto aus schnell erreichbar. Unser Etappenziel O Porriño, nicht nur bekannt wegen seiner Granitsteinbrüche, liegt bereits im galicischen Spanien.

# Tourenbeschreibung

Wir starten an der Herberge am Rande von Valenças Neustadt. Über den Kreisel geht's hinauf zur Festung. Wir spazieren geradewegs durch den antiken Bau hindurch und treffen bei einer T-Kreuzung aufs Café Portugal. Im Links-Rechts-Wechseln schwenken wir am Rathaus vorbei. Gleich nach der Capela da Misericórdia biegen wir am am Pousada de S. Teotónio Restaurant und Café rechts ab. Wir schlendern hinab durch den großen Torbogen. An der Straße geht's links über die Doppelstockbrücke, dann kreuzen wir den Rio Ninho. Er bildet die Grenze zwischen Portugal und Spanien.

Jetzt geht's auf spanischem Boden weiter. Rechts an der Straße entlang biegen wir an der Repsol Tankstelle rechts ab und schlendern zum Fluss. Wir halten uns sofort links und folgen der Straße weiter bis zur Hauptstraße. Hier biegen wir gleich zur Altstadt ein, indem wir sofort zweimal rechts schwenken. Dann

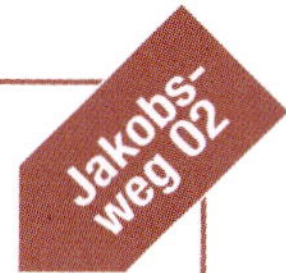


halten wir uns links und spazieren direkt ins Zentrum und zur Burg und Kathedrale. Zur öffentlichen Herberge geht es hinter der Kathedrale hinunter, an der Polizei vorbei. Es gibt aber auch noch andere Herbergen in der Altstadt entlang des Caminos.

Der Hauptweg leitet uns geradeaus, dann zweimal rechts, um am Kloster entlang zu einem Torbogen an dessen Ende zu gelangen. Wir halten uns links und schlendern die Straße hinab zur Hauptstraße. Wir schwenken noch einmal links herum, dann verlassen wir unter einer Brücke hindurch die Altstadt. Wir folgen der Straße um eine Kurve, dann zweigen wir rechts in die Rúa S. Bartolomeu ab. Hinter dem großen Platz halten wir uns rechts zu den Wiesen mit Rastplatz und einer Kiwi-Plantage. Erneut an der Straße halten wir uns rechts, queren die Kreuzung geradeaus und finden uns rasch auf unbefestigten Wegen wieder. Nach der Brücke betreten wir wieder Asphalt. Wir wenden uns nach rechts und folgen der ruhigen Landstraße unter der Bahn hindurch. An der N-550 geht's rechts, an der PO-341 schwenken wir dann nach links und queren auf dem Seitenstreifen die Autobahnbrücke. Wir bleiben der Straße gute 2 km treu, dann zweigen wir nach rechts über eine weitere Autobahnbrücke ab. Auf schönen Kieswegen geht's entspannt an der Flussaue entlang nach Ribadelouro. Im Ort wenden wir uns links herum, queren eine Kreuzung und schwenken am Spiel- und Rastplatz rechts vorbei. Dahinter biegen wir erneut rechts ab. Die malerische Flusslandschaft hat uns wieder und mündet in eine Straße mit Wandgemälden. Hier gehen wir links weiter bis zur Verzweigung. Wir beachten die Hauptroute nicht, sondern folgen dem schöneren Camino Complementario nach links, außer es hat stark geregnet. Die Route leitet uns auf Kieswegen durch Wald und über Wiesen hinab. Nach einer Flussquerung biegen wir oben an der Straße links ab. Rechts herum geht's nach O Cruceiro. Die zweite Straße führt uns links hinunter, dann nutzen wir Trittsteine am Fluss entlang. Nach einem Waldstück folgen wir der Straße nach rechts. Vor der Unterführung schwenken wir erneut rechts und nehmen die Brücke über die Autobahn. Die Straße bringt uns dann in guten zwanzig Minuten nach Pontellas.

Kurz nach dem „höchsten Punkt" des Ortes stehen wir an einem Rastplatz. Wir schlendern weiter die Straße entlang, auf einem Seitenstreifen nochmal über die Autobahn. Wir wandern wieder durch den Wald und dann durchs Industriegebiet. Am Kreisel geht's rechts ab, unter der A 55 hindurch, über die Gleise und an der N-550 gute 900 m nach links, bis eine Straße links abführt. Rechts herum geht's zum kleinen Park, an dem wir wieder links schwenken. Wir gehen geradeaus über den Kreisel, an der Querstraße biegen wir links ab. An der Kirche rechts herum, ebenso am Café rechts. Durch die Innenstadt geht's zum nächsten Kreisel. Nach links, über die Gleise und stets geradeaus erreichen wir die Herbergen von O Porriño.

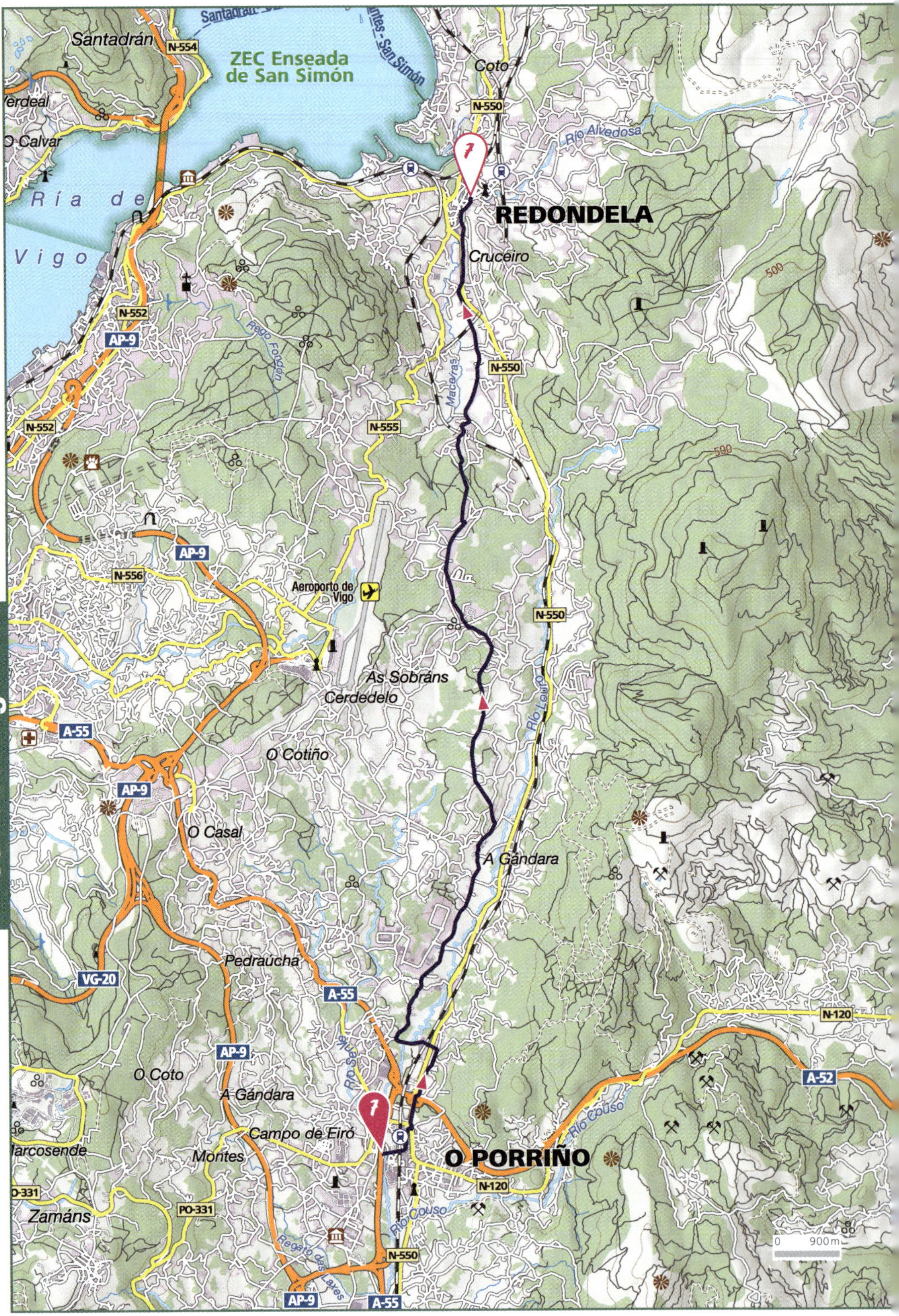

Santadrán
N-554
ZEC Enseada de San Simón
Coto
N-550
Verdeal
O Calvar
Río Alvedosa
Ría de Vigo
REDONDELA
Cruceiro
500
N-552
AP-9
Rego Fondón
N-550
Maceiras
N-552
N-555
500
AP-9
N-556
Aeroporto de Vigo
N-550
As Sobráns
Cerdedelo
Río Louro
A-55
O Cotiño
AP-9
O Casal
A Gándara
Pedraúcha
A-55
VG-20
N-120
AP-9
Río Setúbal
O Coto
A Gándara
A-52
Río Couso
Campo de Eiró
Marcosende
Montes
O PORRIÑO
N-120
PO-331
PO-331
Zamáns
Río Couso
Regato das Laxes
N-550
AP-9
A-55
0 900 m

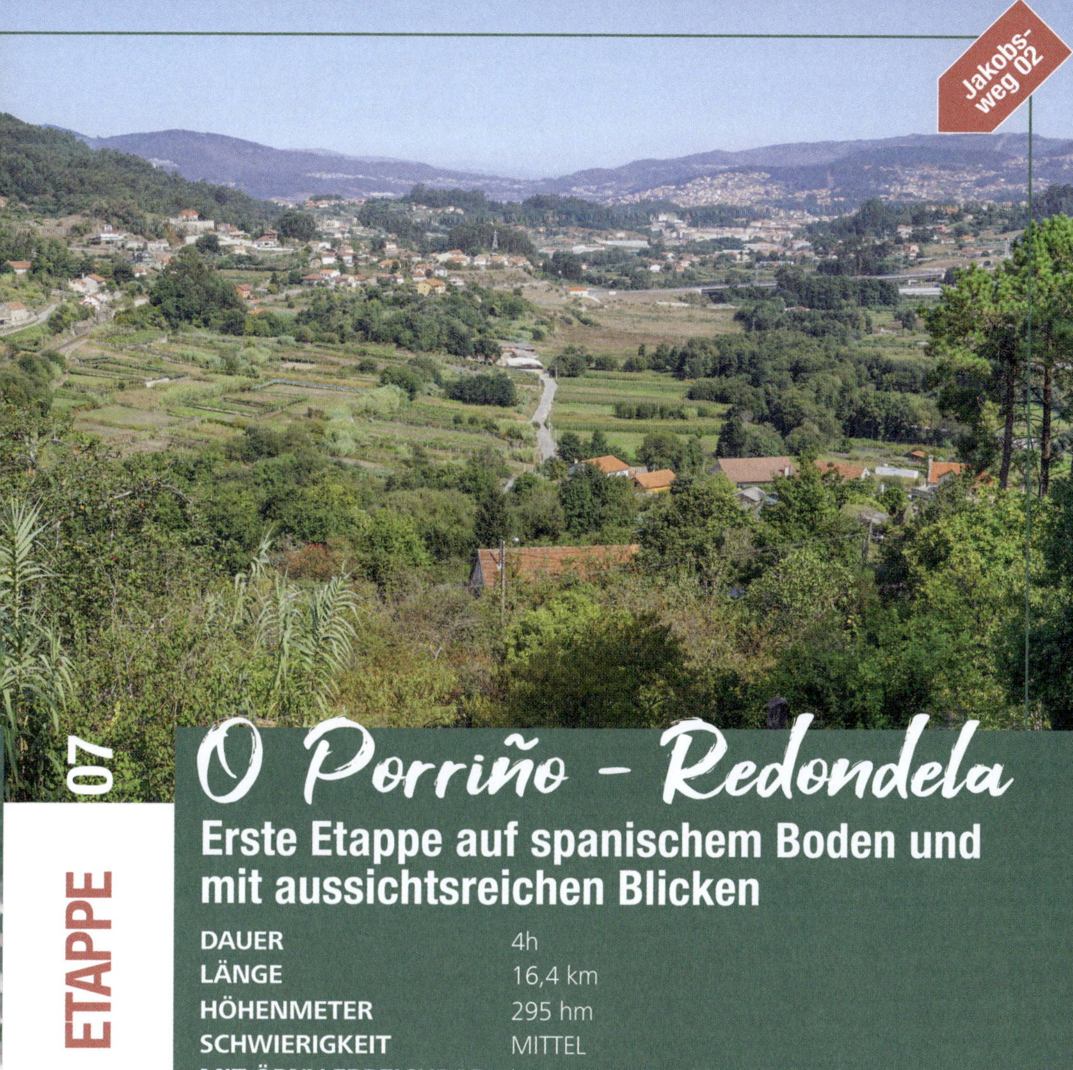

Jakobsweg 02

ETAPPE 07

# O Porriño - Redondela

## Erste Etappe auf spanischem Boden und mit aussichtsreichen Blicken

| | |
|---|---|
| **DAUER** | 4h |
| **LÄNGE** | 16,4 km |
| **HÖHENMETER** | 295 hm |
| **SCHWIERIGKEIT** | MITTEL |
| **MIT ÖPNV ERREICHBAR** | ja |

## Das erwartet dich ...

Diese Etappe hält vorwiegend befestigte Wege für uns bereit, die an mancher Stelle jedoch ganz schön steil werden können. Dafür ist sie relativ kurz, wir können es also heute langsam angehen lassen. Die Route führt uns weitestgehend über Land- und Dorfstraßen. Immer wieder streifen wir dabei kleinere Ortschaften. Der Weg ins geschäftige Redondela ist vergleichbar mit dem nach O Porriño.

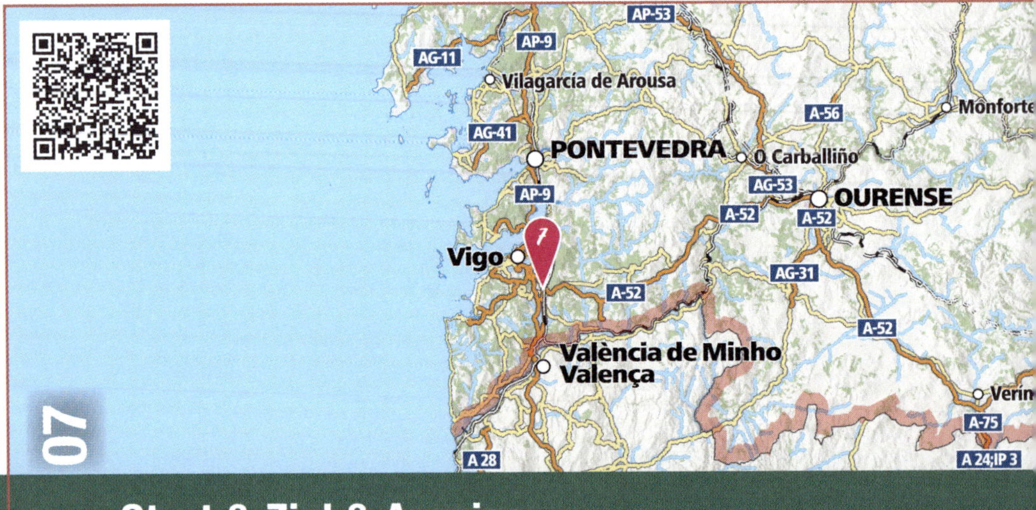


ETAPPE 07

## Start & Ziel & Anreise

Beginn dieser Etappe ist O Porriño. Der Ort ist hervorragend ans spanische Autobahnnetz angeschlossen und kann über die A 55 und A 52 bequem erreicht werden. In O Porriño gibt es einen Busbahnhof, der von Linien aus allen Teilen des Landes angefahren wird. Ziel ist Redondela, das sich, von herrlichen Bergen umgeben, an die Küste schmiegt. Wahrzeichen der Stadt ist die imposante Schrägseilbrücke Puente de Rande.

# Tourenbeschreibung

Wir spazieren über den großen Kreisel mit der zweiten Straße nach links aus dem Zentrum von O Porriño. Nach dem LIDL Supermarkt halten wir uns rechts über zwei Straßen, dann schwenken wir beim Brunnen nach links. Vorsichtig überqueren wir die Autobahnausfahrt – die Autos rauschen oft schnell um die Kurve heran. Hinter der Brücke biegen wir rechts ein, nutzen die Unterführung und folgen der ruhigen Parallelstraße links entlang. Am Sportplatz endet der grüne Fußgängerweg. Wir queren die N-550 nach links, dann schlendern wir kurz durchs Gewerbegebiet. Weiterhin aufmerksam folgen wir der verkehrsreichen Straße.

Fast ohne es zu bemerken, überschreiten wir die 100-km-Marke auf unserem Weg hinauf ins Örtchen Veigadaña. Im Zentrum befindet sich linker Hand die Herberge mit einladendem Café. Der Asphalt führt uns weiter geradeaus

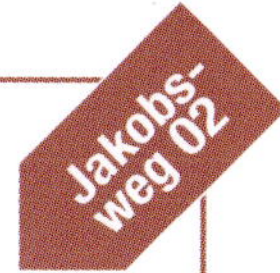


an sanften Landschaften und Weinfeldern entlang. Zunächst bleiben wir der Straße treu. Ab der nächsten Gemeinde wechseln wir dann auf Gehwege. Eben schlendern wir an der Hauptstraße entlang. 250 m nachdem wir einen Brunnen passiert haben, halten wir uns leicht links. Wir spazieren hinauf und am großen CEIP Mestre Martínez Alonso Gebäude vorbei bis zur gut befahrenen EP-2601. Auf dem Seitenstreifen geht es bis zur nächsten Straße. Wir folgen ihr nach links nach Mos. Im Ort schlendern wir zur Kirche und dem großen Pazo de Mos-Gebäude hinauf.

Geradewegs an der Herberge vorbei verlassen wir den Ort wieder knackig bergan. Nach dem Fonte dos Cabaleirso stoßen wir oben auf eine weitere Straße. Sie führt uns einen km eben dahin, dann schwenken wir nach links auf einen Kiesweg. Mit ihm beginnt die Route wieder anzusteigen. Wir wandern durch einen Waldabschnitt und treffen wieder auf die Straße. Unversehens finden wir uns am Eingang einer kleinen Ortschaft mit Snack-Automaten wieder. Die Straße leitet uns zu einem Waldweg, der uns direkt zur Capela de Santiaguiño führt, dem höchsten Punkt unserer heutigen Etappe.

Nach einer kurzen Pause am schönen Rastplatz mit Brunnen wandern wir weiter. In der Nähe hören wir den Flughafen von Vigos. Die Route leitet uns geradeaus über einen Kiesweg zur Straße, dann folgen wir der EP-2902 hinab. 750 m später richten wir beim Zebrastreifen unsere Aufmerksamkeit auf einen Abzweig nach links. Am Restaurant Churrasquería halten wir uns rechts. Der Weg mündet auf eine enge Waldstraße – Vorsicht hier vor dem Verkehr. Wir verlassen sie mittig an der folgenden Y-Gabelung auf einen kurzen Waldweg. Ein schöner Rastplatz erwartet uns, der mit vielen Tischen, Sitzgelegenheiten und auch einem Brunnen ausgestattet ist.

Wir verlassen den Wald wieder und folgen einem asphaltierten Weg rechts steil hinab. Herrliche und weitreichende Ausblicke begleiten uns dabei. Besonders vorsichtig sind wir hier, wenn es geregnet hat – dann wird das Steilstück zur Rutschpartie. An der nächsten Querstraße schwenken wir rechts – auch hier überwinden wir eine steile und enge Passage, immer den Verkehr im Blick. Hinter der Herberge geht's links herum eben weiter. Die Straße leitet uns durch idyllische Örtchen, bis wir nach 1,5 km eine Eisenbahnbrücke unterqueren. 600 m später stehen wir an der Nationalstraße. Wir wenden uns nach links, wechseln die Straßenseite und spazieren nun stetig geradeaus. Wir gehen am Ortsschild und einem Steinkreuz vorbei geradewegs ins Zentrum. Wenig später geht's unterm Eisenbahnviadukt hindurch und auf Höhe des DIA-Supermarktes schräg rechts in die Nebenstraße. An ihrem Ende überqueren wir noch einmal eine Straße und den Fluss. Ein paar Meter nach rechts haben wir dann die öffentliche Herberge von Redondela erreicht.

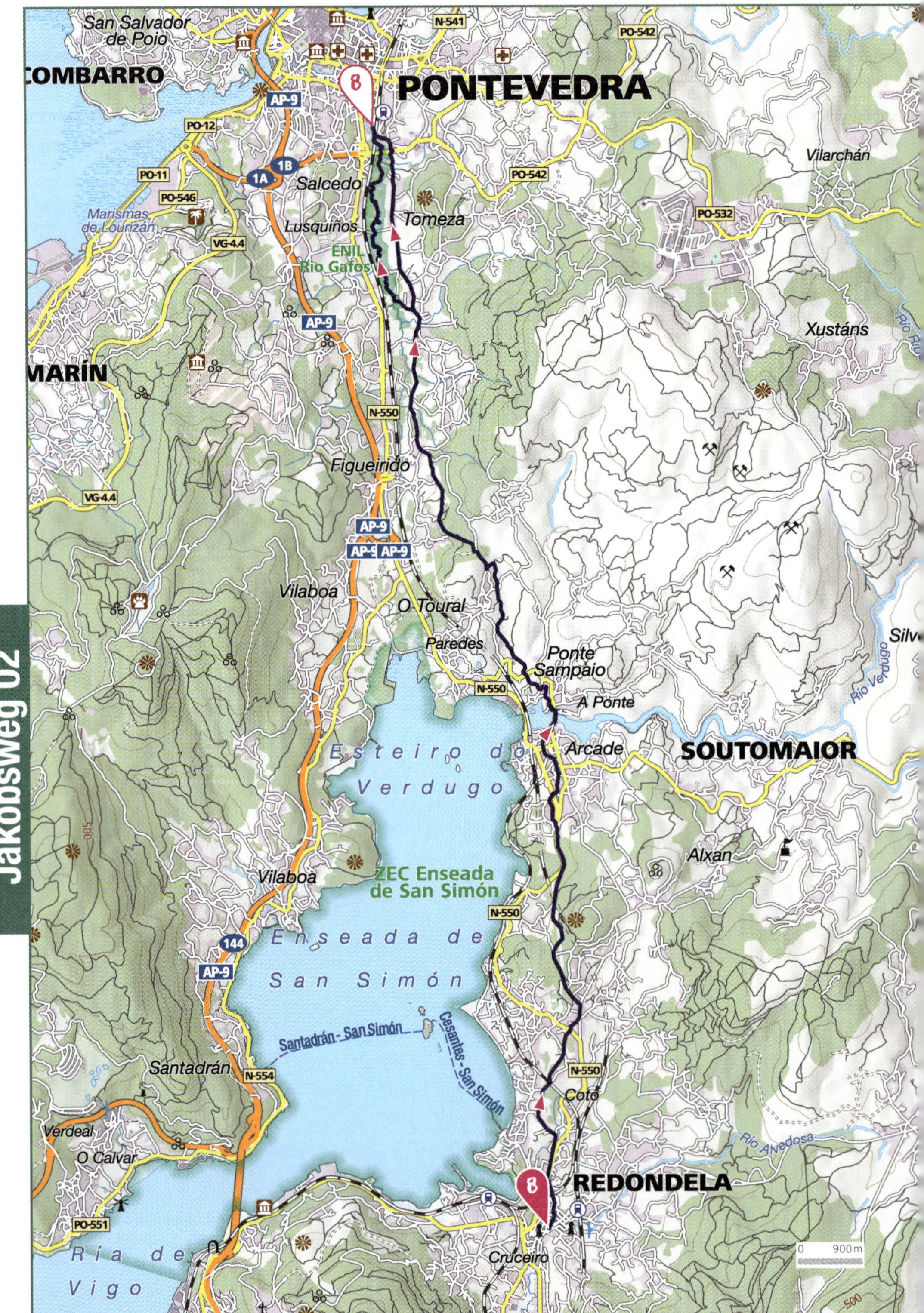

San Salvador de Poio
COMBARRO
PONTEVEDRA
Salcedo
Tomeza
Lusquiños
ENIL Río Gafos
Marismas de Lourizán
Vilarchán
Xustáns
MARÍN
Figueirido
Vilaboa
O Toural
Paredes
Ponte Sampaio
A Ponte
Arcade
SOUTOMAIOR
Esteiro do Verdugo
Río Verdugo
Alxan
Vilaboa
ZEC Enseada de San Simón
Enseada de San Simón
Santadrán - San Simón
Cesantes - San Simón
Santadrán
Verdeal
O Calvar
Coto
Río Alvedosa
REDONDELA
Ría de Vigo
Cruceiro
0 900 m

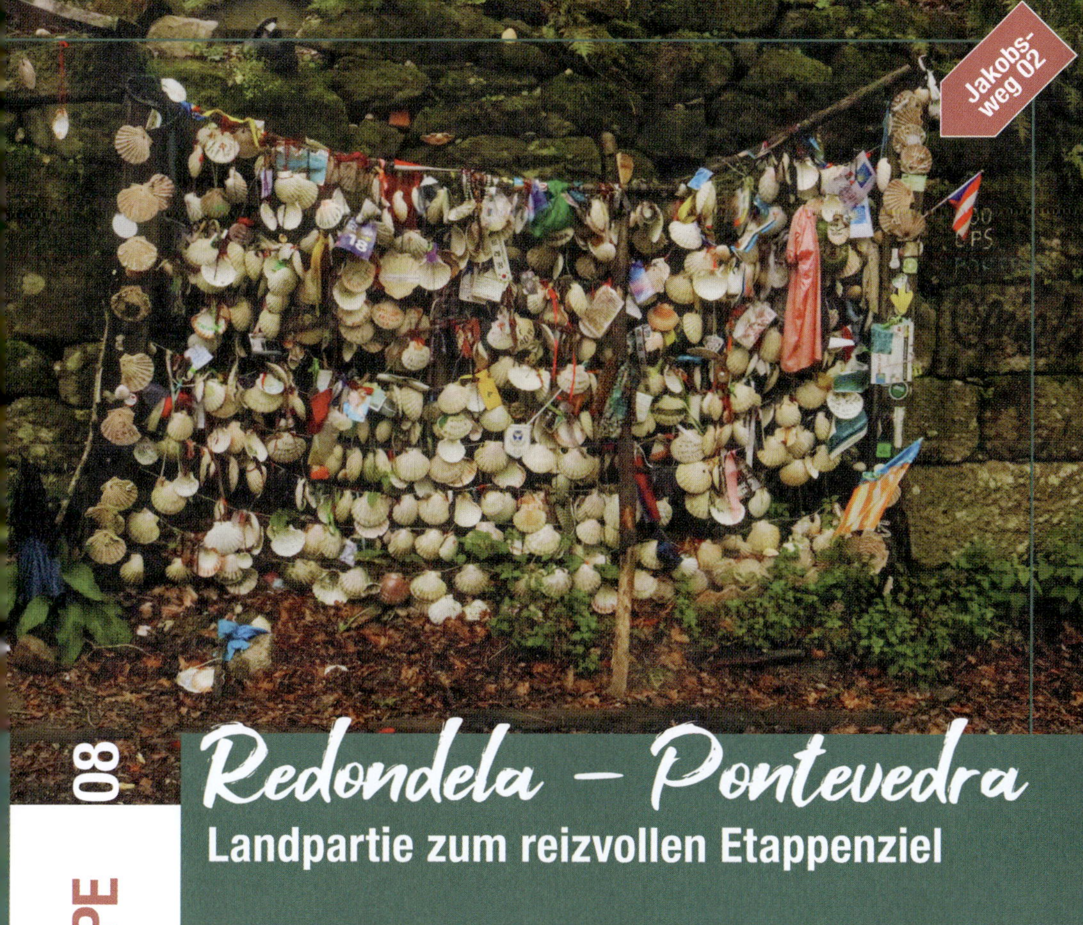


ETAPPE 08

# Redondela – Pontevedra

## Landpartie zum reizvollen Etappenziel

| | |
|---|---|
| **DAUER** | 4h 45min |
| **LÄNGE** | 19,2 km |
| **HÖHENMETER** | 475 hm |
| **SCHWIERIGKEIT** | MITTEL |
| **MIT ÖPNV ERREICHBAR** | ja |

## Das erwartet dich ...

Die heutige Etappe besticht durch einen steten Wechsel aus naturnahen und urbanen Abschnitten. Dabei holt der Camino das landschaftlich Beste aus dieser Etappe heraus. Dafür verläuft er aber sehr hügelig und bergig. Wir müssen immer wieder mit steilen Stellen rechnen. Im ersten Abschnitt erhaschen wir dafür tolle Blicke auf die Bucht von Vigo.

ETAPPE 08

## Start & Ziel & Anreise

Los geht's an der Herberge von Redondela. Die Stadt ist gut an die Nationalstraßen N-552 und N-550 angebunden. Ihr Busbahnhof wird von allen großen Inlands- und Überlandbussen angefahren. Am bequemsten können wir Redondela sicherlich mit dem Zug erreichen. Von Porto fahren Züge nonstop, von Lissabon müssen wir einmal umsteigen. Unser Ziel Pontevedra ist ein Schmuckkästchen. Der historische Stadtkern und gemütliche Cafés und Restaurants an jeder Ecke laden zum Erkunden und Verweilen ein.

# Tourenbeschreibung

Vor der Herberge von Redondela wenden wir uns nach rechts. Wir folgen der Straße hinab, unter den Gleisen hindurch und beim Kreisel links zur N-550. Sie queren wir nach rechts. Die nächste Nebenstraße führt uns dann allmählich von der Nationalstraße weg. Wir wandern sanft hinauf und rechts entlang des blauen Zaunes. Am nächsten Abzweig mit Brunnen halten wir uns rechts in die Rúa Torre de Calle. Sie steigt steil an, leitet uns über die Schienen, direkt danach schwenken wir links auf einen unscheinbaren Kiesweg ein. Von Wiesen begleitet schlendern wir zur Straße. Mit schönen Blicken zurück bringt sie uns wieder hinauf zur Nationalstraße.

Die Route leitet geradewegs auf der EP-2901 am Café Asador und Jumboli vorbei und über Seitenstraßen hinauf. An einer längeren weißen Mauer zweigen wir links ab und steigen bergan zu einem Rastplatz mit Brunnen. Gleich darauf

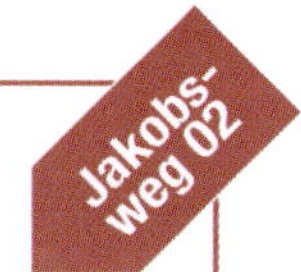


schwenken wir mit einem Schotterweg links durch ein Waldstück zur Straße hinauf. An einem mit Muscheln übersäten Pilgermonument haben wir den höchsten Punkt der Ebene erreicht.

Direkt danach tauchen wir wieder in den Wald ein. Wir wandern gemächlich immer am Hang entlang hinab. Die Waldstraße bringt uns geradewegs zur Nationalstraße hinab. Wir folgen ihr vorsichtig 500 m auf dem Seitenstreifen, dann wechseln wir die Seite und biegen beim rosafarbenen Gebäude von Alejo Motor mit einem Links-Rechts-Schwenk in eine enge Gasse ein. Sie mündet in eine Querstraße. Rechts gehalten und am Brunnen vorbei kreuzen wir wieder die Nationalstraße. Wir folgen der Straße hinab zur Hauptstraße im Zentrum von Arcade.

Weiter geradeaus biegen wir an den beiden Steinhórreos, den Kornspeichern, rechts ab. Über die hübsche Brücke erreichen wir A Ponte. Kurz die Straße hinauf, dann geht's links in die Gasse und beim nächsten Hórreo rechts. Nun steiler schlängelt sich der Weg links-rechts herum und mit der nächsten Gasse rechts durch den Ort. Im Anstieg folgen wir weiteren Gassen nach rechts und kreuzen die nächste Straße. Über den Río Ulló geht's am Rastplatz vorbei. Kies- und Felspflaster führen uns abenteuerlich, aber angenehm bergan. Vorsicht, bei Regen wird der Weg matschig. Mit Wald und Wiesen queren wir die nächste Straße. Wir gehen wieder hinauf in den Wald und durch Hohlwege. An einer ruhigen Waldstraße biegen wir rechts ein, dann geht es linker Hand wieder auf Waldwege. Wir überschreiten den zweithöchsten Punkt der Etappe, dann treffen wir auf eine Asphaltpiste an einem Steinbruch.

Im nächsten Dorf halten wir uns rechts, grob am Hang entlang. Am Brunnen in der nächsten Siedlung links hinab zu einer Querstraße mit Rastplatz. Wir folgen der Straße hinunter, über eine Kreuzung und durch ein Waldstück. Rechts führt uns die Straße über eine Kreuzung. An Schiffscontainern vorbei führt uns bald der Asphalt zur Kapelle Santa Marta und der EP-0002. Ein Fußgängerweg leitet links an der Straße entlang. Wenig später stehen wir an einer Weggabelung.

Der linke Weg führt auf dem Camino Complementario am Río Tomeza entlang. Der Weg ist herrlich, jedoch bei Starkregen oder Hochwasser nicht begehbar. So entscheiden wir uns für den Hauptweg. Er folgt weiter dem rauen Gehweg an der Straße entlang, später auch auf Seitenstreifen. Wir passieren die unscheinbaren Orte O Pobo, Lusquiños und O Marco, dann treffen wir nach 2,5 km auf die PO-542 und einen Kreisel. Wir queren ihn geradeaus und halten uns an der nächsten Straße links. Bei der nächsten Y-Abzweigung behalten wir die Richtung bei. Danach unterqueren wir die Gleise – hier würde der Complementario wieder auf den Camino treffen. An der Mauer geht's schließlich rechts hinauf zur öffentlichen Herberge von Pontevedra. Sie liegt ein wenig außerhalb des Stadtkerns.

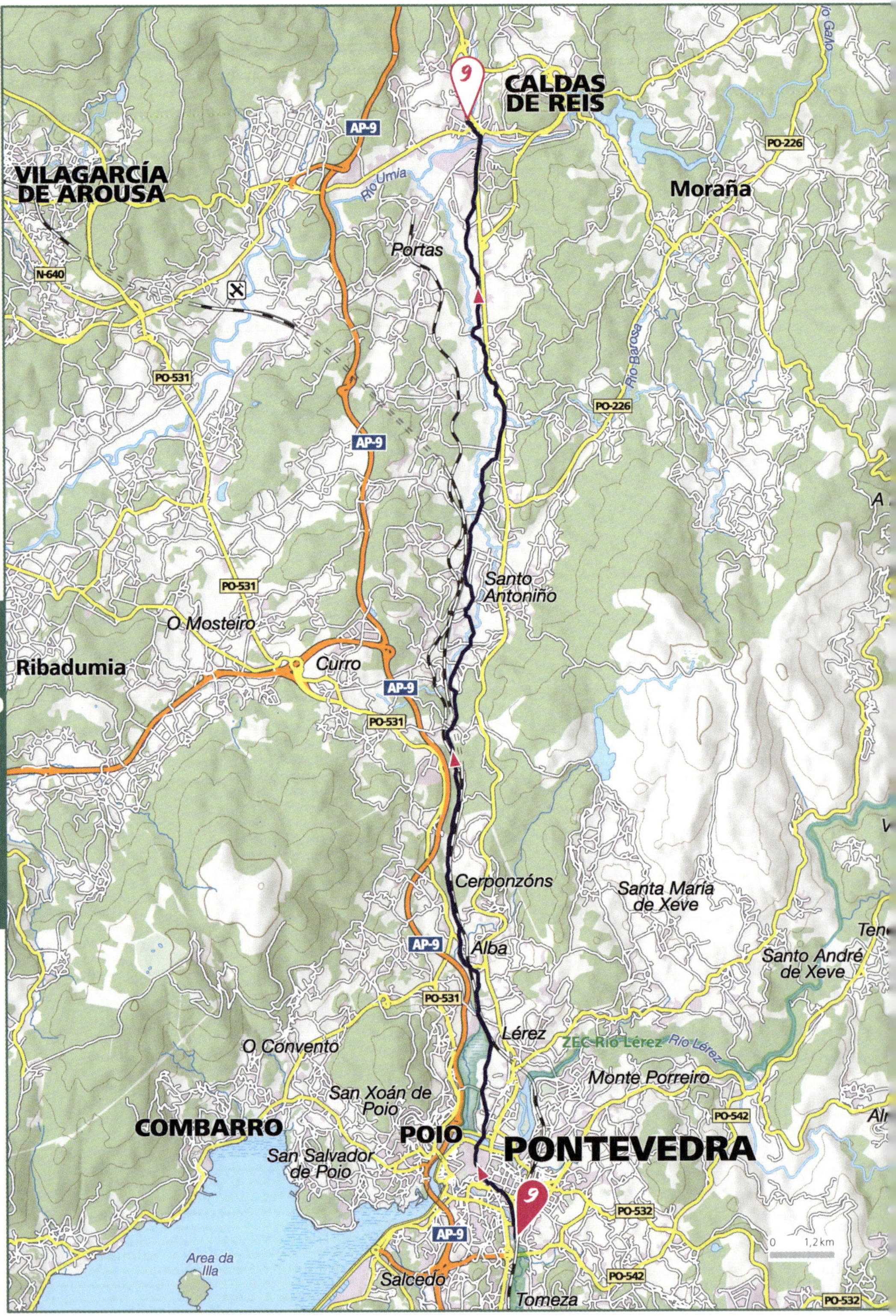

CALDAS DE REIS
VILAGARCÍA DE AROUSA
Moraña
AP-9
PO-226
Río Umia
Portas
N-640
PO-531
Río Barosa
Santo Antoniño
O Mosteiro
Ribadumia
Curro
Cerponzóns
Santa María de Xeve
Alba
Santo André de Xeve
Lérez
ZEC Río Lérez
Río Lérez
O Convento
Monte Porreiro
San Xoán de Poio
PO-542
COMBARRO
POIO
PONTEVEDRA
San Salvador de Poio
PO-532
Area da Illa
Salcedo
Tomeza
0 1,2 km

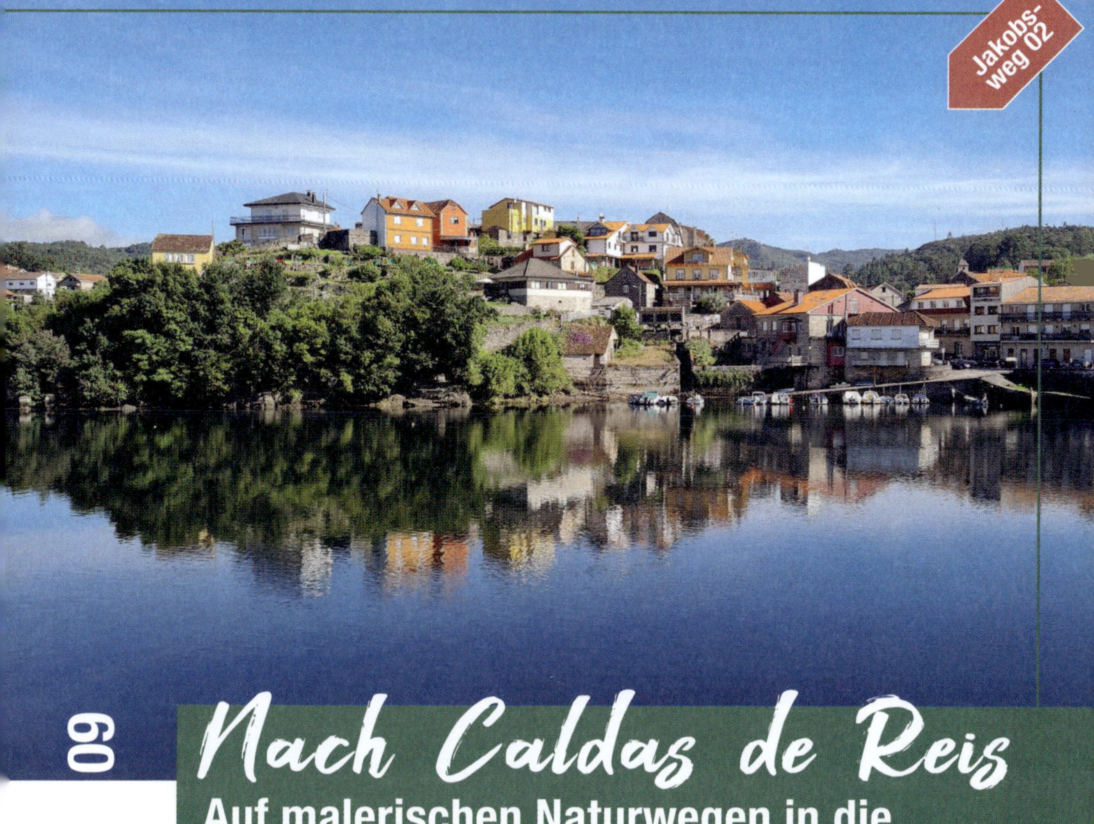


ETAPPE 09

# Nach Caldas de Reis

## Auf malerischen Naturwegen in die Thermalstadt Caldas de Reis

| | |
|---|---|
| **DAUER** | 5h 15min |
| **LÄNGE** | 24,2 km |
| **HÖHENMETER** | 340 hm |
| **SCHWIERIGKEIT** | LEICHT |
| **MIT ÖPNV ERREICHBAR** | ja |

## Das erwartet dich ...

Die 9. Etappe unseres Jakobsweges erweist sich als gemütlich und ohne größere Steigungen, dafür wandern wir heute ein wenig länger. Mit glänzenden naturnahen Abschnitten kann es bei Hochwasser und der Querung der Furten über Trittsteine allerdings zu nassen Füßen kommen. Und auch heute erwarten uns wieder malerische Kirchen und Kapellen sowie verträumte Dörfer.

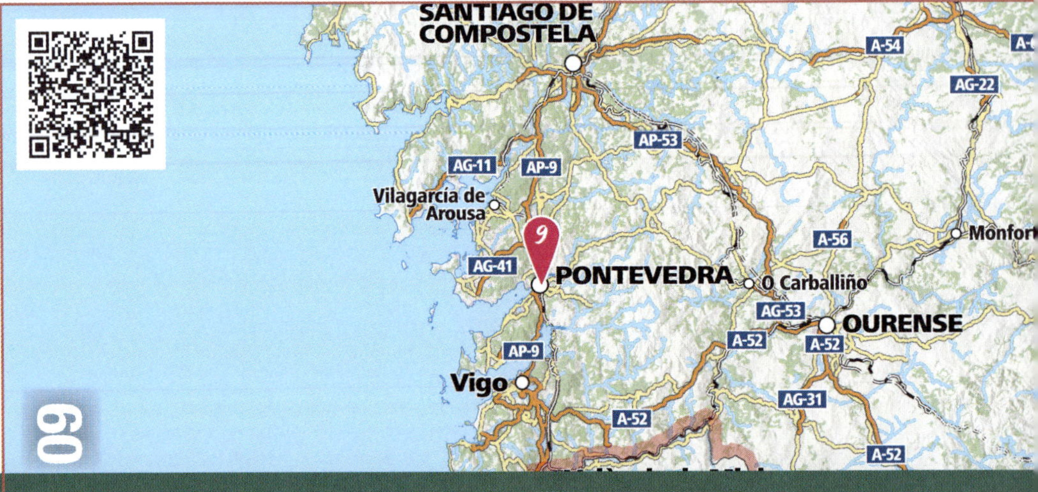


ETAPPE 09

## Start & Ziel & Anreise

Heutiger Startpunkt ist die Herberge von Pontevedra. Wer mit dem Auto anreisen möchte, der ist auf der AP-9 und der PO-10 auf dem richtigen Weg. Aber auch was die öffentliche Anreise angeht, ist Pontevedra sehr gut ans öffentliche Verkehrsnetz angeschlossen. Es gibt einen Busbahnhof und auch eine Bahnhaltestelle. Unser Ziel, die galicische Kleinstadt Caldas de Reis, ist bekannt für ihre Thermalquellen.

# Tourenbeschreibung

Wir verlassen die Herberge geradeaus zum Bahnhof von Pontevedra. Rasch über die Straße, dann nutzen wir den Zebrastreifen beim ZOB. Wir biegen parallel zur Hauptstraße in die Rúa de Gorfullón ein. Der Camino leitet uns durch die Neustadt zur Hauptstraße hinauf. Wir queren sie und folgen der nächsten Querstraße nach links zu den Palmen. Gleich darauf bringt uns die Rúa de Peregrina rechts zum Praza da Peregrina mit der Capela de Virxe Peregrina. Wir bleiben geradeaus zur Kirche- und Klosteranlage Igrexa de San Francisco. Nach links gewandt gelangen wir in die schöne Altstadt. Hier schlagen wir den mittleren Weg ein, der uns geradeaus weiterführt.

An einer kleinen Wegverzweigung halten wir uns links. Bei der nächsten biegen wir rechts ab, geradewegs zur Fußgängerbrücke über den Río Lérez. Wir gehen kurz an der Avenida da Coruña entlang, dann verlassen wir sie wieder nach links.

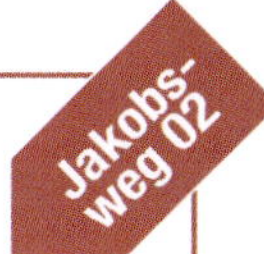


Am Kreisel halten wir uns links in eine enge Straße bis nach A Gándara. Allmählich verlassen wir den Ballungsraum zu Gunsten kleiner Orte und einer weiten Marschlandschaft. Am Ende des Asphalts erwartet uns ein Rastplatz mit Brunnen. Kieswege führen uns hier weiter, parallel zum Bahndamm und gut 600 m später zum Camino Espiritual.

Am Abzweig halten wir uns jedoch rechts, unter den Gleisen hindurch und links mit dem asphaltierten Weg zur Igrexa de Santa María del Alba. Ein weiteres Mal unterqueren wir die Eisenbahnbrücke, dann bringt uns ein Schleichweg links der PO-225 durch San Caetano. Nach dem Bach verlassen wir die Straße nach rechts. An einer Garage mit Duschen und WC vorbei geht's vor der nächsten Brücke links. Hinter dem Waldabschnitt erreichen wir eine Gemeinde. Trittsteine bringen uns über eine Furt, dann führen uns Kieswege durch die Fluss- und Auenlandschaft. An einem urigen Waldstück queren wir zwei kleine Furten, wenig später die Bahngleise. Nochmal geht es durch den Wald nach San Amaro. An der Straße wenden wir uns nach links zum Rastplatz mit Brunnen.

Wir folgen einem kurzen Schotterabschnitt zur nächsten Straße. Rechts herum treffen wir rasch auf einen weiteren Schotterweg. An der Straße leitet der Camino links über einen Fußweg hinab. Wenig später verlassen wir die EP-0506 und wandern durch schöne Natur. Am nächsten Dorf halten wir uns rechts. Wir passieren die Bar rechts und halten uns an der Y-Abzweigung zweimal links. An der Straße geht's an der Bahnbrücke entlang und hinab in die Auen. Der Camino kreuzt den Fluss, dann schwenkt er hinter der Kreuzung nach links weiter. Nun links gehalten bis zur nächsten Kreuzung, an der wir rechts weitergehen. Die zweite links führt uns parallel zur Nationalstraße. Schließlich laufen wir ein Stück an ihr entlang, bis uns ein Abzweig links durch ein schönes Weingebiet schickt. Im Links-Rechts-Wechsel erreichen wir wieder die Straße, an der wir sofort wieder links abgehen. An der nächsten Kreuzung liegt links die öffentliche Herberge.

Der Camino leitet uns weiter geradeaus. Links der Straße führen gute Wege bis zu einer Querstraße. Kurz rechts und am Brunnen wieder links führt die Route in 2 km nach Tivó. Im Zentrum von Tivó finden wir eine Bar und eine Herberge samt Brunnen. Wir spazieren geradeaus am Spielplatz vorbei bis zur N-550. Hinter der Kirche biegen wir wieder links auf den Gehweg ein. An der nächsten Straße halten wir uns rechts und folgen der N-550 über die Brücke des Río Umia. Gleich hinterm Intersport biegt der Camino in die Rúa Laureano Salgado ein. Linker Hand erblicken wir die leicht nach Schwefel riechende Quelle von Caldas de Reis. Wir halten uns rechts mit Blick auf die von Palmen verdeckte Iglesia de Santo Tomé. Dann schwenken wir links in die Geschäftsstraße. Zuletzt geht's geradeaus über die Römerbrücke. Gleich links davon liegt die öffentliche Herberge von Caldas de Reis.

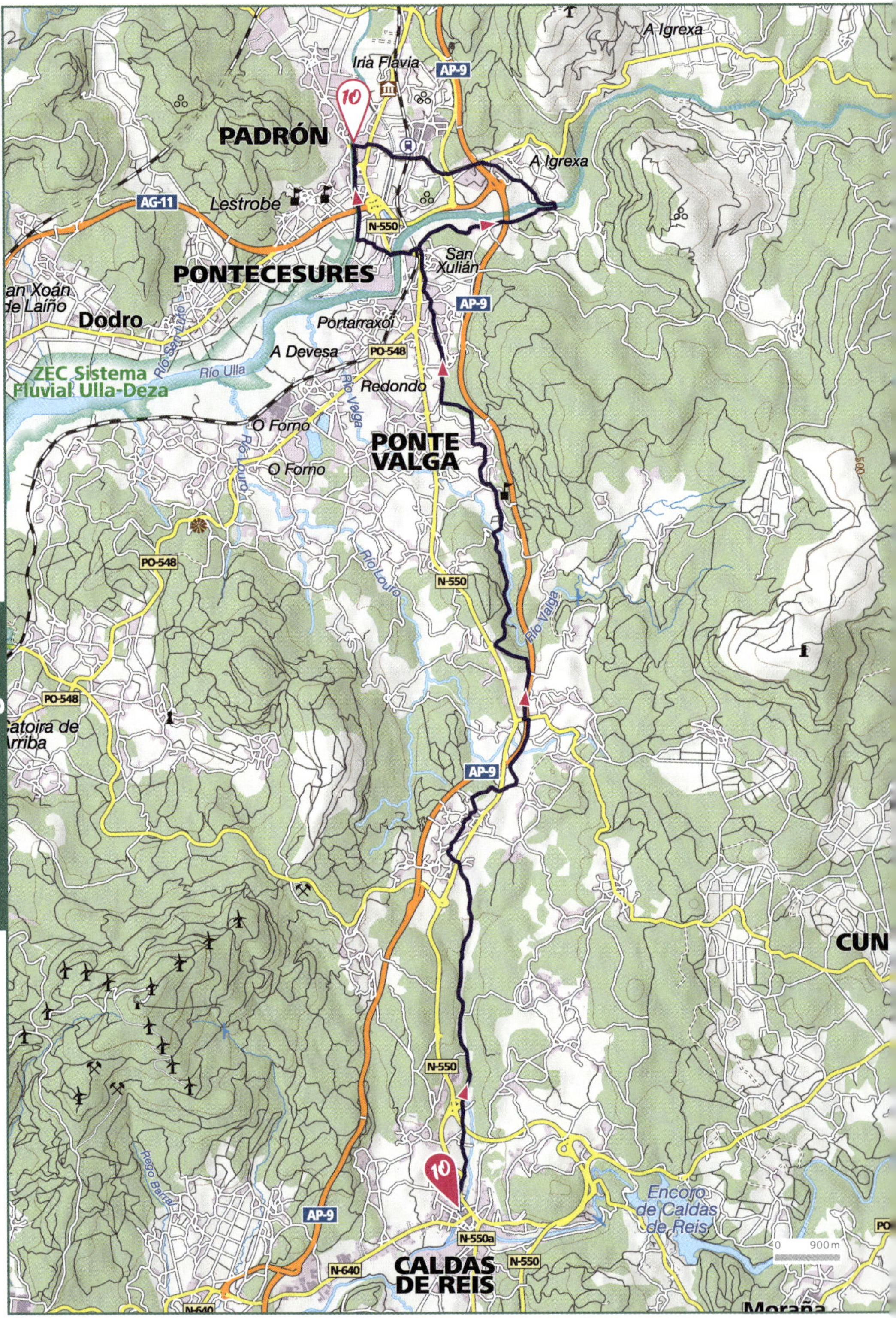

A Igrexa
Iria Flavia
AP-9
10
PADRÓN
A Igrexa
AG-11
Lestrobe
N-550
San Xulián
PONTECESURES
San Xoán de Laíño
Dodro
AP-9
Portarraxoi
Río San Lulio
A Devesa
PO-548
ZEC Sistema Fluvial Ulla-Deza
Río Ulla
Río Valga
Redondo
O Forno
Río Louro
PONTE VALGA
O Forno
500
PO-548
Río Louro
N-550
Río Valga
PO-548
Catoira de Arriba
AP-9
CUN
N-550
Rego Barral
10
Encoro de Caldas de Reis
AP-9
N-550a
0 900 m
PO
N-640
CALDAS DE REIS
N-550
N-640
Moraña

Jakobsweg 02

ETAPPE 10

# Vorboten Santiagos

## Caldas de Reis – Padrón

| | |
|---|---|
| **DAUER** | 5h 20min |
| **LÄNGE** | 19,5 km |
| **HÖHENMETER** | 370 hm |
| **SCHWIERIGKEIT** | LEICHT |
| **MIT ÖPNV ERREICHBAR** | ja |

## Das erwartet dich ...

Heute erwartet uns eine Mischung aus Straßen, Wald und Wiesen und auch sehr guten Wegen. Zauberhafte Abschnitte begleiten uns durch die Idylle der galicischen Natur. Sie werden von kleinen entspannten Ortschaften abgelöst, leider aber auch immer wieder von der Nationalstraße und der Autobahn. Zum Ende erreichen wir Padrón, in dem der Jakobskult seinen Ursprung fand.

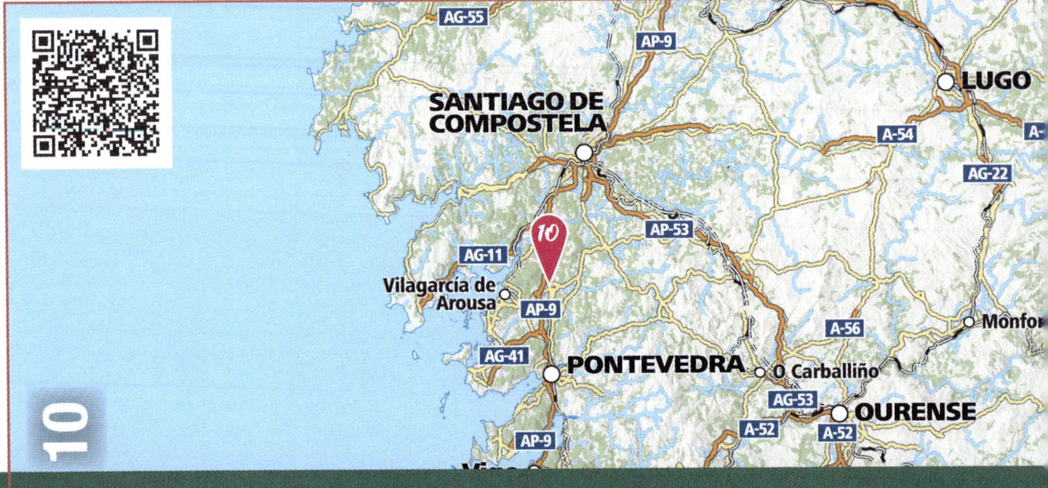


ETAPPE 10

## Start & Ziel & Anreise

Die Etappe beginnt in Caldas de Reis. Mit dem PKW können wir bequem über die Nationalstraße N-640 anreisen. In Caldas de Reis gibt es einen Busbahnhof, der von Inlandsbussen angefahren wird.

Unser Ziel Padrón ist der letzte Stopp vor unserem großen Ziel. Die Geschichte des Ortes ist ganz besonders eng mit der des Apostels Jakobus verbunden. Sie ist die Wiege der Jakobsüberlieferung.

# Tourenbeschreibung

Von unserer Herberge aus spazieren wir geradewegs aus Caldas de Reis hinaus. An der Gabelung geht's links oben an der Straße weiter, an einer Kapelle vorbei und über die N-550a. Sie leitet uns kurz hoch, dann biegen wir auf den ersten Nebenweg rechts ein, um die nächsten 2,5 km herrliche Auen-, Wiesen- und Waldlandschaften zu genießen. Über Kies und Asphalt bringt uns der Camino unter einer Brücke hindurch. Immer links gehalten kreuzen wir am km-Stein 41.860 eine Furt. Dann folgen wir gut 2 km lang einem Kiesweg zur Gemeinde Carracedo und der N-550.

Wir queren die Straße leicht nach links, 200 m später biegen wir rechts zur alten Kirche ab. Danach links, am Bolzplatz und einem Spielplatz vorbei, verlassen wir allmählich den Ort. Am Ortsende halten wir uns links und schwenken bald rechts durch ein kleines Waldstück zur N-550 zurück. Rasch queren wir die

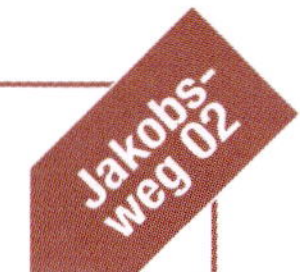


befahrene Straße nach links und folgen gleich der nächsten Querstraße. Wir streifen die Casalderique und spazieren hinter den ersten Häusern am Strommast links herum. Nach einem schönen Rastplatz wandern wir an der Autobahn entlang. Bald queren wir sie über die Brücke und wenden uns gleich danach nach rechts. Geradeaus befindet sich eine Bar. Kurz geht's parallel zur Autobahn entlang, dann nimmt uns eine Waldstraße nach links auf und begleitet uns bis nach Valga.

Wir halten uns jedoch gleich wieder rechts, so sehen wir nicht viel vom Ort. Nun folgt ein zauberhafter Waldweg oberhalb des Río Valga. Hügelig und malerisch bringt er uns hinab. Nach einiger Zeit stehen wir am Fluss, wo eine überdachte Sitzmöglichkeit auf uns wartet. Wir schwenken rechts auf einen asphaltierten Weg, dann halten wir uns links. Es geht an der Kirche von Ponte Valga, einer Bar und Café und unter anderem dem Shop Miguel vorbei. Am darauf folgenden Abzweig leitet die Route nach links mit fantastischen Ausblicken am Hang entlang. Im Anschluss schlendern wir durch die Gemeinde, stets dem Hauptweg treu, und queren die nächste Kreuzung mit Brunnen geradeaus. Waldwege, gesäumt von Eukalyptus und Kiefern, wandeln sich in Pflasterwege durch's Kulturland.

An der nächsten T-Kreuzung geht der Camino recht ab. Wir passieren einen Brunnen und schlendern an der Straße entlang, bis wir an einer Kreuzung auf einen weiteren gut ausgestatteten Rastplatz treffen (Mikrowelle, WC, sogar Wifi). Die Pfeile schicken uns weiter geradeaus über Gehwege. Am Ende der Straße geht's mit der engen Querstraße links bis zur Hauptstraße. Wir queren sie und schlendern in den Fußgängerbereich. Nach einer Bar und weiteren Rastplätzen folgen wir der Straße erst geradeaus, dann links hinab, parallel zur Nationalstraße, auf Gehwegplatten. An der nächsten Querstraße biegen wir rechts ab, mit den roten Pfeilen kommen wir in einer guten dreiviertel Stunde nach Herbón. Der Camino leitet uns links über Schienen. Kurz vor der Tankstelle nutzen wir die Unterführung und gehen an der Nationalstraße entlang über die Brücke des Río Ulla. Nach der zweiten Querstraße zweigen wir von der Nationalstraße auf eine Nebenstraße ab. Der Hauptweg führt uns scheinbar wieder aus dem Ort. Doch sobald wir den Río Sar erreichen, folgen wir seinem Ufer nach rechts und unter der Autobahnbrücke hindurch. Direkt dahinter warten drei Herbergen in der Nebenstraße. Wir folgen dem Fluss über den Praza de Abastos und schlendern geradewegs über eine von Platanen gesäumte Promenade zur Igrexa de Santiago. Wir schwenken nach links über die Brücke. Vor uns erblicken wir die Convento del Carmen, eine Convente aus dem 18. Jahrhundert. Unterhalb befindet sich die Fuente del Carmen. Sie zeigt das Motiv eines Schiffes, das die Überreste des Apostels Jakobus nach Galicien brachte. Links neben dem Kloster befindet sich die Herberge von Padrón in bester Lage.

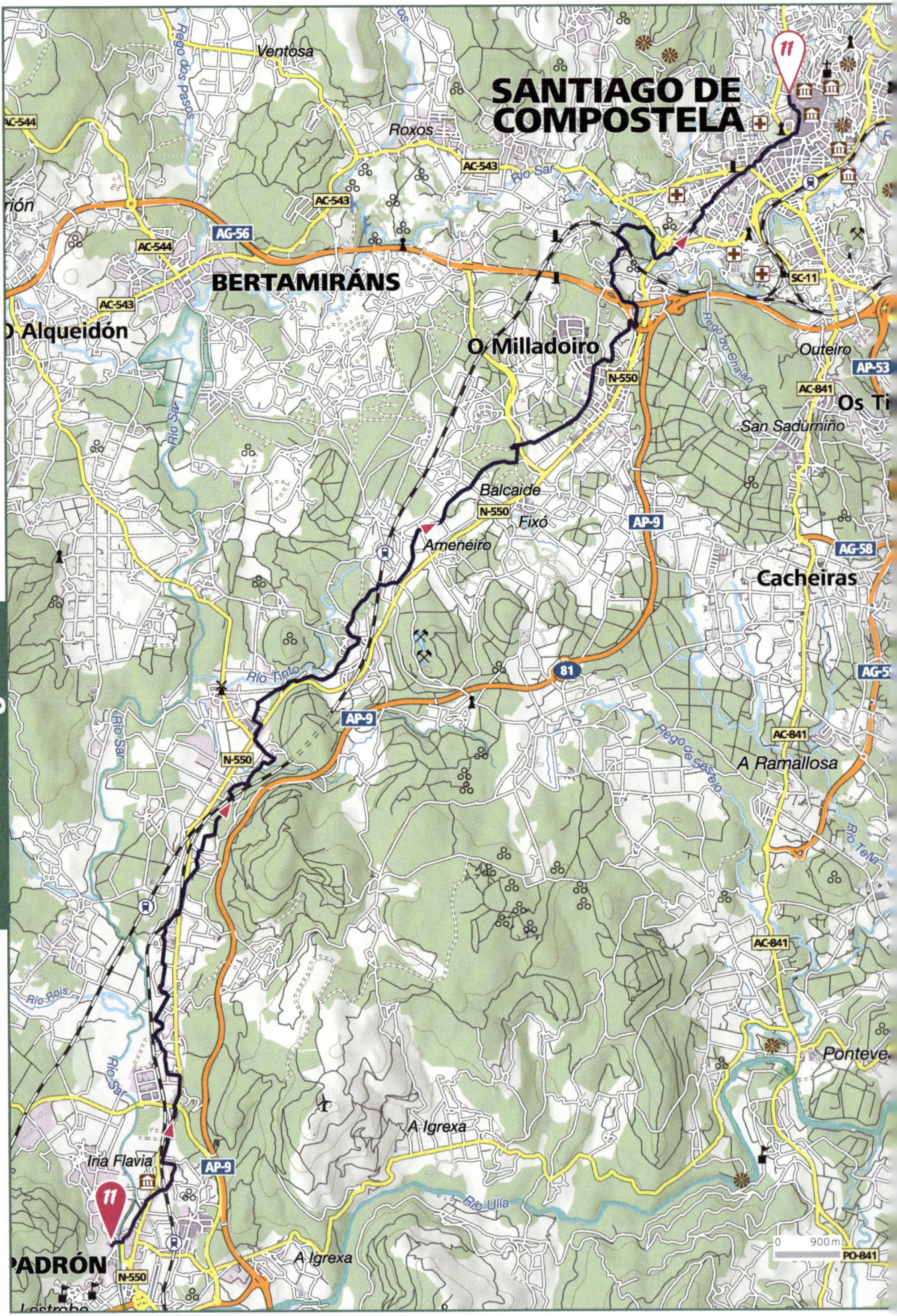

SANTIAGO DE COMPOSTELA

BERTAMIRÁNS

O Milladoiro

PADRÓN

O Alqueidón

Cacheiras

Os Ti

Ventosa

Roxos

Rego dos Pasos

Río Sar

Rego do Chaián

Outeiro

San Sadurniño

Balcaide

Fixó

Ameneiro

Río Tinto

Rego de Sestelo

A Ramallosa

Río Tella

Río Rois

Ponteve

A Igrexa

Iria Flavia

Río Ulla

A Igrexa

Lestrobe

AC-544

AC-543

AG-56

SC-11

N-550

AP-9

AP-53

AC-841

AG-58

81

PO-841

0 900 m

11

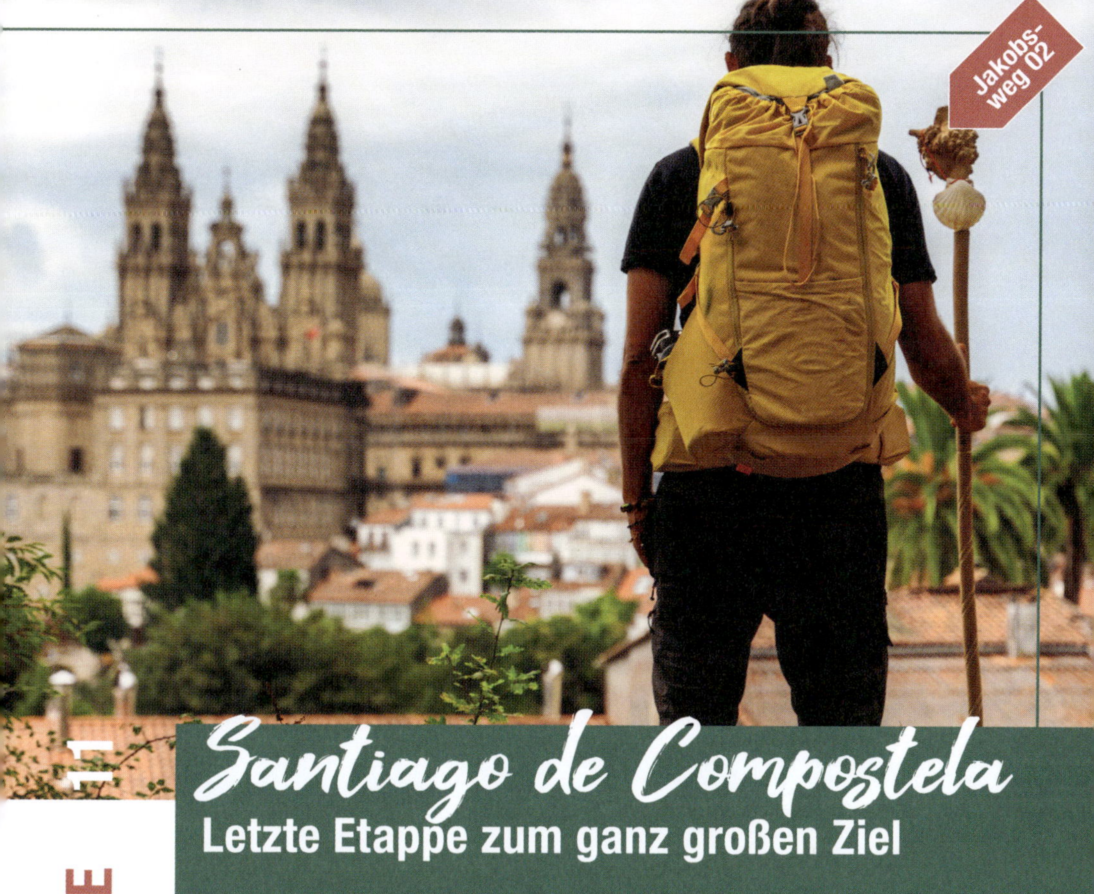


ETAPPE 11

# Santiago de Compostela

## Letzte Etappe zum ganz großen Ziel

| | |
|---|---|
| **DAUER** | 6h 30min |
| **LÄNGE** | 26,6 km |
| **HÖHENMETER** | 570 hm |
| **SCHWIERIGKEIT** | LEICHT |
| **MIT ÖPNV ERREICHBAR** | ja |

## Das erwartet dich ...

Die letzte Etappe ist lang, führt aber über einfache Wege. Sie ist urban, laut und hat nur wenige Rastmöglichkeiten zu bieten. Sie führt zwar weniger attraktiv des Öfteren mal an Straßen entlang, dafür entschädigt die Vorfreude auf die schöne Altstadt Santiagos und dem Höhepunkt – der detailliert verzierten, herrlichen Kathedrale. Mit ihr haben wir das Ziel unserer langen Wanderschaft erreicht.

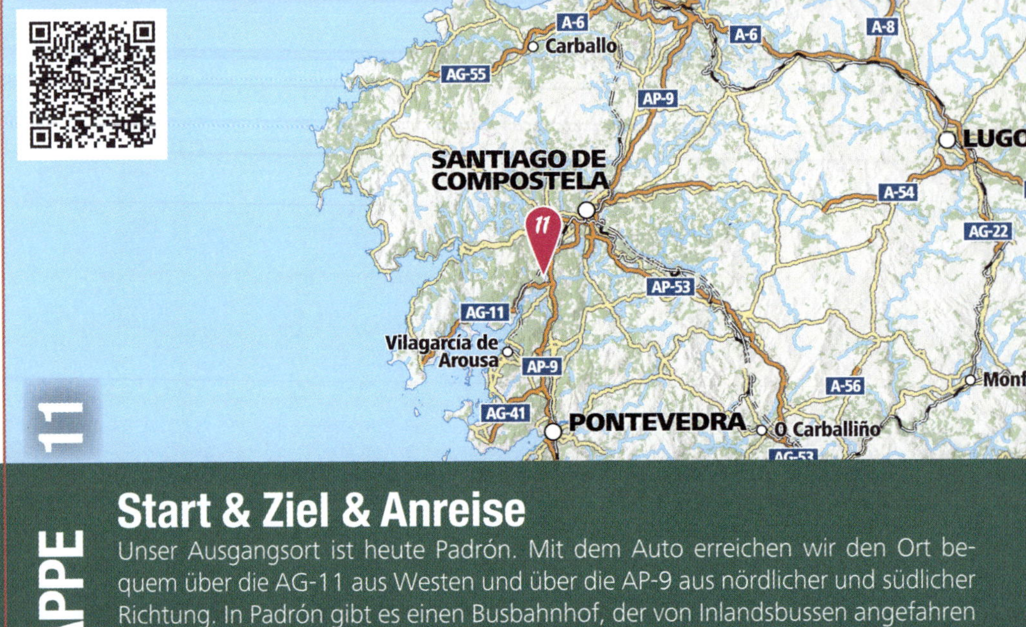


ETAPPE 11

## Start & Ziel & Anreise

Unser Ausgangsort ist heute Padrón. Mit dem Auto erreichen wir den Ort bequem über die AG-11 aus Westen und über die AP-9 aus nördlicher und südlicher Richtung. In Padrón gibt es einen Busbahnhof, der von Inlandsbussen angefahren wird. Zudem ist der Ort gut mit Inlandszügen erreichbar. Santiago de Compostela, unser lang ersehntes Ziel, ist eine lebendige Stadt, deren Altstadt von der UNESCO ins Weltkulturerbe aufgenommen wurde.

# Tourenbeschreibung

Nach Verlassen der Herberge queren wir den Río Sar. Links um die Santiago Kirche passieren wir ein Hostel und gehen bis zum Ende des Asphalts. Die Route führt nach links, über eine zweite Brücke und zur N-550. Wir kreuzen sie und gehen links am Snack-Automaten vorbei. Nach der markanten Iria Flavie Kirche gehen wir auf der linken Straßenseite unter den Gleisen hindurch. Über die Dorfstraße nehmen wir die erste links hinab zu den Gleisen und weiter an der Straße bis zur N-550. Auf der anderen Seite führt sie uns durchs Gewerbegebiet, über einen großen Kreisel und hinter dem Hostel auf Gehwegen. Nach der Werkstatt biegen wir links ab, dann rechts. Weg von der Nationalstraße erreichen wir bald das nächste Dorf.

Mit den Pfeilen durch die Gassen halten wir uns links zum Dorfrand. Nach einer Bachquerung, Dörfern und Wiesen biegen wir am Waschplatz und Bach links ab.

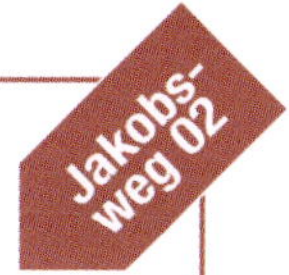


Wir bleiben parallel zur N-550, durch noch ein Dorf und über Wiesen. Im Links-Rechts-Schwenk sehen wir ein Schild mit der Aufschrift „Vilar". An Mauern entlang geht's geradewegs zu einem Waschplatz auf Höhe einer Industrieanlage. An Straße und Schienen entlang wandern wir bald rechts zur N-550, dann stehen wir an der Santuario de A Escravitude.

Hinauf und dann auf die Nebenstraße. An einer weiteren Kirche geht's links zu einem Weinstreifen. Ein Rechts-Links-Schwenk leitet uns an Wiesen und einer Mauer entlang zu einem Waldstück. Der Camino leitet uns rechts durchs Dorf hindurch. Nach Fluss und Rastplatz durchqueren wir rechts O Areal, dann geht's hinab zur N-550 und nach A Picaraña. Wir folgen einem Pfeil nach rechts, wechseln die Straßenseite und gehen beim Café Novegil links. 150 m später geht's rechts über einen Schleichweg in den Wald, nach einer Straße über Stock und Stein bergan. Bei der nächsten Straße scharf rechts, dann links nach Faramello. Weiter auf der Straße zweigen wir mit der zweiten links ab. Wir spazieren durch die gut gepflegte Landschaft hinauf durch ein Dorf. Links an der Kapelle vorbei und im Bogen um den Rastplatz. Am Park rechts am Restaurant vorbei, dann gehen wir über einen Verbindungsweg zur schönen Waldstraße, die uns zur nächsten Gemeinde bringt. Geradeaus über die Gleisbrücke, dann geht's die zweite links durch Casalonga. Wir queren die Kreuzung und einen Bach, dann folgen wir einem Waldweg. Stetig und sanft bergan leitet uns der Camino im Wechsel durch Dorf und Wald bis zur Hauptstraße. Im Rechts-Links-Schwenk erreichen wir den Kreisel, dann führt uns die Straße geradeaus. Durch A Agrela geht's über Gehwege und Seitenstreifen bis nach Milladoiro.

Wir spazieren geradeaus und nach dem Shoppingcenter geht's hinter der Kreuzung rechts auf Kieswege und dann über eine Straße nach O Porto. Wir unterqueren mehrmals die Autobahnen, dann schlängelt sich der Camino durch die Landschaft. Links steil hinauf erreichen wir mit der Hauptstraße A Rocha Vella. An der T-Kreuzung geht's leicht links, dann rechts vom Kreisel weiter geradeaus. Mit der zweiten Straße rechts überschreiten wir eine Eisenbahnbrücke. Dann führt die Route an der nächsten Möglichkeit rechts steil hinab. Wir halten uns erneut rechts, überqueren den Río Sar und passieren ein Waldstück. Unter der AC-548 hindurch treffen wir hinter der nächsten Querstraße eine Gabelung. Die Route führt links über die Brücke zum Stadtrand von Santiago. Mit der Avenida de Syra Alonso laufen wir anschließend über den Kiesweg zwischen den beiden kleinen Straßen. Oben links zur Hauptstraße, am Kreisel rechts und mit der Rúa de Choupana länger leicht bergan. Am Ende des schönen Parks geht's über die Straße in die Rúa do Franco. Sie führt geradewegs auf den Praza de Obradoiro, dem Vorplatz der Kathedrale. Für den letzten Gang zum Pilgerbüro queren wir den Platz, gehen am Hotel links die Rampe hinab und biegen gleich rechts in die Rúa de Hortas ein. An ihrem Ende befindet sich links das Pilgerbüro samt Tourismus-Info.

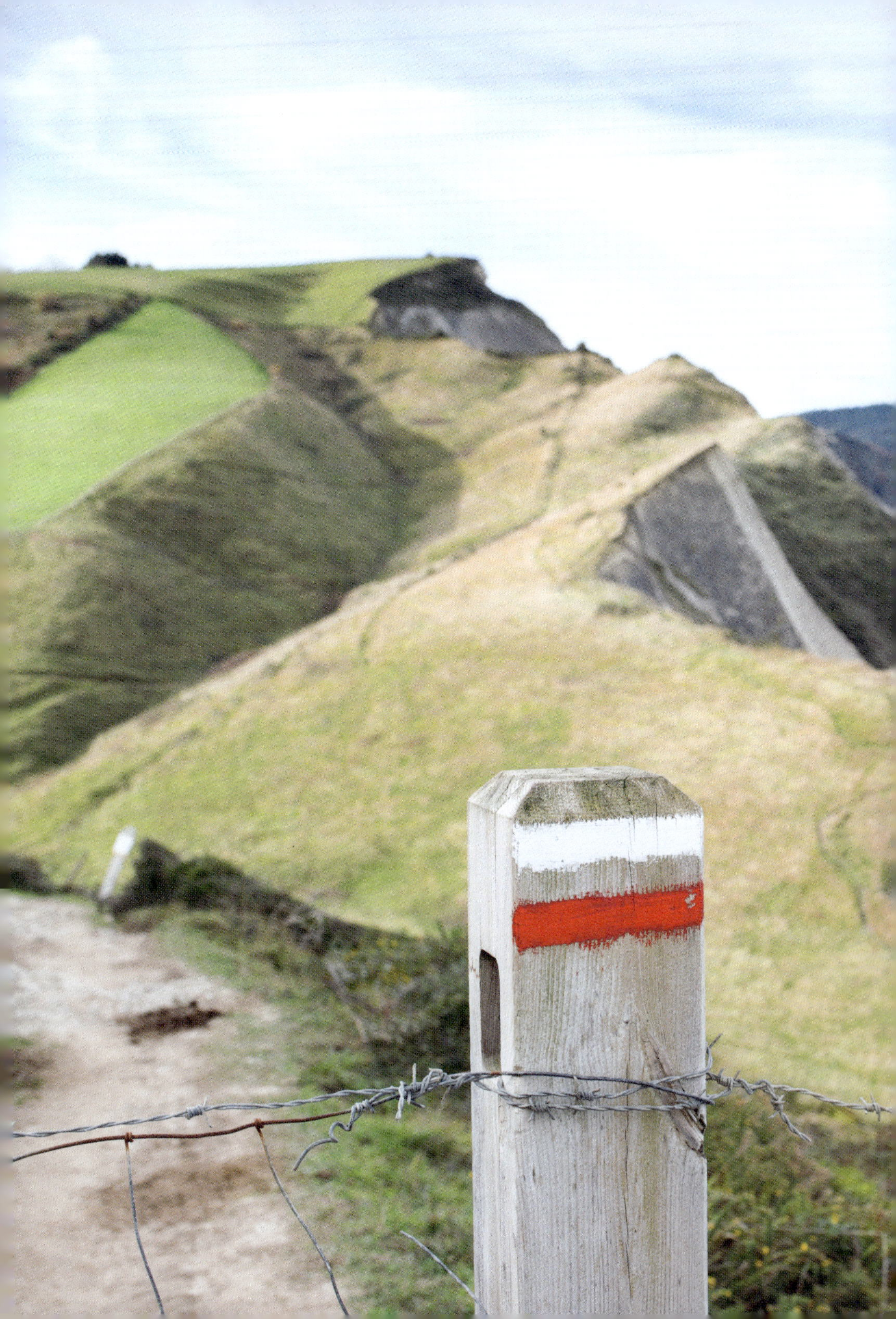

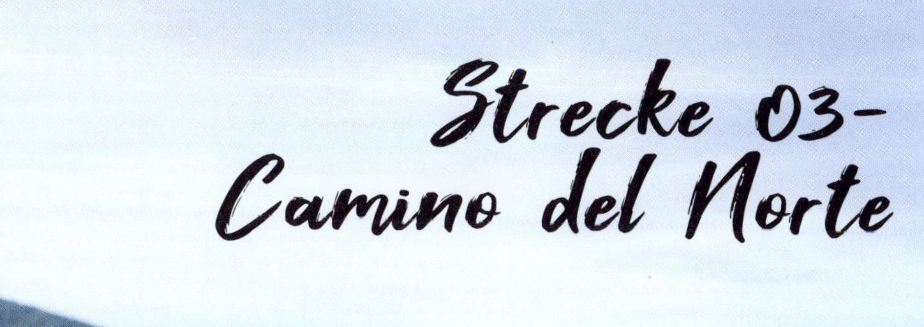

# Strecke 03-
# Camino del Norte

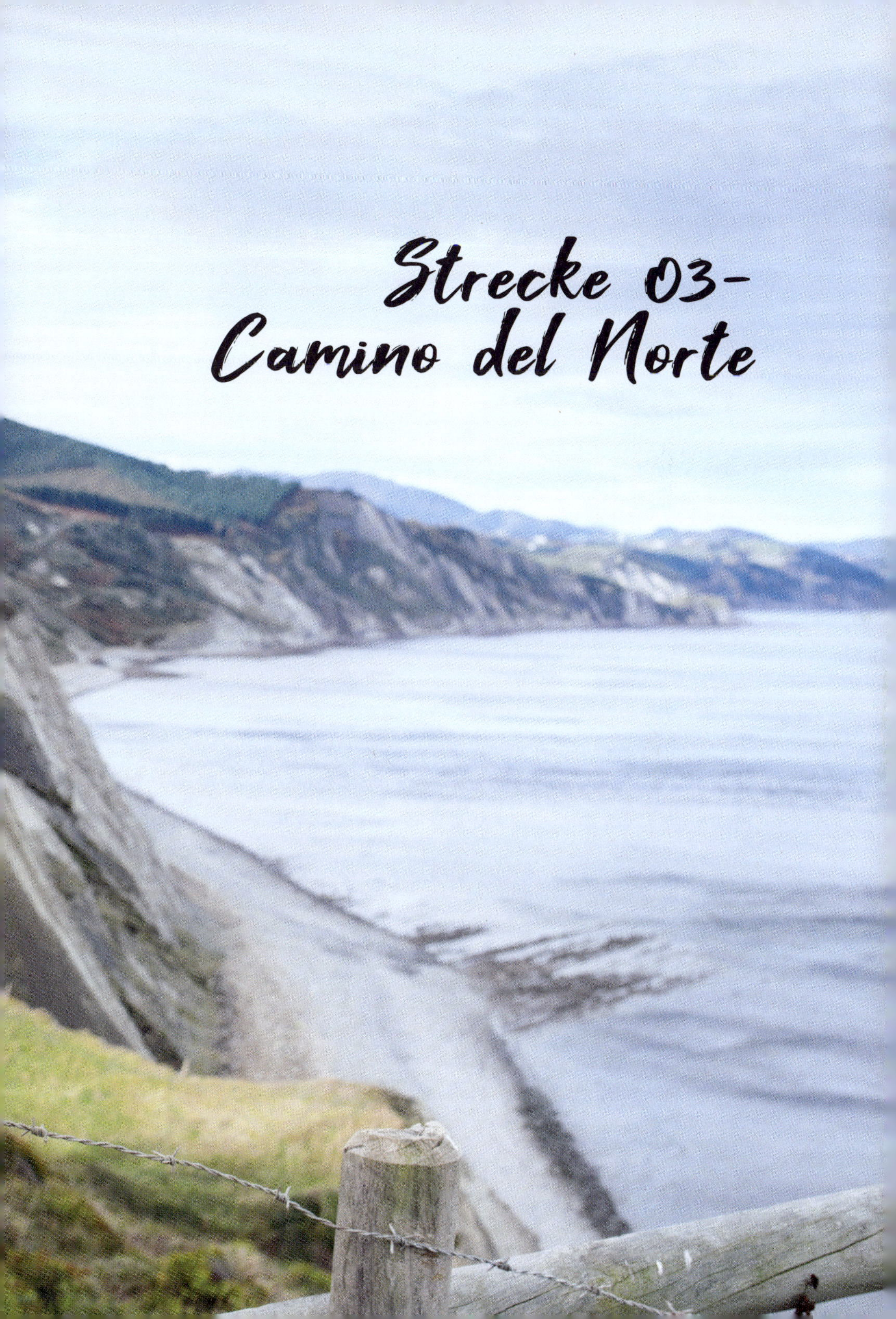

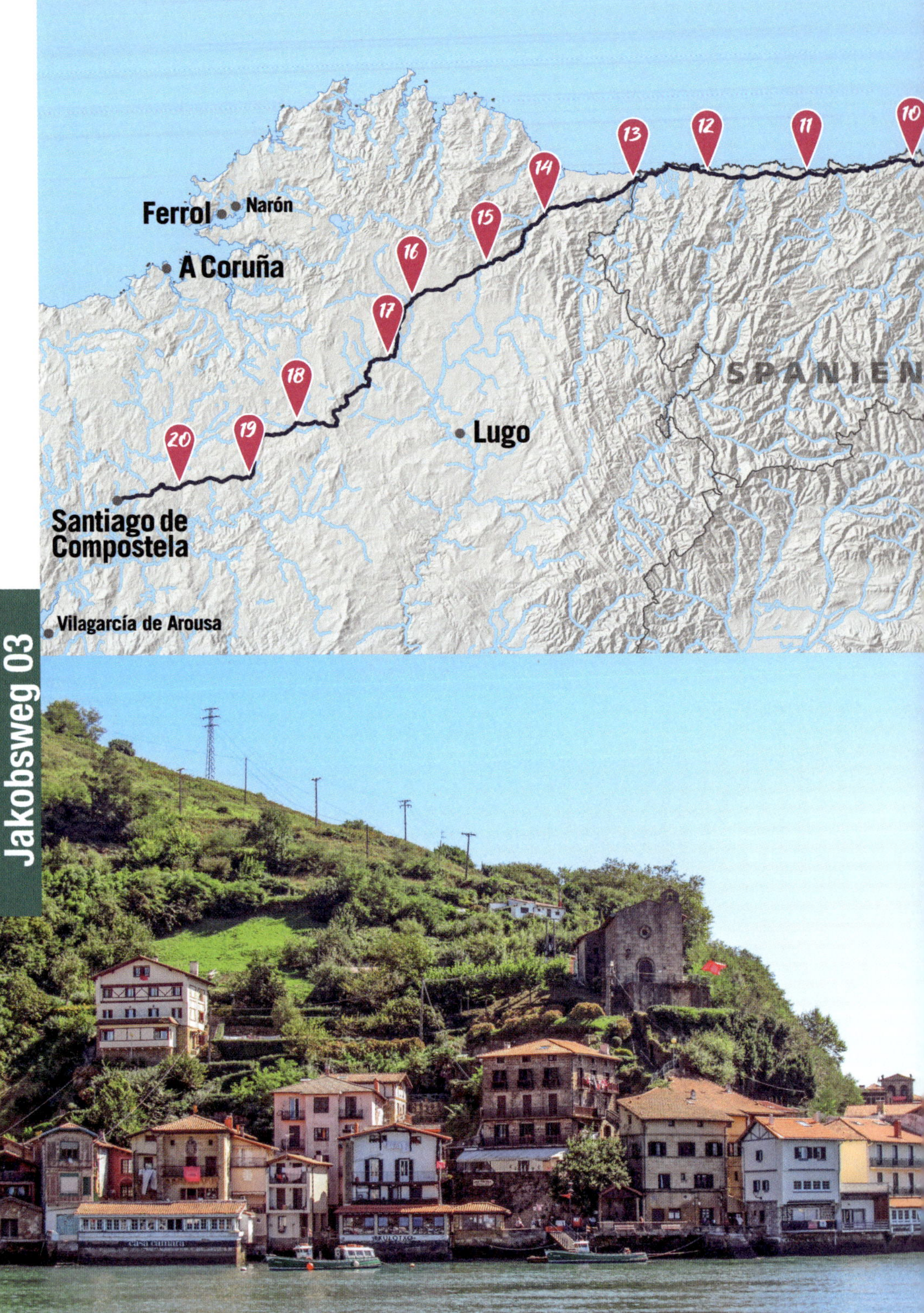
10
11
12
13
14
15
16
17
18
19
20
Ferrol
Narón
A Coruña
Lugo
SPANIEN
Santiago de Compostela
Vilagarcía de Arousa

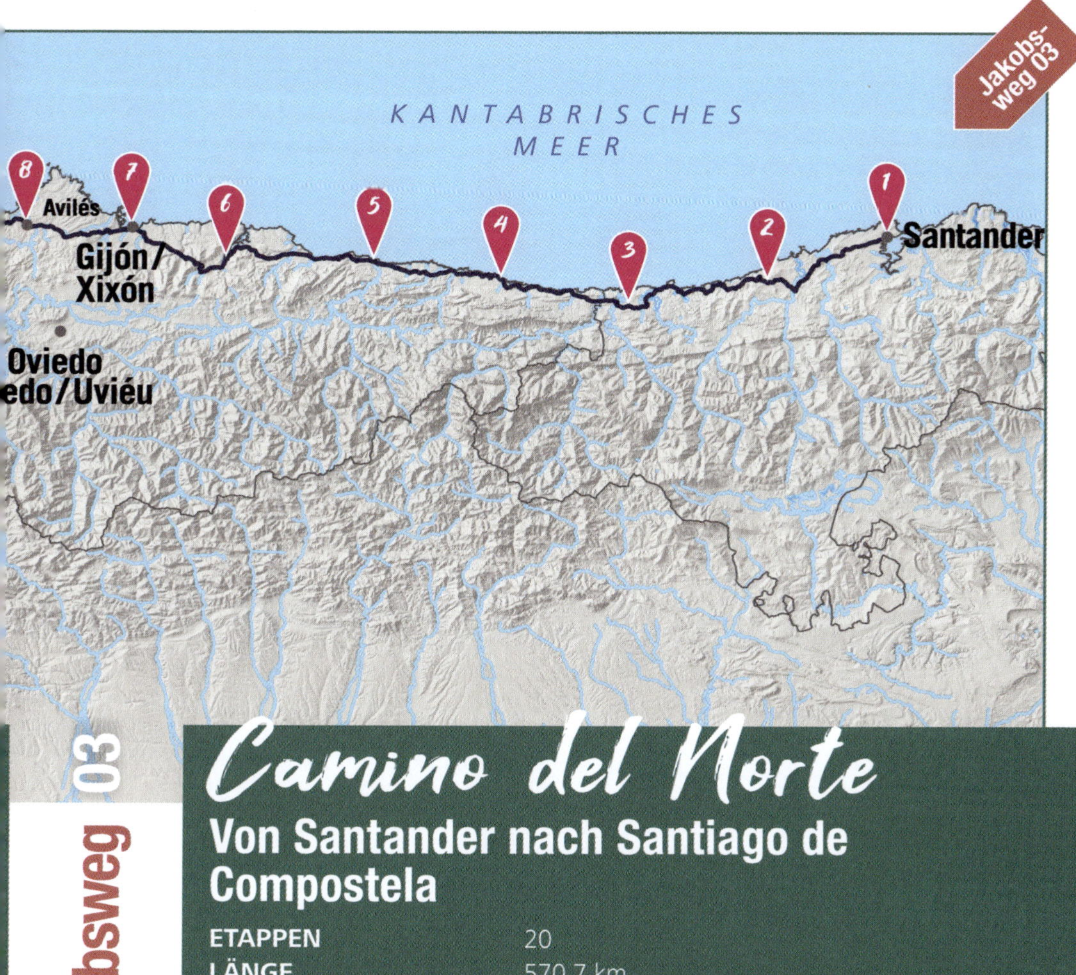


Jakobsweg 03

# Camino del Norte

## Von Santander nach Santiago de Compostela

| | |
|---|---|
| **ETAPPEN** | 20 |
| **LÄNGE** | 570,7 km |
| **HÖHENMETER** | 14205 hm |
| **SCHWIERIGKEIT** | SCHWER |
| **MIT ÖPNV ERREICHBAR** | ja |

## Das erwartet dich ...

Als Camino del Norte - also Nordweg – betitelt, verläuft unsere Route bis Ribadeo in Galicien weitestgehend entlang der Küste Nordspaniens und bietet fantastische Ausblicke, Natur, aber auch interessante kulturhistorische Orte. Anders als der Camino francés bietet der Nordweg deutlich mehr Ruheraum und spektakuläre Landschaften, ist aber allgemein auch rauer und von der Infrastruktur nicht optimal ausgebaut. Er ist geprägt von langen, aber abwechslungsreichen Etappen.

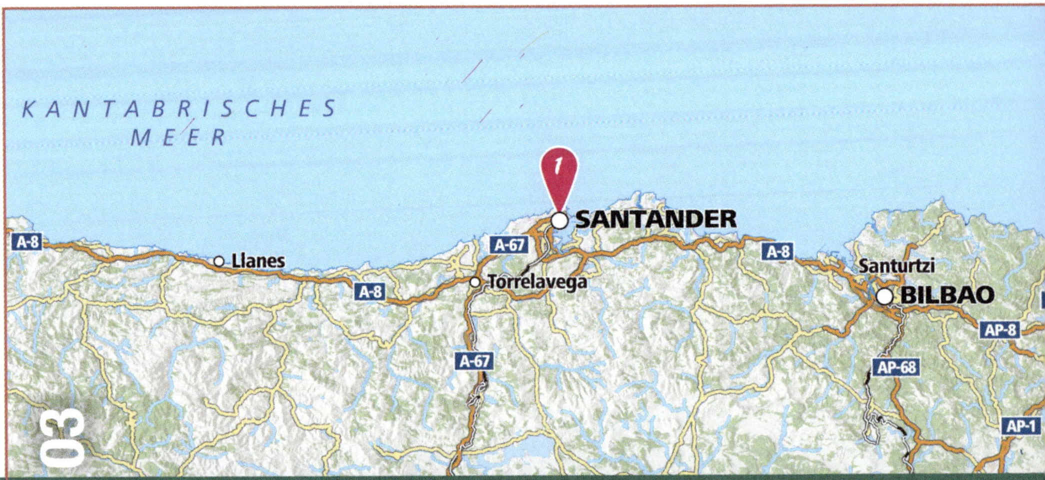

KANTABRISCHES MEER

SANTANDER

Llanes

Torrelavega

Santurtzi

BILBAO

Jakobsweg 03

## Start & Ziel & Anreise

Unsere lange Reise beginnt vor der Kathedrale in Santander, in der Provinz Kantabrien im Norden Spaniens. Am bequemsten erreichen wir die Stadt über den internationalen Flughafen Seve Ballesteros, der von mehreren großen Fluggesellschaften angeflogen wird. Mit dem öffentlichen Bus geht's dann weiter in die Innenstadt. Santander verfügt auch über einen Bahnhof, wonach wir auch mit dem Zug über Madrid anreisen können. Die Anfahrt ist jedoch recht langwierig. Autobahnanschluss über die A-67.

# Tourenbeschreibung

Am ersten Tag wandern wir aus dem belebten Santander aufs aussichtsreiche und dörflich geprägte Land. Besonders schön sind die letzten Kilometer bis Santillana. Von Boo de Piélagos fahren wir das letzte kurze Stück mit dem Zug. Die nächste Etappe an der Küste entlang wird lang und hügelig, ist aber auch mit herrlichen Eindrücken bis nach Serdio geprägt. Genauso geht's dann auch nach Llanes weiter, nur wird der Weg teils noch ein wenig wilder. Ein Tag an der Küste folgt, der immer wieder tolle Bademöglichkeiten bietet. Dann verlassen wir kurz die Küste, zuletzt mit malerischen Stränden, um erste Wege im Landesinneren zu erkunden.

Moderat geht's von Villaviciosa weiter, erst lange an Feldern vorbei und dann auf gleich zwei Berge. Von Gijón nach Avilés wird's dann urbaner. Am Ziel erwartet uns eine malerische Altstadt. Am folgenden Tag verlassen wir den Ballungsraum von Santiago und werden wieder von der Natur aufgenommen. Die Küste sehen wir

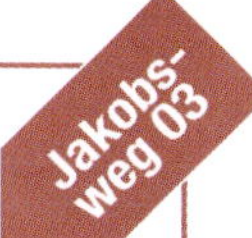


ab und an aus der Ferne. Von Muros de Nalón nach Soto de Luiña können wir auf einer kurzen Etappe mal durchschnaufen, bevor es am nächsten Tag auf eine lange und anstrengende Tagestour nach Lluarca geht.

Auch der nächste Tag wird lang, führt aber über einfache Wege, geprägt von Wiesen und Dörfern, nach A Caridá. Am folgenden Tag starten wir zur wirklich letzten Etappe an der Küste, die wir auf einfachen Wegen nochmal voll und ganz genießen können. Ab Ribadeo lassen wir die Küste endgültig hinter uns und starten mit einem Wechsel aus Wiesen, Feldern, Wäldern und Dörfern in neue Gefilde. Hügelig und teils ziemlich anstrengend geht's am nächsten Tag von Vilanova nach Gontán. Dafür wandern wir am darauffolgenden Tag eher eben nach Vilalba. Bei Regen kann es hier durchaus mal matschig werden.

Die Etappe nach Baamonde ist nur bei gutem Wetter wirklich schön, führt sie doch auf vielen unbefestigten Wegen über Äcker, Wiesen und Weiden. Die beschwerlichsten Abschnitte können immer mit der N-634 umgangen werden. Natur pur erwartet uns auch am nächsten Tag, aber auf einer langen Etappe nach Monxes. Die letzten drei Tage werden dann wesentlich entspannter. Wir verlassen die galicische Kulturlandschaft und erwandern auf den letzten beiden Etappen mit dem Camino Francés den vollgestopften Schlussspurt nach Santiago de Compostela.

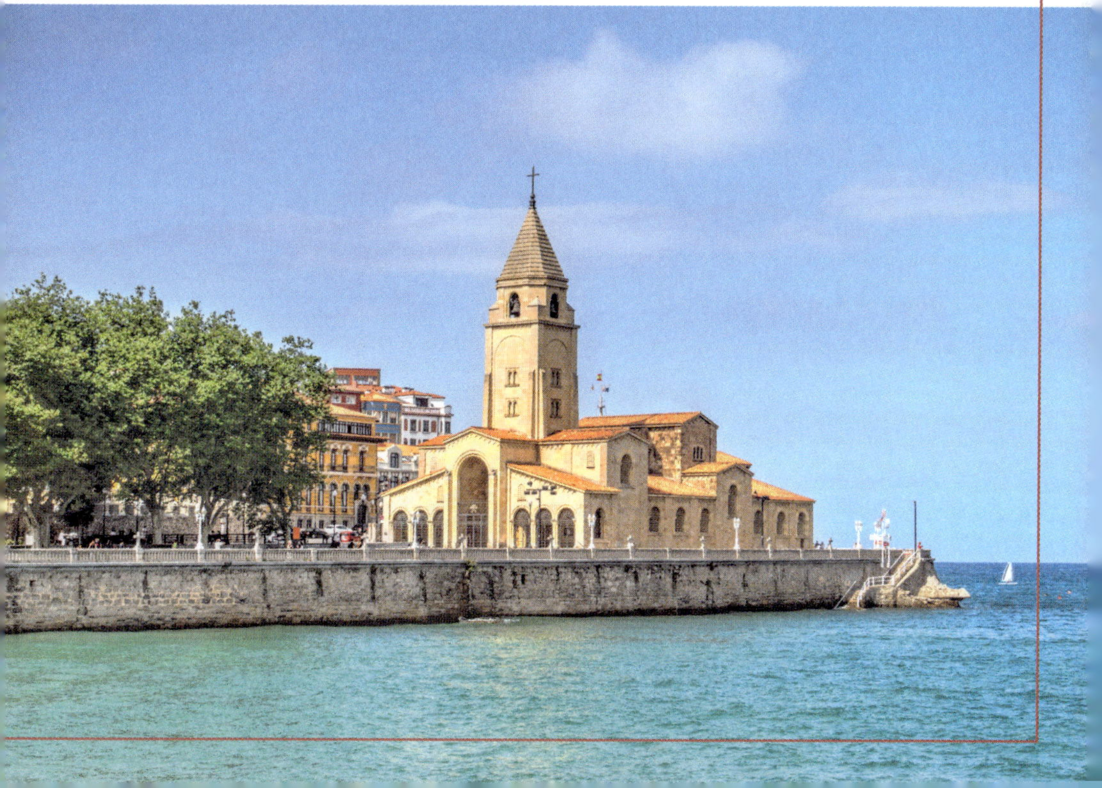

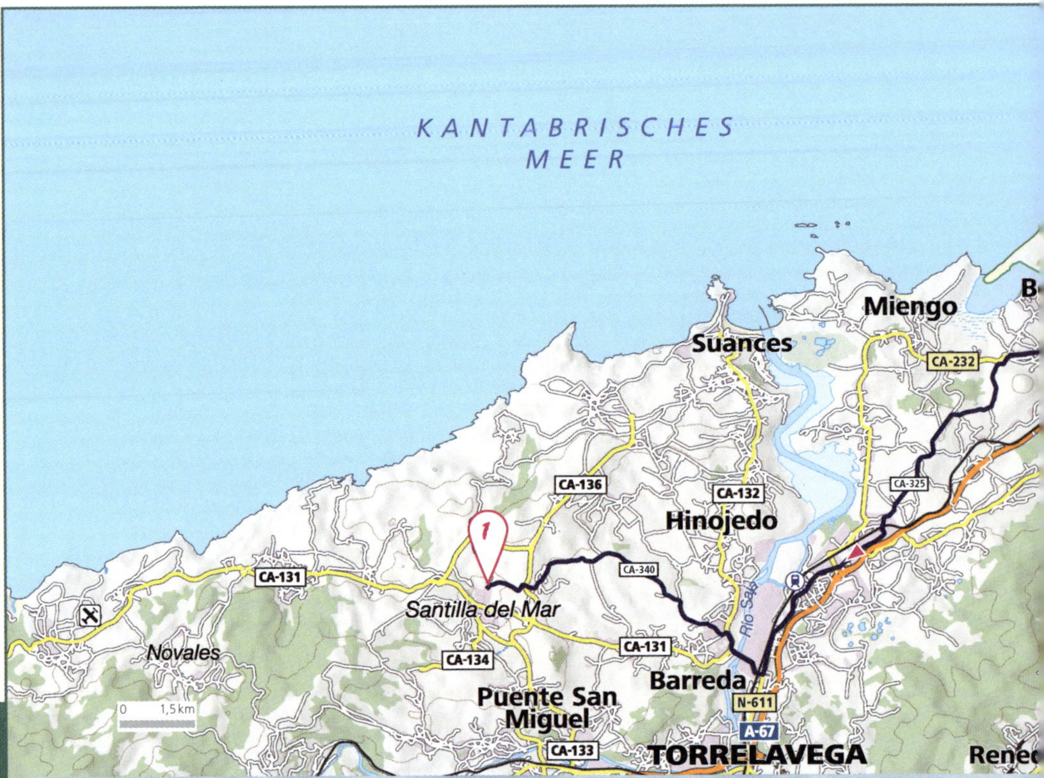

KANTABRISCHES MEER

Miengo

Suances

CA-232

CA-136

CA-132

CA-325

Hinojedo

1

CA-131

CA-340

Santilla del Mar

Río Saja

Novales

CA-134

CA-131

Barreda

Puente San Miguel

N-611

0 1,5 km

A-67

CA-133

TORRELAVEGA

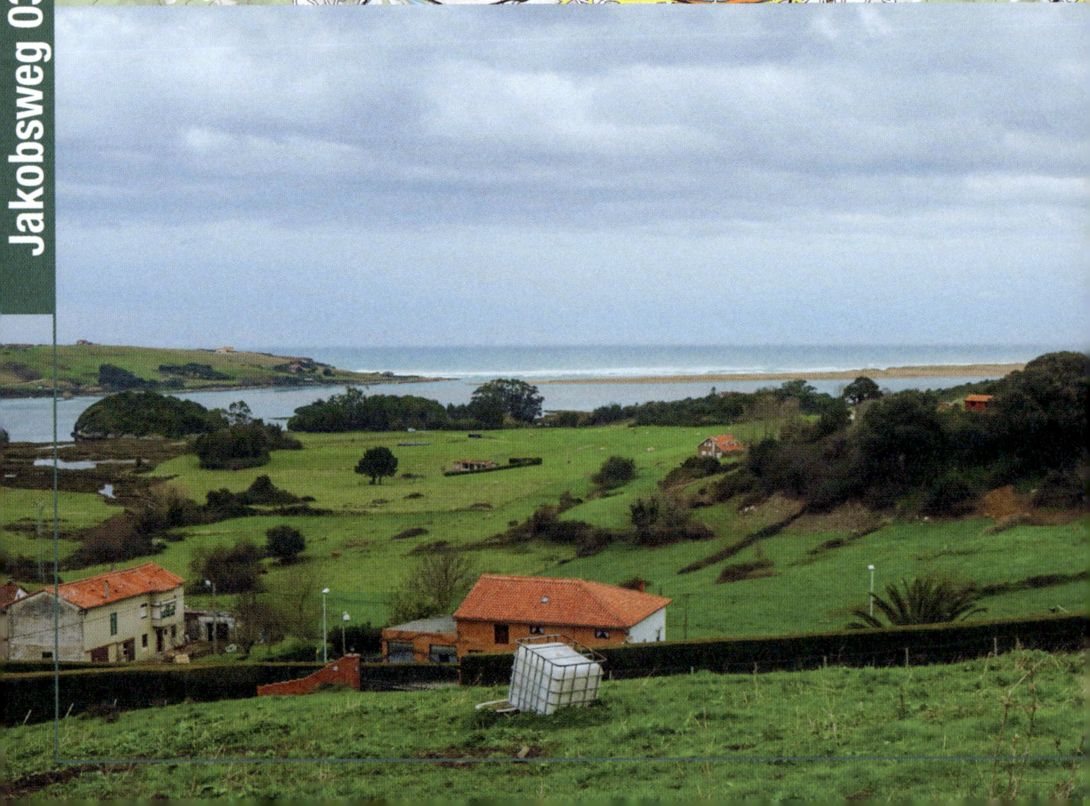

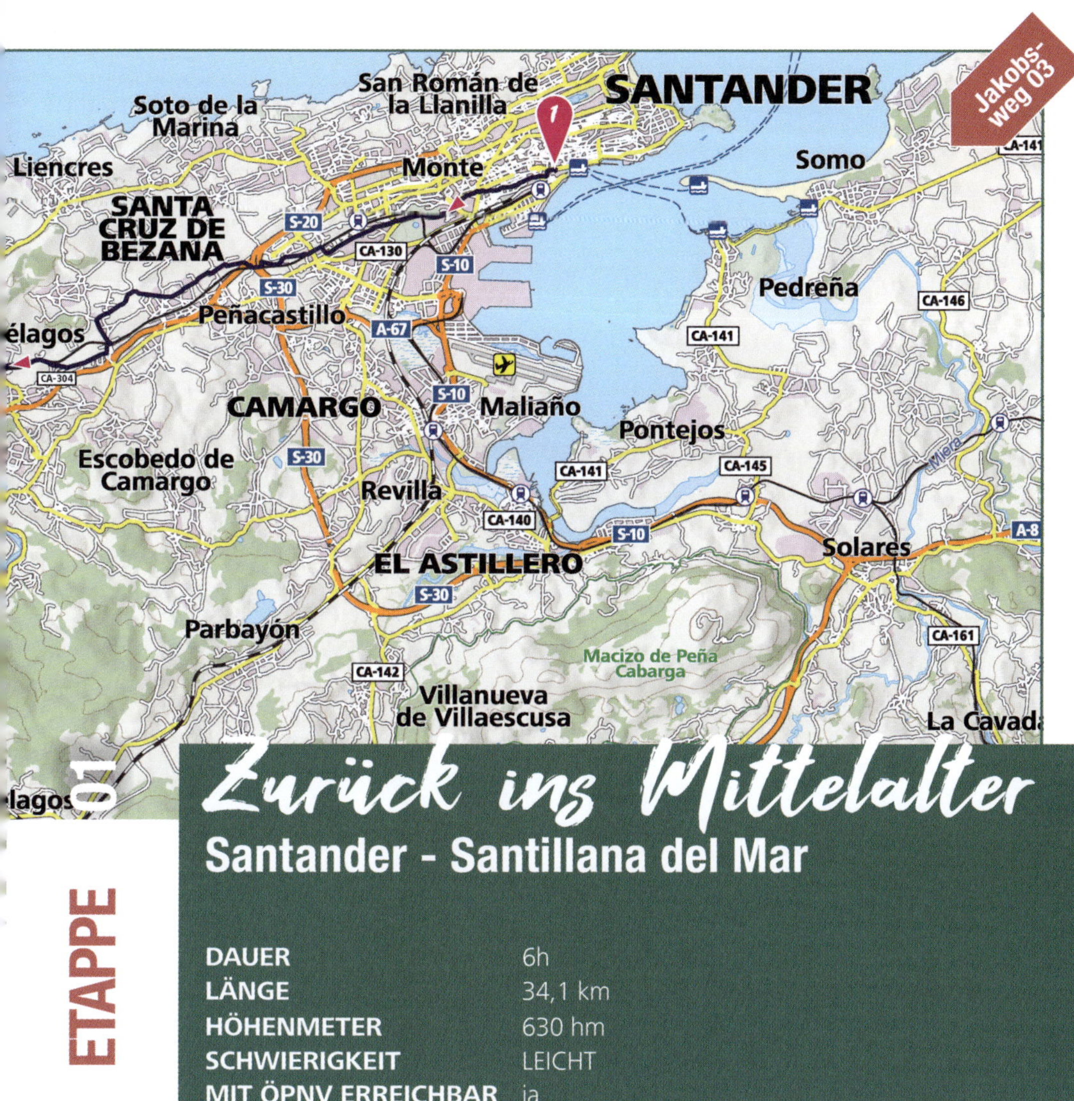


ETAPPE 01

# Zurück ins Mittelalter

## Santander - Santillana del Mar

| | |
|---|---|
| DAUER | 6h |
| LÄNGE | 34,1 km |
| HÖHENMETER | 630 hm |
| SCHWIERIGKEIT | LEICHT |
| MIT ÖPNV ERREICHBAR | ja |

## Das erwartet dich ...

Die erste Hälfte der Etappe ist ein wenig monoton. In der wuseligen Stadt sind die Wegzeichen rar. Sobald wir aber den Stadtraum hinter uns lassen, wird es ruhiger. Viele Aussichtspunkte und freundliche Orte erwarten uns. Zwischen Mar und Barreda wird es wieder industriell. Dafür sind die letzten km bis Santillana traumhaft. Da von Boo de Piélagos der Fußweg über die äußerst schmale Eisenbahnbrücke seit 2016 nun offiziell gesperrt ist, nehmen wir den Zug für eine Station nach Mogro.

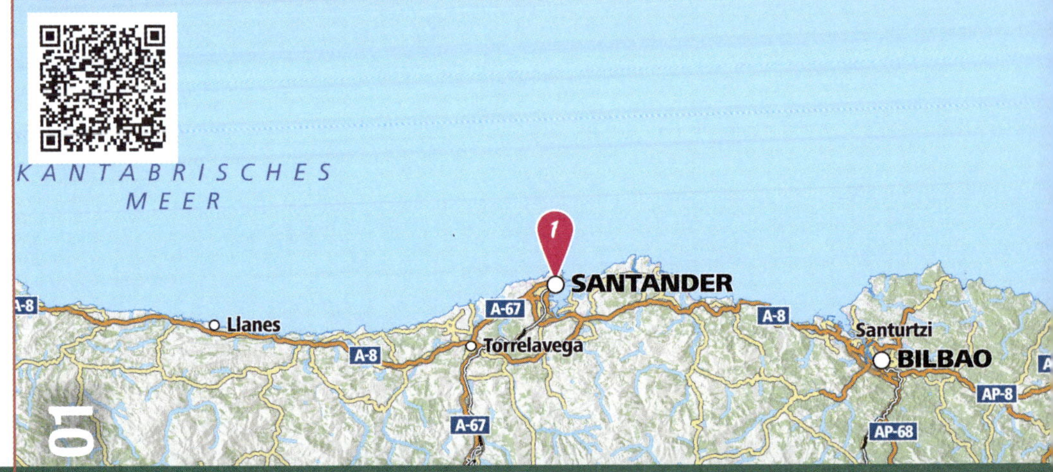


ETAPPE 01

## Start & Ziel & Anreise

Unsere lange Reise beginnt vor der Kathedrale in Santander, in der Provinz Kantabrien im Norden Spaniens. Am bequemsten erreichen wir die Stadt über den internationalen Flughafen Seve Ballesteros, der von mehreren großen Fluggesellschaften angeflogen wird. Mit dem öffentlichen Bus geht's dann weiter in die Innenstadt. Santander verfügt auch über einen Bahnhof, wonach wir auch mit dem Zug über Madrid anreisen können. Die Anfahrt ist jedoch recht langwierig. Autobahnanschluss über die A-67.

# Tourenbeschreibung

Wir gehen vom Vorplatz der Kathedrale in Santander links in die Calle Calvo Sotelo. An der nächsten Querstraße geht's erst links, dann rechts hinauf. Mit der Calle Alta spazieren wir an einem Hostel vorbei. Den Kreisel queren wir nach links über den Zebrastreifen. Dann schickt uns ein Schild „Santanilla del Mar" geradeaus die Straße hinab. Nach dem Krankenhaus gelangen wir an einen großen Park. An seinem Ende unterqueren wir die Eisenbahnbrücke und gehen geradeaus weiter. Nach 2 km überqueren wir am Ortsrand von Peñacastillo den Zebrastreifen, dann schwenken wir rechts auf die Nebenstraße.

Hinter der Eisenbahnbrücke geht's links über die Wiese und über einen unscheinbaren Schleichweg unter der Autobahn hindurch. Auf der nächsten Straße rechts, dann an der Wiese links abgebogen. Wir unterqueren drei

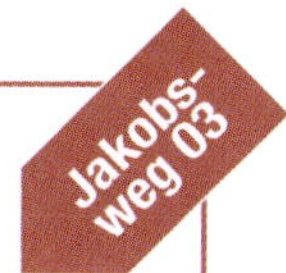


Autobahnbrücken und halten uns dann links Richtung Santa Cruz de Bezana. Die Pfeile führen uns zur Kirche, am Friedhof vorbei und gleich wieder in landwirtschaftliche Gefilde. An der folgenden Gabelung halten wir uns links Richtung Mompía. An der nächsten Straße geht's rechts auf dem Fußgängerstreifen zum Bahnhof hinab. Wir nutzen die Unterführung links und folgen den Pfeilen zur CA-304 nach rechts. Rechts erreicht man die Herberge von Boo de Piélagos.

Die neue, „offizielle" Wegführung leitet nach Arce und dann südlich der Autobahn entlang. Kurz auf und ab, dann queren wir die Schienen und folgen ihnen zum Bahnhof Ortes. Die Bahn bringt uns eine Station weit von Boo de Piélagos bis Morgro. Ein Schild leitet uns zur Iglesia Virgen del Monte. An der CA-232 halten wir uns aber dann rechts nach Mogro. Wir wandern bergauf an Weideland vorbei. Der offizielle Weg geht am Kreisel links in die Calle San Martin und zur Kirche. Wir aber gehen geradeaus weiter, um ein paar Einkaufsmöglichkeiten nutzen zu können. Hinter der Iglesia de San Martín de Mogro geht der Camino auf der Straße weiter.

Zum Friedhof begleiten uns tolle Blicke über die Ría von Mogro. Hinterm Friedhof schwenken wir im Halbkreis auf ein paar Häuser zu. Unterwegs treffen wir auf einen Wegweiser nach Bárcena de Cudón. Wir folgen dieser Variante an zerstreuten Höfen vorbei. Hinter dem Berg öffnet sich die Landschaft. An einer Abzweigung bleiben wir geradeaus auf der CA-325 und steuern direkt auf Bárcena de Cudón zu. An der nächsten Straße halten wir uns rechts nach Mar. Im Ortszentrum mit kleiner Kapelle schicken uns die Pfeile links hinab. Am Bahnhof spazieren wir geradeaus weiter, dann folgen wir der Straße rechts an Werkhallen entlang. Schließlich folgen wir der N-611 durch Requejada hindurch.

Am Ortsende erreichen wir den Industriestandort Barreda. Einen weiteren km folgen wir der Nationalstraße, dann verlassen wir den großen Kreisel nach rechts über eine Brücke über die Gleise. Wir passieren die Fabrik Solvay und überqueren den Río Saja. Dann schwenken wir rechts herum, gehen über den Zebrastreifen hinauf und an der Apotheke links auf die CA-340 und somit raus aus dem urbanen Lärm. An einem Brunnen vorbei lockert sich die Landschaft auf. Der Fußgängerweg verschmälert sich langsam zu einem Streifen und führt durch die hügelige Landschaft. Die Abzweige nach Puente Avios und Queveda ignorieren wir. Über den Ortsrand von Camplengo halten wir auf einen Tunnel zu. Zuvor biegen wir jedoch rechts ab, unterqueren die Straße und spazieren nach Santillana del Mar hinab. Die öffentliche Herberge liegt versteckt hinter dem Museum Jesús Otero. Der Hospitalero sitzt im zweiten Stock des Museums und öffnet um 16 Uhr.

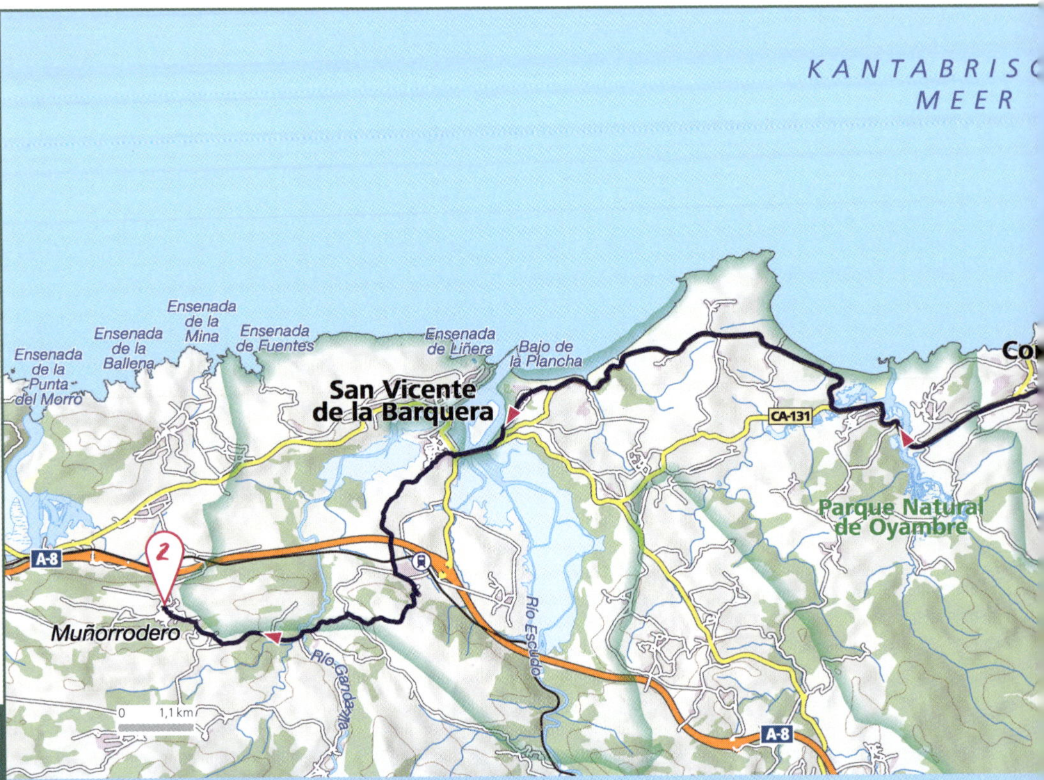
KANTABRISC
MEER
Ensenada de la Punta del Morro
Ensenada de la Ballena
Ensenada de la Mina
Ensenada de Fuentes
Ensenada de Liñera
Bajo de la Plancha
San Vicente de la Barquera
CA-131
Parque Natural de Oyambre
A-8
2
Muñorrodero
Río Escudo
Río Gandarilla
0
1,1 km
A-8

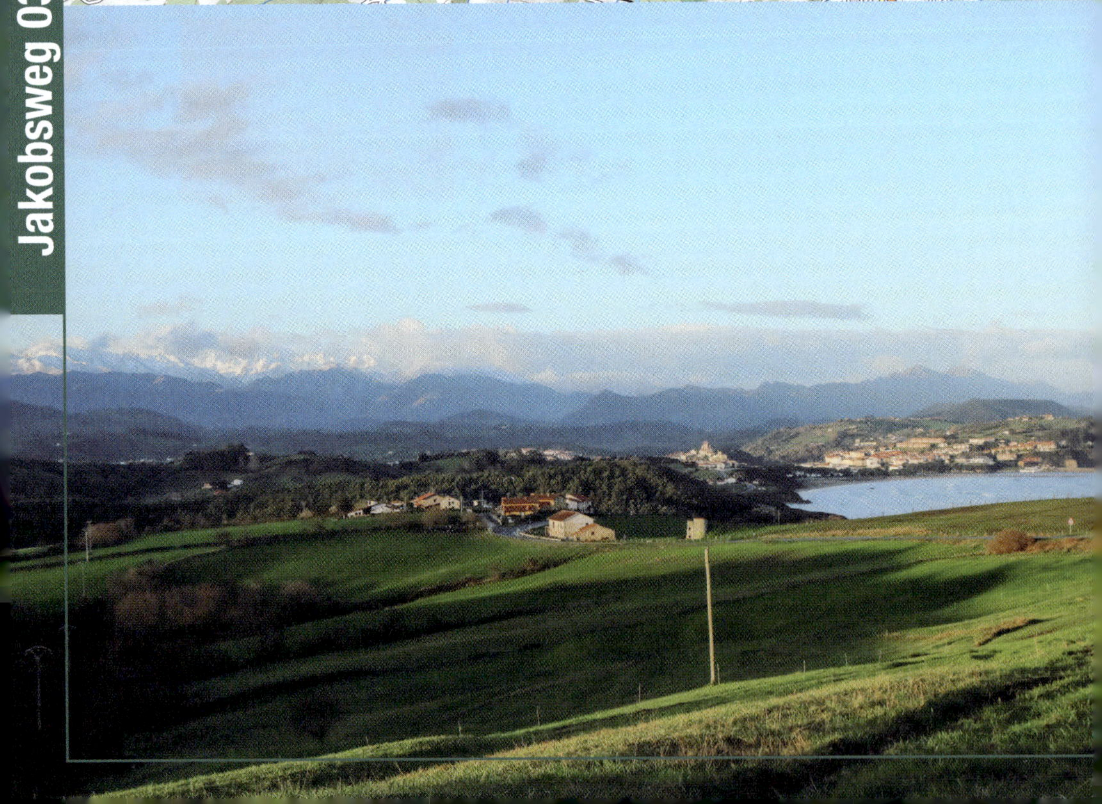

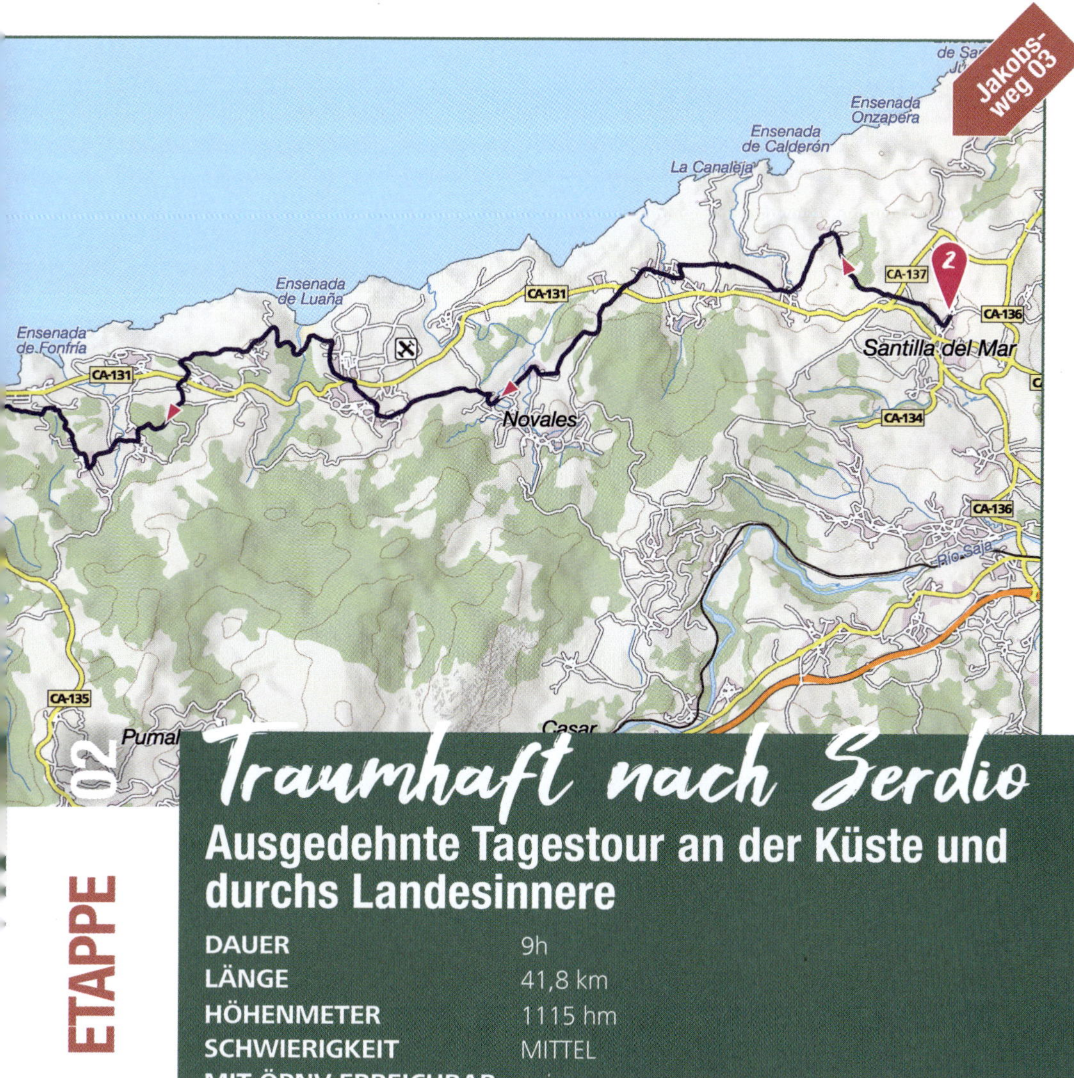


ETAPPE 02

# Traumhaft nach Serdio

## Ausgedehnte Tagestour an der Küste und durchs Landesinnere

| | |
|---|---|
| **DAUER** | 9h |
| **LÄNGE** | 41,8 km |
| **HÖHENMETER** | 1115 hm |
| **SCHWIERIGKEIT** | MITTEL |
| **MIT ÖPNV ERREICHBAR** | nein |

## Das erwartet dich ...

Unsere heutige Etappe ist extrem lang. Ein früher Start empfiehlt sich auf jeden Fall. In der Saison kann in Comillas abgekürzt werden. Im Winter wird der Weg mangels offener Herbergen allerdings weit. Zu Beginn führt die Route hügelig ins Landesinnere. Danach erwarten uns an der Küste fantastische Ausblicke und Eindrücke. Auch zwischendurch geizt der Weg nicht mit tollen Aussichten. Am Ziel gibt es keine Einkaufsmöglichkeit, letzte Supermärkte in San Vicente de la Barquera.

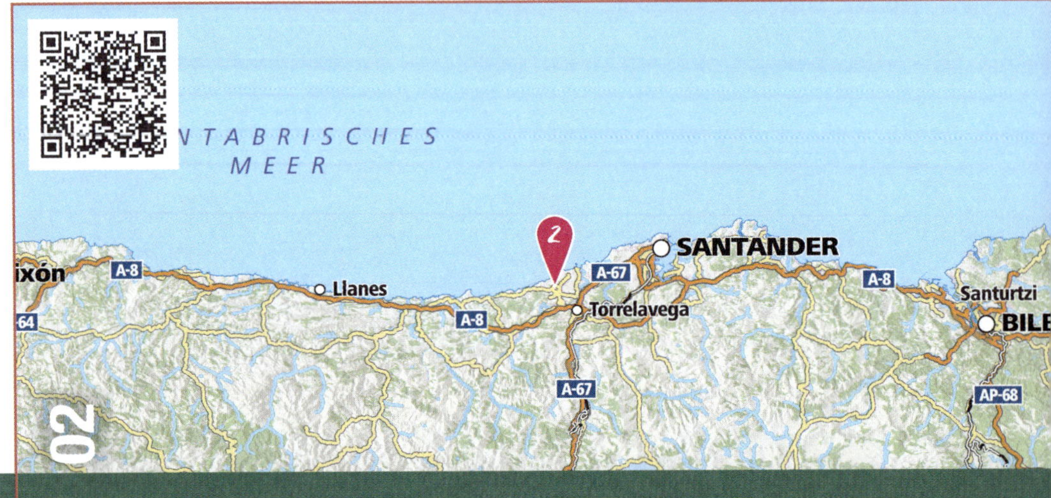


ETAPPE 02

## Start & Ziel & Anreise

Heute starten wir in Santillana del Mar. Öffentliche Verkehrsverbindungen zum kleinen Ort gibt es nicht. Mit dem PKW können wir Santillana del Mar gut über diverse Carretera erreichen. Von West nach Ost führt die CA-131 am Ausgangsort vorbei, von Nord nach Süd die CA-137 bzw. CA-137. Unser Ziel, Serdio, ist ein idyllisches kleines Örtchen, eingebettet in eine malerische Landschaft.

# Tourenbeschreibung

Wir starten vor der Kirche in Santillana del Mar und gehen mit der Calle del Río zum Foltermuseum, dort rechts zum Plaza Mayor. Von hier rechts gehalten in die Calle de los Hornos geht's aufwärts. Zwischen den Campingplätzen hindurch erreichen wir die CA-137 Richtung Comillas. Geradeaus gelangen wir nach Arroyo. Hier links über Asphalt hinab nach Oreña. Am Dorfplatz halten wir uns rechts, wenig später schwenken wir erneut rechts zur Iglesia de San Pedro hinauf.

Die Routet leitet geradewegs über Farmwege. An der nächsten großen Abzweigung links, durch Caborredondo hindurch und auf der Straße an der Herberge vorbei aus dem Dorf. Wir queren eine Brücke und wandern an Weideflächen zum Gebäude La Solana. Rechts geht's hinab nach Cigüenza. Der Weg führt uns über Herrenhäuser und Kirchen zum Ortsrand von Novales. Pfeile schicken uns an der Ermita de San Pantaleón nach rechts. Bald erreichen wir das nahe Cóbreces.

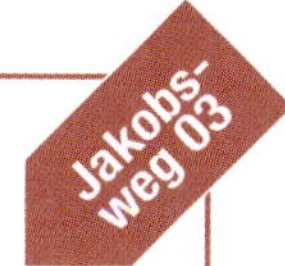


Nach der Herberge geht's weiter geradeaus, den Abzweig zur Alternativstrecke ignorieren wir. Die Straße bringt uns an der Kirche von Cóbreces vorbei, dann folgen wir der Straße hinab und am blauen Klostergebäude vorbei bis zur Hauptstraße. Nach links gehen wir an der Ermita entlang, und beim kleinen Shop rechts zum Playa de Luaña hinab. Hinter der Strandbar wandern wir steil hinauf, durch Trasierra hindurch und durch Sierra hinab. An der Straße geht's kurz nach rechts, dann schwenken wir links nach La Iglesia. Nach dem Friedhof gehen wir über den Fußgängerstreifen am Campingplatz entlang ins Zentrum von La Iglesia.

Noch vor der Kirche biegen wir rechts ab. Bei der Schule verlassen wir den Ort und steigen mit der Straße nach Pando hinauf. Nach der Kapelle San Roque gehen wir rechts die Straße entlang am Monasterio de San José vorbei. Wir spazieren ohne Fußgängerstreifen auf der Straße nach Concha. Dort biegen wir links in die Calle Mayor ab, verlassen den Ort und halten uns zweimal links, dann rechts auf einen Schotterweg. Relativ schnell erreichen wir die Hauptstraße und auch das Meer. Links über die Brücke schlendern wir ins Zentrum und links zur Iglesia de San Crist´bal von Comillas. Nach der Kirche gehen wir rechts zu einem großen Platz mit Brunnen hinab. In der Hochsaison kann es in der malerischen Stadt schonmal enger werden, auch mit Übernachtungen.

Zuerst geradeaus, dann mit einem Links-Rechts-Schwenk pilgern wir auf einem langen Fußgängerweg neben der CA-131 her. Nach der Brücke über den Ría la Rabia beginnt der Parque Natural de Oyambre. Abseits der Straße wandern wir bis San Vicente an der Küste entlang. Wir folgen aber bald nicht den Pfeilen den Berg hinauf, sondern bleiben an der Küste. Nach dem Río Capitán geht's rechts zur Küstenstraße. Wir passieren einen Golfplatz, dann stehen wir am Playa de Oyambre. Auf einem grünen Fußgängerstreifen erreichen wir Gerra. Dann wandern wir hinab zum Strand und durch Eukalyptus hindurch auf und ab. Am Ortsausgangsschild von La Braña wenden wir uns nach rechts, dann wandern wir steil hinab zum nächsten Strand. An der Abzweigung führt die Route nach links, durch einen Surf-Ferienort zur N-634. Über die lange Brücke aus dem 15. Jahrhundert gelangen wir nach San Vicente de la Barquera.

Hinterm Kreisel führt uns der Camino hinauf. Die Route zweigt nach links, so streifen wir San Vicente nur. Wir spazieren die Straße hinauf, rechts am Hotel vorbei und wieder links aus der Stadt hinaus. Nach einem km auf der Landstraße queren wir Autobahn und Gleise. In La Aceboso gehen wir links an der Hauptstraße weiter. Wasser gibt es am Spielplatz. An der nächsten Kurve rechts steigen wir den steilen Berg hinauf und gehen anschließend mit der Straße zur CA-843 nach Estrada. Wir ignorieren die Pfeile am Ortseingang und halten uns rechts auf eine Abkürzung nach Serdio. Gleich nach der Kirche biegen wir rechts ab zur Herberge von Serdio, die eine schöne, verzierte Außenwand hat.

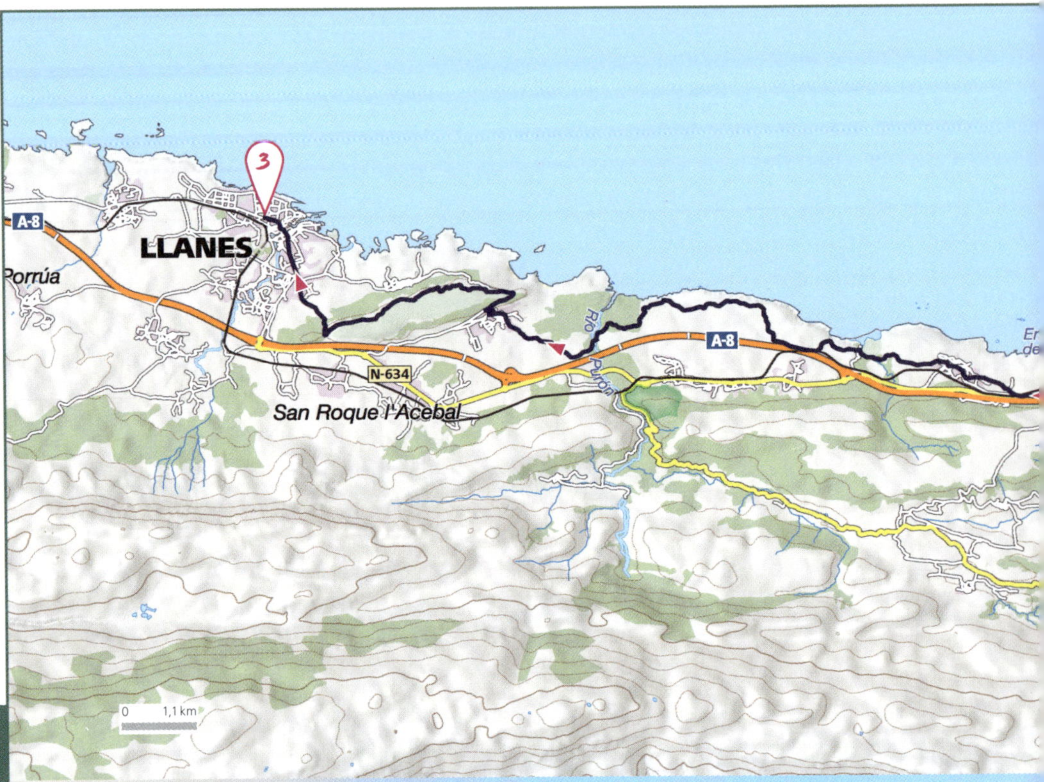
3
A-8
LLANES
Porrúa
A-8
N-634
San Roque l'Acebal
0 1,1 km



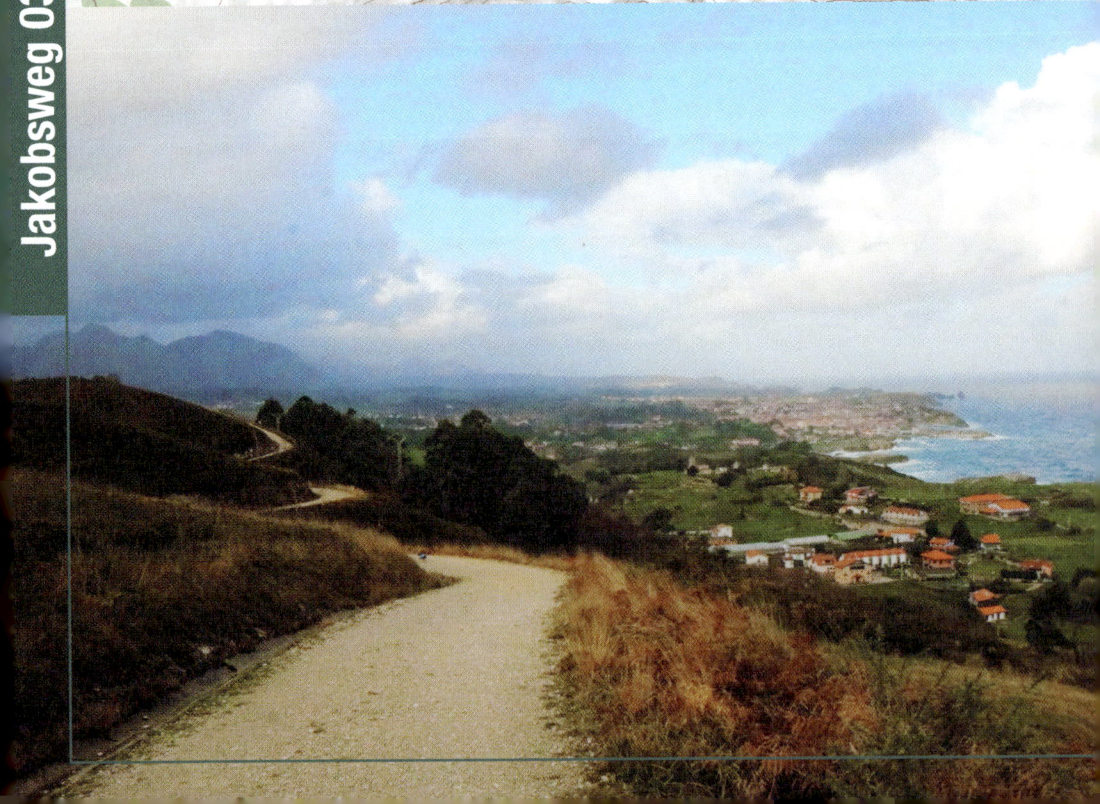

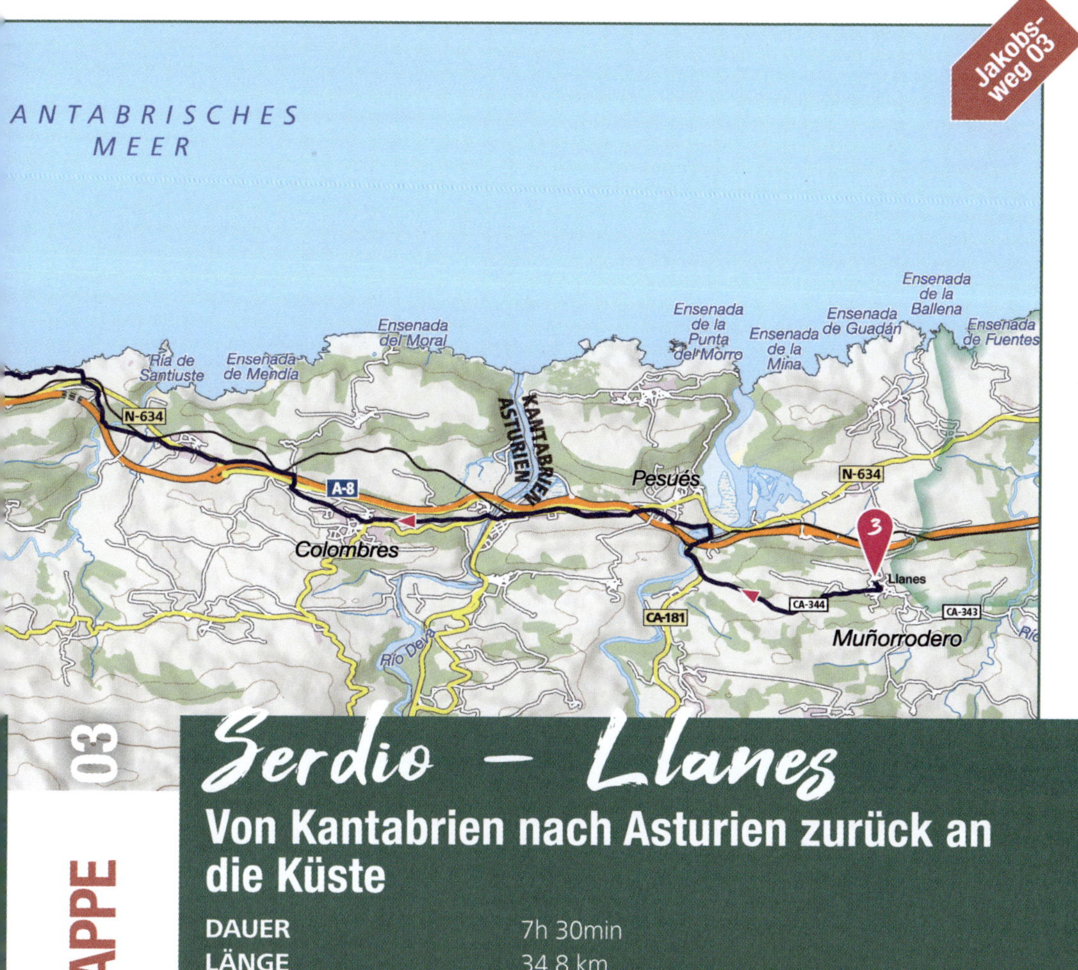


ETAPPE 03

# Serdio – Llanes

## Von Kantabrien nach Asturien zurück an die Küste

| | |
|---|---|
| **DAUER** | 7h 30min |
| **LÄNGE** | 34,8 km |
| **HÖHENMETER** | 910 hm |
| **SCHWIERIGKEIT** | MITTEL |
| **MIT ÖPNV ERREICHBAR** | nein |

## Das erwartet dich ...

Unsere heutige Etappe ist ziemlich hügelig, verläuft aber auf guten Wegen. Leider ist auch sie recht weit. Während sich die erste Hälfte des Weges vornehmlich aus Straßen zusammensetzt, wartet die zweite Hälfte mit deutlich ruhigeren und wilderen Pfaden auf. Entlang der Klippen haben wir bei guten Bedingungen wunderbare Ausblicke und genießen einige Naturwunder.

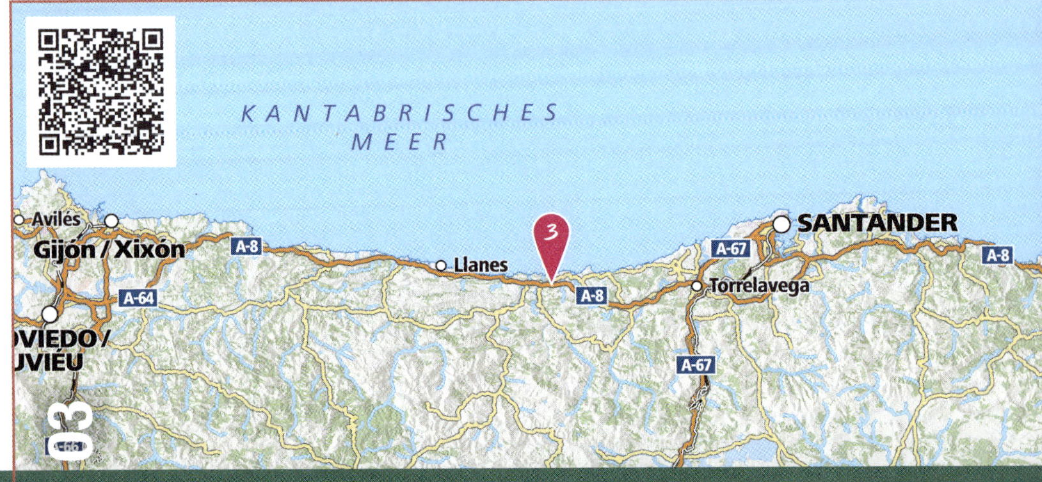


ETAPPE 03

## Start & Ziel & Anreise

Los geht's in Serdio. Der Ort ist gut an die A 8 angebunden, aber auch über die Carreterra CA-843 und -844 erreichen wir den Ausgangsort bequem mit dem Auto. Eine Anreise mit öffentlichen Verkehrsmitteln ist nicht möglich. Der kleine Fischerort Llanes zählt zu den schönsten Orten an der östlichen Costa Verde in Asturien. Malerisch schmiegt er sich an die Füße des Gebirgszugs der Sierra de Cuera. Die denkmalgeschützte Altstadt lädt zum Bummeln und Verweilen ein.

# Tourenbeschreibung

Rechts der Kirche verlassen wir Serdio und folgen der Straße am Steinbruch vorbei zur CA-181. Auf der Straße geht's rechts auf einen schmalen Streifen zum Rastplatz am Río Nansa. Wir unterqueren Bahn und Autobahn und folgen dem Fußgängerweg wieder zur Straße. Nach der Brücke biegen wir links ab und folgen der Straße durch Pesués. Nach einem Kuhstall folgen wir einem Schotterweg links der Schienen zur Straße hinab. Hier geht's zu ihrer Linken durchs Gewerbegebiet ins Zentrum von Unquera. Nach der Brücke halten wir uns links des markant gelben Hauses ins Grüne. Die Route leitet hinauf nach Colombres. Von der Kirche aus halten wir uns die Straßenabzweigungen stets rechts. Nach der blauen Finca verlassen wir den Kreisel rechts und folgen dem Schotterweg hinab zur Straße. Scharf rechts herum queren wir die N-634, am Bahnhof vorbei nach La Franca. Hinter dem Hotel-Restaurant und Parkplatz folgen wir der Nebenstraße nach links, dann leitet uns ein Schotterweg

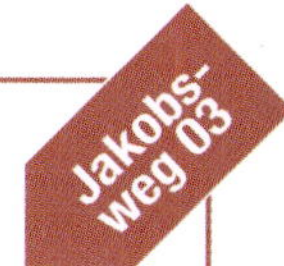


weiter. Erst an der Autobahnbrücke entlang, dann über einen Hain hinab zur N-634. Bei schlechtem Wetter müssen wir auf die Straße ausweichen, andernfalls führt uns ein Pfad rechts, der mit Pfeilen auf dem Asphalt markiert ist. Hierfür queren wir die Schienen auf die steilstehenden Kalksteinklippen zu. Der gut sichtbare Pfad leitet uns teils 1 m entfernt der ungesicherten Klippen und mit tollen Weitblicken durch den Ginster. Achtung, Matschgefahr. Bei starkem Wind sollte der Weg gemieden werden. Teils müssen wir uns unseren eigenen Weg durch mannshohe Brombeeren und Felsen suchen. Wir gehen nicht hoch zu den Schienen, sondern wandern weiterhin unten zu einer Ansammlung scharfkantigen Kalksteins und einer natürlichen Brücke. Wir ignorieren diese und gehen hinauf zu einer kleinen Lagune – dem Binnenstrand El Cobijero.

Wir folgen dem unebenen und arg ausgewaschenen Weg weiter hinauf zur Brücke über die Bahnschienen. Links über Buelna oder geradeaus weiter über die Klippen ist nun einerlei. In Buelna befindet sich direkt an der N-634 die schöne Santa-Maria Herberge. Rasch geht's auf der Straße nach rechts mit den Pfeilen zur Kirche von Pendueles. Rechts dahinter gelangen wir zum Rastplatz und einer kleinen Herberge, an der beide Wege wieder zusammentreffen.

Bei der Herberge Caza Flor geht's rechts auf die schöne Küstenvariante. So meiden wir die Straße und folgen den Wegweisern des GR-E9. Bald auf einem Schotterweg an Weiden vorbei erreichen wir den Strand. Wir wenden uns kurz nach links, dann geht's rechts auf den Hügel und wieder an Weiden entlang bis zu einem Friedhof. Rechts herum geht's zum Bufones de Arenillas: Hier wird Meerwasser durch die Strömung und den Wellengang in einen natürlichen Kalksteintunnel gepresst. Oben spritzt es dann als Fontäne wieder heraus. An der nächsten Abzweigung halten wir uns links durch Eukalyptus und wieder rechts. Wir überschreiten den Río Purón und folgen dem Hauptweg bis zur Y-Kreuzung. Rechts herum kommen wir nach Andrín und im linken Bogen ums Zentrum herum.

An einer Art Bushaltestelle und einigen Müllkontainern ziehen wir rechts den Hang hinauf. Die Straße leitet uns stetig, aber unschwer zu einem Aussichtspunkt, der uns den ersten Blick auf Llanes eröffnet. Wir passieren den Golfplatz und folgen dem Camino bald links über Kieswege. Bis zur Ermita del Cristo bleiben wir dem Hangweg treu begleitet von herrlichen Ausblicken über die Umgebung. Dann biegen wir rechts durch das Waldstück zur Straße ab und gehen direkt in die Stadt. Immer an der Straße entlang überqueren wir den Fluss, passieren den Plaza Mayor und beenden schließlich unsere Etappe in Llanes am Hotel Don Paco mit seiner herrlichen Platanenallee. Herbergen finden wir auf dem Weg dorthin.

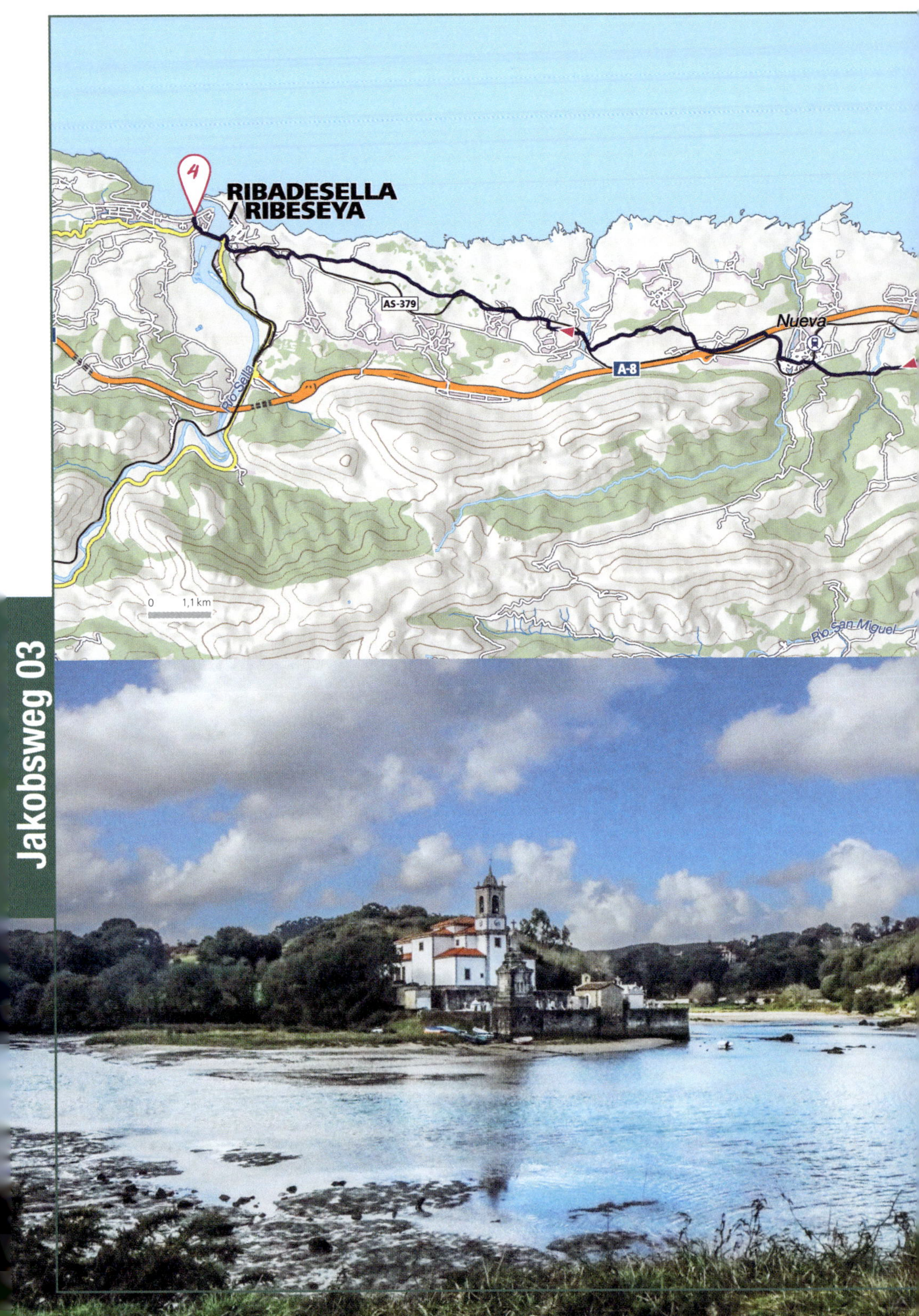
4
RIBADESELLA
/ RIBESEYA
AS-379
Nueva
A-8
Río Sella
0
1,1 km
Río San Miguel

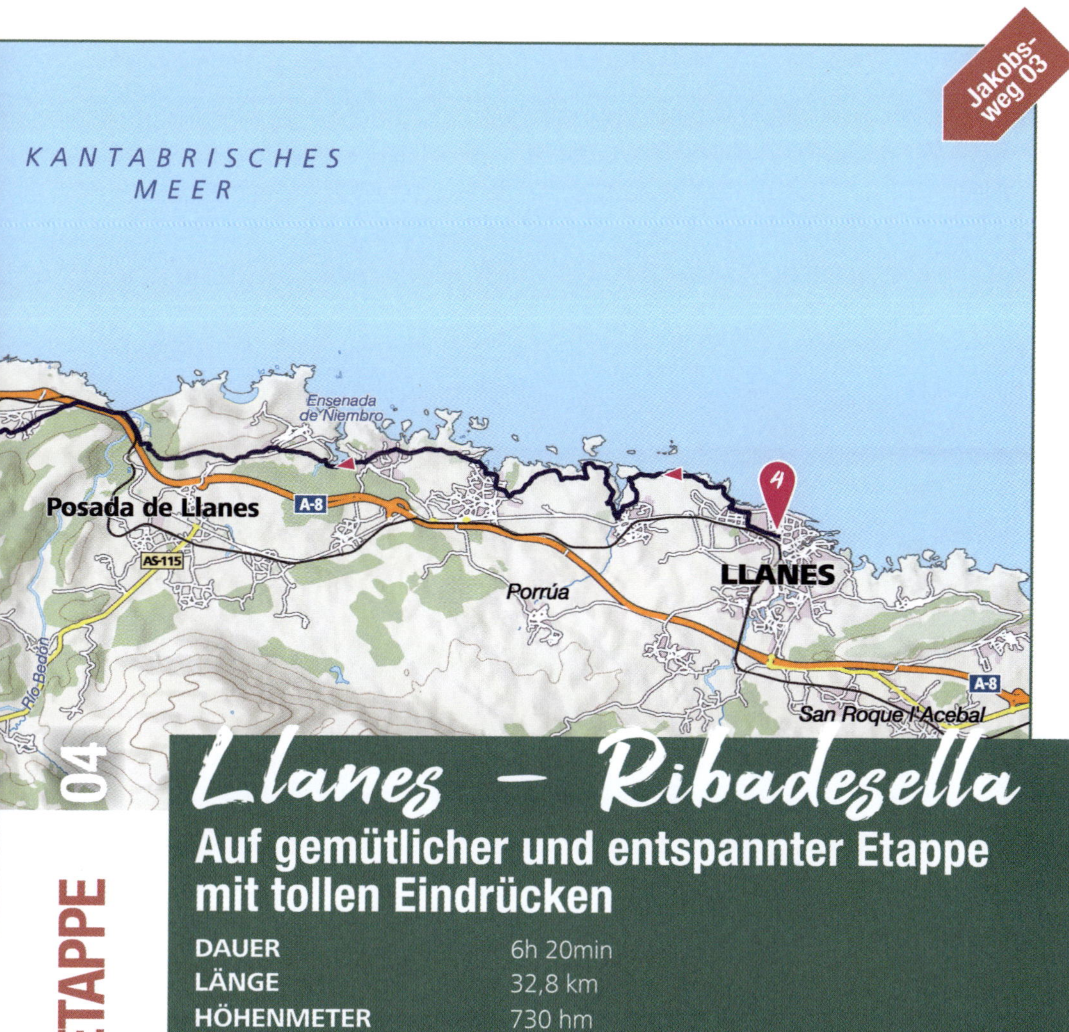




ETAPPE 04

# Llanes – Ribadesella

## Auf gemütlicher und entspannter Etappe mit tollen Eindrücken

| | |
|---|---|
| **DAUER** | 6h 20min |
| **LÄNGE** | 32,8 km |
| **HÖHENMETER** | 730 hm |
| **SCHWIERIGKEIT** | MITTEL |
| **MIT ÖPNV ERREICHBAR** | ja |

## Das erwartet dich ...

Heute laufen wir auf zumeist guten Wegen, die uns anfangs über die Küste und später Richtung Landesinnere bringen. Die Etappe wartet zudem mit abwechslungsreichen und schönen Alternativwegen entlang der zauberhaften Küste. Dabei bietet sich immer wieder mal die Möglichkeit, an pittoresken kleinen Buchten und Stränden einen Badestopp einzulegen.

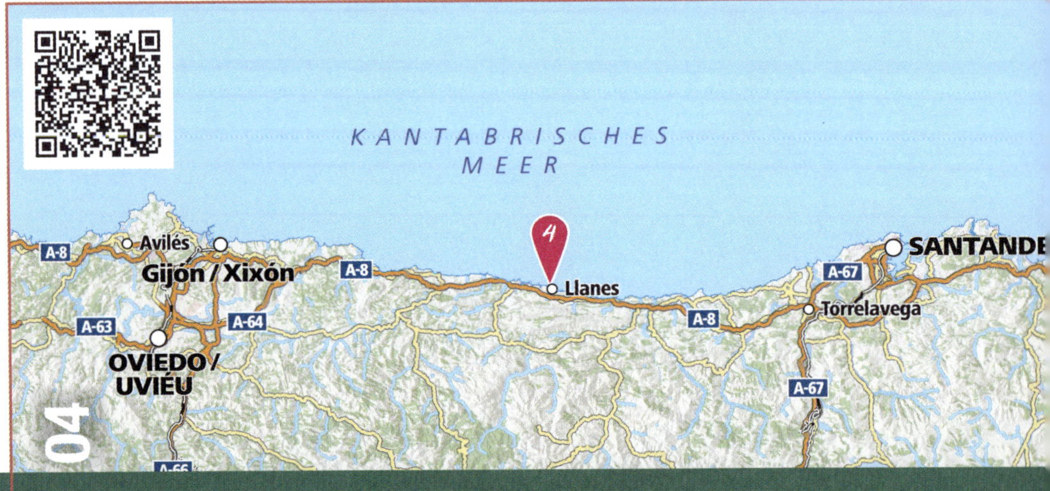


## Start & Ziel & Anreise

Unser Ausgangspunkt ist das Hotel Don Paco in Llanes. Mit dem PKW erreichen wir den Ort gut über die A 8 aus Westen oder Osten. Wir können aber auch über ein dichtes Netz von Landstraßen anfahren. Von allen größeren Städten Spaniens bestehen Busverbindungen nach Llanes. Unser Ziel, das ehemalige Fischerörtchen Ribadesella, liegt malerisch an der Mündung des Sella am kantabrischen Meer. Die denkmalgeschützte Altstadt ist ein Schmuckstück.

# Tourenbeschreibung

Wir spazieren vom Hotel Don Paco in Llanes der Straße geradewegs zum Supermarkt. Am Supermarkt Alimerka rechts und an der Tankstelle links halten wir uns am letzten Haus der Straße rechts auf den Küstenpfad. Am Ende der Mauer ist die Küstenlinie ungesichert. An der Betonfläche geht's weiter geradeaus zum Playa de Poo. Hier mit der Straße hinauf biegen wir gleich rechts ab, am Hostel Playa de Poo vorbei. Die E-9 Markierung schickt uns weiter Richtung Celorio. Wir gehen über Brücke und Fluss und folgen dann guten Wegen nach rechts in einem Halbkreis um die Klippen herum. Der Hauptweg führt uns dann wieder mit vielen Pfeilen nach Celorio.

An den ersten Häusern achten wir auf die Abzweigung nach rechts. Dann halten wir uns weiterhin rechts Richtung Strand. Ihm folgen wir zur Straße, die uns von der Küstenlandschaft wegbringt. Wir schlendern entlang zweier Camping-

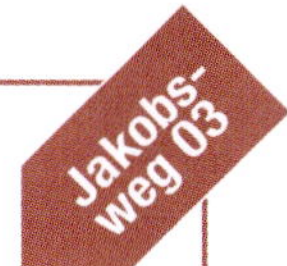


plätze durch Barru, dann folgen wir den Pfeilen rechts herum auf die LLN-11 Richtung Niembro. Kurz darauf stehen wir an einem Rastplatz mit Brunnen. Ein Schotterweg leitet uns hinter der Brücke über eine Straße, wo wir dem Weg links folgen. Wieder am Asphalt halten wir uns rechts. Gut 150 m später halten wir uns an der Pension Taranda wieder rechts. Steil hinab kommen wir zu den Ruinen von San Antolín de Bedón. Wir wandern an der Straße entlang, unterqueren die Autobahn und folgen links dem Abzweig nach Naves.

Am Hauptplatz mit Bars und Brunnen halten wir uns gerade rechts an der Mauer entlang. Wir passieren knorrige alte Bäume und halten uns weiterhin rechts. Ein Wechsel aus Schotter und Asphalt bringt uns zur Herberge von Villahormes und weiter geradeaus durch Cüergu. An der großen Kreuzung gehen wir weiter geradeaus. Mit dem Hauptweg gelangen wir zur Hauptstraße. Die Route schickt uns geradeaus über die Schienen, an einem Fitnesspark mit Brunnen vorbei und an der nächsten Straße links, dann geradewegs ins Zentrum von Nueva. Danach queren wir den Fluss, vor dem Bahnübergang halten wir uns rechts. Ein holpriger Weg führt an der Bahntrasse entlang, unter der Autobahn hindurch und dann einen guten km nach links parallel dazu. Dann schicken uns die Pfeile rechts herum und bald links auf einen Feldweg, an Weiden vorbei und durch den Wald rechts und geradeaus hoch zur Kirche San Pedro de Pría. Hinterm Friedhof gibt es eine schöne Aussicht! Links neben dem Friedhof mündet ein Schotterweg in ein kleines Dorf. An seinem Ende halten wir uns rechts an schönen bemalten Steinen vorbei. Bei der nächsten Abzweigung bleiben wir rechts und spazieren geradeaus über die Bahnbrücke. Wir schlendern durch Cuerres, an der Kirche vorbei und immer an der Hauptstraße entlang direkt zu den Bahngleisen. Diesem Weg folgen wir am Hotel Aldea del Trasgu vorbei und geradeaus. Dabei halten wir uns stets rechts nahe der Bahntrasse und durch Toriellu hindurch.

Bald zweigt der Camino rechts auf die Farmwege ab. Bei Nässe wird es hier sehr matschig. Er quert die Gleise und führt uns an Wiesen und Weiden vorbei. Die Farmwege scheinen endlos zu gehen. So dauert es eine ganze Weile, bis wir wieder Asphalt unter den Füßen spüren. Er bringt uns schließlich über die Gleise hinab zur belebten AS-379. Wir schlendern kurz rechts an ihr entlang, dann zweigen wir relativ bald links auf einen Feldweg ein. Am Stadion entlang stoßen wir wieder auf einen Asphaltweg, an dem wir links abbiegen. Wir treffen erneut auf die Hauptstraße und erreichen den Ortseingang von Ribadesella. Wir achten auf die Pfeile und Muscheln. Sie leiten uns auf einen breiten Fußgängerweg, kurz hinter der Y-Kreuzung. Zuletzt schlendern wir über schmale schöne Gassen hinab. Links geht's geradewegs zur Tourismus-Information. Die Herberge Roberto Frasinelli befindet sich auf der anderen Flussseite beim Eckhotel Derli Sella Richtung Strand.

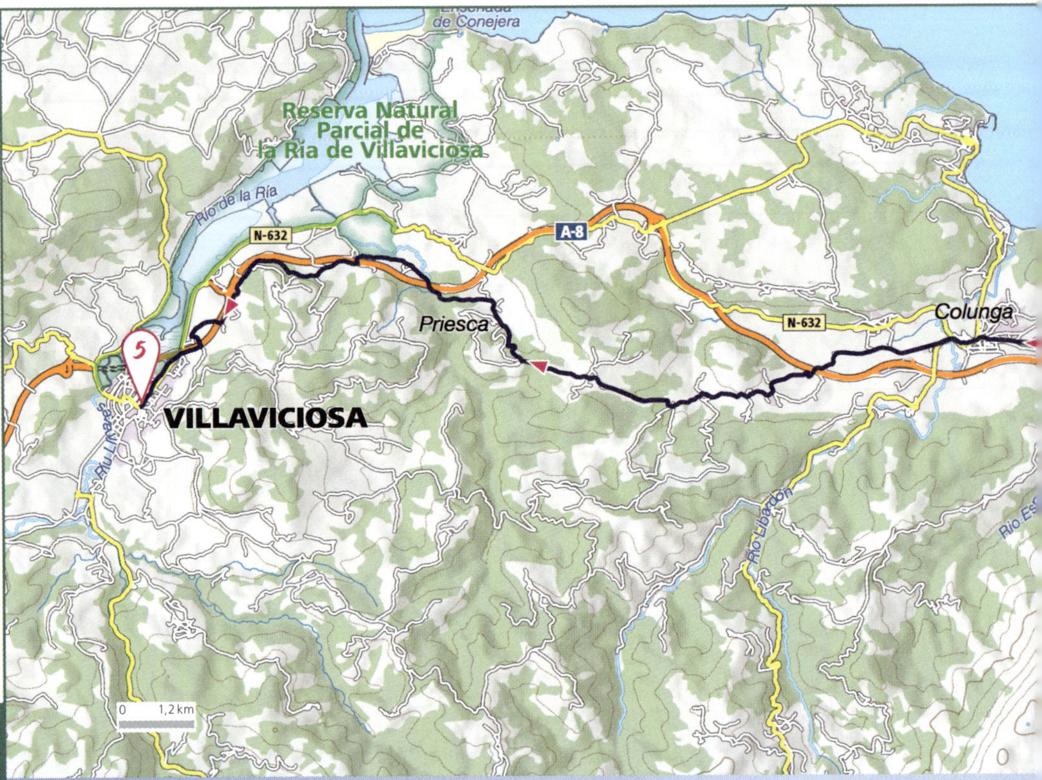

Ensenada de Conejera
Reserva Natural Parcial de la Ría de Villaviciosa
Río de la Ría
N-632
A-8
Priesca
N-632
Colunga
5
VILLAVICIOSA
Ríu Linares
Río Libardón
0 1,2 km

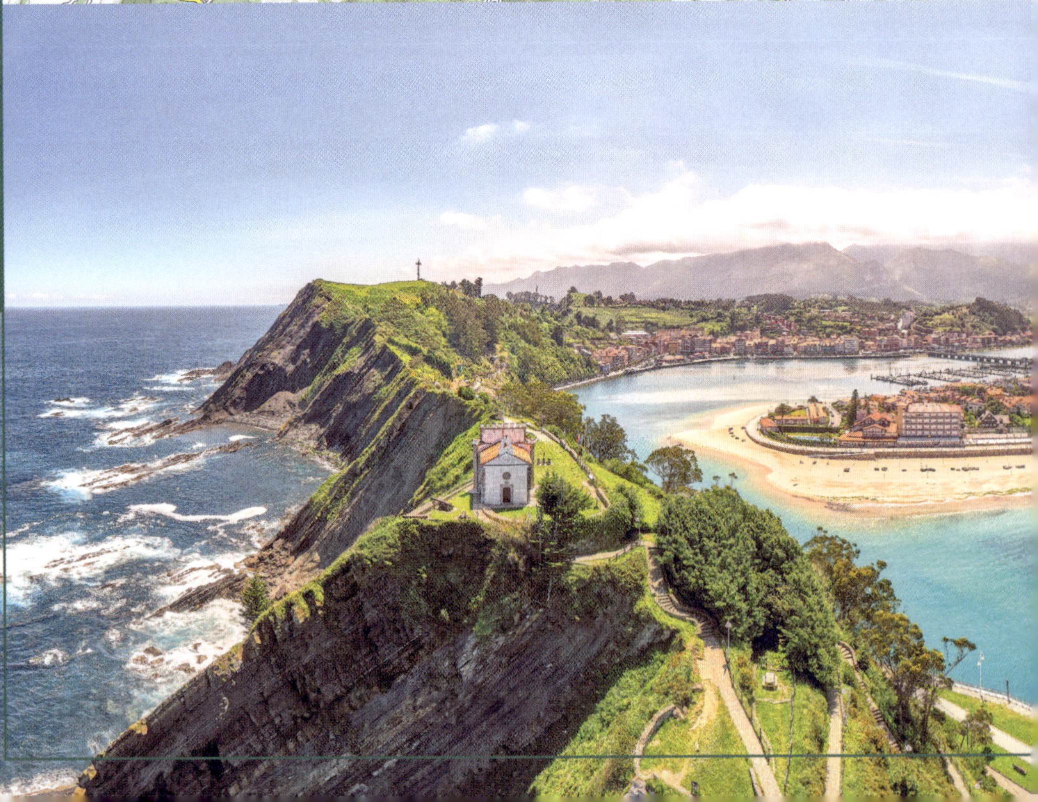

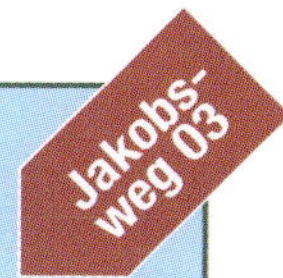


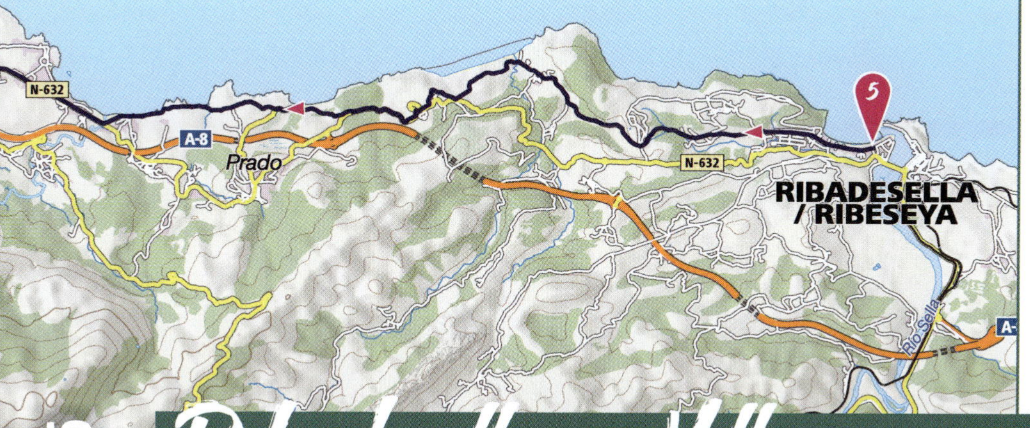


ETAPPE 05

# Ribadesella – Villaviciosa

## Über Stock und Stein

| | |
|---|---|
| DAUER | 8h 15min |
| LÄNGE | 37,3 km |
| HÖHENMETER | 915 hm |
| SCHWIERIGKEIT | MITTEL |
| MIT ÖPNV ERREICHBAR | ja |

## Das erwartet dich ...

Heute erwartet uns wieder einmal eine recht lange und ziemlich hügelige Etappe mit wechselhaften Wegen. Auf unserem Weg nach Villaviciosa durchstreifen wir weitere Küstenabschnitte und kommen an malerischen Stränden vorbei. In kleinen Wäldchen können wir uns kurz von der Sonne erholen, bevor wir wieder von Wiesen und hügeligen Landschaften aufgenommen werden. Langweilig wird uns heute bestimmt nicht werden.

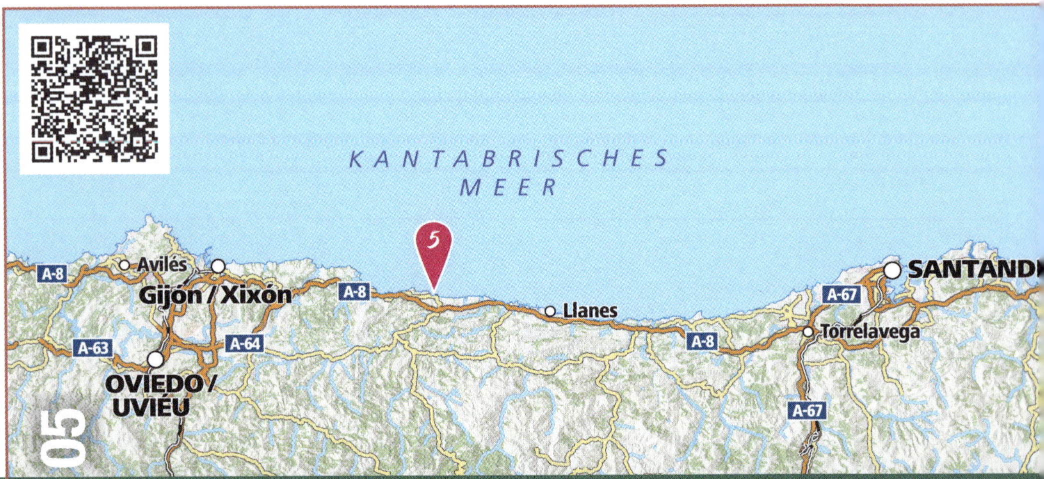

KANTABRISCHES MEER

ETAPPE 05

## Start & Ziel & Anreise

Heute starten wir von der Herberge Roberto Frasinelli in Ribadesella. Für die eigne Anreise mit dem PKW ist der Ort hervorragend an die A-8 und die Nationalstraße N-632 angebunden. Und auch für den öffentlichen Verkehr ist Ribadesella sehr gut ans Inlandsbusnetz angeschlossen. Unser Ziel ist die kleine Hafenstadt Villaviciosa, die uns mit einem hübschen Stadtkern und einem schönen Strand begrüßt.

# Tourenbeschreibung

Wir spazieren von der Herberge in Ribadesella rechts die Straße entlang und geradeaus durch die Wohnsiedlung. Hinter dem Dino-Kreisel folgen wir dem Fußweg nach Sen Pedru. Mit der Straße wandern wir am Brunnen vorbei und hinauf nach Abéu, dann geradewegs über eine brüchige Asphaltroute. An hügelig-bergiger Landschaft entlang kommen wir bald oberhalb des Strandes heraus. Nicht mehr weit und wir erreichen Vega.

Wir spazieren durch die hübsche Dorfstraße hinab und mit der Querstraße rechts. Beim Restaurant halten wir uns links Richtung Strand. Vorher biegen wir jedoch links an Wiesen und Koppeln bergauf ab. Dann schlängelt sich der Weg rechts den Hang entlang. Vor der N-632 biegen wir rechts ab. Wir passieren das Dörfchen Berbes, dann schneiden wir die große Kurve der Nationalstraße geradeaus und dann steil hinab. Wir folgen der N-632 ca. 1,5

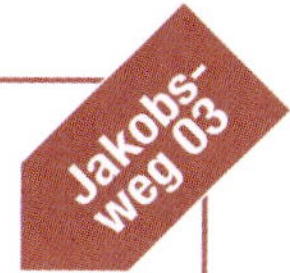


km. Es gibt keinen Seitenstreifen, die Straße ist jedoch wenig befahren. Eine Infotafel weist uns die richtige Abzweigung nach rechts über einen unbequemen Waldweg. Matschig geht's hinauf und hinab bis zur Straße. Oberhalb von Playa Arenal de Morís beachten wir die Muschel nicht, sondern nehmen die Straße links. Beim Campingplatz folgen wir einem Feldweg nach links.

Der Camino führt uns mit tollen Blicken über eine Brücke und Wiesen nah an den Abbruchkanten der Küste entlang. Am Playa de Espasa folgen wir im gleichnamigen Ort der Promenade bis zum Ende. Dann bringt uns die Straße rechts die nächsten 4,5 km geradeaus. Am La-Isla-Abzweig vorbei erreichen wir nach einem wenig spannenden Weg Colunga. Hier bietet sich die letzte Einkaufsmöglichkeit bis zum Ende der Etappe.

An der Kirche halten wir uns links – am dort befindlichen Brunnen füllen wir noch einmal unsere Wasservorräte auf. Rechts herum geht's dann auf einen einladenden Fußweg in die Stadt hinauf. Weiter geht's steil bergab zur EN-632, die wir queren ehe wir dann links über den Río Lliberdón schlendern. Kurz vor Ortsausgang nehmen wir die Landstraße CL-1 nach Pernús, und wandern entlang schöner Streuobstwiesen, Weiden und zwei Dörfern. Am Ende des zweiten Dorfes kommen wir links herum zur Unterführung der Autobahn. Die Route leitet uns darüber hinweg, geradeaus hoch, dann steiler über Kurven und anschließend sanft bergauf. Dabei bleiben wir auf dem asphaltierten Hauptweg. Wir folgen der Straße Richtung La Vega über den Sattelpunkt mit Blick zurück auf Pernús.

Die Straße führt wieder hinab, bald durch das halb verwaiste und fast verfallene La Llera. Gleich darauf erhaschen wir einen schönen Blick auf die Berg- und Tallandschaft. Es geht hinab, an der Kirche San Salvador de Priesca vorbei und dann rechts auf einen abenteuerlichen Weg. Er ist recht unbequem und hält einige Stolperstellen bereit – bei Nässe sollten wir lieber die Straße nehmen. Wir schlendern durchs Dorf und an seinem Ende links entlang einer sehr schönen Fluss-und Waldlandschaft. Nachdem wir die Autobahn unterquert haben, werden wir wieder von Streuobstwiesen empfangen. Wir queren Sebrayu und eine Pilgerherberge, unterqueren erneut die Autobahn und halten uns dann rechts hinauf zum Waldsaum.

Zunächst noch auf festem Grund führt die Route bald auf einem Schotterweg hinab zur Autobahn. Wir folgen ihr kurz, dann schwenken wir rechts über die Brücke in ein kleines Tal. An der Kirche links vorbei kreuzen wir wieder die Autobahn, gleich dahinter nehmen wir den Schleichweg zur Nationalstraße. Wir überqueren sie und spazieren auf einer Nebenstraße in die Innenstadt. Am großen Rathausplatz in Villaviciosa endet unsere Etappe.

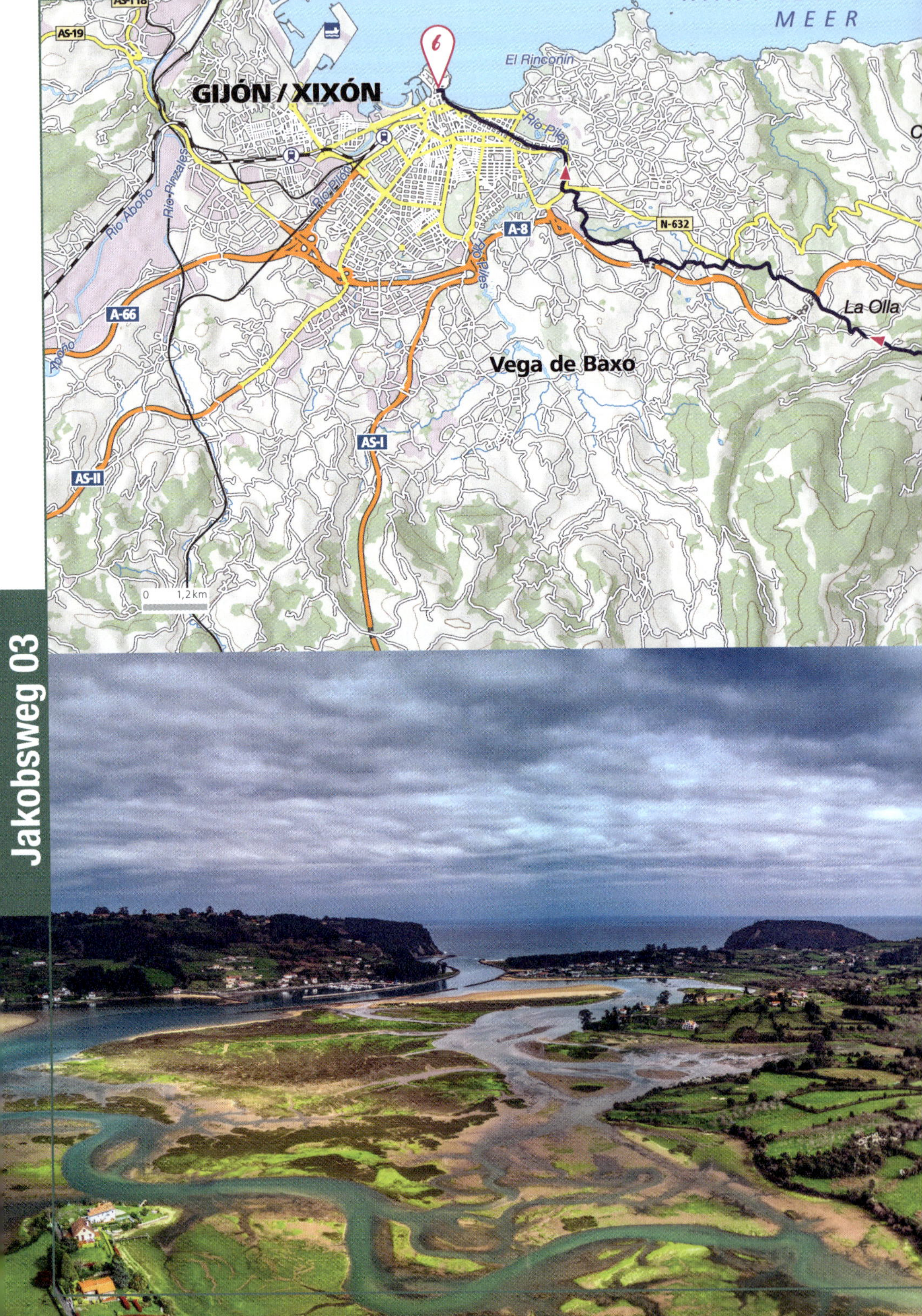
MEER
El Rinconín
GIJÓN / XIXÓN
Río Piles
N-632
A-8
La Olla
Vega de Baxo
AS-19
A-66
AS-I
AS-II
Río Aboño
0 1,2 km

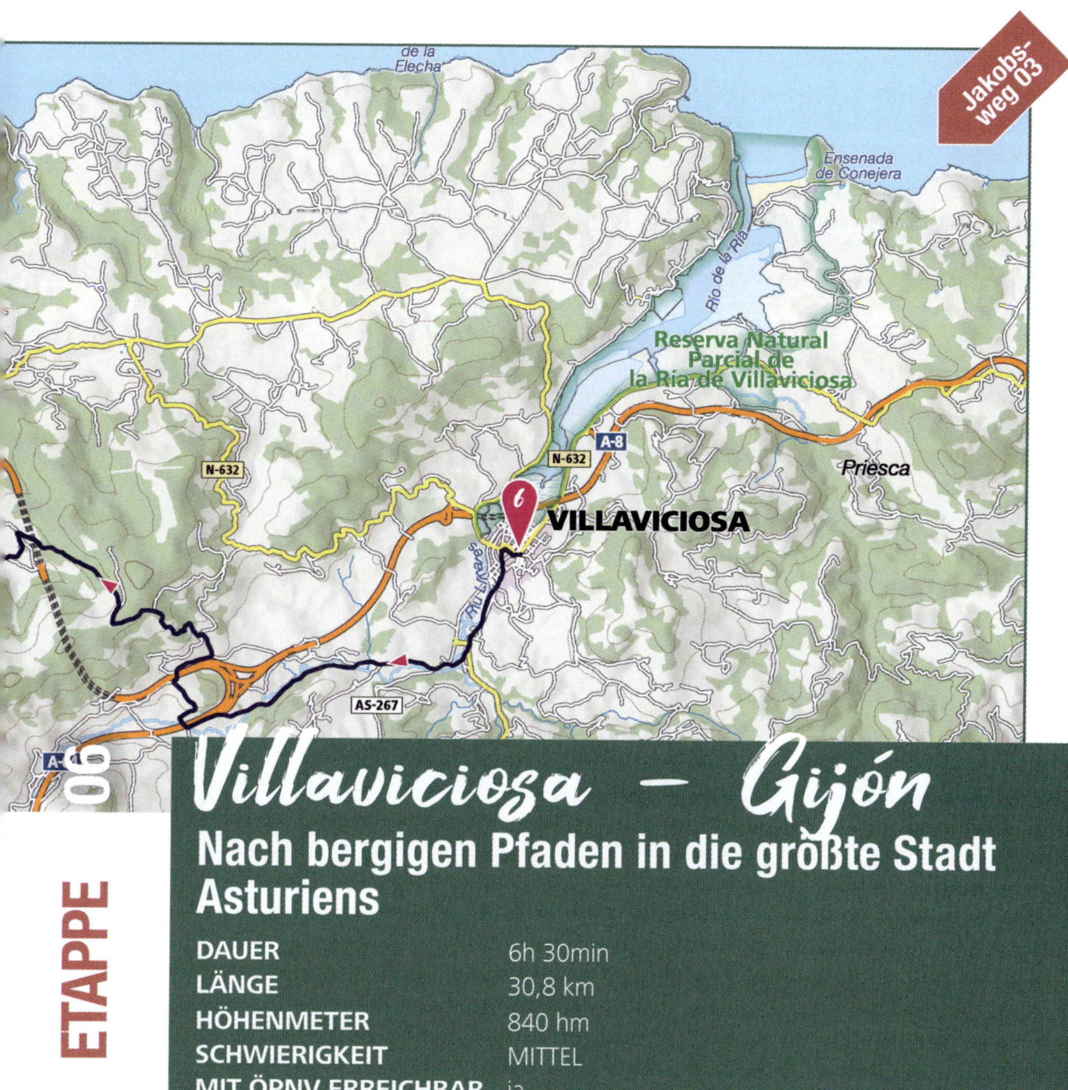


ETAPPE 06

# Villaviciosa – Gijón

## Nach bergigen Pfaden in die größte Stadt Asturiens

| | |
|---|---|
| **DAUER** | 6h 30min |
| **LÄNGE** | 30,8 km |
| **HÖHENMETER** | 840 hm |
| **SCHWIERIGKEIT** | MITTEL |
| **MIT ÖPNV ERREICHBAR** | ja |

## Das erwartet dich ...

Heut wandern wir mal nicht ganz so lang über viele, doch moderate Wald- und Bergwege. Die Etappe ist durchgängig sehr gut und lückenlos gekennzeichnet. Dabei verlaufen die ersten rund 10 km über landwirtschaftliche Nutzflächen und anschließend gleich über zwei Berge. Mit Ausnahme ein paar weniger schönen Passagen sind die Herausforderungen nicht die schwersten. Bei gutem Wetter bieten sich uns mitunter hervorragende Aussichten.

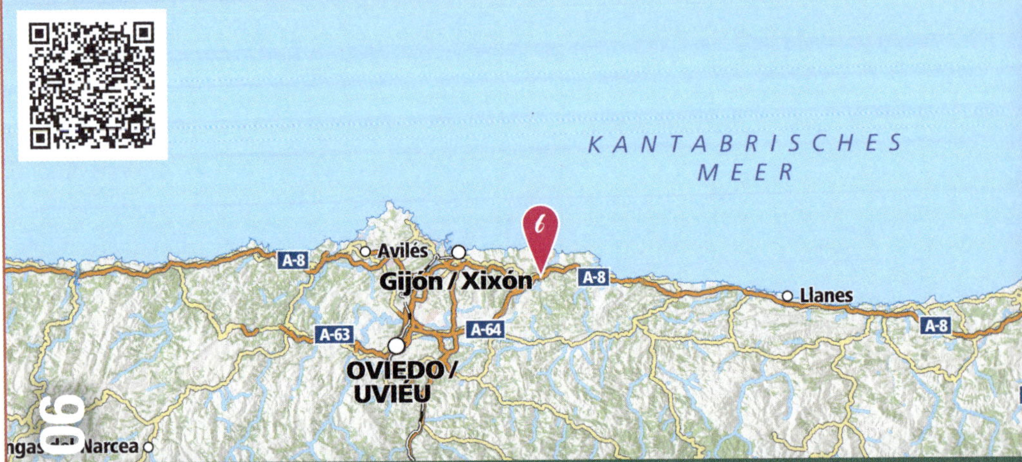


ETAPPE 06

## Start & Ziel & Anreise

Los geht's am Rathausplatz in Villaviciosa. Mit dem Auto erreichen wir den Ausgangsort bequem über die A-8 oder die N-632. Wer auf öffentliche Verkehrsmittel setzt, der kann mehrmals täglich mit dem Zug von Madrid direkt nach Villaviciosa fahren. Und auch hier gibt es eine Busstation, die von Inlandsbussen aus allen Teilen des Landes angefahren wird. Die große Hafenstadt Gijón erwartet uns dann im Zentrum der asturischen Küste. Sie gilt als die Hauptstadt der Costa Verde.

# Tourenbeschreibung

Wir verlassen Villaviciosa am Vorplatz des Rathauses geradewegs über die Altstadt. Der ersten Straße folgen wir rechts zur Kirche. Danach geht's links immerzu geradeaus, am DIA vorbei und an einer alten großen Halle entlang. An der nächsten Gabelung halten wir uns rechts, queren den Park und folgen einer Straße bis auf Höhe einer Brücke. Danach schwenken wir rechts auf die Nabenstraße. An einer Kapelle biegen wir rechts ab, queren den Fluss und halten uns dann links zur AS-267. Wir folgen ihr nur kurz; noch vor Ende des Dorfes verlassen wir sie nach rechts. Auf engen Landstraßen ohne Fußgängerweg erreichen wir Grases. Es geht geradeaus weiter Richtung Gijón. 300 m später leitet uns der Camino nach links. Ein Schotterweg führt uns gute 3 km, zum Schluss unter der Autobahn hindurch und dahinter leicht bergauf. Wir wandern entlang einiger Häuser, an der nächsten T-Kreuzung halten wir uns rechts über sie hinweg. Wir halten uns noch immer rechts, dann biegen

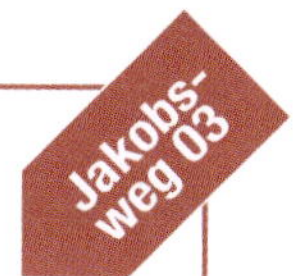


wir links an der Abzweigung der VV-9 hinauf. Mit steilen Passagen erreichen wir Niévares. Auf einem Betonstreifen betreten wir den Ort und verlassen ihn rasch auf einem steinigen Waldweg. Wieder geht's auf Beton dahin. Einige Minuten später überwinden wir gemütlicher auf der VV-8 die letzten paar Höhenmeter zum Pass Alto de la Cruz.

Mit vereinzelten Talblicken verbleiben wir auf der Straße. Wir folgen ihr eine Zeit lang bergab, dabei ignorieren wir den Abzweig links auf den Waldweg. Mit Austritt des Waldes eröffnen sich schöne Aussichten auf das Dorf Peón. Wir überqueren die Autobahn und halten uns am Dorfende links. Nach einem erneut steilen und steinigen Pfad wandern wir auf Asphalt weiter. Im Abwärtsgang passieren wir einige Höfe, danach das rote Restaurant Casa Pepito und erreichen wir schließlich das Zentrum von Peón. 300 m später geht's rechts auf einen Feldweg, anschließend links und wieder rechts auf dem Asphalt hinauf. Wir verlassen die Straße, erreichen steil rasch eine weitere Straße, die uns zum Alto de Curbiellu hinaufbringt. Wir genießen die Ausblicke, dann geht's die Straße runter. Am Restaurant El Pinal vorbei schwenken wir hinter der Kurve rechts auf den Kiesweg ein. In La Olla folgen wir der Hauptstraße 200 m, dann geht's zweimal links und über die Autobahnbrücke. Breite Kieswege leiten uns geradeaus weiter. An der Straße halten wir uns kurz links, hinterm Haus wieder rechts und weiter auf unbefestigten Wegen. Der breite Hauptweg bringt uns steil hinab zur N-632 und einem Campingplatz.

Wir verzichten auf den gefährlichen Originalweg an der N-632 und biegen dafür links am Campingplatz ab. Dann geht's am Ende der Straße rechts entlang des Flusses auf einen schönen Weg. Wenig später nehmen wir links die Brücke und schwenken wieder rechts herum. Der Straße folgen wir nach links, dann biegen wir mit der zweiten rechts auf einen Betonweg ein. Links erblicken wir die Autobahn, rechts winkt der Turm der Universität von Gijón herüber.

An der nächsten T-Kreuzung geht's im Links-Rechts-Schwenk herum, an der nächsten T-Kreuzung halten wir uns rechts. An einem schönen Park geht's links entlang. An der Straße biegen wir links ein, an den Sportanlagen vorbei und dahinter rechts auf einen Kiesweg über den Fluss. Wir gelangen in einen kleinen Forst, links halten wir uns stets am Hauptweg. Wir schlendern am Fluss entlang durch das Stadtgebiet, unterqueren zwei Brücken und kommen an einem Stadion vorbei zur Straße hinauf. Wir queren die Straße nach der Skulptur und folgen ihr, rechts von uns ist der Sport Club. Die Hauptstraße teilt sich. Wir bleiben auf dem rechten Zweig und gehen von nun an immer geradeaus zur einladenden Strandpromenade und dem Meer. Hier schwenken wir links zur Kirche, die sich auf der Halbinsel befindet. Vor der Kirche geht's links über die Straße. Am Plaza Mayor in Gijón beenden wir unsere Tour.

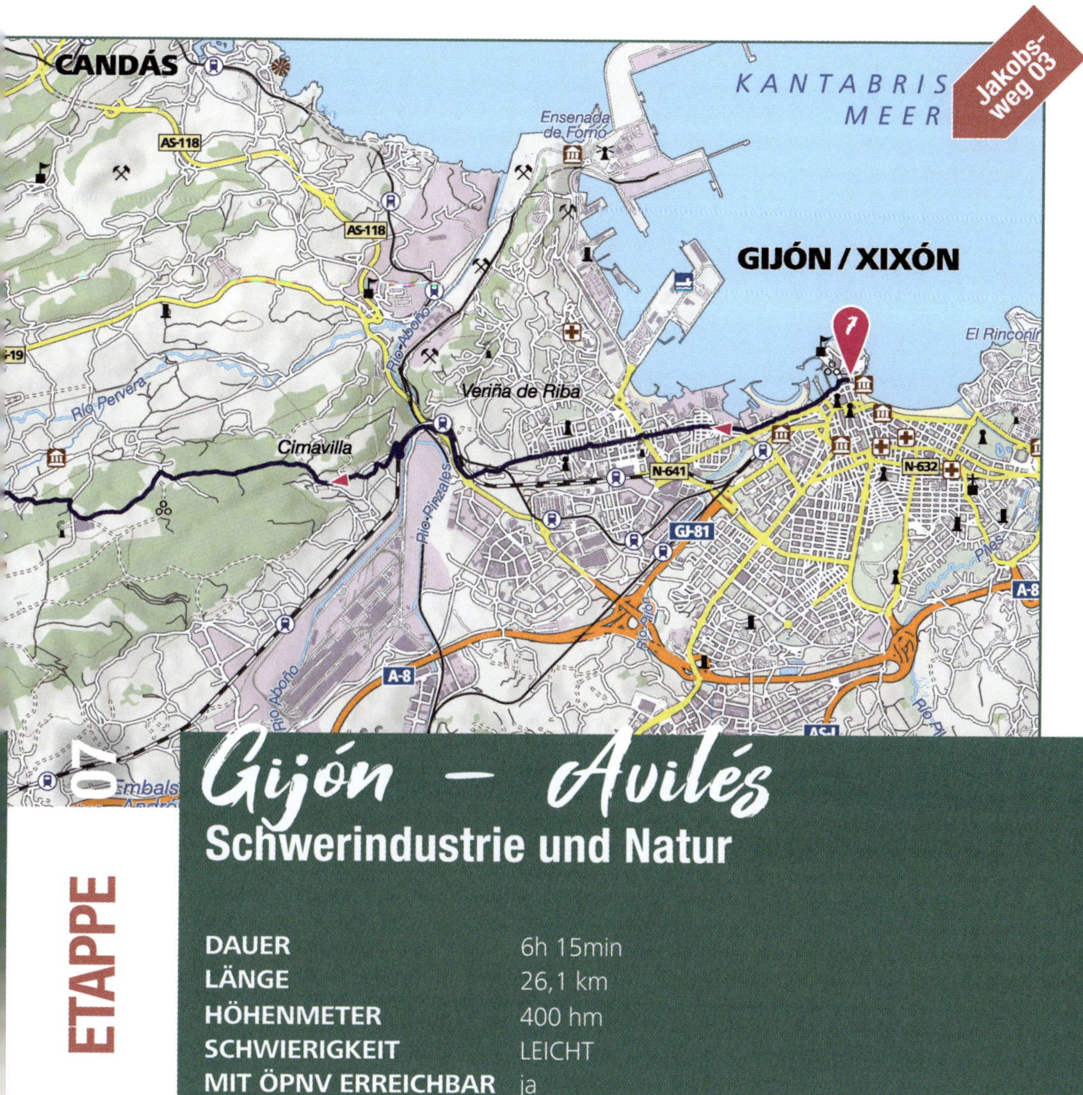


ETAPPE 07

# Gijón – Avilés

## Schwerindustrie und Natur

| | |
|---|---|
| **DAUER** | 6h 15min |
| **LÄNGE** | 26,1 km |
| **HÖHENMETER** | 400 hm |
| **SCHWIERIGKEIT** | LEICHT |
| **MIT ÖPNV ERREICHBAR** | ja |

## Das erwartet dich ...

Diese leichte und etwas kürzere Etappe erwartet uns heute mit recht urbanem Charakter. Sie besteht aus drei Abschnitten. Von Gijón bis zu den Industrieanlagen, dann durchs ruhige und idyllische Gründ und zu guter Letzt sieben Kilometer auf und neben der Hauptverkehrsstraße durch weite Industriegebiete. Der letzte Teil ist zwar ein wenig unattraktiv, doch diesen Umstand lässt uns ein Spaziergang durch die wunderschöne Altstadt von Avilés vergessen.

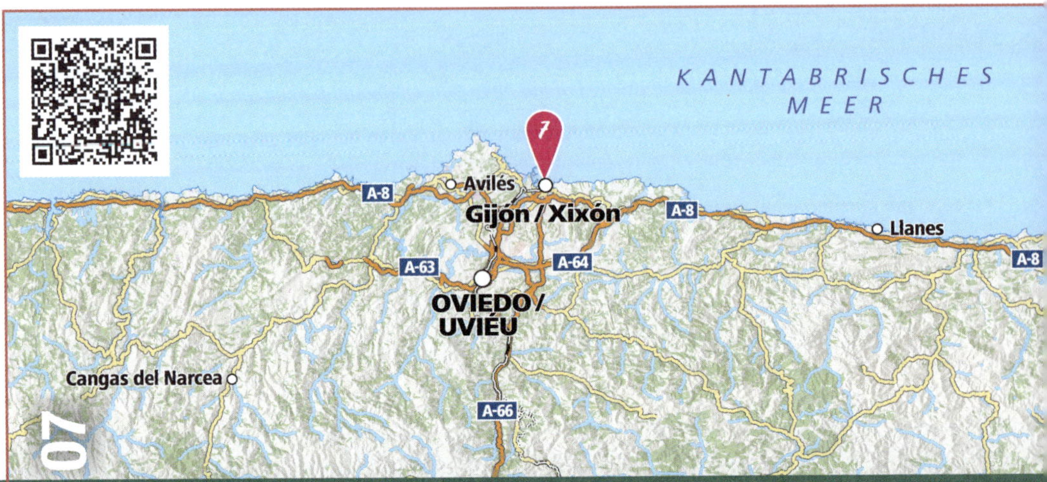

ETAPPE 07

## Start & Ziel & Anreise

Unser Ausgangspuntk ist die Plaza Major in Gijón. Das Städtchen ist hervorragend an die A-8 und auch an die Nationalstraßen N-641 und N-632 angeschlossen. Von Madrid fahren mehrmals täglich Züge direkt nach Gijón. Und auch mit dem Fernbus erreichen wir den Ort bequem, auch wenn's ein bisschen länger dauert. Unser Ziel Avilés hat sich vom Fischerort zu einer modernen Stadt entwickelt, die heute ein bedeutender Standort für Eisenverhüttung ist.

# Tourenbeschreibung

Von der Plaza Mayor spazieren wir zur unweiten Marina. Hier geht's nach links zur Promenade. Auf Höhe des Eisenbahnmuseums teilt sich der Weg. Wir setzen unsere Tour auf der Straße fort. Pfeile und Muscheln im Boden schicken uns hinter dem Hotel La Polar rechts auf die Nebenstraße. Nun wandern wir 3,5 km stetig geradeaus über die große Kreuzung mit der N-641a hinüber. Die letzten Häuser der Stadt liegen hinter uns, da queren wir die Eisenbahnbrücke und folgen dem rutschigen Fußgängerweg vorsichtig unter der nächsten Brücke hindurch. Dann geht's rechts auf eine ausgediente Straße und bei nächster Gelegenheit links unter dem langen Förderband hindurch.

Wir halten uns am Kreisel rechts und nehmen den ersten Abzweig entlang der Autowaage. Vor der Eisenbahnbrücke schwenken wir links auf die enge Straße – Achtung viel Verkehr und kein Gehweg! Wir queren die Gleise und folgen der

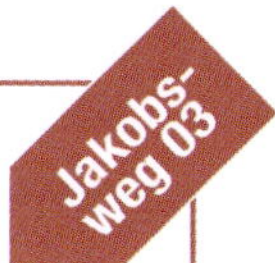


Straße durchs Dorf zum höchsten Punkt. Dann wenden wir uns rechts den Berg hinauf, biegen jedoch nach wenigen Metern links durch einen engen Hohlweg ab. Der Blick auf die Industrieanlagen birgt einen krassen Kontrast zur Natur.

Wir folgen den Wegweisern zum Ende des Asphalts. Mal links, mal rechts spazieren wir immer weiter – teils steil – hinauf. Nach dem Übergang auf einen breiten Kiesweg schlendern wir an Eukalyptuswäldern und sattgrünen Wiesen entlang. Der Weg wird schlechter und nimmt über die Ebene bei Regen viel Wasser auf. Wir folgen dem Hauptweg und den Camino-Wegweisern. 3 km später gelangen wir an zahlreiche Folientunnel einer Gärtnerei vorbei. An der nächsten Straße biegen wir nach rechts und gehen hinter dem Weiler Ramos die Straße links steiler hinab. Wir kreuzen die Hauptstraße und stehen vor der Iglesia de Santa Eulalia del Valle im Örtchen Santolaya.

Wir laufen der Talsohle entgegen, durchqueren das Örtchen La Maquila nach links und schlendern zu beiden Seiten des Weges durch üppige Weiden. Noch einmal genießen wir die letzten ruhigen Kilometer vor der Straße. Am Schild zu Los Celleros halten wir uns zweimal rechts, dann gehen wir bis kurz vor die Autobahn. Sobald wir die Kirche erblicken, teilt sich kurz darauf der Weg. Rechts durch den Tunnel gelangen wir zur Iglesia de San Juan Bautista de Tamón. Von dort schwenken wir rechts über den Fußgängerweg. Pfeile sind bis zuletzt in ausreichender Zahl vorhanden.

Kurz vor dem Kreisel geht's links ab, an der blauen Pension Tabaza vorbei und sehr vorsichtig weiter auf dem Seitenstreifen. Die Straße ist sehr stark befahren. Nach ein paar Metern queren wir sie beim großen blauen Schild zur Wiese hinauf. Wir wandern weiter geradeaus zur AS-19. Hier nimmt uns ein breiter werdender Seitenstreifen entlang der lärmenden Industrie auf. Nach verkehrsreichen 2,5 km wechseln wir rechts auf einen Fußgängerweg. Ein Stück weiter erreichen wir die Kirche von San Pelayo mit einem Brunnen dahinter. Bars und Restaurants bieten sich auf dem Weg und auch hinter der Kirche an.

750 m weiter weisen Pfeile hinter einem Sportplatz nach rechts. Wir ignorieren sie und bleiben unserem Weg geradeaus treu. Wir wechseln die Straßenseite zur Linken und bald wieder zur Rechten. Sobald die Straße in die Höhe führt, biegen wir am Ende des Fußweges nach links ab. Unter der Brücke queren wir die Straße nach links. Wir schlendern an der Tankstelle vorbei und weiter an der Straße entlang, dann queren wir mit einer Brücke die Bahngleise. Hinter dem Kreisel führen uns die Wegzeichen zur roten Mauer. Dahinter erwartet uns die städtische Herberge von Avilés. Wir gehen über die Straße geradewegs in die Altstadt zum Plaza de España und zum ikonischen Rathaus, wo wir unsere Etappe beenden.

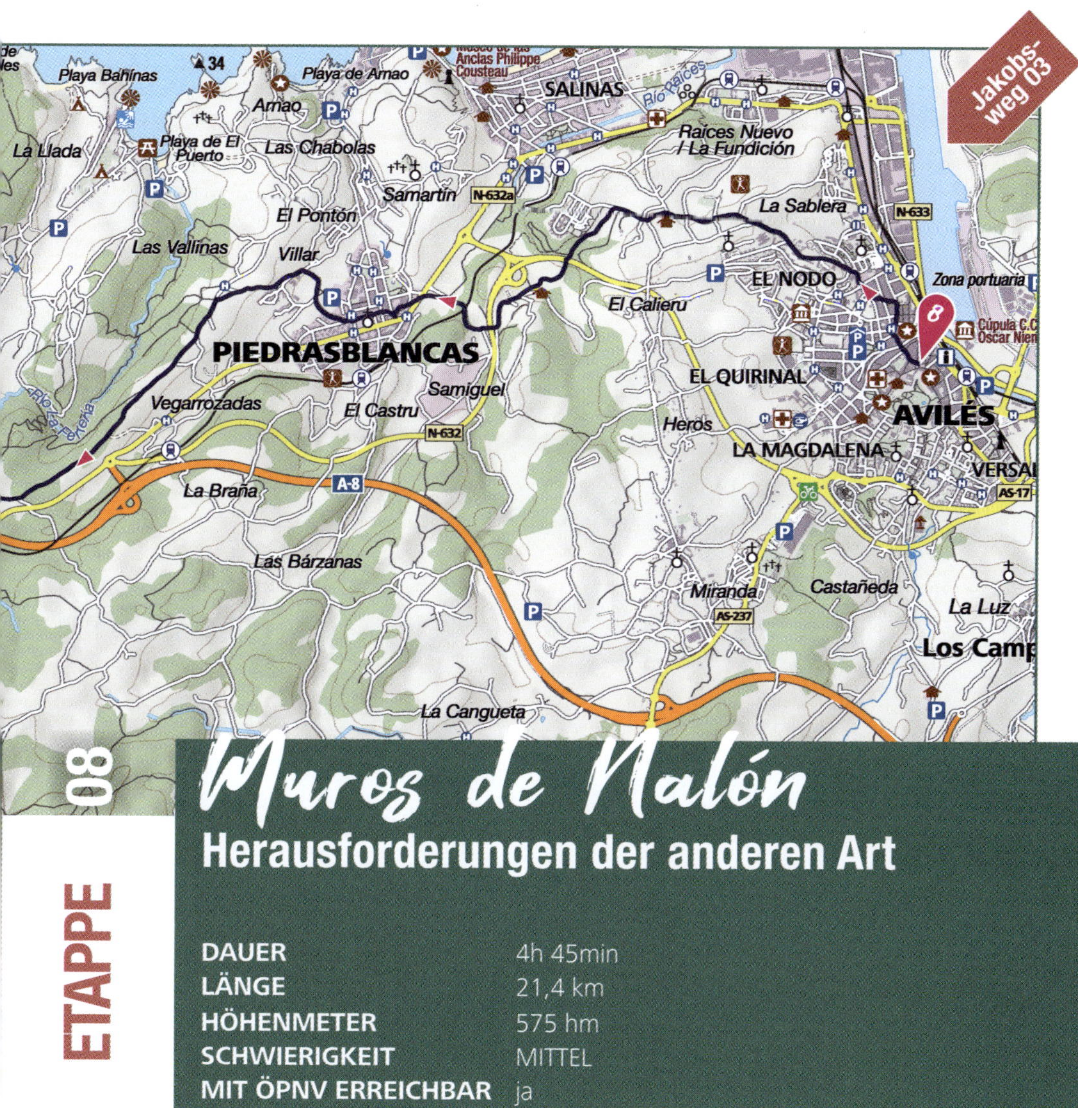


08 ETAPPE

# Muros de Nalón

## Herausforderungen der anderen Art

| | |
|---|---|
| DAUER | 4h 45min |
| LÄNGE | 21,4 km |
| HÖHENMETER | 575 hm |
| SCHWIERIGKEIT | MITTEL |
| MIT ÖPNV ERREICHBAR | ja |

## Das erwartet dich ...

Wieder eine entspannte, kürzere Etappe, die neben Asphalt auch immer wieder raue Forstwege bereithält. Über stetiges Auf und Ab verlassen wir den letzten großen Ballungsraum vor Santiago und widmen uns wieder mehr dem herrlichen Grün der Natur und kleineren beschaulichen Dörfern. Die Küste selbst sehen wir nur ausschnittsweise aus der Entfernung.

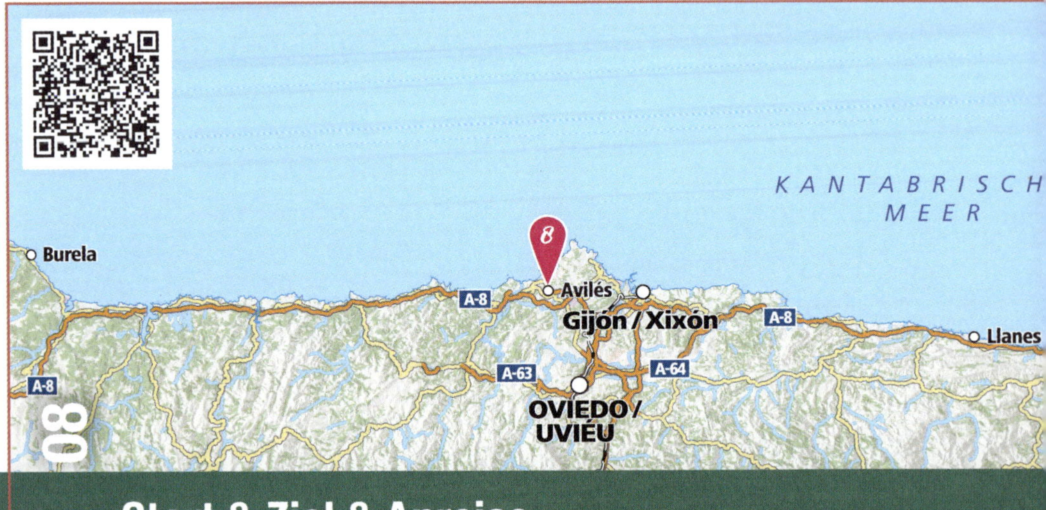


ETAPPE 08

## Start & Ziel & Anreise

Unser Startpunkt ist die Plaza de España, Avilés. Mit dem PKW ist der Ort sehr gut über die A-8 und die Nationalstraße N-632 jeweils von West nach Ost erreichbar. Züge fahren aus mehreren größeren Städten Avilés an. Und auch das Busnetz wird von allen Himmelsrichtungen bedient. Muros de Nalón bildet mit den Gemeinden Soto del Barco und Pravia den Bajo Nalón eine touristische Region in Asturien.

# Tourenbeschreibung

Wir spazieren von der Plaza de España geradewegs in die Calle la Cámera hinunter. An der Y-Kreuzung halten wir uns rechts, an der zweitürmigen Iglesia de Santo Tomás vorbei. Es geht hinauf und an der zweiten Straße nach links. Wir laufen geradeaus über die große Kreuzung auf die steile Anhöhe. Allmählich dünnt sich das Stadtbild aus, wodurch wir schöne Ausblicke erhaschen. Weiter mit der Straße geht's am Ende des Fußweges auf dem Seitenstreifen weiter. Wenn die Straße einen großen Bogen nach links beschreibt, halten wir uns rechts hinab. Die Camino-Zeichen finden wir am nächsten Strommasten.

In der Talsohle schwenken wir links auf einen matschigen, steinigen und unebenen Pfad ein. Er leitet uns durch einen Tunnel und mit der Straße wieder hinauf nach La Plata. Vorsichtig wandern wir rechts der Straße ohne Fußgängerweg weiter. Wir unterqueren eine Brücke auf unbequemer Straße, dann zweigt linker Hand

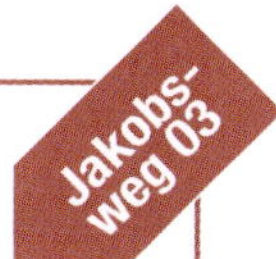


ein Kiesweg ab. Er führt uns zur N-632a. Wir queren die Straße und gehen hinauf in die Stadt. Beim Mobilandya Geschäft biegen wir rechts zum großen Platz von Piedrasblancas ein. Hier finden wir mit Bars und Einkaufsmöglichkeiten ein wenig Zerstreuung.

Geradeaus passieren wir die markante Kirche, dann überqueren wir die Kreuzung und halten uns rechts bis zur T-Kreuzung. Erneut biegen wir hier rechts ab und folgen dem Asphalt in einem großen Linksbogen den Hang hinauf. Nach einem Rastplatz richten wir uns nach den Wegweisern. Am Ende der asphaltierten Strecke führen uns gute Farmwege zwischen Höfen und späteren Waldstücken hindurch. Wir gelangen nach La Lloba, von wo wir noch deutlich den Lärm der Autobahn hören können. Nach einer Gärtnerei wandern wir weiter geradeaus, bald auf einem Schotterweg hinab. Wir spazieren links entlang der Autobahnbrücke und gehen geradewegs auf eine Kirche zu. Im Anschluss halten wir uns links bis zur Hauptstraße. Hier ignorieren wir die gerade Variante und biegen direkt rechts zur Nebenstraße ein. Wir schlängeln uns an Waschplatz und Kirche von Santiago del Monte vorbei und schlendern hinauf zur Nationalstraße.

Wir queren sie Richtung La Arena. Nach 1,3 km stoßen wir auf einen Forstweg. Er beginnt recht angenehm, kann aber bei Regen rutschig werden. An Abzweigungen halten wir uns links, dann rechts und erneut rechts. Wir steigen immer weiter bergab. Bei Nässe wird er immer matschiger und teils in schlechtem Zustand. Wir gehen zur Straße hinab; jetzt haben wir wieder festen Untergrund unter den Füßen. Oben von El Castillo erhaschen wir herrliche Ausblicke über die Burg und den Río Nalón.

Die Route leitet weiter über den Höhenzug oberhalb des Flusses. Wir kommen unweit des Ortsschildes von Soto del Barco heraus. Vorsichtig ob des Verkehrs gehen wir auf der rechten Straßenseite auf der N-632 hinab. Wir überqueren die Brücke über einen schmalen Seitenstreifen, dann wechseln wir hinter der Kurve die Seite. Kurz nach der rechten Abzweigung nach San Esteban führt ein steiler, aber gut begehbarer Waldweg weg von der Straße. Wir stoßen auf Beton und schlendern an zwei Herbergen vorbei geradewegs zur Hauptstraße hinunter. Wir überqueren sie und folgen ein paar Schleichwegen zu engen, mauergesäumten Gassen und Straßen ins Zentrum von Muros de Nalón. Hier gibt es eine weitere Herberge, die wir zur Nächtigung nutzen können.

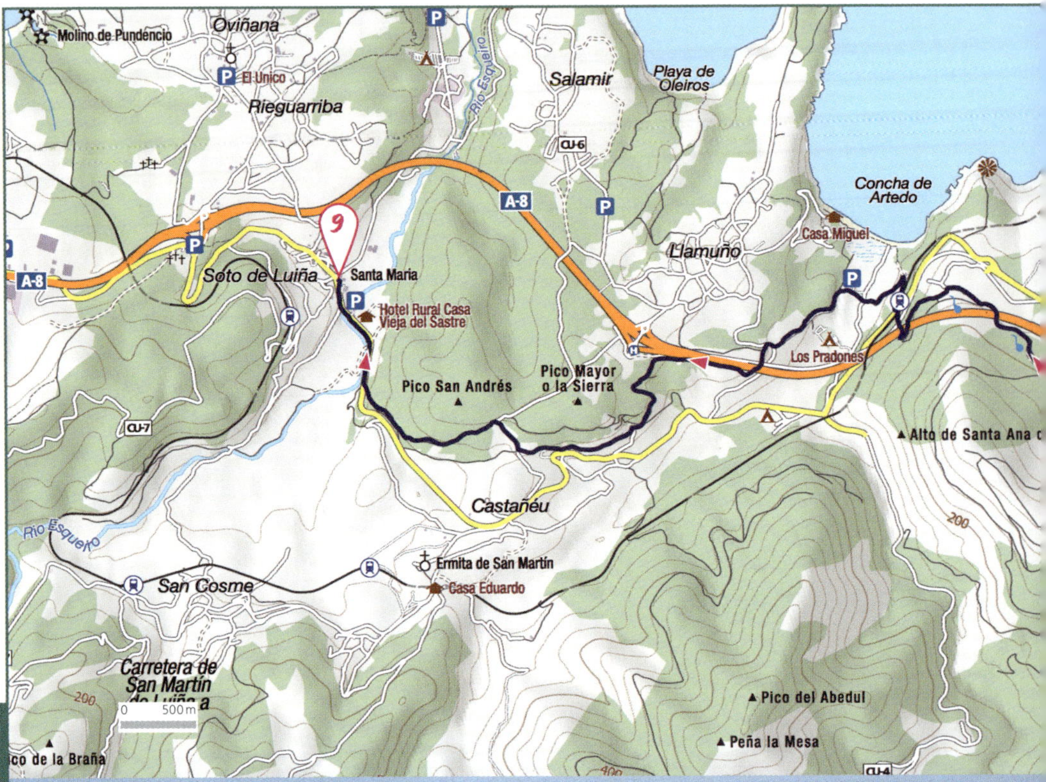
Molino de Pundencio
Oviñana
El Unico
Rieguarriba
Río Esquiero
Salamir
Playa de Oleiros
CU-6
Concha de Artedo
Casa Miguel
A-8
Llamuño
Soto de Luiña
Santa María
Hotel Rural Casa Vieja del Sastre
Los Pradones
Pico San Andrés
Pico Mayor o la Sierra
CU-7
Alto de Santa Ana
Castañéu
Río Esqueiro
200
Ermita de San Martín
San Cosme
Casa Eduardo
Carretera de San Martín de Luiña a
0 500 m
Pico del Abedul
Peña la Mesa
co de la Braña
CU-4
400

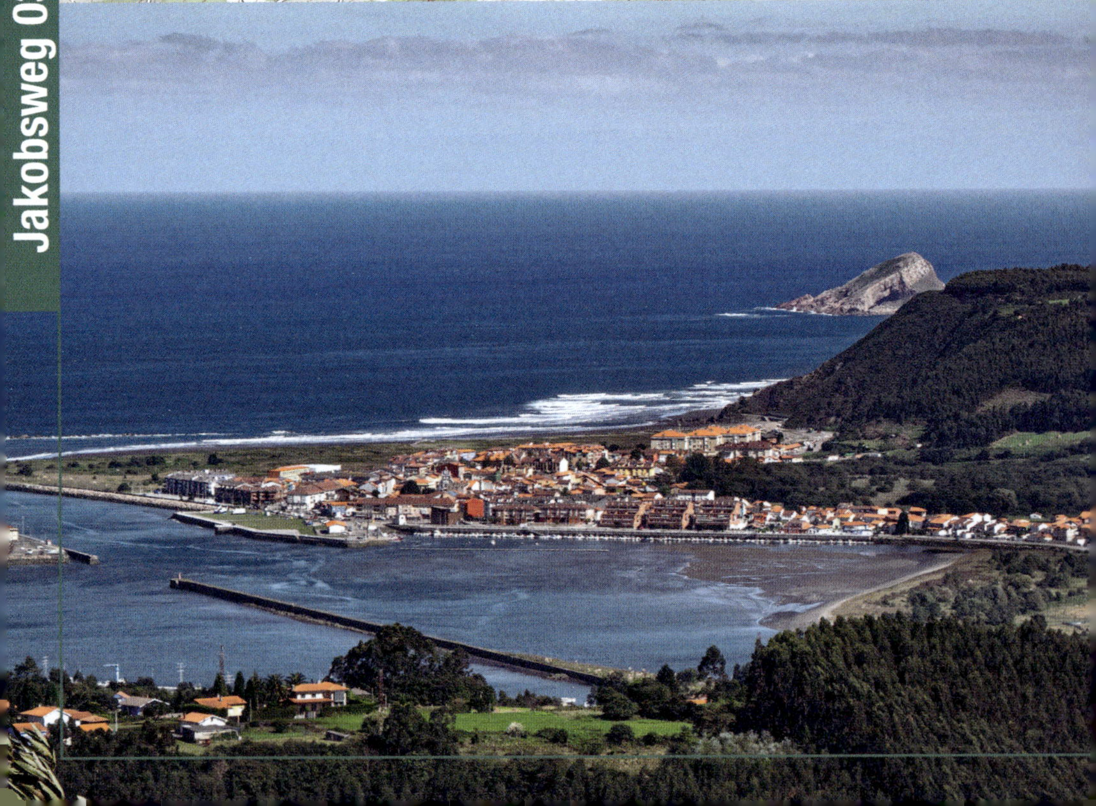

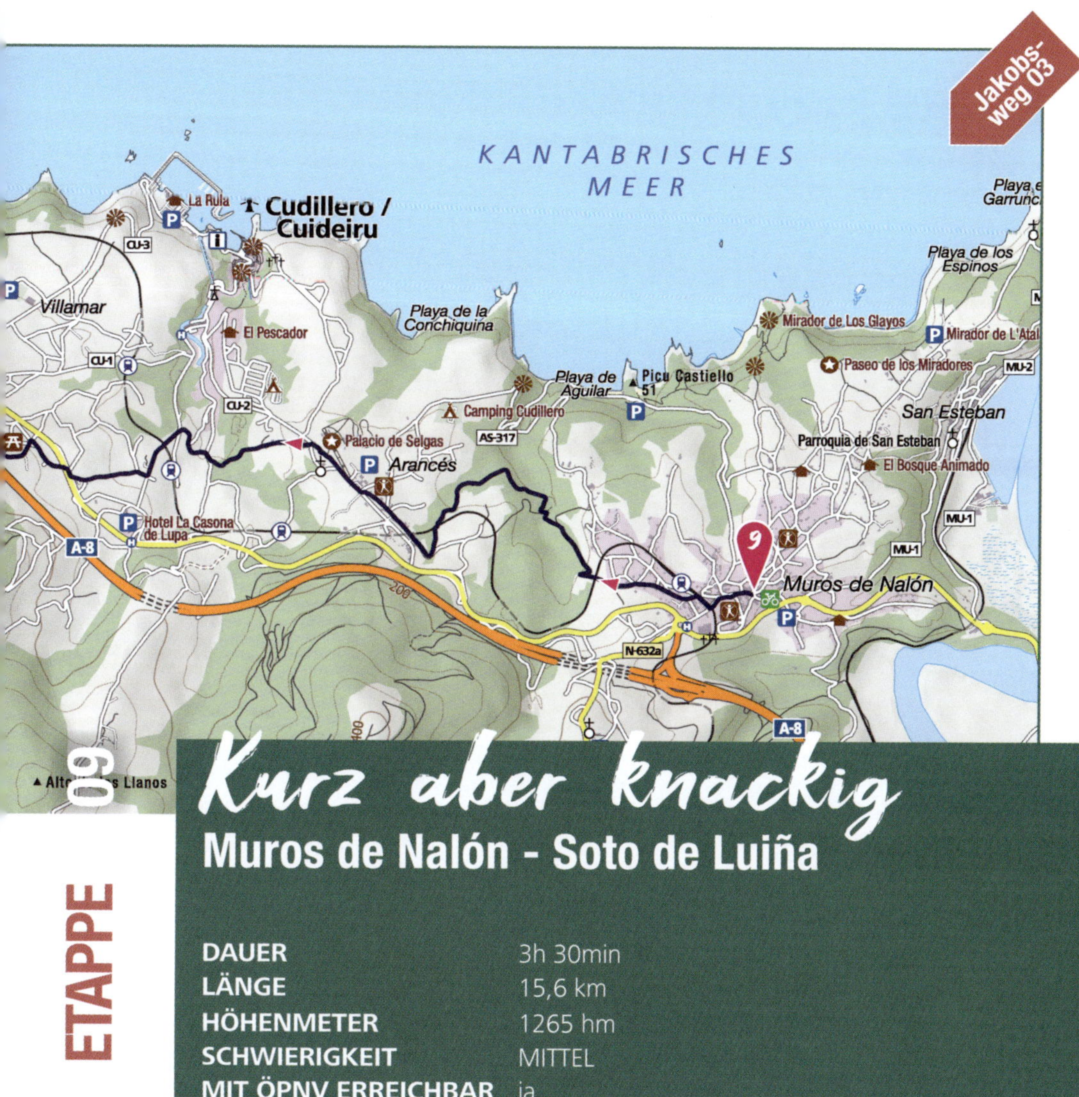




# Kurz aber knackig

## Muros de Nalón - Soto de Luiña

| | |
|---|---|
| DAUER | 3h 30min |
| LÄNGE | 15,6 km |
| HÖHENMETER | 1265 hm |
| SCHWIERIGKEIT | MITTEL |
| MIT ÖPNV ERREICHBAR | ja |

## Das erwartet dich ...

Auf der kurzen Etappe können wir heute ruhig mal ein bisschen gemütlich dahinbummeln. Die Wege sind moderat und bequem. Der Tag mutet quasi wie die Ruhe vor dem Sturm an bzw. eine Etappe zum Verschnaufen vor der nächsten langen und ausdauernden. Wir erholen uns im beschaulichen Soto de Luiña. Wahlweise lässt sich die Etappe bis Cadavedo fortsetzen.

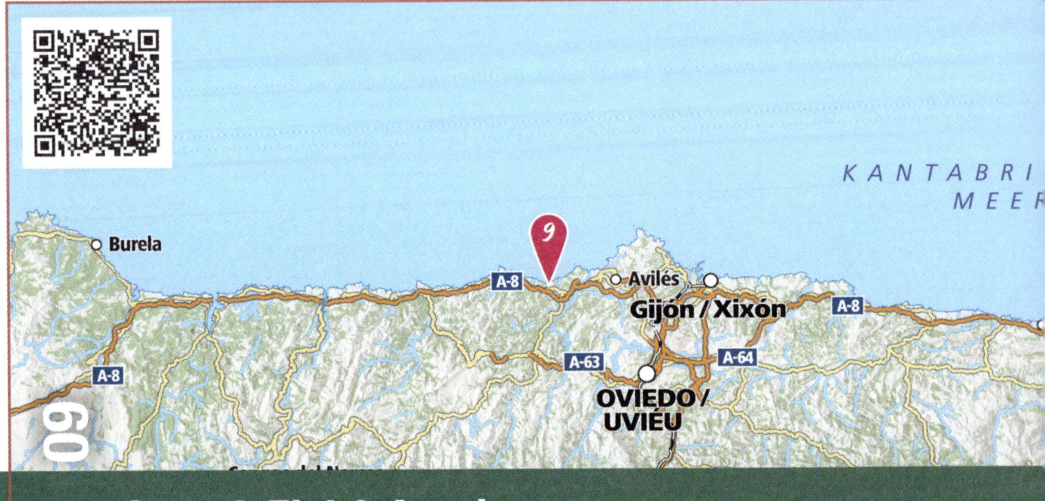


ETAPPE 09

## Start & Ziel & Anreise

Heute starten wir im Zentrum von Muros de Nalón. Der Ort ist sehr gut ans Fernstraßennetz angeschlossen, so können wir mit dem Auto sowohl über die A-8 als auch die Nationalstraße N-632 jeweils aus östlicher oder westlicher Richtung anreisen. Mit den öffentlichen Verkehrsmitteln geht's am schnellsten mit dem Zug, beispielsweise von Madrid über Gijón.

# Tourenbeschreibung

Wir spazieren vom Zentrum in Muros de Nalón geradewegs über die Straße am kleinen Infohäuschen vorbei. Die Pfeile schicken uns rechts über die Brücke, im Zickzack, erst links, dann rechts herum. An einem guten Waldweg endet die asphaltierte Strecke und führt uns einige Zeit durch Eukalyptus nach La Vana. Dort geht's bis zur Hauptstraße und nach rechts geschwenkt durchs Örtchen El Pito mit seiner prächtigen Villa und französischem Garten.

Wir biegen hinter der Herberge mit der zweitürmigen Kirche links auf die nächste Straße ein. Die ruhige Nebenstraße mündet in einer Schotterpiste, die teils sehr matschig sein kann. Wieder auf festem Boden gehen wir zwischen zwei Häusern hindurch und wenig später an einer Art inoffizieller Müllhalde vorbei. Daneben stehen einige Baracken. Wir unterqueren die Brücke und folgen der Straße bergan. Am ersten Abzweig halten wir uns rechts, dann links herum die Straße

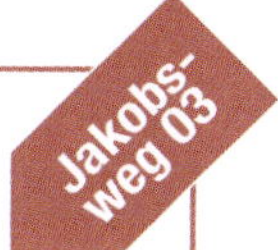


hinauf. Wir queren die N-632 und gelangen in eine Gemeinde. Parallel zur N-632 biegen wir an der nächsten Straße links ab. Wir unterqueren die Autobahn, halten uns rechts und passieren sie erneut. Dann geht's geradewegs nach El Reallyo.

Am Waschplatz schwenken wir links über einen steinigen und matschanfälligen Waldweg. Nach der Unterquerung der Autobahn wandern wir über die N-632 an einem geschlossenen Hotel hinab. Wer mag, kann sich eine Badepause am Strand gönnen. Der Camino führt auf der anderen Seite der Talsohle nach links. Wir wandern steil hinauf, an der Straße 30 m geradeaus und dann links auf einen Schotterweg. Die Route leitet uns nun ca. 600 m an der Autobahn entlang. Mit der zweiten Abzweigung links stoßen wir auf einen Waldweg. Er führt uns ins paradiesisch gelegene Umayor.

Immer am Hang entlang schlendern wir am Ende des Dorfes über Weiden auf einen kleinen Pass hinauf. Oben halten wir uns an der T-Kreuzung rechts. Am Ende der Weide zweigen wir links in den Wald auf einen Hohlweg hinab ab. Der Weg führt durch einen schönen, von Kastanien, Eichen und Kiefern dominierten Mischwald. Auf der N-632 gelangen wir zum Ortsrand von Soto de Luiña und schlendern ohne Seitenstreifen zur Kirche. Die Herberge befindet sich die Straße hinauf und rechts.

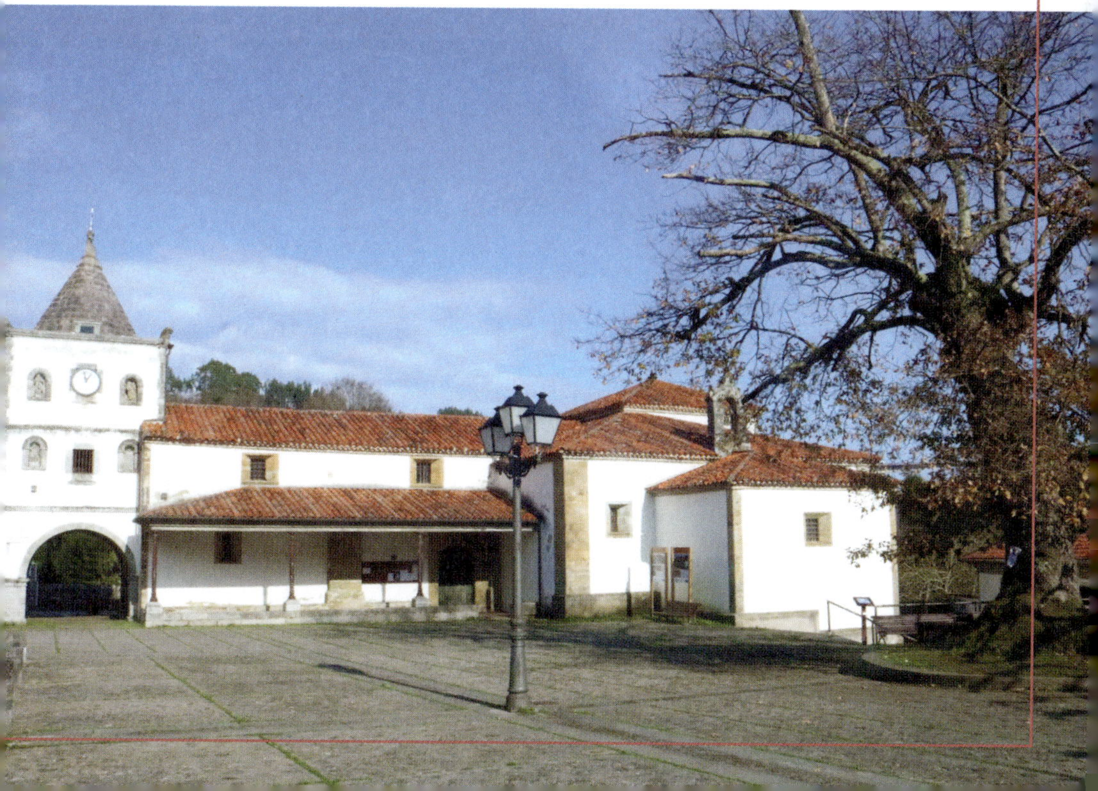

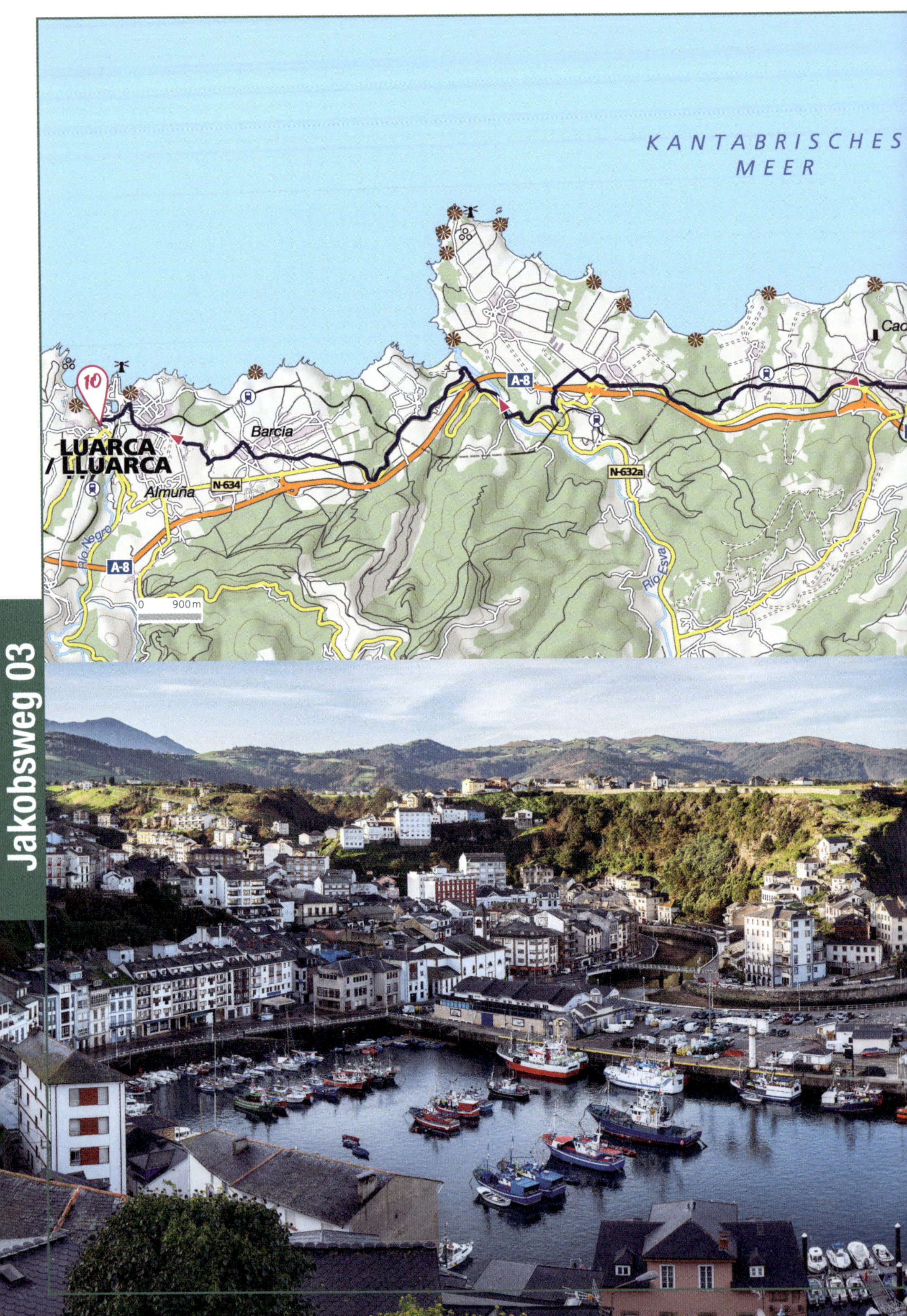
KANTABRISCHES
MEER
10
LUARCA
/ LLUARCA
Barcia
Almuña
N-634
A-8
A-8
N-632a
Río Negro
Río Esva
0
900 m

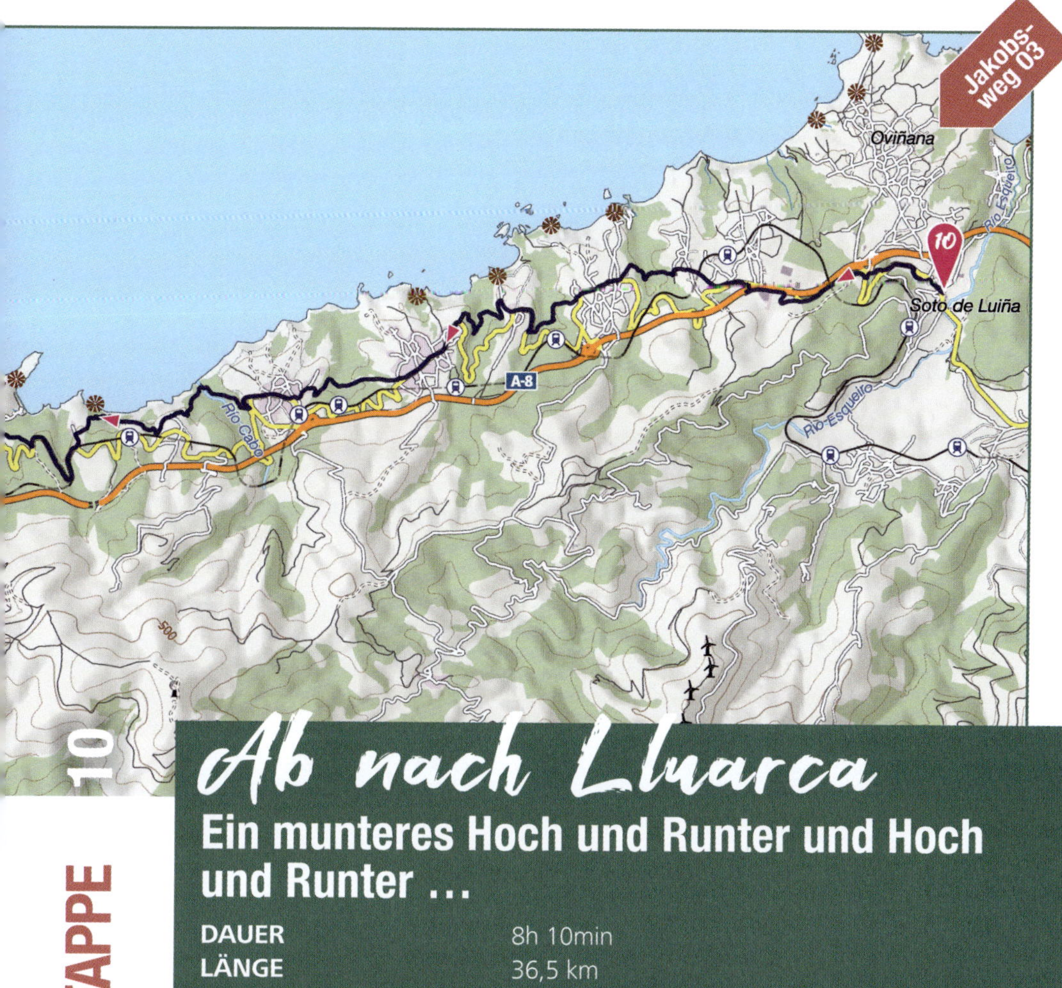


ETAPPE 10

# Ab nach Luarca

## Ein munteres Hoch und Runter und Hoch und Runter …

| | |
|---|---|
| **DAUER** | 8h 10min |
| **LÄNGE** | 36,5 km |
| **HÖHENMETER** | 1070 hm |
| **SCHWIERIGKEIT** | SCHWER |
| **MIT ÖPNV ERREICHBAR** | ja |

## Das erwartet dich …

Heute machen wir uns auf den Weg auf eine ausdauernde und lange Etappe, was sie dementsprechend schwer macht. Die erste Hälfte besteht aus langen und schweißtreibenden Auf und Ab Passagen. Sobald sie allerdings geschafft ist, erwartet uns eine entspanntere und etwas einfachere zweite Hälfte. Der Playa de Cuevas lädt dabei zum Verweilen und eventuell zum Baden ein, während wir am Etappenziel atemberaubende Ausblicke genießen. Bei Regen werden die Wege unangenehm, matschig und rutschig. Dann lieber auf die Straße ausweichen.

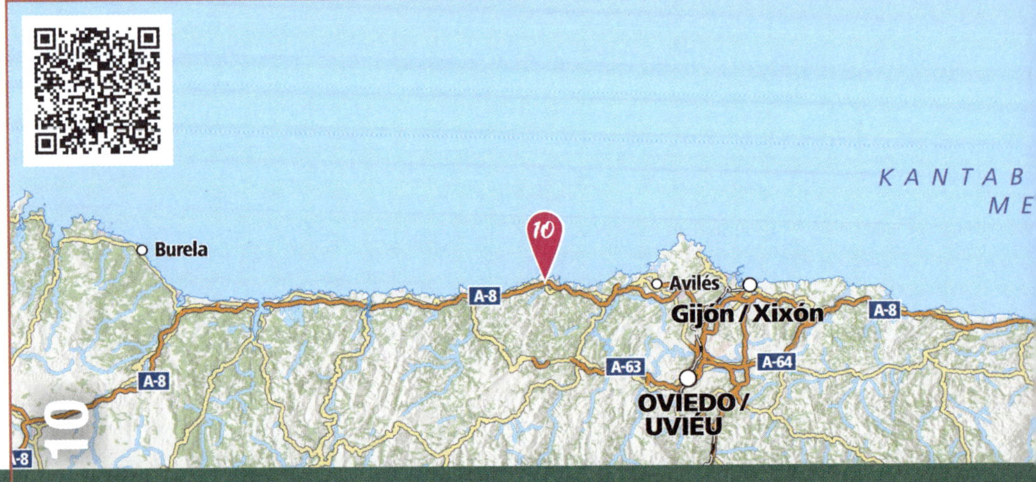


ETAPPE 10

## Start & Ziel & Anreise

Ausgangspunkt der heutigen Etappe ist Soto de Luiña. Auch hier ist die Anreise mit dem PKW recht unkompliziert: Über die A-8 oder auch die Nationalstraße N-632a führt der Weg aus Osten und Westen nach Soto de Luiña. Züge fahren aus Madrid über Oviedo/Uviéu.

Unser Ziel, Lluarca, ist ein kleines Fischereistädtchen. Es bietet eine große Zahl an traditionellen Geschäften und Restaurants und ist daher auch und gerade bei den einheimischen Touristen sehr beliebt.

# Tourenbeschreibung

Wir folgen von der Herberge der Straße kurz hinauf. Am Hotel machen wir links einen Bogen um die Straße. Wieder auf ihr geht's über die Brücke und mit den Pfeilen rechts auf einen steilen Weg. Oben über die Hauptstraße beim Friedhof und zum Hotel Caho Vidio. Der Weg teilt sich, wir halten uns geradeaus, und gehen gut 750 m weiter auf der Nationalstraße. Dann zweigt der Camino auf eine Nebenstraße ab und führt an der A-8 entlang und über ein Waldstück zu einem langen Tunnel. Mit Taschenlampe geht's hindurch und zur N-632a hinauf. Bei Regen gehen wir bis zum Etappenziel an der N-632a entlang. Wir können von jedem Ort der heutigen Tour zu ihr aufschließen. Auf und nieder geht es nun bis Cadavedo (auch Cadavéu). Hinter dem gelben Haus biegen wir rechts ab, an der Kirche von Albuerne vorbei und an der Casa Ofelia links zu einem steilen Waldweg. Nach dem Bach bergan und durchs Zentrum von Novellana. Vorbei an der Kirche biegt die Straße deutlich nach links. Zwischen

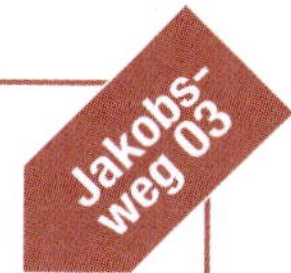


den roten Häusern hinab, dann links hinter dem Gehöft rechts in den Wald. Wir queren zwei Bäche und gehen wieder zur Straße hoch nach Castañeras. Mit der Straße wandern wir nach Playa de Silencio. Hinter der Koppel und vor dem weißen Haus geht's links ins Tal hinab. Der erste Bachlauf folgt eine Zeit dem Weg, der zweite ist breit. Dann folgen wir der Straße gut 1 km durch Santa Marina. Beim Ortsausgang nach rechts und mit den Pfeilen durch die Wiesen. Über eine Bachbrücke, dann machen wir einen großen Schritt über einen zweiten Bach. Geradeaus erreichen wir eine Quelle, danach führen uns Nebenstraßen zur Nationalstraße. Mit ihr geht's nach Ballota. Sie beschreibt eine große Linkskurve, dann biegen wir rechts auf einen breiten Weg hinab ab. Kurz vor dem Geröllstrand nehmen wir die Brücke und gehen an Tablizu vorbei. Kurz danach folgen wir einem Farmweg nach rechts in Serpentinen zu den Klippen. Wir queren drei Bäche und steigen weitere Serpentinen hinauf. Am Betonweg halten wir uns rechts durch Ribon und weiter auf der N-632a nach rechts. Nach den zwei langen Kurven führt rechts ein Weg in die Talsohle. Dort laufen wir mit Asphalt nach Cadavedo hinauf. Der Nationalstraße folgen wir geradeaus zur städtischen Herberge am Ortsausgang.

Nach der Brücke leitet die Route rechts an Dörfern entlang. Am darauffolgenden Farm- und Waldweg (kann matschig werden) weiter bis zur Y-Abzweigung. Wir halten uns links, durch den Wald und unterhalb der N-632a bis nach La Venta. Nach 650 m an der Nationalstraße gelangen wir hinter der Leitplanke rechts zur Herberge La Yalga. Mit der Straße wenden wir uns nach links, am Kreisel rechts und bei der nächsten links zwischen zwei Feldern hindurch Richtung Chano de Canero. Unter der A-8 hindurch und die zweite rechts zur Iglesia de San Miguel, dort gleich wieder rechts, am Hang hinab auf einen Waldweg. Mit der N-632a überschreiten wir den Fluss Esva und folgen einem Auenweg rechts zum Hotel Canero mit Herberge.

Geradewegs unter der A-8 hindurch, dann in Cueva links mit der Straße zur Nationalstraße gelaufen. Mit ihr geht's am Ort vorbei. Trifft der Hauptweg von links bald auf den unsrigen, werden wir zweimal rechts der N-634 abgeleitet. 500 Meter später halten wir uns erneut rechts, dann links weg von der Straße. Über Feld-und Asphaltwege geht's durch Barcia hindurch. Links hinter der Kirche geht es auf einem Schieferweg weiter. An der folgenden Straße schicken uns die Zeichen links aus dem Ort. Wir stoßen auf die größere Straße nach Lluarca. Wir folgen ihr 200 m, dann biegen wir hinter der freien Fläche an der Mauer links ab. Nach einem Park und einer ummauerten Wiese wenden wir uns an der Hauptstraße nach links. Mit herrlichen Blicken geht's steil hinab, durch den Torbogen und an der Polizei vorbei. Unten angekommen befindet sich links über dem Fluss die Tourist-Information. Wir beenden unsere Etappe auf dem großen vorgelagerten Platz von Lluarca.

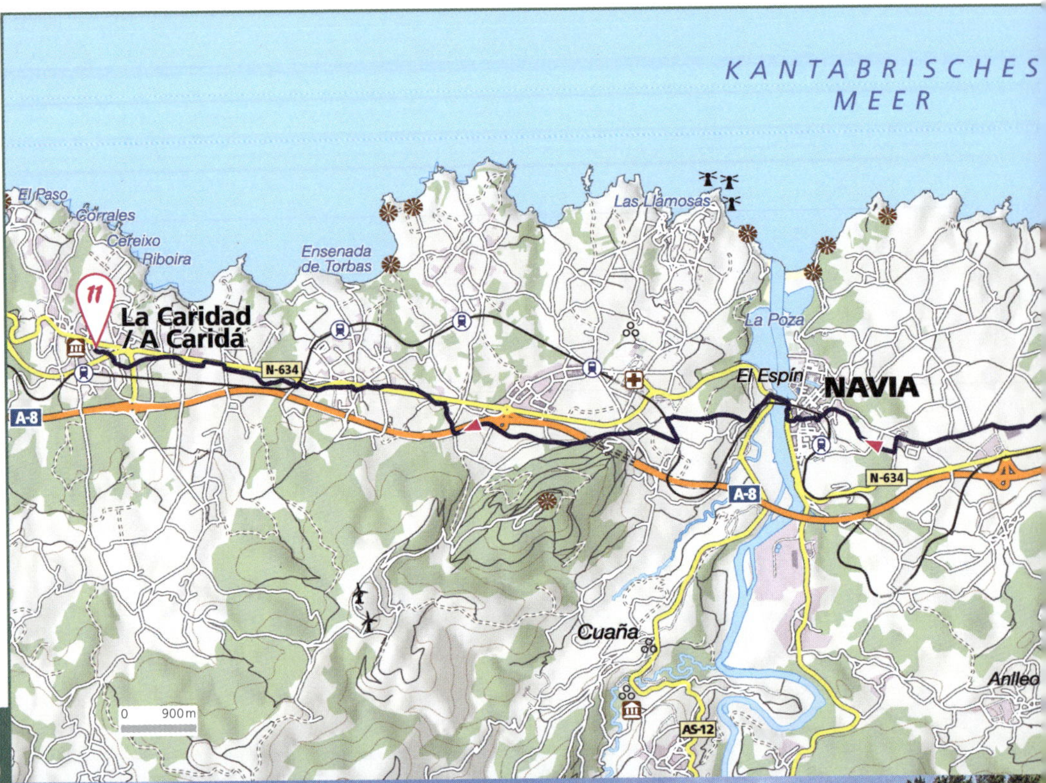

KANTABRISCHES
MEER

El Paso
Corrales
Cereixo
Riboira
Ensenada
de Torbas
Las Llamosas
11
La Caridad
/ A Caridá
La Poza
El Espín
NAVIA
N-634
A-8
A-8
N-634
Cuaña
Anlleo
AS-12
0 900 m

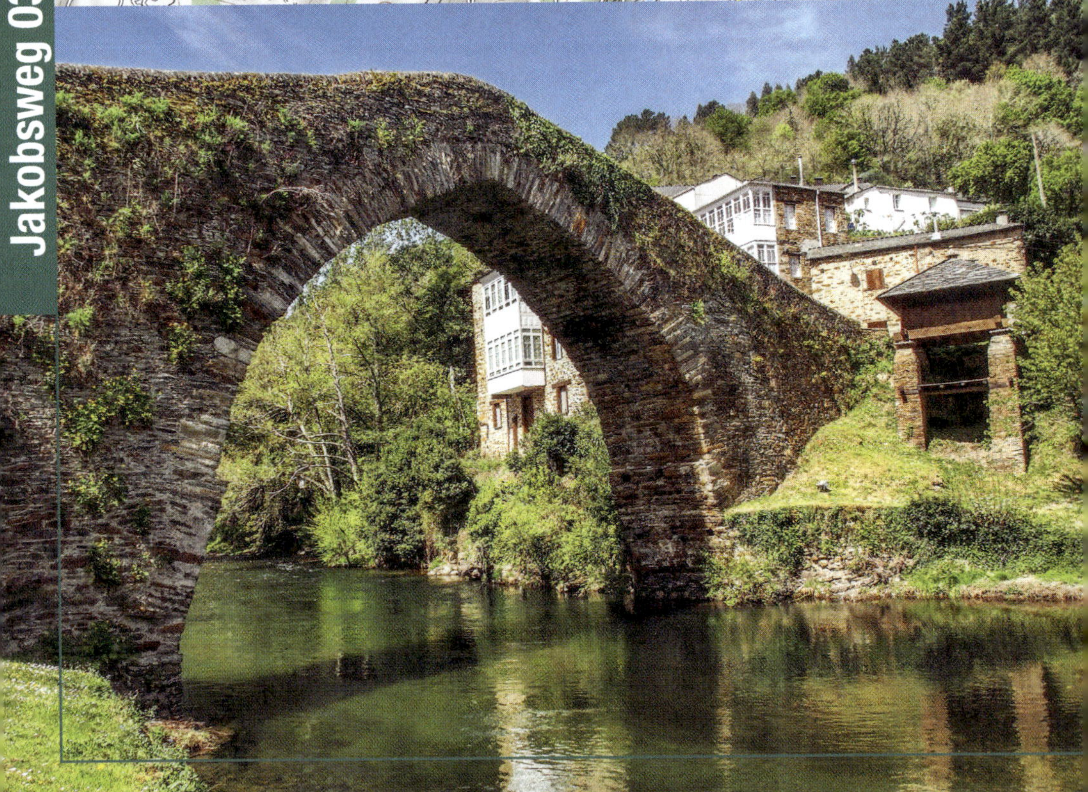

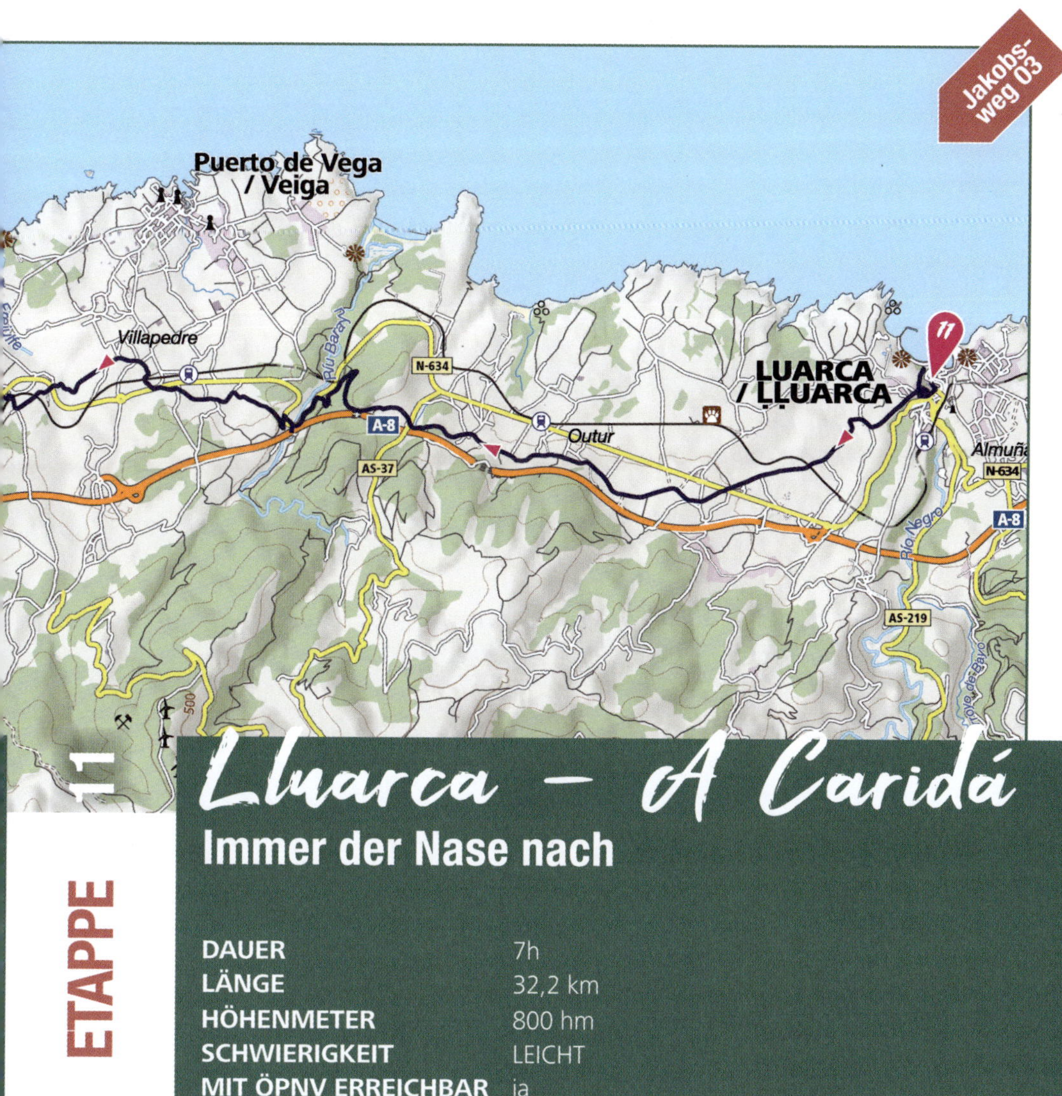


ETAPPE 11

# Lluarca – A Caridá

## Immer der Nase nach

| | |
|---|---|
| **DAUER** | 7h |
| **LÄNGE** | 32,2 km |
| **HÖHENMETER** | 800 hm |
| **SCHWIERIGKEIT** | LEICHT |
| **MIT ÖPNV ERREICHBAR** | ja |

## Das erwartet dich ...

Die heutige Etappe ist zwar auch lang, führt aber relativ ruhig über einfache Wege. Sobald wir uns wieder oberhalb von Lluarca befinden, geht es hauptsächlich sehr eben über Dörfer und Wiesen. Ein Abschnitt ist dabei, der etwas gröber ist und bei entsprechender Witterung sehr rau werden kann. Viele Pfeile verblassen zwar zusehends, doch der Weg ist sehr leicht zu finden und erklärt sich fast von selbst.

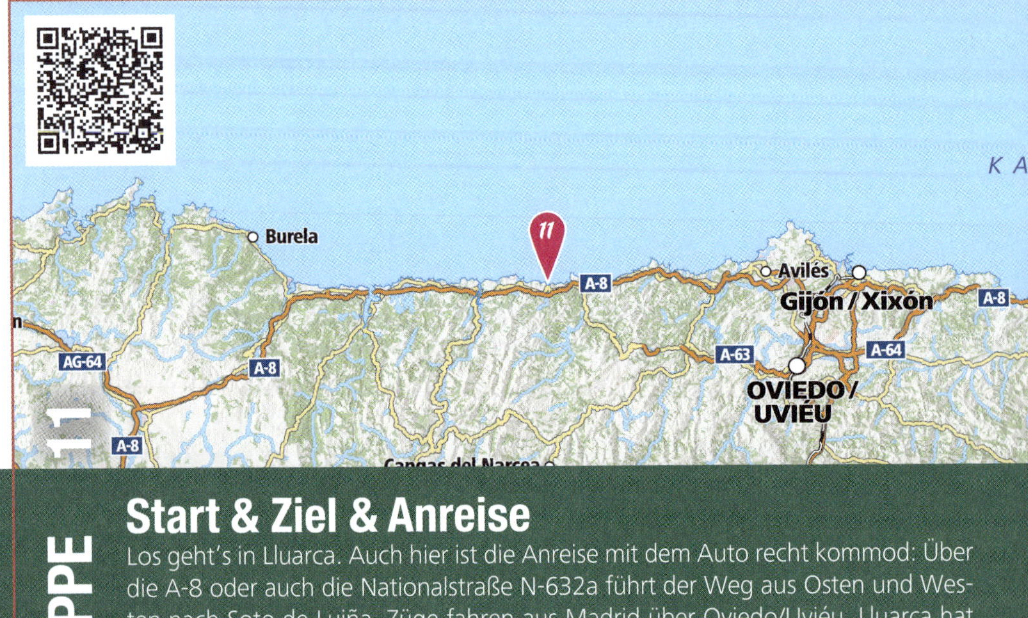


ETAPPE 11

## Start & Ziel & Anreise

Los geht's in Lluarca. Auch hier ist die Anreise mit dem Auto recht kommod: Über die A-8 oder auch die Nationalstraße N-632a führt der Weg aus Osten und Westen nach Soto de Luiña. Züge fahren aus Madrid über Oviedo/Uviéu. Lluarca hat einen Busbahnhof, der von allen größeren Inlandsbuslinien angefahren wird. Unser Ziel ist ein kleiner Hafenort, der von Land- und Fischereiwirtschaft geprägt ist.

# Tourenbeschreibung

Wir gehen von der Tourismus-Info geradewegs die Calle Curio hinauf. An der Kreuzung rechts folgen wir der gepflasterten Calle La Peña hinauf. Wir bleiben auf der Straße geradeaus, am Ende biegen wir rechts ab. Am gelben Haus links an der Kirchenruine vorbei und über die Gleise. Kurz darauf queren wir die N-634. Der Camino leitet uns auf der Straße weiter und bald zwischen großen Feldern entlang. Ab jetzt gehen wir parallel zur Autobahn. Bei Fehlen eines Zeichens geht's links oder am Hauptweg weiter. Wir schlendern durch Dörfer und über Weiden nach Rellón. An der Y-Kreuzung halten wir uns rechts und an einer Kapelle vorbei auf eine Schotterpiste. Wir queren die AS-37, spazieren geradewegs durch ein kleines Dorf und verlassen es schon wieder auf einem Farmweg. Auf breitem Schotterweg geht's um den Berg herum, dann wandern wir bergab, bald auf schmalem und steinigem Rinnsal. Rechts gehalten führt er uns durch Brombeeren und Ginster zur Nationalstraße hinab. Links herum,

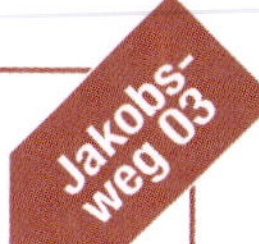


dann kreuzen wir den Fluss Baryo. Wir gehen gleich rechts von der N-634 weg, an zwei Häusern vorbei und gegenüber der Nationalstraße links den Hang wieder hinauf. Nach der Casa Camina erreichen wir ein Plateau. Dort lassen wir uns vom Hauptweg zur N-634 und nach Villapedre leiten.

Wir schwenken an der Hauptstraße links, dann rechts zur Kirche und links unter den Gleisen durch und mit der Straße aus dem Dorf hinaus. Gemütlich marschieren wir an Wiesen entlang, dann bringt uns ein Waldpfad über eine Brücke. Wir queren die Nationalstraße und kommen geradewegs über Gleise zur Kirche. Links um die Kirche von Piñera herum treffen wir wieder die N-634. Wir biegen links ab, gehen an der Herberge vorbei und folgen der Nationalstraße 400 m auf der rechten Seite. Dann schwenken wir rechts, gelangen über einen Fluss und auf einem Pfad querfeldein zum Farmweg. An der Landstraße gehen wir rechts durchs Dorf. An der Bushaltestelle bleiben wir rechts, passieren das Areal Benito und spazieren durch La Venta hindurch. Am Baumarkt rechts bis zum Autohaus Bora Bora, dahinter geht der Camino links ab. Bevor der Asphalt hinabläuft, biegen wir links ab, am Friedhof vorbei und steil hinunter nach Navia. Vorm Rathaus am umzäunten Platz rechts, dann gleich links in die Calle Mariano Luina. Nochmal rechts zur N-643, hier wieder rechts über den Fluss. Gegenüber nehmen wir die zweite Straße links hinauf. Oben halten wir uns Richtung Jarrio nach rechts. Etwas steiler gehen wir an einer Siedlung vorbei und bald auf einem Feldweg weiter. Wir halten uns allgemein links, bis wir an der Straße rechts weitergehen, über die Schienen nach Jarrio. Bei Regen bleiben wir auf der Straße nach Jarrio.

Nach dem Ort geht es über einen Schleichweg zur querenden Dorfstraße hinauf und weiter aufwärts, direkt an der Hauswand auf unscheinbarem Grasweg entlang. Auf der nächsten Straße kreuzen wir die Autobahn. Mit der zweiten Straße rechts können wir sie über eine Brücke überqueren. Danach halten wir uns sofort links hinab und treffen hinter dem letzten Haus auf einen Grasweg. Am Waschplatz queren wir die Nationalstraße. Die Route führt zur Repsol-Tankstelle, dann folgen wir 250 m einem breiten Standstreifen. Cartavio verlassen wir nach links, dann geht's zweimal rechts. Die Pfeile schicken uns rechts am Waschplatz vorbei und über eine Gleisbrücke. Dahinter halten wir uns links, dann geht's geradeaus mit einem großen roten Kreuz direkt zur N-634.

250 m nun mit dem Straßenverlauf links, dann zweigen wir wieder links ab. Wieder an der Straße folgen wir ihr kurz, dann geht's links ab. Wir unterqueren eine Brücke, zweigen rechts ab und biegen am letzten Haus links ab und gehen am Waldsaum entlang. Wir queren die N-634 und gelangen über einen Schleichweg hinab zur städtischen Herberge von A Caridá. 50 m weiter befindet sich eine weitere Herberge.

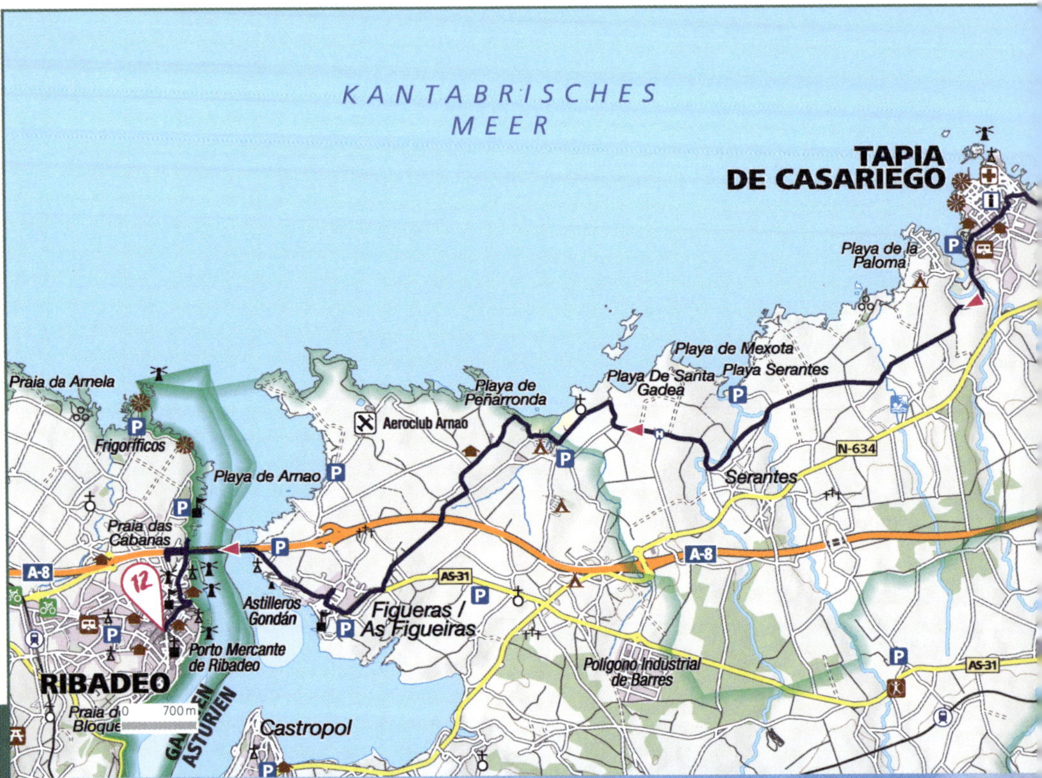

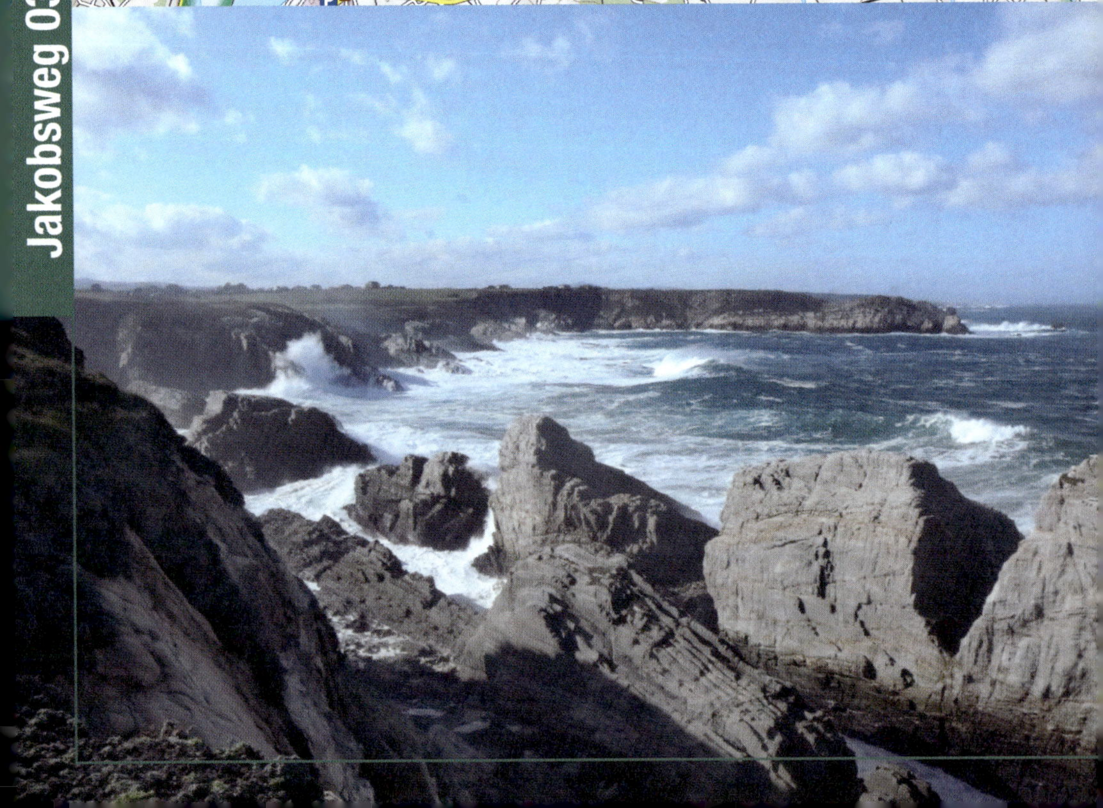

KANTABRISCHES MEER
TAPIA DE CASARIEGO
Playa de la Paloma
Playa de Mexota
Playa De Santa Gadea
Playa Serantes
Playa de Peñarronda
Aeroclub Arnao
Praia da Arnela
Frigoríficos
Playa de Arnao
Serantes
N-634
Praia das Cabanas
A-8
AS-31
Astilleros Gondán
Figueras / As Figueiras
Porto Mercante de Ribadeo
Polígono Industrial de Barres
RIBADEO
Praia d... Bloque
0 700 m
GALICIEN ASTURIEN
Castropol

Jakobsweg 03

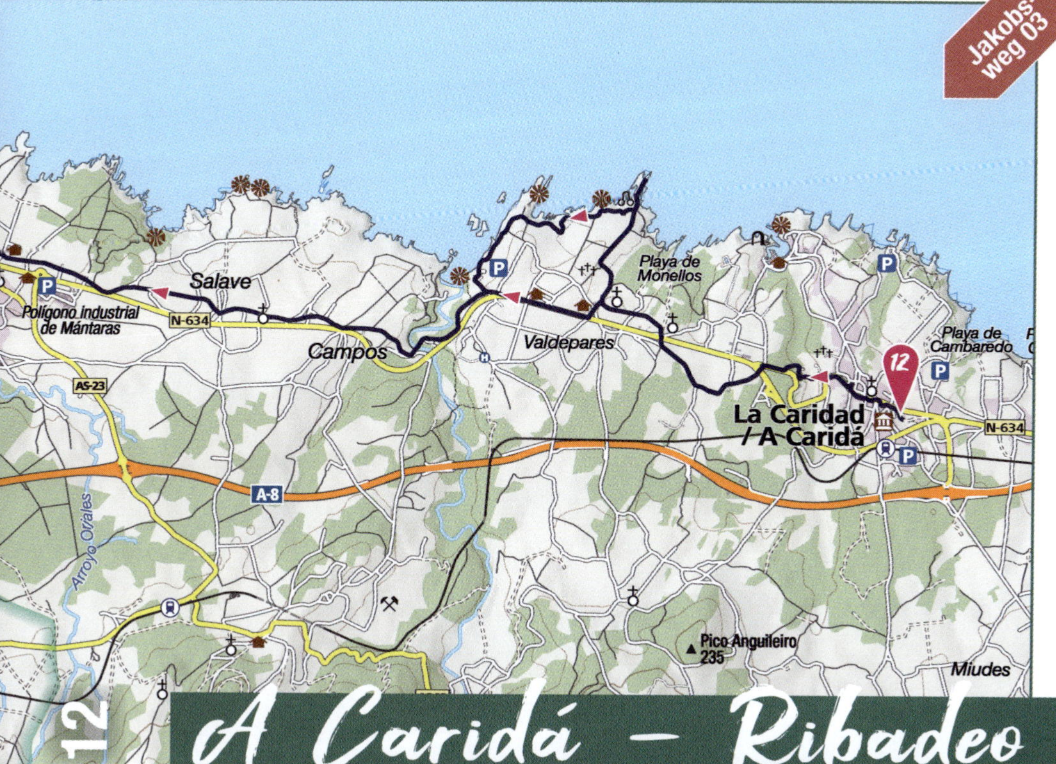


ETAPPE 12

# A Caridá – Ribadeo

## Mit der großen Brücke nach Galicien

| | |
|---|---|
| **DAUER** | 6h |
| **LÄNGE** | 28,3 km |
| **HÖHENMETER** | 545 hm |
| **SCHWIERIGKEIT** | LEICHT |
| **MIT ÖPNV ERREICHBAR** | ja |

## Das erwartet dich ...

Heute starten wir zu unserer letzten Etappe entlang der Küste. Dabei bekommen wir noch einmal die raue Gewalt des Meeres zu Gesicht. Der Weg ist einfach, wir können uns also nochmal voll und ganz auf die letzten Külsteneindrücke konzentrieren. Mit dem Queren der Ría del Eo nach Ribadeo kommen wir zur Provinzgrenze nach Galicien, der letzten auf unserem Weg nach Santiago.

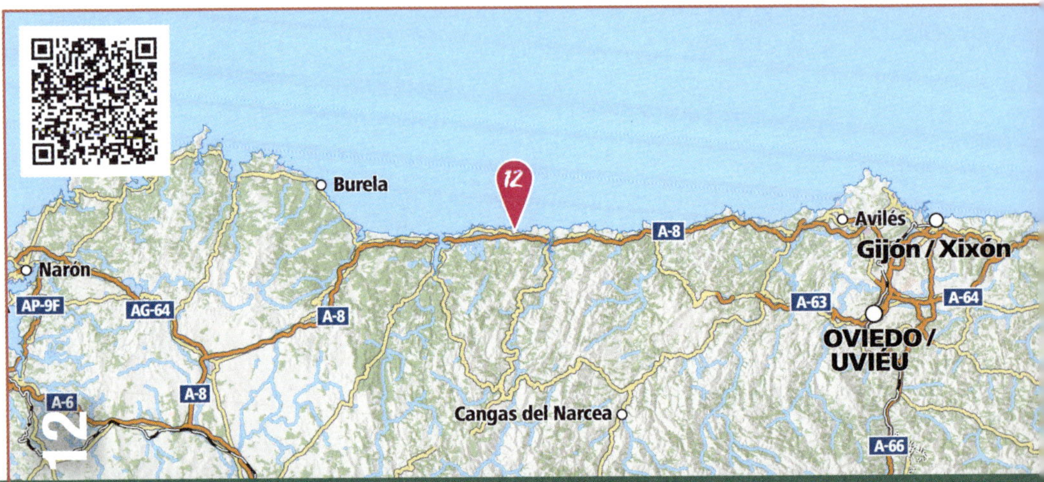

Burela
12
Avilés
A-8
Narón
Gijón / Xixón
AP-9F
AG-64
A-8
A-63
A-64
OVIEDO / UVIÉU
A-6
A-8
Cangas del Narcea
A-66

ETAPPE 12

## Start & Ziel & Anreise

Unser Ausgangsort ist A Caridá. Der Ort ist gut über die A-8 und die Nationalstraße N-634 angebunden. Mit den öffentlichen Verkehrsmitteln haben wir die Möglichkeit, mit dem Zug anzureisen. Züge fahren von Madrid mit Umstieg in Oviedo/Uviéu. Unser Ziel Ribadeo ist ein malerisches Grenzstädtchen zwischen Asturien und Galicien am Kantabrischen Meer. Hier kann man mal so richtig die Seele baumeln lassen.

# Tourenbeschreibung

Oben an der Hauptstraße geht's links, dann gehen wir geradewegs durch A Caridá hindurch. Nach Kirche und Touristen-Information zweigen wir an der Einfahrt des Holzverarbeitungsweges rechts ab. Kurz auf Beton, dann queren wir nach links ein kleines, schönes Bachtal. Oben an der Straße halten wir uns rechts, beim Bushäuschen queren wir die Nationalstraße nach links. Dann nehmen wir die zweite Straße von links nach San Pealyo, kommen am Spielplatz vorbei und kreuzen nach rechts erneut die N-634. Hinter der Ermita schwenken wir links zur Kirche von Valdepares.

An der T-Kreuzung haben wir die Wahl: Rechts führt der Weg über die Küste. Links führt uns der Camino. Bei gutem Wetter ist der rechte Weg ein Muss! Am Friedhof vorbei geht's zum Cabo Blanco, mit Blick auf die atemberaubende Klippenlandschaft. Der Fortweg führt uns entlang der Küste, wir schlendern an den

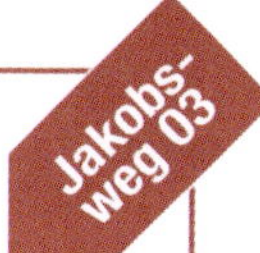


ersten Häusern vorbei und treffen nahe eines Rastplatzes auf Asphalt der zur Straße hinauf führt. Mit dem Hauptweg gehen wir auf der Landstraße rechts, durch Porcía. Die Wegweiser schicken uns über die Brücke und nach der Kurve rechts auf den Betonweg. Er leitet uns geradewegs nach Campos. Rechts auf der Nebenstraße gelangen wir nach Salave, an einem Spielplatz und Brunnen vorbei.

Rasch tangieren wir die N-634, dann entfernen wir uns allmählich von ihr Richtung Küste. Wir kommen direkt an den Klippen im Außenbereich von Tapia de Castariego heraus. Wir spazieren die Straße hinauf und biegen nach der Kurve beim „bri Colaso"-Laden rechts ab. Beim Café Moderno leitet uns der Camino hinauf zur Straße, dann folgen wir ihr am rechten Rand an der Kirche vorbei. Nach Tapia nehmen wir die Brücke am Playa de los Compos und überqueren kurz darauf den Fluss. Am nächsten Hotel geht's rechts und dann links auf das Plateau hinauf. Wir folgen dem Straßenverlauf grob geradeaus über Weiden. Nach 3 km stehen wir an einer Hauptstraße und dem Ortsschild von A Penela. Wir gehen rechts herum durch Villamil und das nicht weit entfernte Santa Gadea.

Mit der Straße erreichen wir rasch eine Kapelle mit tollen Blicken über den Playa de Penarronda. Wir schlendern bergab über einen Holzweg. An seinem Ende biegen wir rechts nach Penarronda ein. Wir bleiben nah der Küste, gehen am Restaurant vorbei und links über einen Farm- und Schotterweg nach dem letzten Haus. Zurück an der Straße gehen wir durch den Ort hindurch. Sobald wir die Autobahn vor uns sehen, biegen wir am Bushäuschen rechts nach Figueras ein. Unter der A-8 hindurch folgen wir weiter der Straße bis zur Hauptstraße. Wir wenden uns nach rechts, ignorieren die erste Abzweigung rechts und nehmen dafür die zweite rechts hinab in die Stadt. An der Calle Covadonga biegen wir erneut rechts ab. Wir passieren die Kirche von Figueras und gehen noch ein Stück weiter bis zur Straße. Links ab und die nächste rechts hinauf.

Wir wandern geradeaus an den Werften vorbei und zur Ermita de San Róman, von wo aus wir tolle Blicke nach Cristobal, Ribadeio und das galicische Hinterland erhaschen. Weiter zur Autobahn, dann geht's über die Puente de los Santos – hier wehen mitunter starke Winde, also Sack und Pack gut festhalten. Wir unterqueren die A-8 nach rechts, dann halten wir uns abermals rechts. Direkt an der Küstenlinie finden wir zu unserer Linken die kleine städtische Herberge, in der es ganzjährig nur 12 Betten gibt. Als kleiner Tipp: Die inoffizielle Fortführung des Weges führt die Küste hinauf bis zum Leuchtturm. Für weitere Unterkünfte und das Stadtzentrum unterqueren wir noch einmal die Autobahn. Wir spazieren an der Eremita vorbei und halten uns an der Kreuzung geradeaus. Anschließend geht's im Zickzack durch die Gassen hinab auf Meeresniveau. Wir schlendern dort an der Marina entlang und folgen der gepflasterten Straße bis zum großen Zentrumsplatz von Ribadeo hinauf.

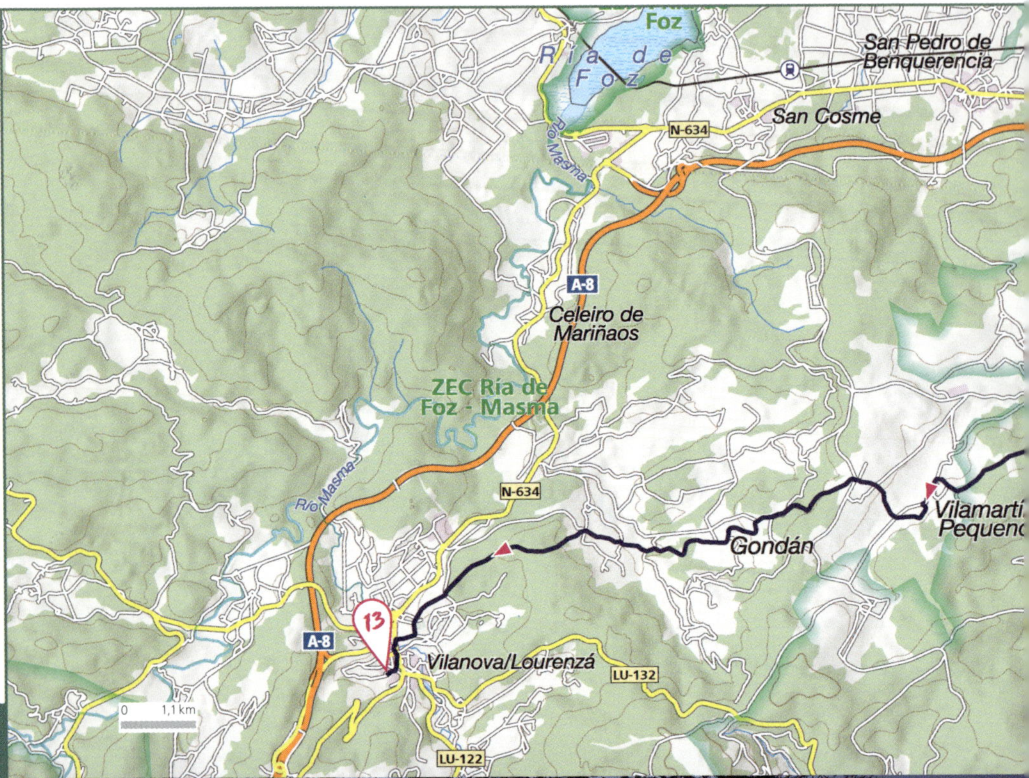

Foz
Ría de Foz
San Pedro de Benquerencia
San Cosme
N-634
Río Masma
A-8
Celeiro de Mariñaos
ZEC Ría de Foz - Masma
Río Masma
N-634
Gondán
Vilamartí Pequen
13
A-8
Vilanova/Lourenzá
LU-132
0 1,1 km
LU-122

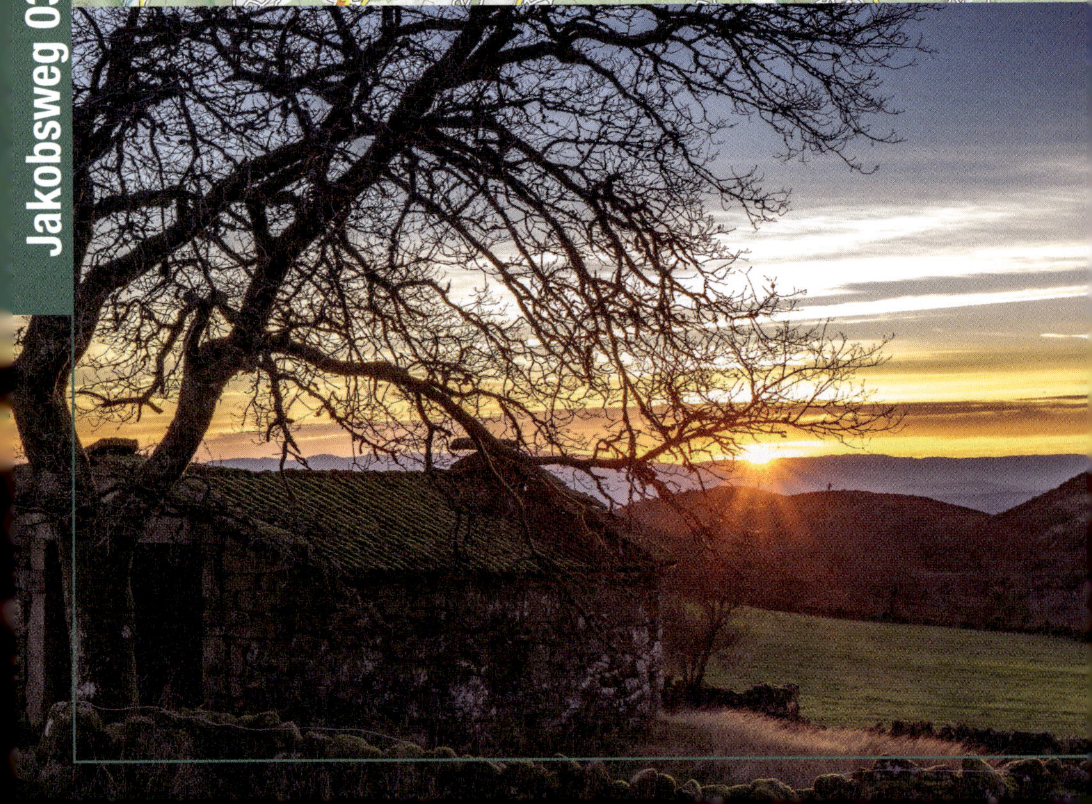

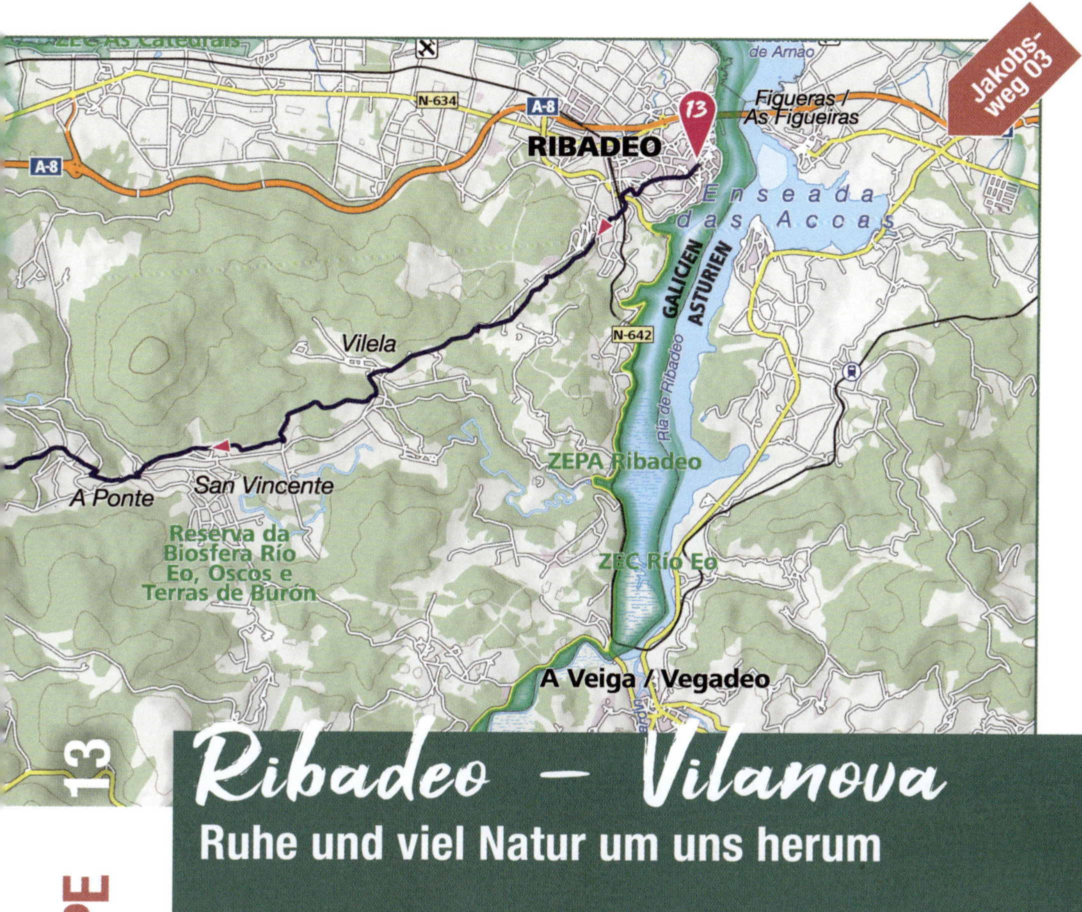


ETAPPE 13

# Ribadeo – Vilanova

## Ruhe und viel Natur um uns herum

| | |
|---|---|
| **DAUER** | 7h |
| **LÄNGE** | 28,3 km |
| **HÖHENMETER** | 865 hm |
| **SCHWIERIGKEIT** | MITTEL |
| **MIT ÖPNV ERREICHBAR** | ja |

## Das erwartet dich ...

Heute lassen wir die Küste endgültig hinter uns. Im steten Wechsel von Wiesen, Feldern, Eukalyptuswäldern und kleinen idyllisch gelegenen Dörfern geizt der Blick nicht mit Ruhe und wunderschönen Ausblicken. Da wir auch einige unbefestigte Wege überqueren, können diese bei Regen stellenweise durchaus matschig werden, insbesondere aber auf den letzten 4 km bis zum Etappenziel. Bis dorthin gibt es auch keine Einkaufsmöglichkeiten, Wasser aber zur Genüge.

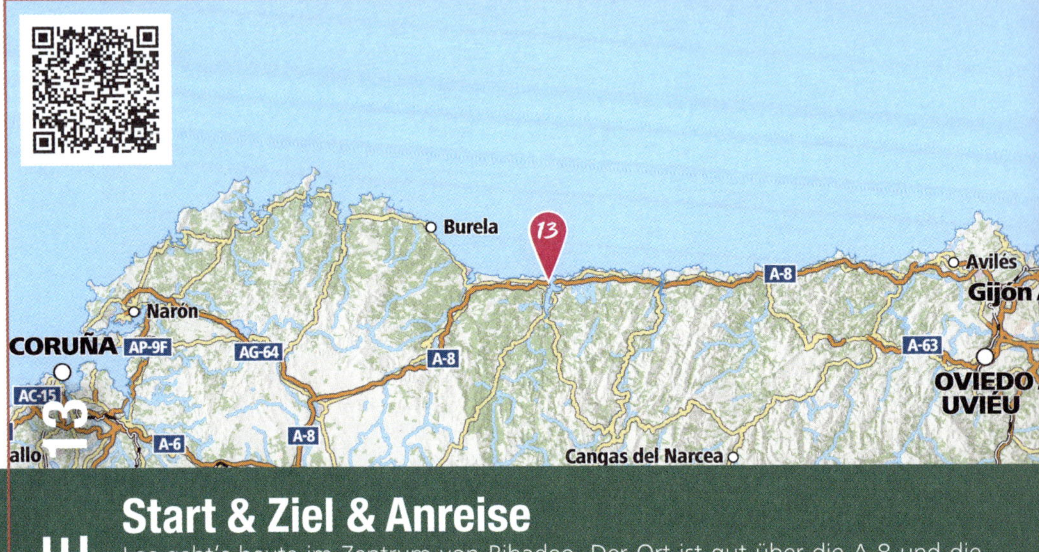


ETAPPE 13

## Start & Ziel & Anreise

Los geht's heute im Zentrum von Ribadeo. Der Ort ist gut über die A-8 und die Nationalstraße N-634 angebunden. Aus südlicher Richtung können wir über die N-642 anfahren. Mit den öffentlichen Verkehrsmitteln haben wir die Möglichkeit, mit dem Zug anzureisen. Züge fahren von Madrid mit Umstieg in Oviedo/Uviéu.

# Tourenbeschreibung

Mit dem Zentrumsplatz im Rücken verlassen wir Ribadeo Richtung Kirche. Wir gehen geradeaus über die Kreuzung und zweigen im Anschluss rechts in die Rúa de Deputacíon ab. Dort nehmen wir die dritte Straße links in eine Nebenstraße. Sie leitet uns zur Herberge Viruxe. Weiter geht es rechts, dann schwenken wir nach links und gehen über eine Brücke. Das nächste Dorf erreichen wir über die Schienen nach rechts. Beim mittelgrünen Haus gehen wir im Rechts-Links-Wechsel die Straße hinauf. Bevor wir uns zwischen Eukalyptuswäldern und Wiesen wiederfinden, werfen wir ein paar lohnende Blicke zurück.

Der Camino leitet uns nun moderat bergan und trifft bald auf O Valín. Dort treffen wir auf die Hauptstraße, folgen ihr kurz und wechseln dann auf einen guten Schotterweg. Hinter dem nächsten Gehöft biegen wir links auf die Straße ab. Sie führt uns bis zur Kirche mit Brunnen. Dort nehmen wir die zweite Abzweigung

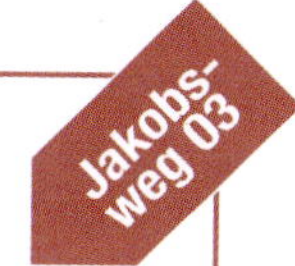


nach rechts nach Vilela. Die Straße hinauf erreichen wir eine Bar. Dort halten wir uns sofort rechts an Wald und Wiesen entlang. Rasch erreichen wir das beschauliche Vilela. Hinter dem letzten Haus des Ortes zweigen wir rechts ab und verlassen die Straße zugunsten eines Schotterweges. Wir spazieren am Waldsaum entlang, dann mündet der Weg in die Straße am oberen Rand von San Vincent. Wir kreuzen bald den Asphalt und wandern nach A Ponte hinab. Erneut steigen wir die Straße bergan, dann biegen wir in die nächste rechts ab und gleich wieder links. Steiler gehen wir zur nächsten Straße hinauf. Auch hier müssen wir uns kurz rechts halten, dann erneut links und schon führt uns ein asphaltierter Weg nochmal steiler hinauf. Nach einem schönen Rastplatz mit Brunnen halten wir uns kurz vor dem Kuhstall links. Wir treffen auf einen weiteren Schotterweg. Nach ca. 1,5 km gehen wir die Straße kurz hinauf, biegen aber gleich hinter der Kurve erneut auf einen Schotterweg ein. Er steigt wieder leicht an. Wir genießen den Wechsel aus Wiesen, Feldern, Wald und schönen Ausblicken. Hinter dem Kahlschlag halten wir uns an der Abzweigung rechts, dann wandern wir bergab, nachdem wir den Wald verlassen haben. An einer kleinen Straße geht's rechts ins Dörfchen Vilamartín Pequeno.

Nun leitet die Route steiler hinab auf die nächste Querstraße. Wir folgen ihr bis zum Friedhof und biegen links zur Kirche ein. Dann führen uns rechts gute Schotterwege hinab, über den Fluss und wieder hinauf nach Vilamartín Grande. Im Ort wartet an der Kapelle ein Brunnen auf uns. Wir queren die Hauptstraße und schlendern in Serpentinen nach Gontán hinab. Gemütlich wandern wir für weitere 2 km auf der Straße entlang nach San Xusto. Hinter der Bar A Curva geht's links steil bergauf. Noch vor der Kirche zweigen wir links auf einen Schotterweg ab. Wieder einer der Wege, der bei Nässe matschig wird. Wir spazieren steil hinauf zum Plateau.

Gemütlich schlendern wir bergab durch recht dichten Eukalyptuswald. Wir stoßen mit der Zeit auf eine Straße, zweigen kurz links, dann rechts ab und verschaffen uns nun einen guten Überblick über unser Etappenziel. Wir gehen rechts am Stadion vorbei und halten uns an der kleinen Kapelle rechts zur Hauptstraße hinab. Hier passieren wir die touristische Herberge. Rechts herum geht's zur Fußgängerbrücke und geradeaus über die Straße. Die Nebenstraße bringt uns an der Santander-Bank vorbei zur T-Kreuzung. Hier finden wir rechts die städtische Herberge von Vilanova/Lourenzá.

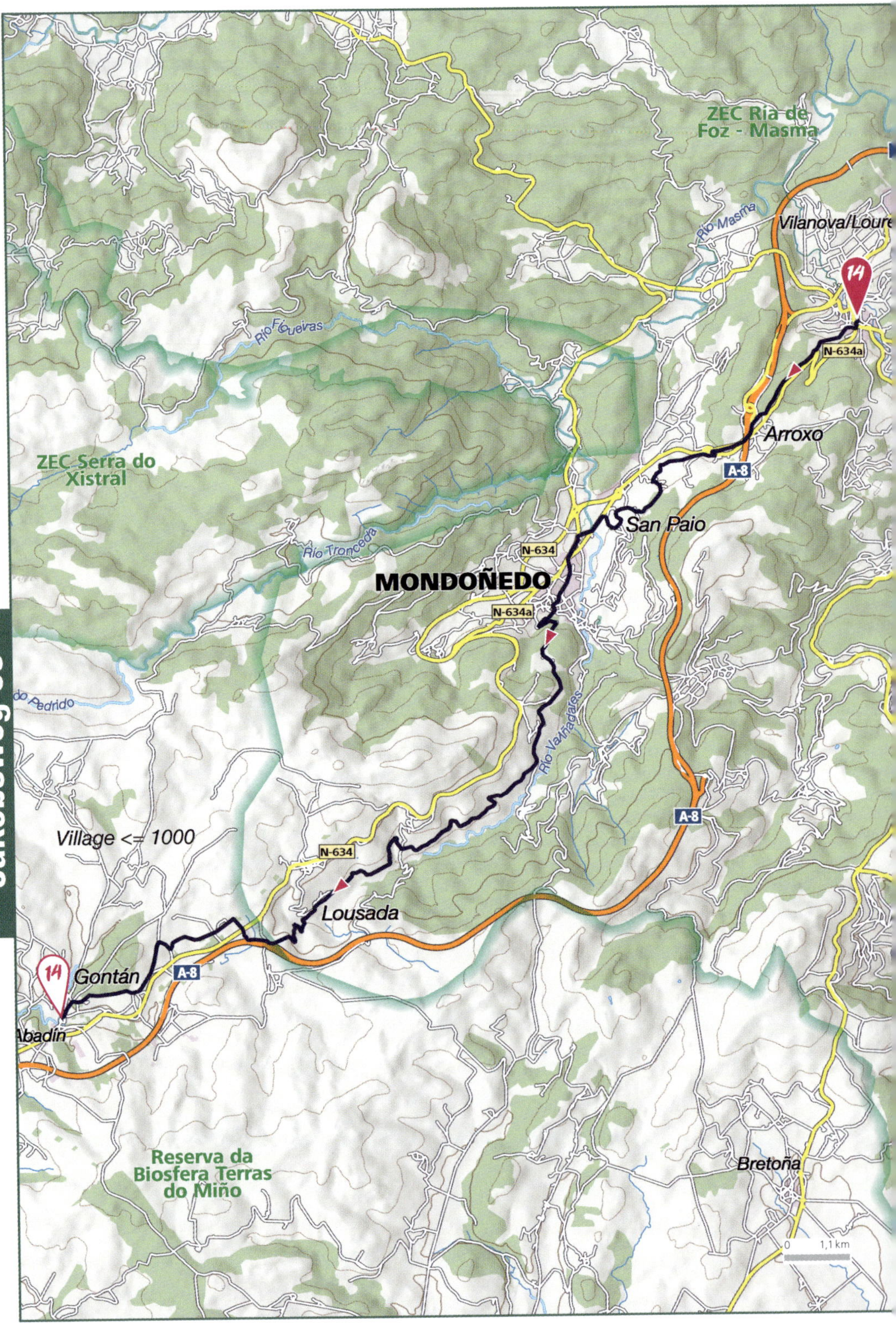

ZEC Ría de Foz - Masma
Río Masma
Vilanova/Loure
14
N-634a
Arroxo
A-8
Río Figueiras
ZEC Serra do Xistral
Río Tronceda
San Paio
N-634
MONDOÑEDO
N-634a
do Pedrido
Río Valiñadares
A-8
Village <= 1000
N-634
Lousada
14
Gontán
A-8
Abadín
Reserva da Biosfera Terras do Miño
Bretoña
0 1,1 km

Jakobsweg 03

ETAPPE 14

# Vilanova – Gontán

## Durch die galicische Hügelwelt

| | |
|---|---|
| DAUER | 6h |
| LÄNGE | 25,1 km |
| HÖHENMETER | 810 hm |
| SCHWIERIGKEIT | MITTEL |
| MIT ÖPNV ERREICHBAR | nein |

## Das erwartet dich ...

Heute erwartet uns eine durchwegs sehr hügelige, wenn auch szenisch ausgesprochen schöne Etappe. Sehr ländlich geht es ins sehr schöne Mondoñedo und anschließend über ruhige Landstraßen ins Etappenziel. Wir sind heute zwar nicht gar so lange unterwegs, ab San Paio kann es jedoch mal anstrengend werden. Ab da sind wir fast toujours bergauf unterwegs.

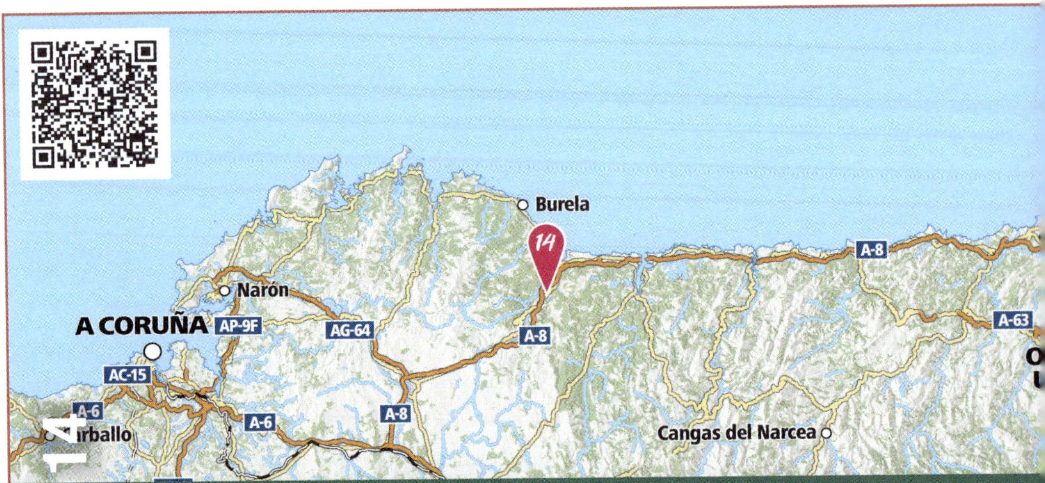

ETAPPE 14

## Start & Ziel & Anreise

Wir starten in Lourenzá am Mosterio de San Salvador. Auch dieser Ort ist gut über die A-8 und die Nationalstraße N-634 zu erreichen. Die Anfahrt mit öffentlichen Verkehrsmitteln ist heute leider nicht möglich. Unser Ziel, Gontán, ist ein kleines verschlafenes Dorf. Am Ortsausgang gibt es die Kapelle San Cosme y San Damián zu sehen, die jedes Jahr gegen Ende September anlässlich des Festes der heiligen Märtyrer von Valdecuna zum Wallfahrtsort wird. Ansonsten ist der Ort eher bescheiden.

# Tourenbeschreibung

Wir spazieren von der imposanten Mosteiro de San Salvador in Vilanova/Lourenzá direkt die Straße hinauf. Unweit rechts kommen wir auf einen Schleichweg, der uns oberhalb des Ortes führt. Wir bleiben am Friedhof und an der kommenden Kreuzung geradeaus und folgen der Route durch einen kleinen Wald hinauf. Sobald wir auf eine Straße treffen, halten wir uns rechts, und gehen weiter über unbefestigte Wege. Sie sind auch bei Regen gut zu begehen. Am kleinen Dorf Arroxo gehen wir rechts vorbei, dann unterqueren wir die Autobahn und erreichen weiter unten parallel die N-634. An der nächsten Querstraße halten wir uns zweimal links auf einen kleinen Schleichweg, der uns direkt zur Kirche von Grove bringt.

Wir schwenken zwischen dem Haus und dem Hórreo – einem höher gelegten, typisch galicischen Kornspeicher – direkt rechts herum und folgen dem Camino ein

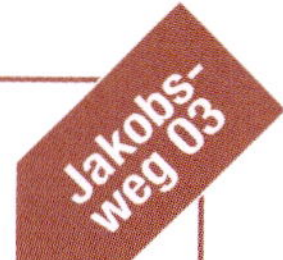


Stück bergauf. Kurz darauf führt uns ein weiterer Schotterweg nach Mondoñedo überwiegend bergab. An einem Friedhof genießen wir erst einmal einen schönen Ausblick auf die besagte Stadt am Fuße der Bergkette. Bis nach San Pedro wandern wir nochmal leicht aufwärts. An der Kirche des Ortes geht's im Links-Rechts-Schwenk an einem Brunnen vorbei. Dann leitet die Route nach rechts, am Waldsaum auf sandig-tonigem Untergrund entlang. Wieder auf festem Untergrund gelangen wir nach San Paio.

Wir wandern zunächst steil, dann moderater mit der Dorfstraße zur Nationalstraße hinab. Ihr folgen wir nach links für gute 300 m, anschließend schwenken wir rechts durch eine Wohngegend und den Außenbereich Mondoñedos. Bei der nächsten Querstraße, der Rúa San Lázaro, biegen wir links zum Kreisel ab. Dahinter halten wir uns noch einmal links, passieren den ZOB und schlendern geradewegs ins Zentrum zur Kathedrale von Mondoñedo. Hier empfiehlt sich ein Besuch mit deutschem Audioguide! Pilger zahlen 3 Euro Eintritt.

Nun haben wir die Wahl, ob wir den steilen, schweren Weg über den Berg nehmen oder den etwas längeren Weg auf der ruhigen Landstraße. Der Weg über den Berg ist fünf km länger, bedeutet aber nur minimale Zeitersparnis. Er ist nur bei gutem Wetter zu empfehlen. Es gibt kein Wasser und keine Einkehrmöglichkeiten bis Gontán.

Wir entscheiden uns in diesem Buch für den Letzteren. Dafür queren wir den Vorplatz der Kathedrale bis zur nächsten Querstraße. Wir biegen rechts ein, dann laufen wir die nächste Straße links hinauf. Oben an der Brücke halten wir uns erneut links. Für die nächsten 9 km folgen wir nun entspannt der angenehm ruhigen Landstraße. Zu Beginn zwar noch ein wenig steil führt sie uns über viele kleine Dörfer, die sich malerisch an den Hang schmiegen. Nach ungefähr 2 km erreichen wir eine Quelle, die letzte vor unserem Etappenziel! Mal auf und ab, mal eben, spazieren wir mit immer wieder tollen Ausblicken dahin. Schließlich erreichen wir das größere Lousada. Es ist der nächste Ort nach Kapelle und Friedhof von San Vincent, ohne Ortsschild.

Am Ortsende zweigen wir links von der Straße auf einen Schotterweg ab. Über den Fluss säumen Ruinen vergangener Zeiten unseren Weg. Serpentinen leiten uns steil wieder hinauf Richtung Autobahn. Wir gehen kurz parallel zu ihr, dann queren wir den Kreisel und halten uns wenig später rechts über die N-634 und entfernen uns in Zickzack-Linien von ihr. Ein Wechseln von Schotter und Asphalt führt uns um den nächsten Hügel herum, dabei richten wir uns stets nach den Pfeilen. Der Weg zieht sich. Nach einiger Zeit erreichen wir endlich unser Etappenziel Gontán. Im Ort gibt es eine Bar und einen Supermarkt.

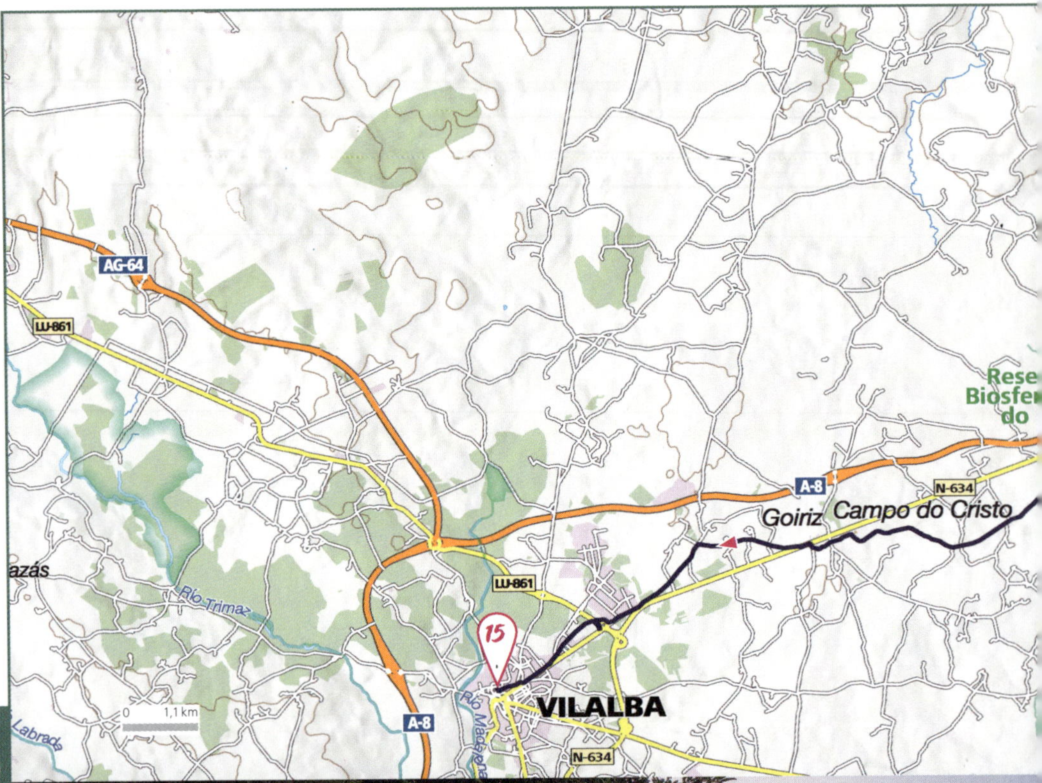

AG-64
LU-861
A-8
N-634
Goiriz
Campo do Cristo
Río Trimaz
LU-861
15
VILALBA
0 1,1 km
A-8
Río Madalena
N-634

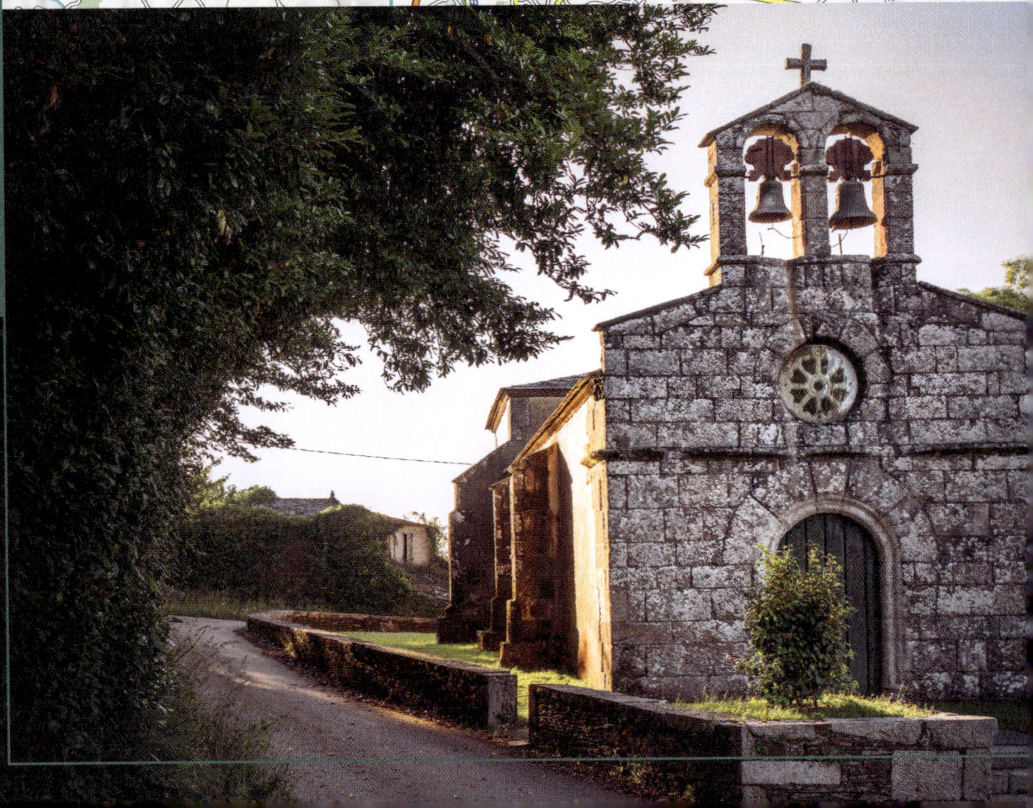

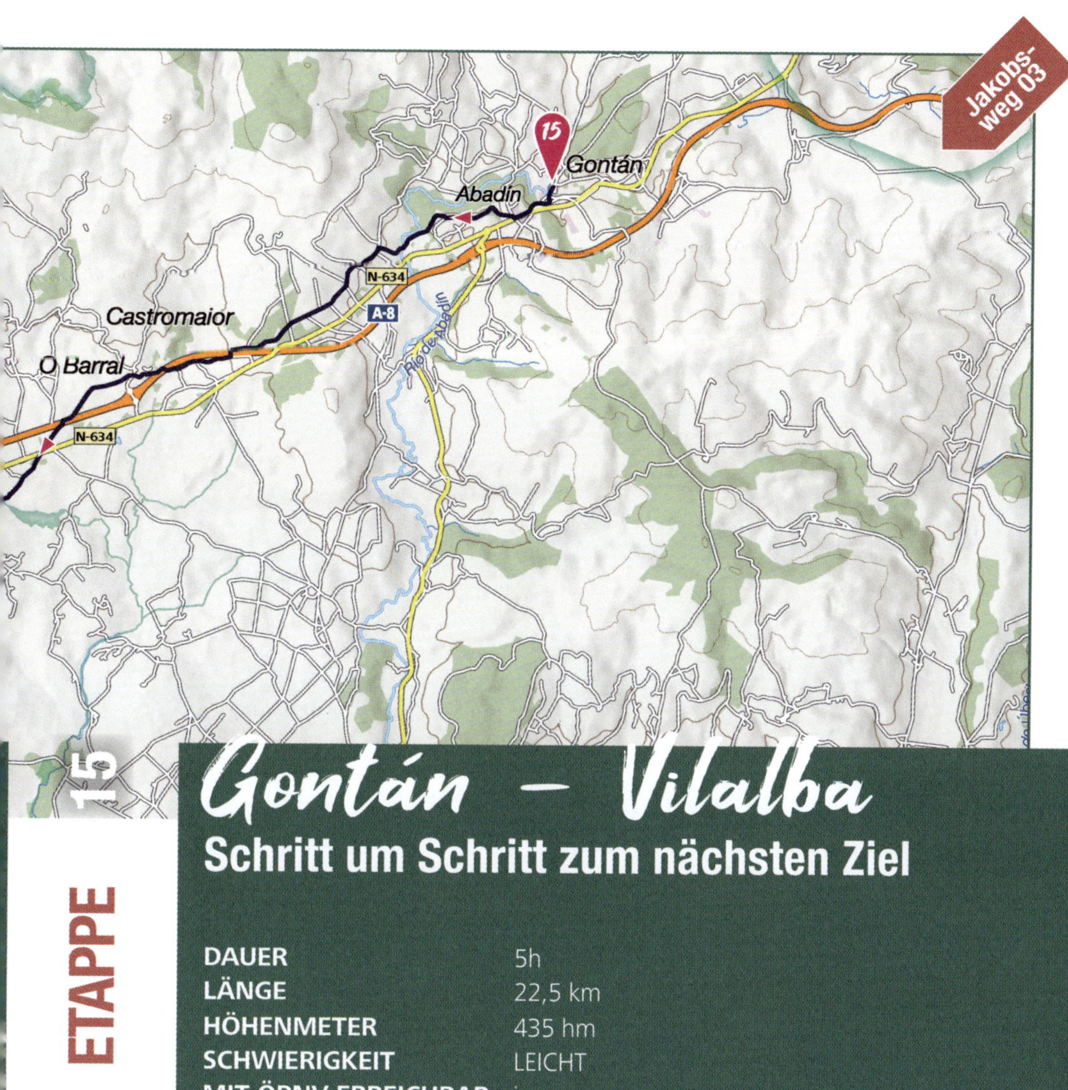


ETAPPE 15

# Gontán – Vilalba

## Schritt um Schritt zum nächsten Ziel

| | |
|---|---|
| **DAUER** | 5h |
| **LÄNGE** | 22,5 km |
| **HÖHENMETER** | 435 hm |
| **SCHWIERIGKEIT** | LEICHT |
| **MIT ÖPNV ERREICHBAR** | ja |

## Das erwartet dich ...

Die heutige Tageswanderung ist anfangs noch etwas hügelig , wird dann in ihrem Verlauf aber stetig flacher. Vorwiegend führt sie uns über unbefestigte Wege. Die können besonders ab der zweiten Hälfte mangels Drainage schnell vermatschen und vernässen. Davon abgesehen ist es aber eine sehr ruhige Etappe.

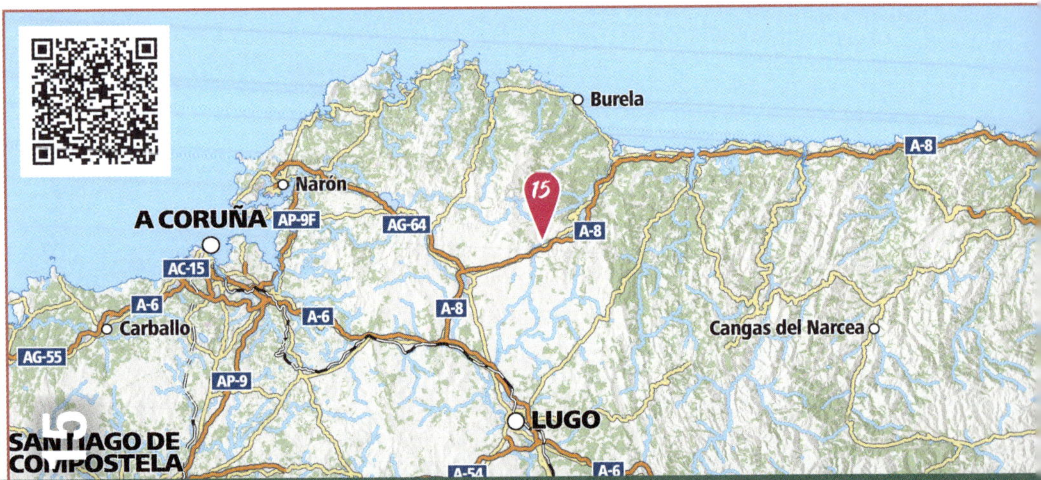

Burela
A-8
Narón
A CORUÑA
AP-9F
AG-64
A-8
AC-15
A-6
A-8
A-6
Carballo
Cangas del Narcea
AG-55
AP-9
LUGO
SANTIAGO DE COMPOSTELA
A-54
A-6

ETAPPE 15

## Start & Ziel & Anreise

Unsere Etappe beginnt in der Ortsmitte von Gontán. Die Anreise mit dem eigenen PKW ist recht unkompliziert und führt wieder über die A-8 und die N-634. Der Ausgangsort kann auch mit dem Bus erreicht werden. Unser Ziel Vilalba ist Hauptort des Landstrichs A Terra Cha und berühmt wegen seines jüngsten Wachstums und seiner Produkte wie Kapaune oder San-Simón-Käse.

# Tourenbeschreibung

Wir spazieren durch die Ortsmitte von Gontán und gehen geradewegs über den Fluss. Danach können wir entweder gleich rechts über den Marktplatz zur Straße hinaufwandern, oder aber wir halten uns geradeaus rechts der Straße entlang. So oder so gelangen wir direkt nach Abadín. Wir halten uns rechts auf der Hauptstraße und nutzen hier die letzte Einkaufsmöglichkeit bis Vilalba. Die Route leitet uns am Restaurant Nizza und an der Schule vorbei, dann biegen wir rechts zur Post ab. Hier gleich wieder links geschwenkt kommen wir auf eine ruhige Nebenstraße.

Einen Kilometer später nehmen wir rechter Hand einen sehr guten, abschnittsweise jedoch leicht matschigen Schotterweg. Er führt uns hinab, über den Río de Abadín und wieder hinauf zur Straße. Vorsicht, bei Nässe ist die Brücke recht rutschig. Wir halten uns links und durchwandern zwei Dörfer. An der nächsten Kreu-

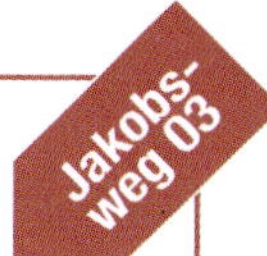


zung geht's geradeaus weiter über die schöne hügelige Landschaft. Wir spazieren weiterhin über kleine Straßen und unbefestigte Wege. Bald schon wechseln wir die Straßenseite mittels der Autobahnbrücke. Nach rechts schlendern wir durch ein kleines Dorf, vor dem sich eine Quelle befindet. Am Ende des Dorfes treffen wir auf die Herberge O Xistral.

Ein schöner Hohlweg leitet uns bergab. Mit Unterquerung der Autobahn verlassen wir Castromaior. Die nächsten 1,5 km wandern wir geradeaus über unbefestigte Wege. Dann wechseln wir wieder die Autobahnseite und erreichen kurz darauf Martiñan. Im Sommer können wir hier an der Bar rasten. Wir gehen bis zur Nationalstraße, queren sie und schlendern an ein paar Höfen entlang. Bald zweigt die Route links zu einer schönen alten Brücke mit Rastplatz ab. Die nächsten 5 km spazieren wir fast ausschließlich auf sehr ruhigen und urigen Feld- und Waldwegen. Ca. 1 km vor dem größeren Goiriz steht die Querung einer Furt über Trittsteine an. Vorsicht, nach starken Regenfällen können sie überflutet werden.

Nach Goiriz geht's rechts zur Nationalstraße, dann folgen wir ihr ein paar Meter auf dem Seitenstreifen. Vor dem nächsten Haus mit einer großen Hecke schickt uns der Camino nach rechts. Für die nächsten 1,5 km wechseln wir zwischen befestigtem und unbefestigtem Untergrund. Gerade der lose Untergrund kann mitunter arg ausgespült sein. An der nächsten Straße zweigen wir links ab und nähern uns langsam der N-634. Beim Gewerbegebiet von Vilalba treffen wir direkt hinter der Feuerwehr auf die öffentliche Herberge Xunta.

Im gut 2 km entfernten Ortskern gibt es Einkaufsmöglichkeiten und weitere Unterkünfte. Dafür folgen wir der Straße weiter geradeaus. Wir nutzen die Fußgängerbrücke am großen zweiten Kreisel. Wieder auf der Straße halten wir uns scharf links und biegen kurz darauf nach links auf einen Schotterabschnitt ab. Er leitet uns immerzu geradeaus direkt in die Stadt hinein. Wir passieren den Supermarkt Gadis und folgen gute 500 m der Hauptstraße. Dann geht's rechts herum auf eine Nebenstraße. Der Asphalt endet hier kurzerhand, wir betreten die Fußgängerzone. Entlang der imposanten, schönen Häuser erreichen wir rasch den großen Marktplatz und die Kirche in der Altstadt von Vilalba.

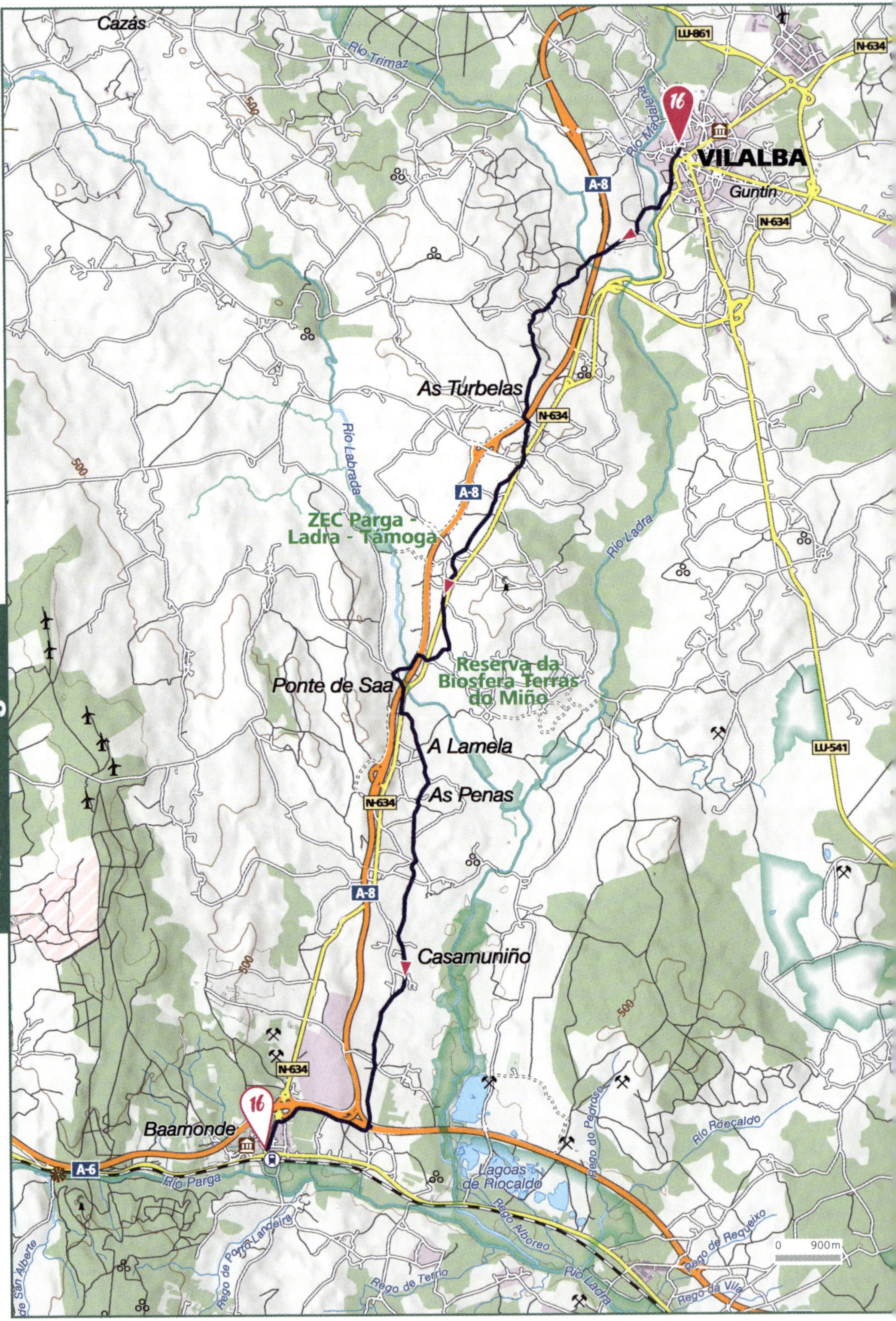

Cazás
Río Trimaz
LU-861
N-634
Río Madalena
16
VILALBA
Guntín
A-8
N-634
As Turbelas
N-634
Río Labrada
500
A-8
ZEC Parga - Ladra - Támoga
Río Ladra
Reserva da Biosfera Terras do Miño
Ponte de Saa
A Lamela
As Penas
N-634
LU-541
A-8
Casamuniño
500
500
N-634
16
Baamonde
A-6
Río Parga
Río Roecaldo
Rego do Pedroso
Lagoas de Riocaldo
Rego Alboreo
Rego de Porto Landeira
Rego de Terrio
Río Ladra
Rego de Requeixo
Rego da Vila
de San Alberte
0 900 m

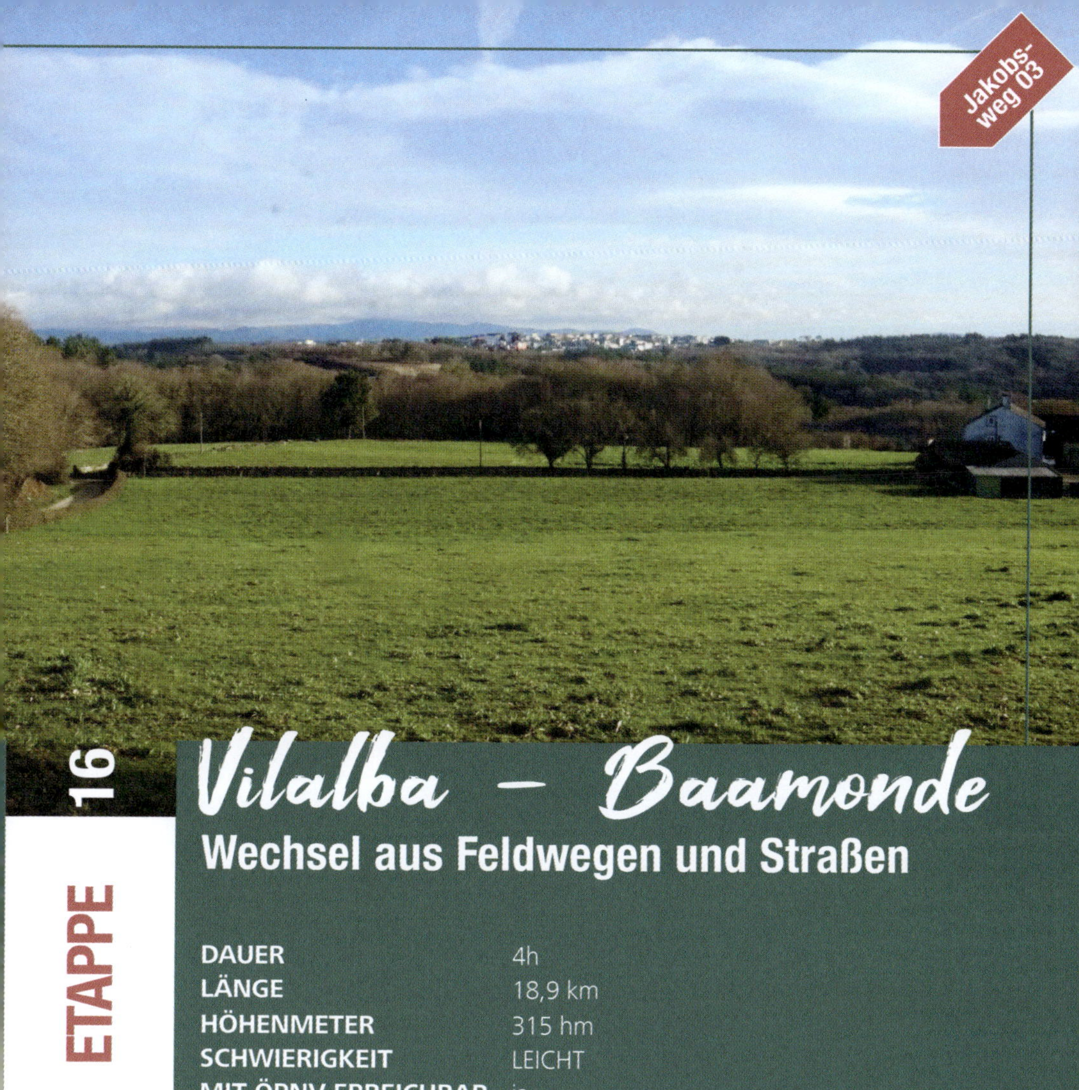


ETAPPE 16

# Vilalba – Baamonde

## Wechsel aus Feldwegen und Straßen

| | |
|---|---|
| **DAUER** | 4h |
| **LÄNGE** | 18,9 km |
| **HÖHENMETER** | 315 hm |
| **SCHWIERIGKEIT** | LEICHT |
| **MIT ÖPNV ERREICHBAR** | ja |

## Das erwartet dich …

Vor uns liegt nun eine Etappe, deren Genuss arg vom Wetter abhängt. Die schlimmsten Abschnitte können dann allerdings entlang der N-634 umgangen werden. Entlang von Wäldern, Weiden und vielen kleinen Dörfern verwandeln sich bei schlechtem Wetter bei dieser Etappe einige Wegabschnitte in regelrechte Seen- und Matschlandschaften. Auf Grund der kurzen Wegstrecke kann sie bis zur Herberge von A Lagoa verlängert werden.

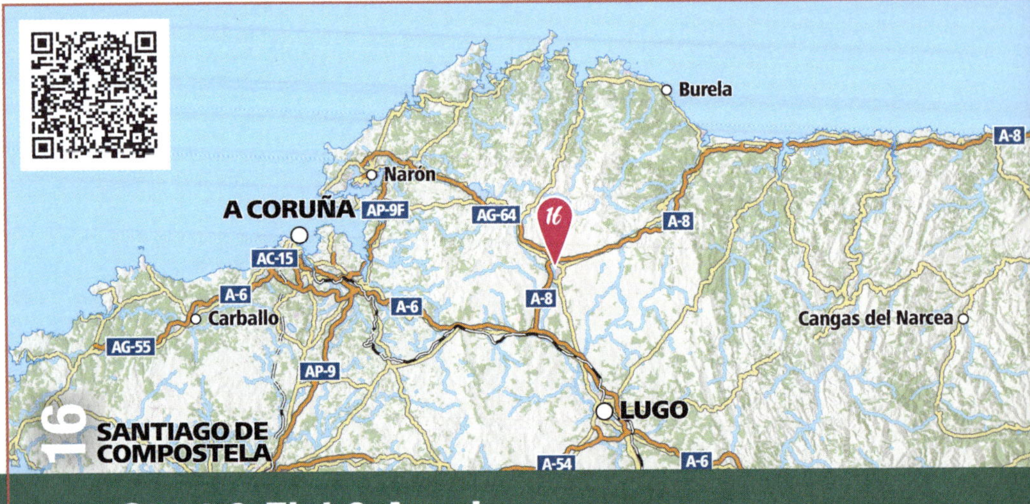


ETAPPE 16

## Start & Ziel & Anreise

Heute starten wir am Marktplatz von Vilalba. Wie auch schon die vielen Etappen zuvor ist auch dieser Ausgangspunkt gut ans Straßennetz angeschlossen und über die A-8 und die N-634 mit dem Auto zu erreichen. Auch Vilalba wird von öffentlichen Bussen angefahren.

# Tourenbeschreibung

Am Marktplatz in Vilalba halten wir uns zunächst rechts der Kirche geradeaus. Die nächste Abzweigung nehmen wir nach links an der Pension Suites Camiño Norte geht's rechts hinab. Nach der Kreuzung wandern wir bis zur nächsten Straße über einen Schleichweg bis zum Ortsrand. Ein kurzer Asphaltstreifen endet an der Wasseraufbereitungsanlage. Über den Fluss spazieren wir auf der Straße sanft hinauf durchs Dorf. Nach der Autobahnunterquerung überschreiten wir die Ponte Rodriguez. Dann geht's gleich rechts entlang idyllischer Häuser. Durch einen Hohlweg und ein Dörfchen folgen wir der Route bergauf. Bei einigen Weiden biegen wir rechts auf einen nicht so schönen Weg nach Gabín ein.

Wir schlendern auf der Dorfstraße an einer Streuobstwiese vorbei und biegen am Haus mit grünen Türen und Fensterläden links auf einen Waldweg ab. Trittsteine bringen uns über die Furt. Dann schlängelt sich der Camino durch hüge-

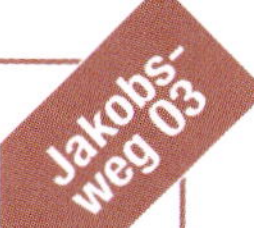


ligen Mischwald. Den Ort As Turbelas passieren wir und queren die Autobahn. Hinter dem ersten Haus rechts gelangen wir geradewegs zur N-634 und auch zur markanten Kirche und dem Friedhof von Alba. Nur kurz folgen wir der Nationalstraße, dann stehen wir am Parallelweg rechts der Straße. Bei Regen sollte er gemieden werden. Stattdessen können wir mit Vorsicht gute 2,3 km der Nationalstraße folgen, bis wir links abzweigen können. Andernfalls folgen wir Farmwegen über kleine Dörfer, bis wir erneut die Nationalstraße queren.

Über den Waldrand erreichen wir einen großen Hof. Rechts geht's wieder zur N-634. Wir unterqueren geradewegs die Autobahn, halten uns links über eine die Brücke des Río Labrado und schlendern durch Ponte de Sa. Wieder unter der Autobahn hindurch gehen wir danach kurz an der Nationalstraße entlang. Wir queren sie auf unbefestigten Wegen. Aus dem Ort Lamela leitet uns der Camino fortan fast nur auf kleinen und ruhigen Dorf- und Landstraßen. Auf den nächsten 5 km genießen wir die andauernde Ruhe und Abgeschiedenheit der Dörfer wie Penas, Casanovas oder Casamuniño. Anschließend unterqueren wir ein letztes Mal die Autobahn, dann wandern wir links neben ihr her. Am Gebäude Tanatorio schwenken wir links auf die Nationalstraße. Sie führt uns letztlich bis zur öffentlichen Herberge von Baamonde, 100 m vor dem Kreisel.

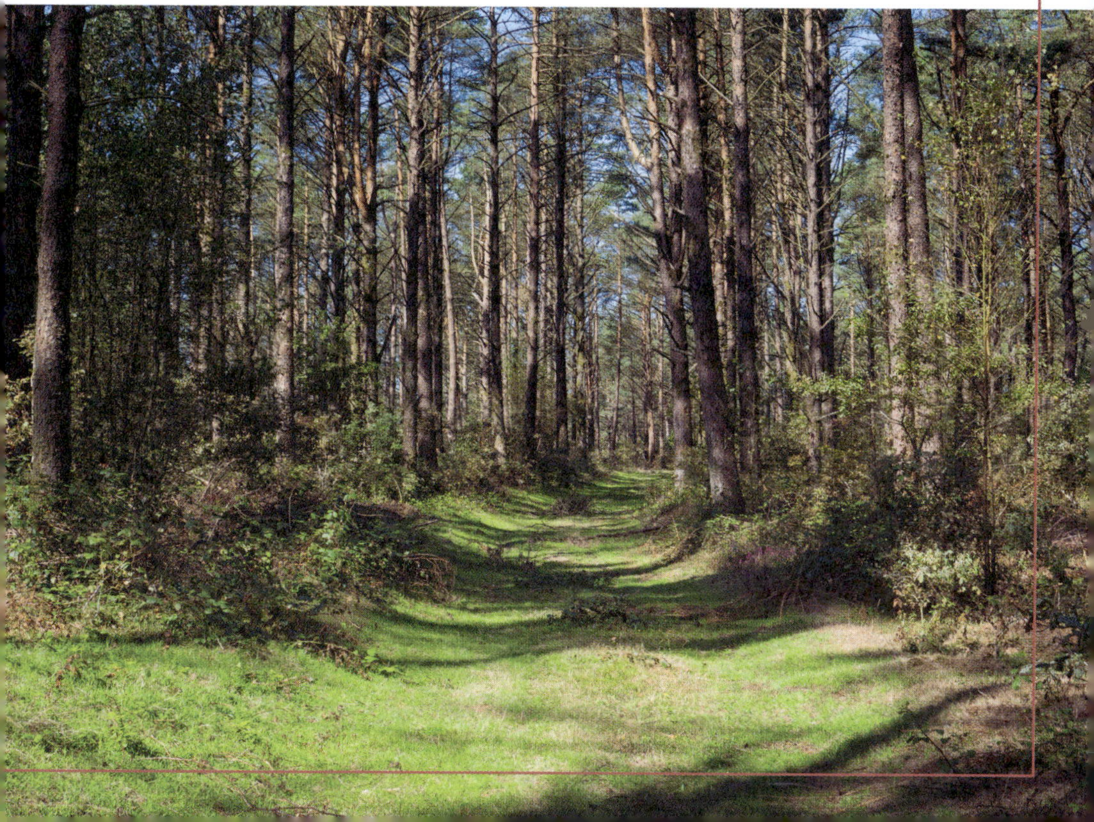

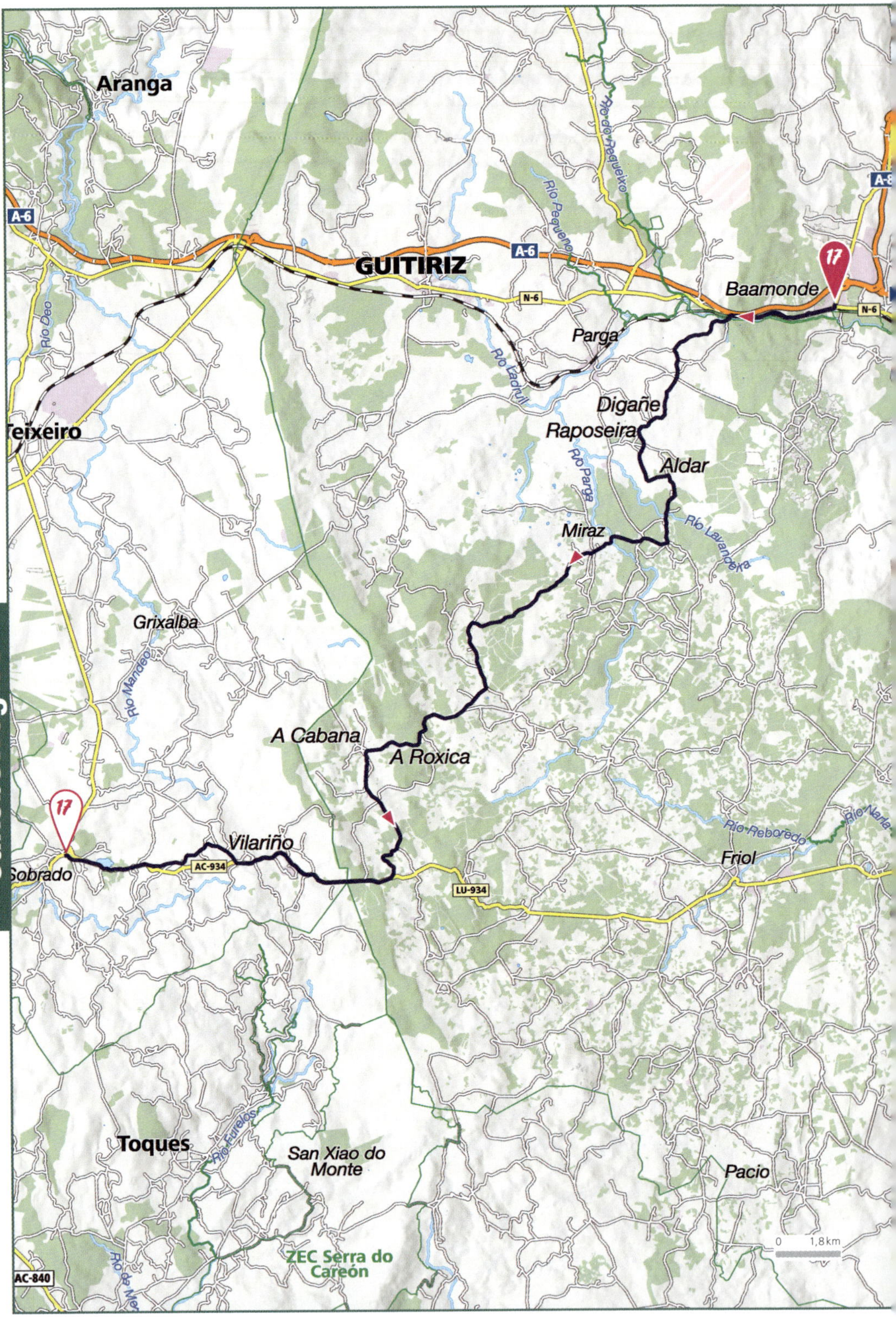

Aranga
A-6
GUITIRIZ
A-6
N-6
Baamonde
17
N-6
A-8
Río Deo
Río do Pequeiro
Río Pequeno
Río Ladrum
Parga
Digañe
Raposeira
Aldar
Río Parga
Teixeiro
Río Lavandeira
Miraz
Grixalba
Río Mandeo
A Cabana
A Roxica
17
Vilariño
Sobrado
AC-934
LU-934
Río Reboredo
Río Narla
Friol
Río Furelos
Toques
San Xiao do Monte
Pacio
ZEC Serra do Careón
AC-840
0 1,8 km

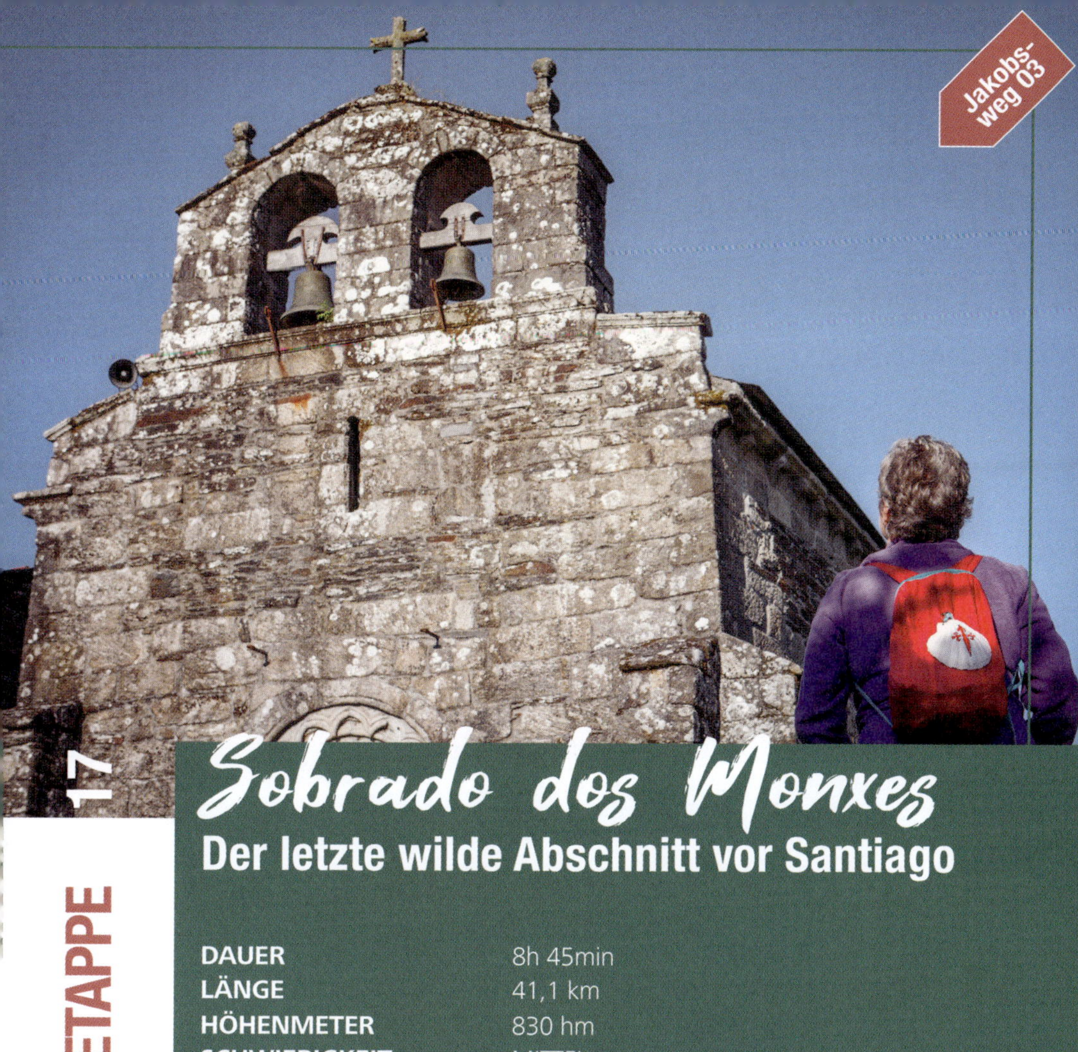

ETAPPE 17

# Sobrado dos Monxes

## Der letzte wilde Abschnitt vor Santiago

| | |
|---|---|
| **DAUER** | 8h 45min |
| **LÄNGE** | 41,1 km |
| **HÖHENMETER** | 830 hm |
| **SCHWIERIGKEIT** | MITTEL |
| **MIT ÖPNV ERREICHBAR** | ja |

## Das erwartet dich ...

Heute erwartet uns eine lange Etappe, die aber gut zu meistern ist und durch viel Natur, schöne Wälder und kleine Dörfer führt. Bei schlechtem Wetter sollten wir in Laguna abkürzen. Hier nicht vergessen, die Verfügbarkeit der Herberge zu prüfen! Ab Miraz sind die öffentlichen Wasserquellen ein Problem. Im Sommer brennt die Sonne heiß, daher sollten wir uns in A Roxica oder Cabana Wasser besorgen. Sonnenschutz nicht vergessen!

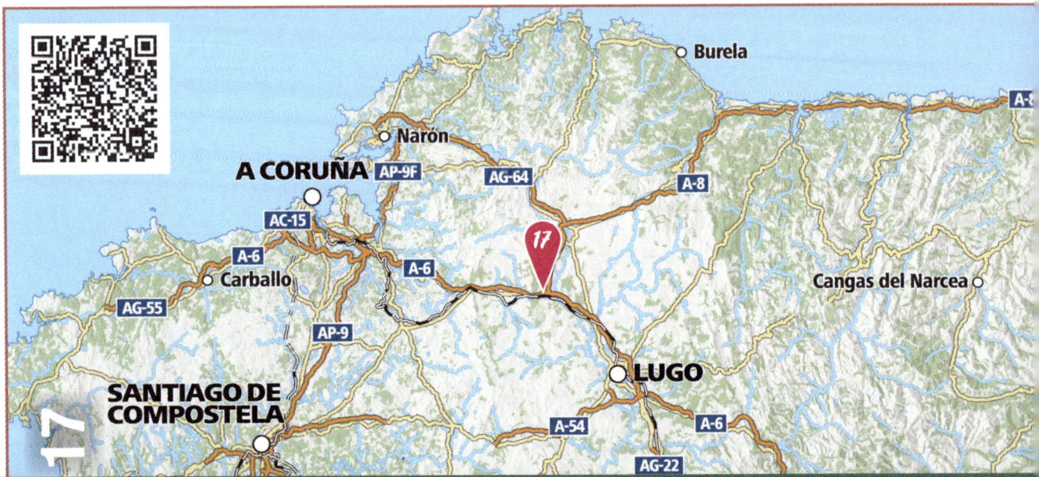

ETAPPE 17

## Start & Ziel & Anreise

Los geht's an der öffentlichen Herberge von Baamonde. Verkehrstechnisch ist der Ort hervorragend ans Fernstraßennetz angeschlossen. Von Norden mündet die A-8 ein, aus Osten und Westen wir Baamonde von der A-6 tangiert. Ebenso können wir über die Nationalstraße N-6 anfahren. Der Ort besitzt einen Bahnhof, Zugverbindungen gibt es beispielsweise über Coruña. Aber auch ans nationale Busnetz ist der Ort angeschlossen.

# Tourenbeschreibung

Wir gehen von der Herberge in Baamonde zum Kreisel hinab und rechts. 3 km folgen wir entlang der Nationalstraße. Nach der Kirche und der 100-km-Grenze geht's bis zum Friedhof auf Fußgängerwegen. Am breiten Seitenstreifen biegen wir kurz hinter dem Schild „San Alberte" links ab. Über die Schienen und den Fluss erreichen wir die Kapelle und ihre Quelle. Hier nochmal Wasser auffüllen. Ein schöner Waldweg führt uns hinauf, an Granitblöcken vorbei und durch Toar hindurch. An der nächsten T-Kreuzung stehen wir an der Wegscheide.

Wir wählen den 8 km längeren Weg nach links. Er bietet mehr pilgergerechte Infrastruktur. Auf der Straße gehen wir durch Bandoncel. An der nächsten Kreuzung verlassen wir sie wieder geradeaus zugunsten eines längeren Waldweges. Mal links, mal rechts folgen wir den neuen Kieswegen. Wir wechseln

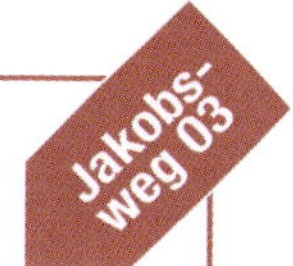


von Wald zu Kulturlandschaft. Wir passieren Digañe und das schöne Raposeira, dafür halten wir uns zweimal links. Im großen Bogen geht's um Santa Locaia de Parga herum und mit festem Untergrund nach Aldar. Wir verlassen den Ort über einen Waldabschnitt. An der Straße rechts gelangen wir zu einem Rastplatz vorbei nach Seixón e Arriba.

An der LUP2101 biegen wir rechts ab nach Laguna. Hinter der Herberge A Lagoa samt Shop gehen wir links und am langen Gebäude rechts. Nach 1,2 km weist ein Pfeil nach rechts. Wir folgen weiter der Straße nach Miraz. Hinter der Kirche finden wir einen Rastplatz mit Brunnen. Wir spazieren durch den Ort und verlassen die Straße an der zweiten Herberge auf einen Naturwanderweg. Entlang von Heide-, Ginster- und Kiefernlandschaft halten wir uns am ersten einsamen Hof vorbei rechts der Mauer. Über flache Granitkuppen geht's sanft bergauf. Am nächsten Hof mündet der Weg in die Straße. Wir folgen ihr 2 km. Am höchsten Punkt, dem Kilometer 79.473, zweigen wir rechts ab. Ein Kiesweg führt wieder zu Asphalt. Erst eben, dann hügelig folgen wir ihm durch Nadelwälder bis A Roxica. Unweit davon tangieren wir Cabane links. Nach dem Fluss halten wir uns an der nächsten Abzweigung rechts auf Schotter. Wieder an der Straße passieren wir A Traversa und wandern durch Marcela hindurch. Dann hinab, wieder über einen Fluss und rechts weiter auf einer bröckelnden Straße. Am Dorfende folgen wir rechts einem Schotterweg. Er führt zweimal links, wird schmäler und teils auch rauer. Im Rechtsschwenk geht's zur Hauptstraße LU-934. Links an ihr entlang, dann queren wir rechts auf 710 m den höchsten Punkt der Etappe und zugleich des gesamten Nordweges.

Wir bleiben direkt auf der Straße hinab. Im Tal queren wir den Fluss, gehen wieder etwas aufwärts durch Vilariño hindurch und biegen an der Bar Suso in O Mesón rechts auf die Straße ab. An einem Spiel- und Bolzplatz gibt es eine Wasserquelle, falls das Tor offen ist. Über Esgueva und links Muradelo wechseln wir nach dem letzten gelben Haus auf einen unscheinbaren Farm- bzw. Hohlweg nach links. Wir schlendern durch die kleinen Dörfer A Lagoa und A Anuquaira und bleiben weiterhin dem Weg treu. Zwar erhaschen wir schöne Aussichten, bei Nässe ist jedoch mit matschigen Passagen zu rechnen. In jedem Ort kann auf die Straße ausgewichen werden – aber ohne Fußgängerbereich. Spätestens aber, wenn der Weg wieder auf die AC-934 mündet. Anschließend folgen wir der Straße für ca. 800 m, bis rechter Hand ein kleiner Weg entlang des Sees (Lagoa de Sobrado) abzweigt. Ein wahres Kleinod, das zum Verweilen einlädt. Zum heutigen Ziel ist es nun nicht mehr weit. Wieder auf der Straße halten wir uns bei der nächsten Abzweigung links. Schon erblicken wir in der Ferne die Klosteranlage. Immer auf dem Hauptweg zweigt er bald links zum Zentrumsplatz von Sobardo dos Monxes ab. Die Rezeption der Herberge ist ab 16:30 Uhr besetzt.

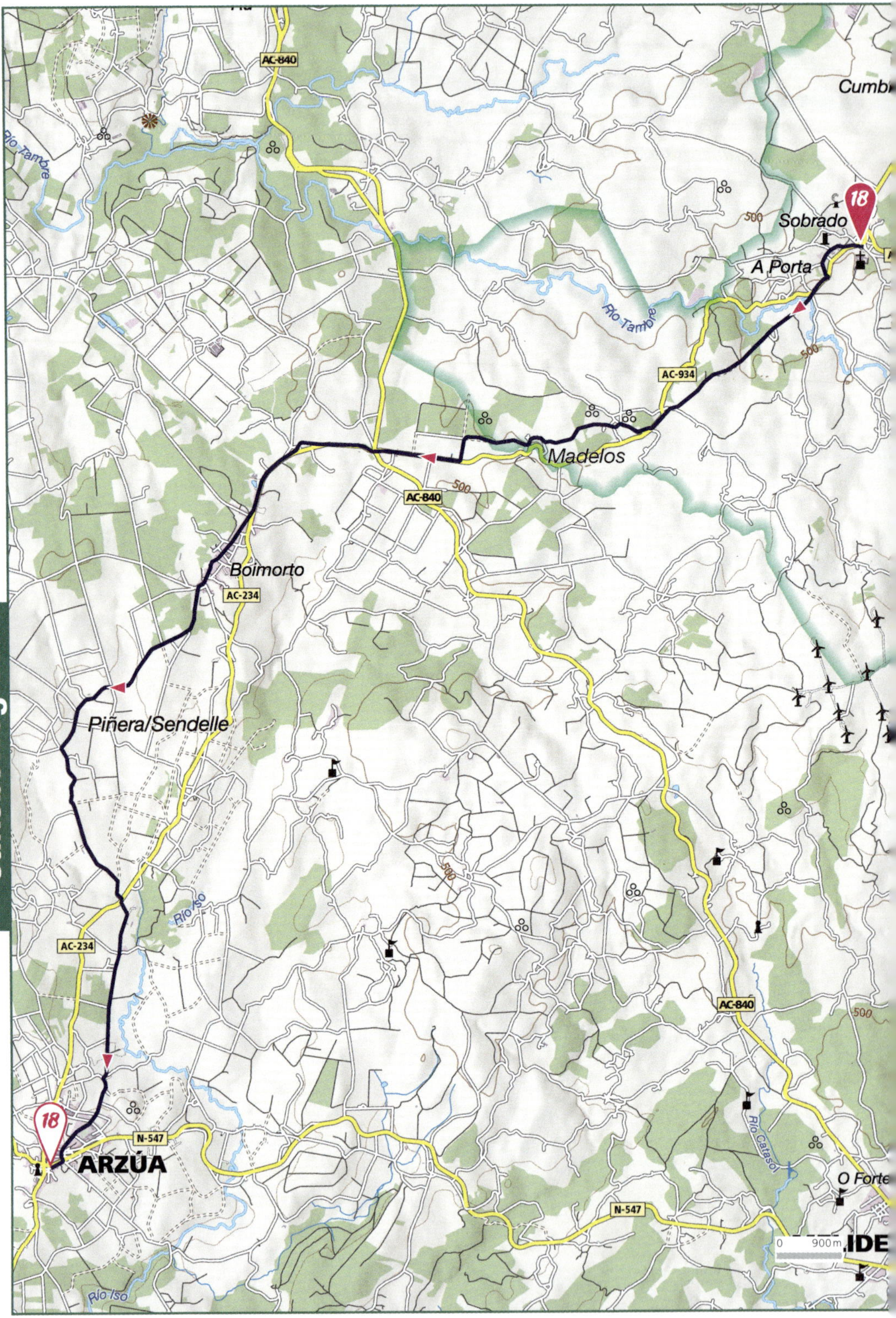

AC-840
Río Tambre
Cumbr
18
Sobrado
A Porta
Río Tambre
AC-934
500
Madelos
AC-840
500
Boimorto
AC-234
Piñera/Sendelle
500
Río Iso
AC-234
AC-840
500
18
ARZÚA
N-547
Río Catasol
N-547
O Forte
0 900 m
IDE
Río Iso

ETAPPE 18

# Entlang ruhiger Straßen

## Sobrado dos Monxes – Arzúa

| | |
|---|---|
| **DAUER** | 4h 30min |
| **LÄNGE** | 22,4 km |
| **HÖHENMETER** | 340 hm |
| **SCHWIERIGKEIT** | LEICHT |
| **MIT ÖPNV ERREICHBAR** | ja |

## Das erwartet dich ...

Die heutige Etappe ist sehr leicht und führt uns fast ausschließlich an Landstraßen entlang. Als letzte Etappe auf dem Camino del Norte verabschiedet sie sich insbesondere im zweiten Teil mit sehr ruhigen Landstraßen und entlang der galicischen Kulturlandschaften. Mit dem Erreichen von Arzúa biegen wir auf den geschäftigeren Camino Francés ein, der besonders im Sommer brechend voll sein wird.

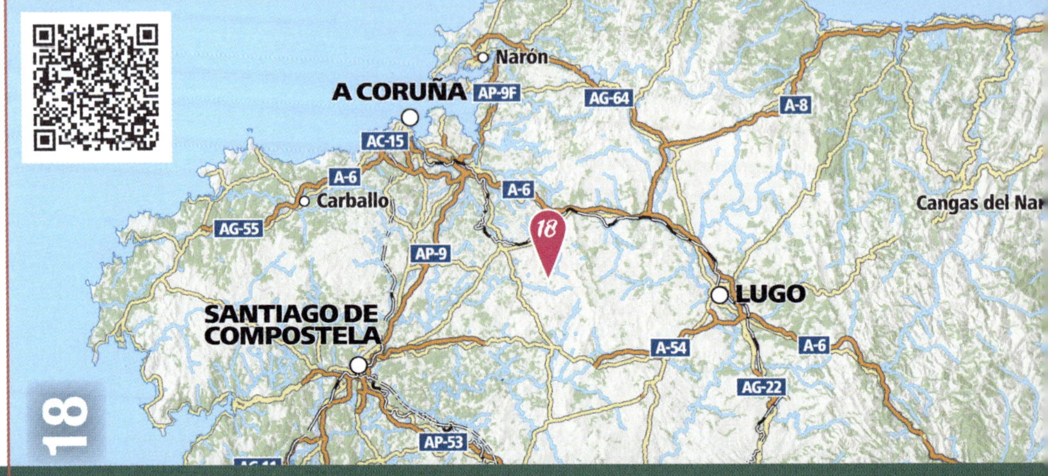


ETAPPE 18

## Start & Ziel & Anreise

Unser Ausgangsort ist Sobardo dos Monxes, wir starten direkt am Klosterportal. Mit dem Auto erreichen wir den Ort aus Westen und Osten über die Landstraße AC-934. Aus nördlicher Richtung können wir über die AC-231 anfahren. Der Ort wird von Inlandsbussen angefahren, die Anreise ist jedoch umständlich. Unser Ziel Arzúa ist der letzte größere Ort, den die Pilger auf ihrem Weg nach Santiago de Compostela passieren.

# Tourenbeschreibung

Wir verlassen das Klosterportal und halten uns links entlang der Straße. An zwei Supermärkten vorbei biegen wir in die nächste Nebenstraße noch vor dem Postgebäude rechts ein. Sie führt uns bis an eine gelbe Bar. Hier, am letzten Haus der Straße, stoßen wir auf die AC-934. Sobald der Fußgängerweg endet, schwenken wir links herum und queren den Fluss mit einer schönen Parkanlage. Eine weitere Nebenstraße bringt uns ans Ende des zweiten Dörfchens Vilarchao, wo sie auch endet.

Bis zum nächsten Fluss wandern wir über einen matschigen Wald- bzw. Wiesenweg. Dann leitet uns der Camino steiler bergan, jetzt wieder auf besseren Schotterwegen. Bevor wir erneut auf die Hauptstraße treffen, erreichen wir O Peroxil. Am Bushäuschen halten wir uns links und folgen ein kurzes Stück unbefestigten Wegen. Nach 200 m an der Straße geht's rechts über einen Holhweg auf eine

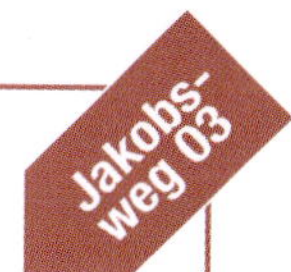


weitere Straße durch die Dörfer. Kurz bevor wir wieder in den Wald eintreten, treffen wir auf einen Waschplatz mit Brunnen.

Wir durchqueren den Wald auf wunderbar bequemen Schotterwegen. In Madelos halten wir uns rechts, anschließend links, dann wieder rechts herum. An der großen Kreuzung geht's links zur Hauptstraße, dann queren wir nach rechts bald die Kreuzung mit der Nationalstraße. 700 m folgen wir der AC-234, dann zweigt rechts eine Nebenstraße nach Boimil ab. Anschließend ist es nicht mehr weit bis Boimorto. Auf halbem Weg weist ein Pfeil nach rechts zur öffentlichen Herberge Xunta. Weiter geradeaus nehmen wir an der kommenden Y-Abzweigung den rechten Ast nach Boimorto. An der Straße finden wir einen Brunnen.

Wir gehen geradeaus, an Bar, Supermarkt und ATM vorbei. So durchqueren wir den Ort zur Gänze. Kurz nach der touristischen Herberge spazieren wir am Spiel- und Sportplatz – ebenfalls mit Brunnen – rechts vorbei. Gleich danach treffen wir an eine Wegscheide. Wir wählen den linken Weg nach Arzúa. Die rechte Variante ist zwar insgesamt rund 4 km kürzer, aber nur bis Pedrouzo gerechnet. Die Etappe 30 ist aber noch relativ neu, lang und hat keine gute Infrastruktur. Nach links führt der Camino nun denkbar einfach die recht ruhige Landstraße hinunter. Durch viele Wälder gelangen wir nach gut 2,5 km nach Piñera/Sendelle. Und auch hier gibt es einen Brunnen.

Die kommenden 3 km lang verbleiben wir auf derselben Straße. Im Anschluss überqueren wir die AC-234 und folgen der Nebenstraße leicht rechts davon. Der Weg verläuft angenehm ruhig über landwirtschaftlich geprägte Dörfer. Ca. 1,3 km vor dem Ziel wandern wir ab dem Örtchen O Viso wieder sanft bergan. Wir überschreiten die Kreuzung und spazieren dann schon durch die Außenbereiche von Arzúa hindurch. Nach einer bunt bemalten, langen Mauer geht's mehr oder weniger geradeaus bergab. Nachdem wir zwei Querstraßen gekreuzt haben, treffen wir auf die Hauptstraße N-547.

Beim DIA Supermarkt schlendern wir über den Zebrastreifen und biegen an der nächsten Querstraße rechts ab. Sie leitet uns an ein paar Herbergen vorbei zur öffentlichen Xunta-Herberge von Arzúa. Je nach Reisezeit kann es besonders im Sommer zu einer stark frequentierten Bettenauslastung kommen. Dafür gibt es zahlreiche Herbergen in Arzúa, eventuell sollte man aber vorher – wenn man nicht gerade in die Xunta-Herberge möchte – reservieren.

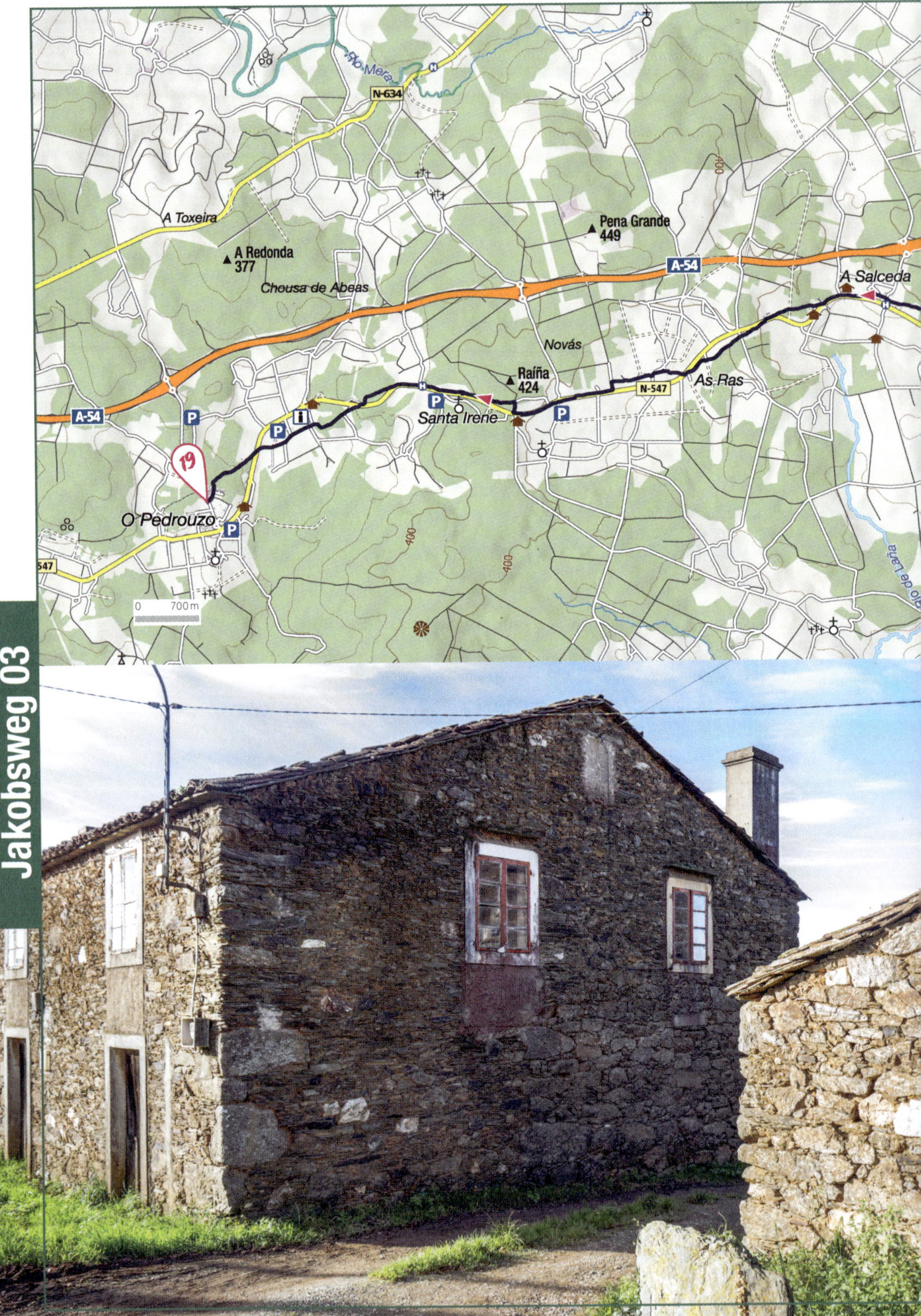

Río Mera
N-634
A Toxeira
A Redonda
377
Chousa de Abeas
Pena Grande
449
A-54
A Salceda
Novás
Raíña
424
N-547
As Ras
Santa Irene
A-54
19
O Pedrouzo
400
0 700 m

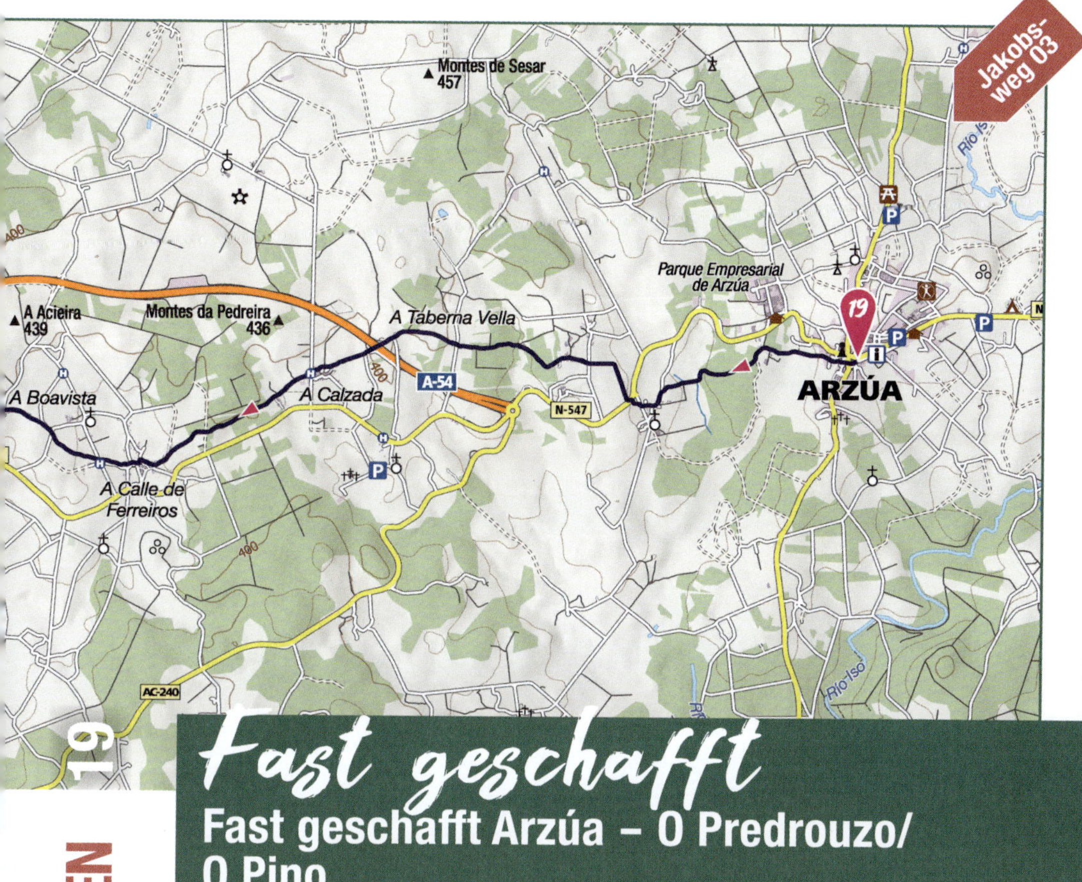




*Fast geschafft*

# Fast geschafft Arzúa – O Predrouzo/ O Pino

| | |
|---|---|
| **DAUER** | 4h |
| **LÄNGE** | 19,8 km |
| **HÖHENMETER** | 410 hm |
| **SCHWIERIGKEIT** | LEICHT |
| **MIT ÖPNV ERREICHBAR** | ja |

## Das erwartet dich ...

Die heutige Etappe ist wirklich nicht schwierig und auch – im Vergleich zu den letzten Tagen – relativ kurz. Allerdings kann auch hier der Regen wieder für teils matschige bis ausgewaschene Wege sorgen und das Pilgervergnügen mildern. Ist der Weg anfangs und zum Ende hin noch recht hügelig, zeichnet sich in der Mitte ein deutlich milderer und ebenerer Verlauf aus.

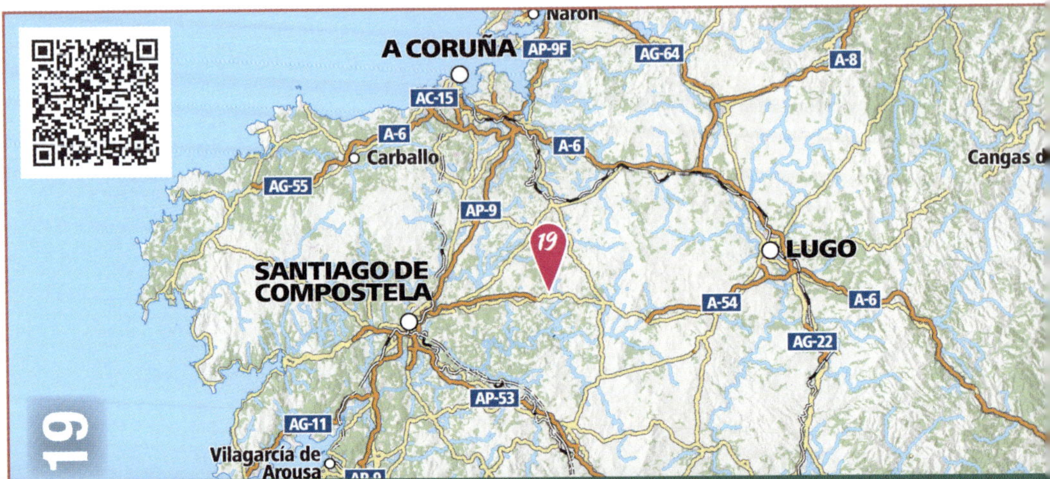

ETAPPEN 19

## Start & Ziel & Anreise

Die vorletzte Etappe beginnt im Zentrum von Arzúa. Mit dem Auto ist der Ort gut aus West und Ost über die Nationalstraße N-547 zu erreichen. Öffentliche Inlandsbusse fahren Arzúa aus allen Teilen des Landes an. Unser Ziel, O Pedrouzo, ist ein hübsches, typisches kleines Pilgerstädtchen.

# Tourenbeschreibung

Kurz vor dem Zentrum von Arzúa weicht unserer Route halb links auf eine Nebenstraße aus. Ihr folgen wir bis zum Ortsende. Die ersten wenigen Kilometer bleibt es hügelig. Dann gelangen wir auf breiten und gut befestigten Wegen nach Pregontoño. Wir biegen nach rechts hinauf ab und unterqueren die N-547. Im weiteren Verlauf spazieren wir fast eben dahin, an Weiden entlang und mit teils wundervollen Ausblicken nach Arzúa. Wir schlendern im weiteren Verlauf durch A Paroxo hindurch, dann bringt uns der Camino teils auf steinigen und ausgewaschenen Pfaden wieder in den Wald. Dabei wechseln wir stets zwischen Straßennähe und Forst.

Ein wenig entspannter erreichen wir anschließend über Weiden das Dörfchen A Taberna Vella. Wir überqueren die Autobahn und wandern durch wechselnde Landschaft nach A Calzada, wo wir abermals die frische Luft genießen. Über

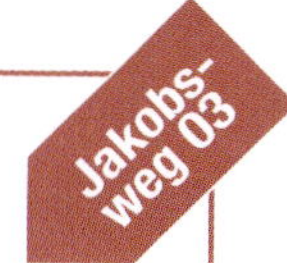


Wiesen und Felder schlendern wir durch ein paar kleine Haine hindurch zu den Häusern von A Calle de Ferreiros. Dort informiert uns eine Schautafel über die Sehenswürdigkeiten der Region. Es gibt auch eine Bar, aber die ist im Winter geschlossen. Ein Stück weiter erwartet uns ein ganz besonderer Rastplatz. „Tia Dolores" ist über und über mit beschrifteten Bierflaschen ausgestellt. Sie sind sauber geordnet und aufgestülpt. Wer da nicht Durst auf ein Bierchen bekommt… Im Winter ist hier allerdings geschlossen.

An der nächsten Straße treffen wir auf den kleinen Ort Boavista. An der T-Kreuzung leicht links geschwenkt spazieren wir am Haus vorbei durch das Waldstück. Es wird immer wieder durch ein paar Weiden und Häuser abgelöst. Nach einiger Zeit stehen wir in A Salceda. Wir folgen wieder der Nationalstraße. Über kurz oder lang ist der direkte Weg neben ihr scheußlich bei Regen. Am kleinen Bushäuschen leitet der Weg rasch wieder für einen kurzen Abstecher rechts hinauf in den Wald. Dann queren wir die N-547 und halten uns links am Ort O Xen vorbei.

Wir folgen weiter dem Waldrand, bis wir das kleine Dörfchen Ras erreichen. Erneut wird die Straße unterquert, dann gehen wir über Brea abermals die Straße hinab. Erst begleiten wir sie rechts, dann auf der linken Seite bis nach O Castro, wo wir den Hügel hinaufsteigen. Nach den Restaurants schwenken wir links, dann rechts der Straße von O Empalme. Dann betreten wir nach rechts wieder den Wald. Der folgende kurze Waldabschnitt ist sehr ausgewaschen und führt hinab zur Straße. Dort mündet er in einen breiten und gut begehbaren Weg. Am nächsten Tunnel erreichen wir eine Abzweigung, an der wir links ins Örtchen Santa Irena wandern können. Hier gibt es auch eine Herberge.

Unsere Route leitet uns aber weiter geradeaus und wir gelangen so zur öffentlichen Herberge von Santa Irena. Sie erwartet uns mit einem großen überdachten Rastplatz und einer Wasserquelle davor. Nun ist es nicht mehr weit. Wir bleiben zunächst rechts der Straße. Recht bald unterqueren wir sie und schlendern über A Rúa erneut zur N-547 hinauf. Zu unserer Linken erblicken wir bereits unser Ziel. Wir können es direkt von der Straße aus erreichen. Oder aber wir wählen einen kleinen Umweg, um noch einmal Waldluft zu schnuppern. So folgen wir dem Camino entlang über die Straße durch den Wald, um schließlich zu einer Sporthalle zu gelangen. An der nächsten T-Kreuzung verabschiedet sich der Camino nach rechts, er führt also gar nicht erst nach O Pino hinein. Wir können uns entscheiden, ob wir den Endspurt gleich in Angriff nehmen oder eine Herberg im Ort aufsuchen.

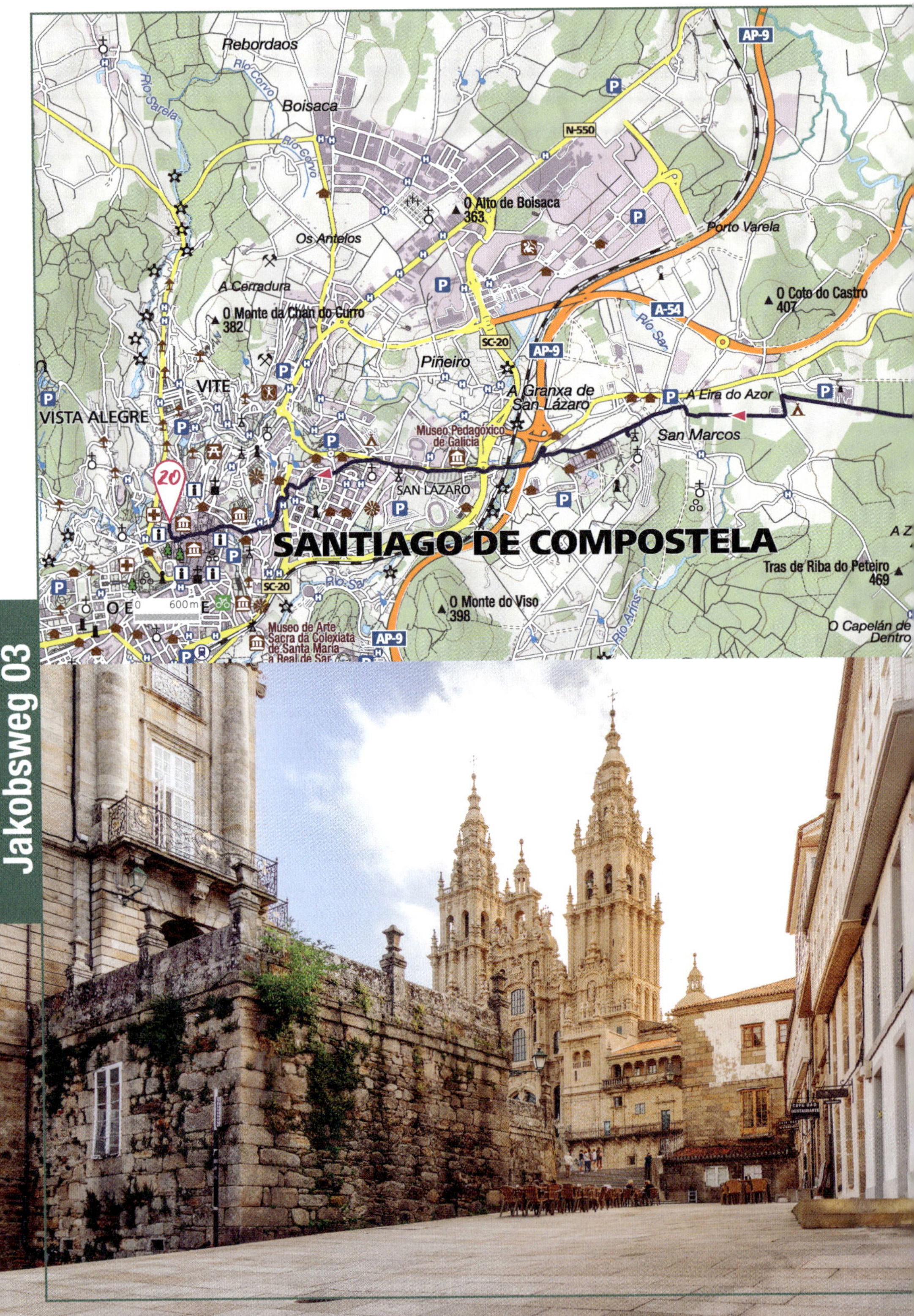
Rebordaos
Río Corvo
Río Sarela
Boisaca
AP-9
N-550
O Alto de Boisaca
363
Os Antelos
Porto Varela
A Cerradura
O Monte da Chan do Curro
382
A-54
O Coto do Castro
407
Río Sar
SC-20
Piñeiro
VITE
VISTA ALEGRE
A Granxa de San Lázaro
A Eira do Azor
San Marcos
Museo Pedagóxico de Galicia
20
SAN LÁZARO
SANTIAGO DE COMPOSTELA
Tras de Riba do Peteiro
469
O Monte do Viso
398
0 600 m
Museo de Arte Sacra da Colexiata de Santa María a Real de Sar
Río Arnes
O Capelán de Dentro

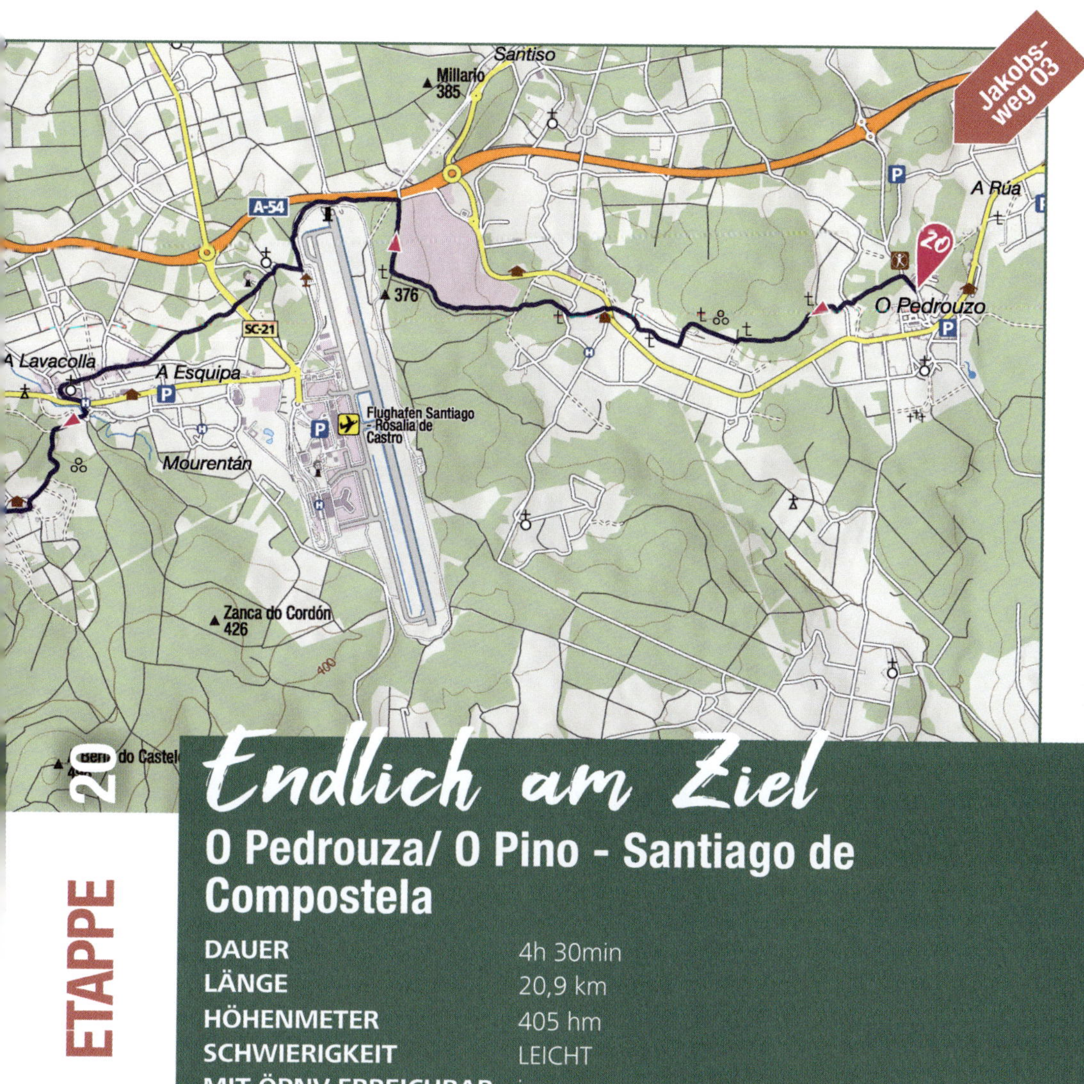


ETAPPE 20

# Endlich am Ziel

## O Pedrouza/ O Pino - Santiago de Compostela

| | |
|---|---|
| DAUER | 4h 30min |
| LÄNGE | 20,9 km |
| HÖHENMETER | 405 hm |
| SCHWIERIGKEIT | LEICHT |
| MIT ÖPNV ERREICHBAR | ja |

## Das erwartet dich ...

Auf der letzten Etappe unseres langen Pilgermarsches lassen wir die Natur zu Gunsten der zunehmenden Urbanität hinter uns. Vor uns liegt sie nun, die letzte Etappe auf unserer rund 840 km langen Reise. Der Weg nach Santiago stellt ab hier keine große Herausforderung mehr dar. Am diesem letzten Tag läuft er immer wieder zwischen Straßen und Waldabschnitten hin und her und ist dabei aber leider auch recht unspektakulär.

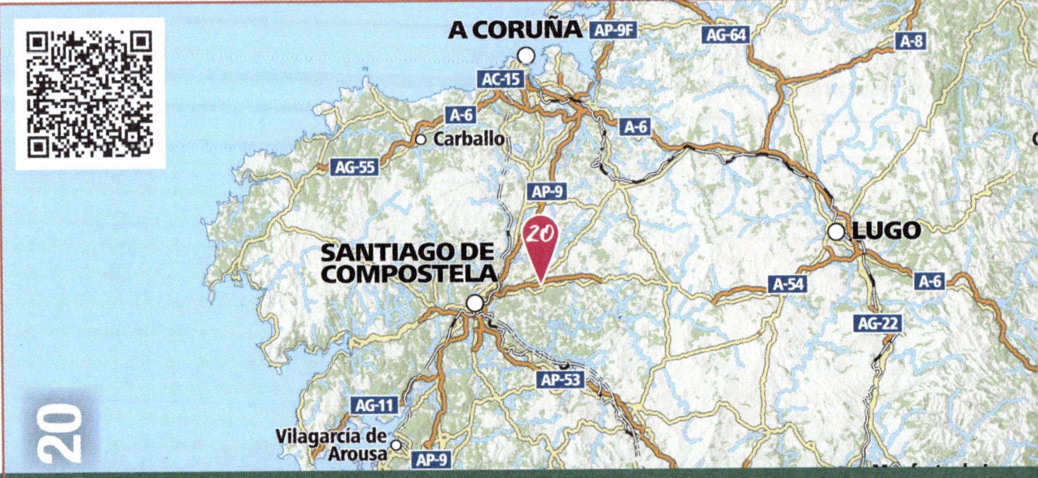


ETAPPE 20

## Start & Ziel & Anreise

Der letzte Tag beginnt in O Pedrouzo bzw. O Pino. Mit dem PKW erreichen wir den Ort hervorragend über die A-54, die sich von Westen nach Osten zieht. Aber auch die N-547 stellt eine gute Alternative dar, falls wir mit dem Auto zum Ausgangsort reisen. O Pedrouzo ist mit dem öffentlichen Bus erreichbar.

# Tourenbeschreibung

Mit der Straße geht's von O Pino/O Pedrouzo an ihren höchsten Punkt hinauf. Nach der Schule schwenken wir links durch ein Waldstück. Dann gehen wir durchs kleine Santo Antón, um wieder in ein längeres Waldstück zu gelangen. Danach öffnet sich die Landschaft. Nach ein paar Häusern unterqueren wir an der Bar Kilometer 15 die Hauptstraße und spazieren durch O Amenal. Ein wunderschöner, uriger Hohlweg bringt uns bergan. Zu unserer Linken hören wir den Flughafen von Santiago. An der nächsten T-Kreuzung biegen wir rechts ab und an der Autobahn wenden wir uns links. Dabei wählen wir die linke Spur. Erst geht's am Flughafengelände entlang, dann queren wir die Straße zu ihrer Rechten und biegen schließlich rechts nach San Paio ab.

Wir passieren den Ort und wandern die Straße hinauf. Mit dem mittleren Waldweg unterqueren wir bald die Autobahn. An einer Gabelung links gehalten gelan-

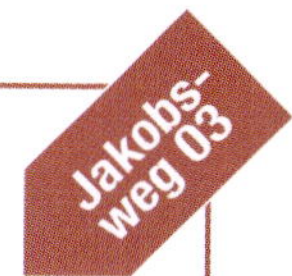


gen wir nach Esquipa, dann nach A Lavacolla. Wir spazieren weiter geradeaus bis kurz vor die Hauptstraße. Hier schicken uns die Pfeile links, an der Kirche vorbei und rechts des Supermarktes über den Fluss. Die Straße bringt uns rechts herum nach Vilamaior. Über Asphalt nähern wir uns nach 1,5 km der zentralen Sendestation von Radio/TV Galicien. Am Ende der Holzfabrik geht's links, dann rechts nach San Marcos.

Wir biegen links hinauf ab, um am Ortsende die Monte de Gozo-Parkanlage zu besuchen, an der wir schöne Ausblicke genießen können. Dann geht's vom Abzweig an der Straße weiter geradeaus hinab, linker Hand passieren wir kasernenartige Gebäude. Sie bilden die wohl größte Herberge mit mehr als 400 Betten auf dem Camino. Weiter geht's auf einem Kiesweg, der bald auf die Straße mündet. Wir schlendern hinab und über die große Autobahnbrücke und erreichen allmählich das Stadtgebiet Santiagos.

Die nächsten 1,4 km bleiben wir auf der linken Straßenseite. Dann führt die Route links in eine Seitenstraße. Vorbei an zwei großen Palmen und zwei Bolzplätzen werden die Markierungen seltener, je näher wir dem Zentrum kommen. Wir folgen weiter der Straße, halten uns an Kreuzungen geradeaus und folgen weiter dem Verlauf des Caminos. An einem Verkehrsknotenpunkt mit mehreren Straßen gehen wir schräg hinüber auf die Innenstadt zu. Erst leicht hinauf, dann führt die Straße wieder hinab in die ruhigere Stadtmitte. An einer großen Kreuzung erreichen wir die Porta de Camino und spazieren weiter geradeaus in die zentrale Altstadt, in der uns ehrwürdige alte Gebäude erwarten.

Wir gehen geradewegs hinauf, am kleinen Zentrum mit Brunnen biegen wir im 90°-Winkel rechts ab. Die Straße führt hinab. Zu unserer Linken erblicken wir die prachtvollen Türme der Kathedrale. Unser Weg führt rechts von der prunkvollen Monasterio de San Martiño geradeaus durch den Torbogen zum großen Praza do Obradorio. Wir stehen direkt vor der Kathedrale und sind damit am Ziel unserer langen Pilgerreise angelangt! Weiter zur Compostela folgen wir dem Weg, am Hotel und dem Restaurant vorbei. Von der nächsten, unspektakuläre Querstraße biegen wir rechts in die Rúa das Carretas ein. Das unscheinbare Pilgerbüro Oficina de Acogida al Peregriono befindet sich am Ende der Straße auf der linken Seite. Im Sommer werden wir hier mit einer langen Kette von Pilgern laufen.

Das Ziel ist erreicht, herzlichen Glückwunsch! Nachdem wir unsere Urkunde ausgehändigt bekommen haben, statten wir gleich nebenan der Tourismus-Info einen Besuch ab. Wir können uns auch für 3 Euro ein Zertifikat mit Auflistung der zurückgelegten Kilometer kaufen. Eine Stadterkundung ist nun Pflichtprogramm. Insbesondere das Beiwohnen einer Messe in der Kathedrale ist ein ganz besonderes Erlebnis.

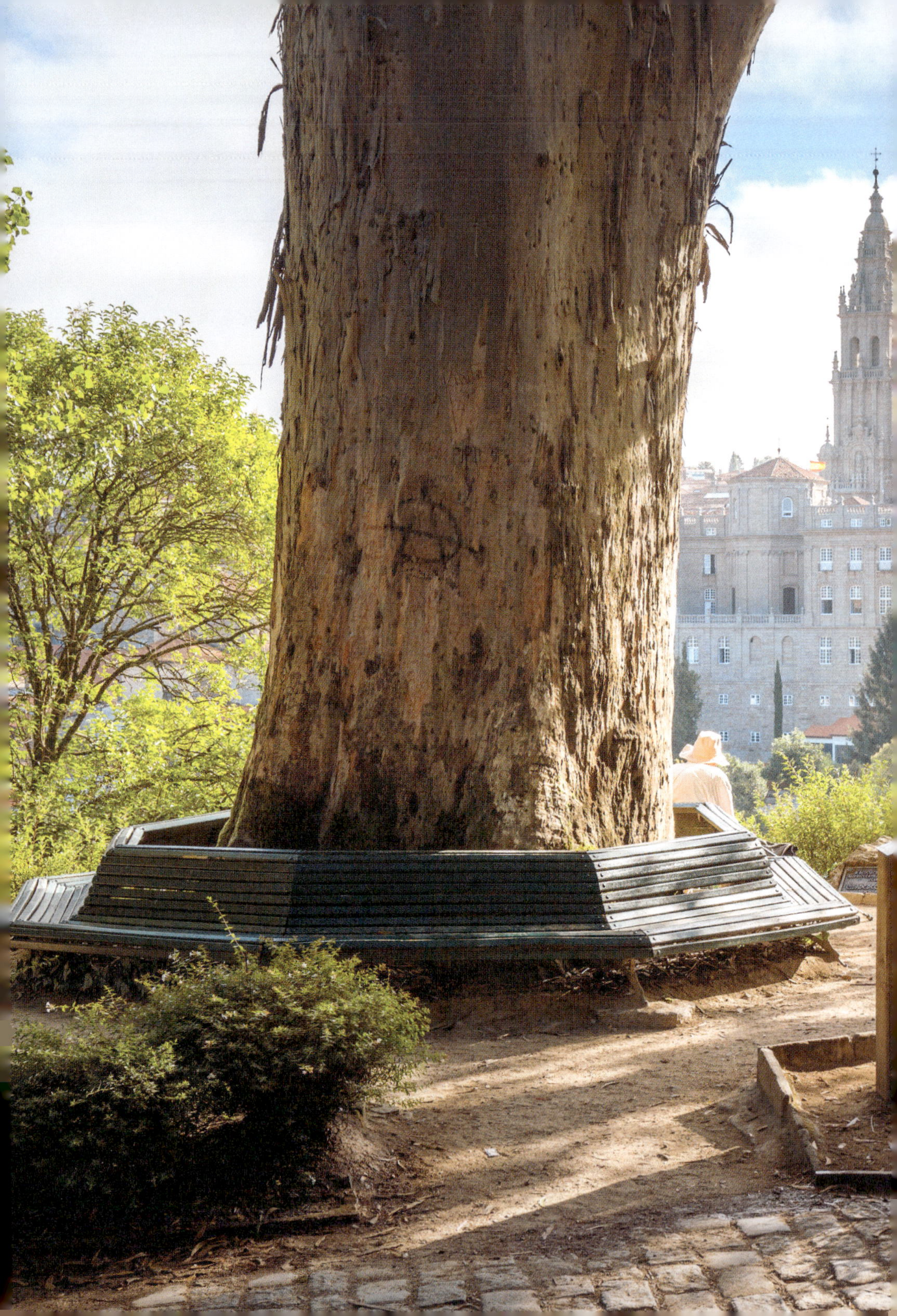

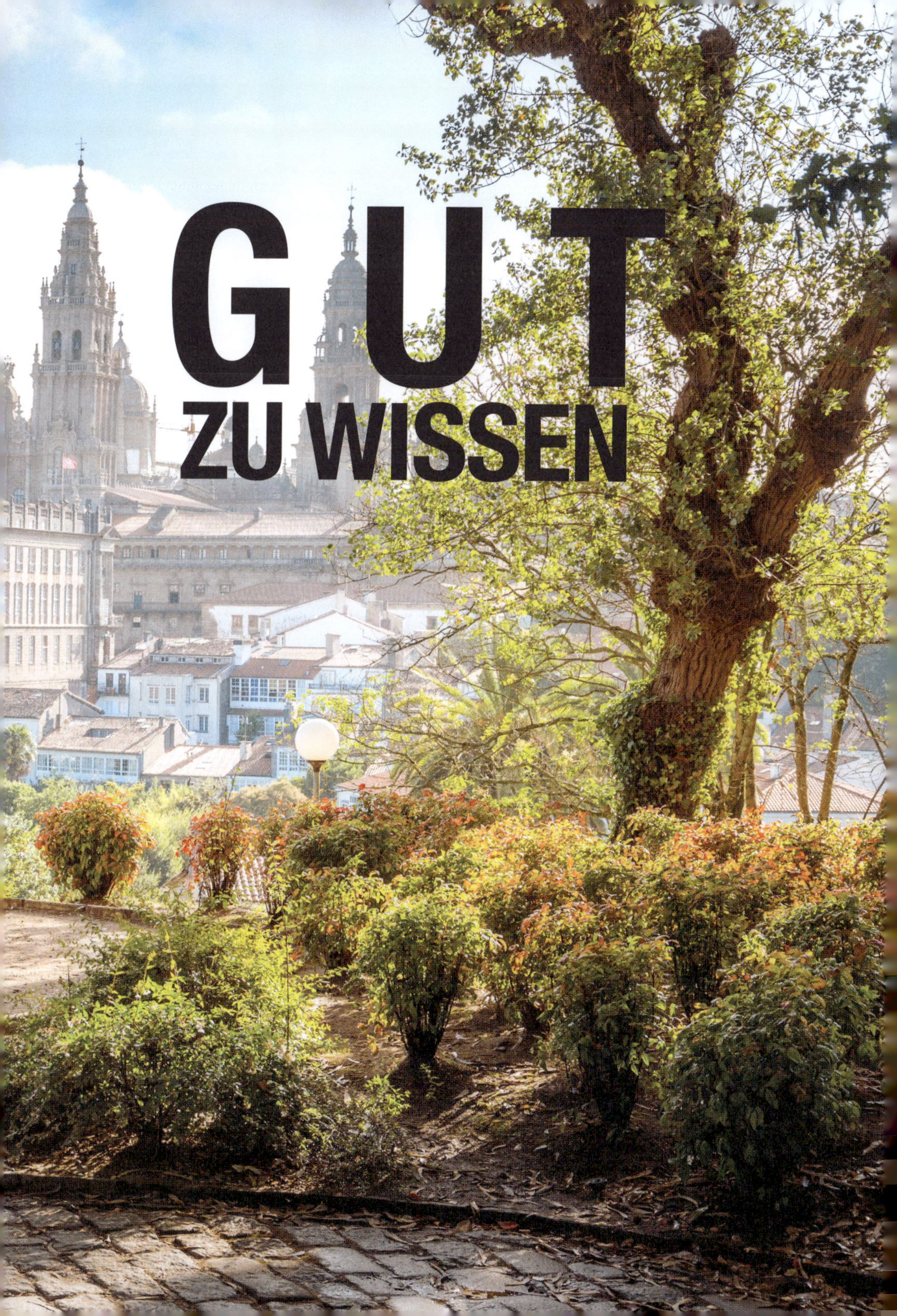

# GUT ZU WISSEN

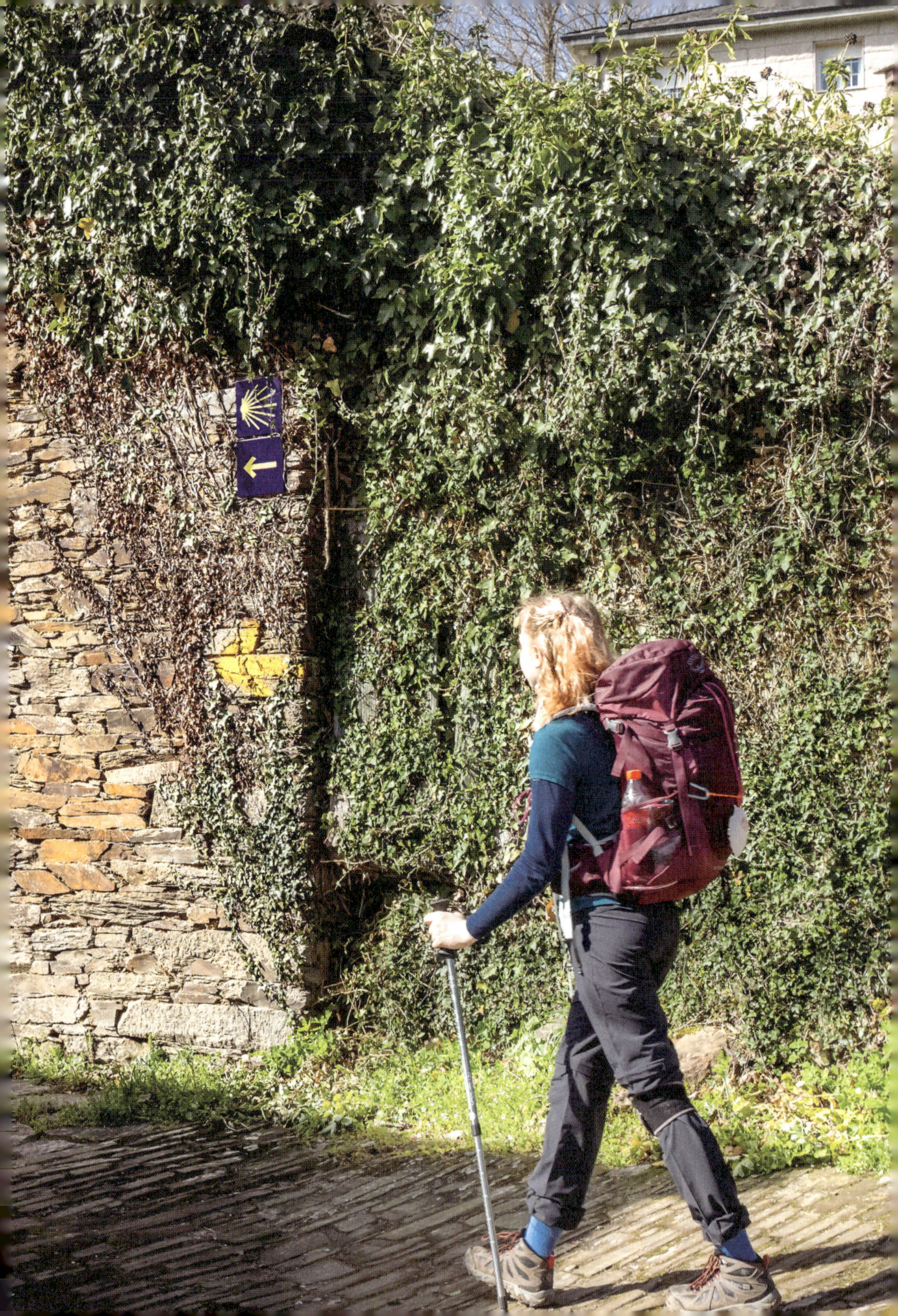

# Unsere Wander-Hacks

## Es geht auch einfacher

HACKS

### FIT MACHEN FÜRS PILGERN

Das Herz pumpt schon nach den ersten fünf Minuten wie verrückt und ein erstes Ziehen macht sich in den Walden breit? Dann bist du wohl zu schnell los! Wie bei jeder Sportart solltest du dich auch beim Wandern aufwärmen. Fürs Pilgern gilt, ein paar Wochen vor dem Losgehen täglich ein paar Muskel- und Dehnübungen zu machen. Das erleichtert dir den Start der Pilgerreise erheblich. Zu Beginn jeden Tages dann auch die erste halbe Stunde etwas gemütlicher spazieren. Das bringt den Kreislauf in Schwung, das Blut zirkuliert schneller und die Muskulatur wird optimal mit Sauerstoff versorgt. Dein Bewegungsapparat wird geschmeidiger und belastbarer.

### PILGERSTART

Plane deine Etappen gerade am Anfang lieber etwas kürzer. Du wirst sehen, mit jedem Tag hat sich dein Körper mehr an die neue Belastung gewöhnt und mit der Zeit werden dir die Kilometer nur so vom „Fuß gehen".

### ERLEICHTERUNG FÜR DIE FÜSSE

Deine Füße tragen dich nicht nur auf deinem Pilgerweg, sondern durchs ganze Leben. Sie werden sich freuen, wenn du ihnen durch richtiges Schuhwerk und Socken das Wanderleben erleichterst. Gut passende Wandersocken mit Verstärkung an Ferse und Fußsohle vermeiden Blasen. Eingelaufene sitzende Schuhe mit Profil geben dir festeren Halt und ersparen dir ein Umknicken oder Wegrutschen.

# Endlich was Neues ausprobieren

## Lust was Neues auszuprobieren?

**WENN JA HABEN WIR EIN PAAR VORSCHLÄGE FÜR DICH.**

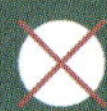

- **WALDBADEN:** Gerade in stressigen Zeiten zieht es uns oft in die Natur. Ein Waldbad hält Körper und Seele gesund. Mit tiefen Atemzügen nehmen wir die Waldatmosphäre auf. Der enge Kontakt zur Natur steht im Fokus.
- **BARFUSS LAUFEN:** Eine Massage für die Füße, eine Explosion für die Sinne, wenn es mal kalt, mal stachelig oder samtweich an den Fußsohlen bitzelt. Natürlich nicht die ganze Wanderung, aber auf besonders schönen und weichen Wegabschnitten.
- **JAKOBSWEG ZU PFERD:** Den Jakobsweg per Pferd zu bereiten ist eine der traditionellsten Formen, sich hier fortzubewegen. Verschiedene Anbieter für Abschnitte per Pferd finden sich online.
- **MEDITIEREN AM STRAND:** Dafür bieten Camino del Norte und Camino Portugês genügend Möglichkeiten. Meditationen in der Natur generell lassen dich noch tiefer in die kontemplative Atmosphäre des Pilgerns eintauchen.